THÉORIE
DE
L'AME HUMAINE

ESSAI DE PSYCHOLOGIE MÉTAPHYSIQUE

PAR J. E. ALAUX

PROFESSEUR DE FACULTÉ

PROFESSEUR DE PHILOSOPHIE A L'ÉCOLE DES LETTRES D'ALGER

> *Matérialisme et spiritualisme sont deux solutions contradictoires d'un problème qui me paraît mal posé.*

PARIS

FÉLIX ALCAN, LIBRAIRE-ÉDITEUR

108, BOULEVARD SAINT-GERMAIN

1896

THÉORIE
DE
L'AME HUMAINE

OUVRAGES DU MÊME AUTEUR

CHEZ FÉLIX ALCAN

La Philosophie de M. Cousin *(Bibliothèque de Philosophie contemporaine)*, 1 vol. in-12.

La Religion progressive, Études de Philosophie sociale, 1 vol. in-12. (Épuisé.)

Études esthétiques, 1 vol. in-12.

L'Analyse métaphysique, Méthode pour constituer la Philosophie première, 1 vol. in-8.

Esquisse d'une Philosophie de l'Être, 1 vol. in-8.

Le Problème religieux au XIXe siècle, 1 vol. in-8.

Philosophie morale et politique, 1 vol. in-8.

CHEZ DEGORCE-CADOT

(Bibliothèque de Vulgarisation.)

Histoire de la Philosophie, 1 vol. in-12.

La Langue et la Littérature françaises du XVe au XVIIe siècle, 1 vol. in-12 et in-8.

Instruction morale et civique, 1 vol. in-12.

CHEZ DIVERS

Laure, nouvelle, 1 vol. in-12. (Dentu.) Épuisé.

La République. *(Bibliothèque démocratique.)* Épuisé.

De la Métaphysique considérée comme science. (Ouvrage récompensé d'une mention honorable par l'Académie des Sciences morales et politiques), 1 vol. in-12. (Pedone-Lauriel.)

Les Tendresses humaines, *poésies*, nouvelle édition, très augmentée, 1 vol. in-12. (A. Lemerre.)

Un Fils du Siècle, *poème*, nouvelle édition. — **Seppa**, *poème dramatique*, 1 vol. in-12. (A. Lemerre.)

THÉORIE

DE

L'AME HUMAINE

ESSAI DE PSYCHOLOGIE MÉTAPHYSIQUE

Par J. E. ALAUX

PROFESSEUR DE FACULTÉ
PROFESSEUR DE PHILOSOPHIE A L'ÉCOLE DES LETTRES D'ALGER

> *Matérialisme et spiritualisme sont deux solutions contradictoires d'un problème qui me paraît mal posé.*
> ÉTUDE I, VIII.

PARIS
FÉLIX ALCAN, LIBRAIRE-ÉDITEUR
108, BOULEVARD SAINT-GERMAIN
—
1896

AVANT-PROPOS

*Dans l'avant-propos de l'*Esquisse d'une Philosophie de l'Être, *publiée en 1888 comme l'esquisse d'un système dont le développement viendrait plus tard, je promettais deux ouvrages, l'un,* Théorie de l'Ame humaine, *qui aurait pour objet « la nature, l'origine et la destinée de notre être » ; l'autre,* Dieu et le Monde, *« la raison des choses dans leur rapport avec l'homme : — deux formes, disais-je, et comme deux aspects d'une même métaphysique ».*

Je donne aujourd'hui le premier des deux.

Les très rares lecteurs de mes livres précédents y ont déjà lu des pages qu'ils retrouveront dans celui-ci : elles avaient leur place dans celui-ci, où elles se joignent à l'ensemble pour un tout complet. S'il m'est donné de rééditer un jour mes ouvrages, c'est dans celui-ci qu'elles resteront. Elles reportent à bien des années en arrière, par le fait de leur publication antérieure, des idées qui semblaient alors paradoxales, et qui depuis, sous d'autres patronages, plus autorisés ou mieux situés, ont fait leur chemin.

Ceci, d'ailleurs, n'a pas d'importance. Que certai-

nes idées où je me reconnais m'aient été empruntées par des auteurs inconscients de leur emprunt, ou qu'ils y soient venus d'eux-mêmes, c'est, dans le premier cas, la marque d'une secrète influence exercée par la vérité, d'où qu'elle parte; c'est, dans le second cas, une présomption en faveur d'idées où l'on arrive de divers côtés : et au philosophe, qui ne doit avoir souci que de la vérité, qu'importe la part qui lui est faite dans l'œuvre commune, pourvu que la vérité parvienne à s'établir?

Mais ce qui lui importe, c'est, du moins, de n'être pas pris pour ce qu'il n'est pas : pour un Cartésien, par exemple, ou pour un Cousiniste, quand, dans la préface d'un ouvrage publié en 1872, et qui était la reproduction d'un travail publié déjà, dans un autre cadre et sous un autre jour, dès 1860, il écrivait : « Le spiritualisme cartésien est un dualisme que repousse l'esprit de la philosophie non moins que l'esprit de la science, et qui, je le crois, a fait son temps. » Réduction de la matière à des éléments indivisibles, inétendus, actifs, à des forces, et réduction des forces à une force unique : en un fond substantiel qui les enveloppe toutes : unité de type, production progressive de la vie du sein de la nature inorganique jusqu'aux plus hauts degrés de l'échelle des vivants et jusqu'aux sommets de l'intelligence, ce monisme, cet évolutionnisme, présenté au public dès 1860, n'a rien de Cousiniste.

Cependant j'ai été classé parmi les disciples attardés de l'École de Victor Cousin, et je me suis vu attribuer, en conséquence, des doctrines sur l'âme, sur le monde, sur Dieu, qui n'étaient nullement les miennes. Je n'ai de commun avec le spiritualisme de Victor Cousin que d'être spiritualiste : mais il y a tant de manières de l'être! et je le suis à ma façon. Je me rattache à la tradition philosophique, à cette perennis quædam philosophia *que reconnaissait Leibniz ; et il semble à certains philosophes qu'il suffit de ne pas rompre avec la tradition pour n'être plus qu'un « ancien », au sens méprisant que prend ce mot dans leur bouche dédaigneuse : un arriéré, réfractaire au progrès, ignorant des nouvelles conquêtes de la science, — dont il est bien quelques-unes qui ne sont que des reprises nouvelles d'anciennes erreurs !*

Ils confondent la philosophie et la science. Dire d'un savant qu'il n'est pas moderne, qu'il est ancien, c'est lui reprocher de n'être pas instruit, comme il doit l'être, des acquisitions qui se font chaque jour : car la science poursuit la connaissance, qui s'augmente sans cesse par les observations accumulées de nouveaux savants. La philosophie n'a point pour objet la connaissance, mais l'intelligence, la raison des choses; et sans doute elle comporte des progrès, mais non du même ordre : non de nouvelles connaissances qui s'ajoutent aux anciennes, ou parfois les remplacent, non de nouvelles découvertes, de nouvelles acquisitions, mais de nouvelles démonstrations, plus fortes, plus profondes, plus solides, plus probantes, de nouvelles formes par suite de nouveaux développements, de doctrines toujours anciennes. Ancien ou moderne, en philosophie, sont mots qui n'ont point de sens : quand la vérité devrait être cherchée au Moyen Age, dans cette philosophie de Saint Thomas que renouvelle sous nos yeux, d'un si puissant effort et si digne de considération, toute une École contemporaine de néo-thomistes, une seule question se pose en philosophie : la thèse (car c'est toujours une thèse ; en science, nous avons des faits, en philosophie des thèses) la thèse, dis-je, est-elle vraie ? est-elle suffisamment prouvée ? est-elle bien établie ?

Il peut donc y avoir une tradition en philosophie ; et il y en a une. Il ne faut ni rompre avec la tradition ni s'y arrêter, mais la continuer et la pousser en avant. L'École de Victor Cousin s'y est arrêtée, et ses disciples ne furent, à vrai dire, que des historiens : ceux qui voulurent être philosophes marchèrent, mais ils dévièrent. Il y avait un autre parti à prendre, qui était de rester sur la voie, mais d'y avancer. Sur cette voie royale de la grande philosophie, Platon précède Aristote ; Descartes précède Malebranche, Spinoza, Leibniz ; Schelling précède Hégel, dont Victor Cousin n'a guère fait, en ses plus beaux jours, qu'adapter la métaphysique à notre usage. Son tort est de s'être arrêté là, d'avoir voulu, par système (c'était la méthode même de l'éclectisme), immobiliser la philosophie dans la tradition : d'où le caractère de la philosophie après lui, qui fut une très légitime protestation, une juste revendication, mais une révolte.

C'est être spiritualiste, et, si l'on veut, Cousiniste, ou plutôt Cartésien, Leibnizien, Hégélien, que rentrer dans la tradition, même pour la continuer et la faire avancer. L'épigraphe que j'ai mise en tête de ce livre montre que, si je suis spiritualiste à la suite des anciens maîtres, je le suis autrement, faisant le plus grand cas et tenant grand compte des travaux de nos physiologistes ; que, si je ne fais pas de la psychologie une dépendance de la physiologie, je ne l'en sépare pas : je n'isole pas l'âme humaine du corps humain, nécessaire à ses manifestations.

On sera peut-être surpris de ne point trouver ici une division par livres et chapitres, avec leurs titres et les titres de leurs paragraphes, comme d'un traité : mais cet ouvrage n'est pas un traité : c'est une suite de réflexions pour aboutir à la solution des grands problèmes de l'âme, ce sont des Études sur les grands aspects sous lesquels il y a lieu de considérer l'âme humaine, et comme de longs discours continus, dont il m'a paru qu'il importait, pour la clarté même et l'effet et la force probante de l'ensemble, de ne pas interrompre le courant.

Si je ne pense pas tout à fait, avec Descartes, que le bon sens soit la chose du monde la mieux partagée, *je pense avec lui qu'il suffit, pour lire la philosophie et la comprendre, du bon sens attentif. Elle traite de matières familières à tous les esprits, et la barbarie d'une langue technique lui est inutile. Les mots techniques ne sont trop souvent, même dans les sciences, où l'on en fait abus, mais surtout en philosophie, que, donnée pour l'explication d'un fait, la traduction en langage pédantesque du fait à expliquer. Si profondément qu'elle fouille ses questions, le français, qui compte ses plus grands écrivains parmi ses philosophes, y suffit ; ou, s'il n'y suffit pas, c'est la faute de l'écrivain, c'est la mienne.*

Je ne m'adresse donc pas seulement aux étudiants qui préparent des examens de baccalauréat, de licence, d'agrégation, aux professeurs, aux spécialistes en philosophie, mais à quiconque s'intéresse aux problèmes de l'âme, qui intéressent tout le monde.

THÉORIE DE L'AME HUMAINE

ESSAI DE PSYCHOLOGIE MÉTAPHYSIQUE

PREMIÈRE ÉTUDE

La Psychologie métaphysique.

I

La psychologie est la science de l'âme.

L'âme est ce qui est véritablement l'homme dans l'homme ; ce qui, dans l'homme, sent et pense et veut, ce qui jouit ou souffre, craint ou espère, embrasse l'univers, s'élève jusqu'au principe des choses, se gouverne, et décide peut-être son propre sort : sort d'un jour peut-être, ou peut-être éternel !

Terribles peut-être ! Questions redoutables ! Quelle science y peut répondre ? Mais s'il existe une science qui puisse y répondre, ou seulement chercher à les résoudre, de quel intérêt, de quel prix ne sera-t-elle pas ? De quelle attention, de quelle méditation assidue, de quel studieux effort ne sera-t-elle pas digne ?

Tel en est l'intérêt, si vif, si poignant quelquefois,

tel est l'immense besoin qu'a l'homme de connaître la nature, l'origine, la fin de son âme, de se connaître soi-même et sa destinée, qu'il n'a jamais consenti à ignorer ce qu'il ne pouvait savoir : il a cru, quand il n'a pas su ; la foi lui a répondu, tant que la science a dû se taire.

Quand la science a pu parler, quand la raison humaine a été assez forte pour tenter d'expliquer l'homme à l'homme, elle l'a rattaché au monde et au principe du monde, et, au lieu de l'observer, l'a déduit : la psychologie n'a été longtemps qu'un important chapitre, mais un chapitre, de la métaphysique.

La métaphysique est légitime en sa place : elle n'a point pour objet de connaître, mais de comprendre ; or, il faut connaître avant de comprendre ; et ç'a été l'erreur de cette première psychologie, de chercher à comprendre pour connaître. Toute connaissance (je parle de connaître, non de comprendre) est, de près ou de loin, expérimentale : soit donnée par l'observation, soit inférée d'une donnée de l'observation.

La psychologie, toute *à priori* et rationnellement construite, manquait de base. Elle se dégagea peu à peu de la métaphysique où elle était enveloppée ; devenue science indépendante, elle se proposa d'abord de connaître l'homme, et, pour le connaître, le regarda. Elle se fit en même temps science particulière et science expérimentale.

La psychologie expérimentale s'est donc constituée, non sans difficultés ni sans tâtonnements : se confondant avec la physiologie, parce que l'expérience ne sépare pas l'homme conscient de l'homme vivant ; ou, au contraire, s'en éloignant trop, comme si le conscient pouvait être connu hors du milieu vivant où il se déploie, comme si l'âme était donnée à l'observation à part de son corps ! L'âme est connue autrement que le corps, mais non pas sans le corps; et, pour l'expérience du moins, s'en distingue, mais ne s'en sépare pas. Il y avait donc à l'observer en elle-même, et par la conscience qui la donne, mais dans son milieu naturel, et à distinguer la psychologie de la physiologie, mais sans les désunir.

C'est l'œuvre que poursuit ardemment l'école anglaise, avec toute une école française considérable à la suite. Nous ne pouvons, nous, qu'applaudir à cette œuvre. Elle était à faire, et nous-même nous la réclamions, quand nous écrivions, en 1864, dans un livre sur *La Philosophie de M. Cousin*, des paroles qu'on voudra bien nous permettre de rappeler ici. Il nous paraissait qu'il y avait, de la répugnance d'un grand nombre d'esprits à nous suivre, plus d'une leçon à tirer pour nous : « La première est que, s'il ne convient pas que nous abandonnions la psychologie pour la physiologie ou pour l'histoire naturelle, il ne convient pas non plus que nous nous enfermions dans une psychologie purement subjective ; et que nous ferons bien de rapprocher des résultats de l'expérience interne directe ceux d'une expérience interne indirecte, d'une observation de l'âme chez autrui, vue dans ses manifestations soit physiologiques, soit même anormales. Les phénomènes du sommeil et du somnambulisme, les extases, les hallucinations, les communications ou prétendues communications avec des esprits, les diverses folies, fournissent un précieux auxiliaire à une étude plus approfondie de l'âme. Que ce culte des méthodes *objectives*, dont il faut combattre l'excès, nous serve à quelque chose ; qu'il nous invite à sortir enfin des vains cadres psychologiques où nous rangeons complaisamment, bien étiquetés, bien classés, mais sans les expliquer, les phénomènes ordinaires de l'âme, à oser en étudier les faits moins connus ou anormaux, à oser (car c'est un courage qu'il faut avoir) les regarder en face, marcher l'œil fixé sur eux, et les suivre où ils nous conduisent. Ces sortes de faits jouent, dans l'ordre spirituel, le rôle de l'expérimentation dans l'ordre matériel : comme ils ne sont que des altérations d'autres faits normaux, ils nous permettent d'en dégager et d'en reconnaître expérimentalement le caractère irréductible. Certaines conditions qu'on juge appartenir à l'essence d'un phénomène auquel elles semblent invariablement liées peuvent disparaître en certains cas extraordinaires ; le phénomène alors a-t-il disparu, ou les conditions qu'on avait crues invariables ne l'étaient-elles pas ? L'âme voit par les yeux, l'âme entend par les oreilles : les yeux et les oreilles, les appareils organiques des sens, en un mot, lui sont-ils nécessaires pour qu'elle voie, pour qu'elle entende, pour qu'elle perçoive ? Ou ne sont-ils que des instruments accoutumés et très utiles, mais non indispensables ? Ou encore indispensables dans l'état de veille normale, mais non dans tous les états, plus ou moins rares, dont elle est capable dès cette vie ? »

Ainsi parlions-nous, il y a trente ans ; et ne semble-t-il pas que l'auteur des *Maladies de la personnalité*, l'éminent directeur de la *Revue philosophique*, suivi de nombreux disciples, ait écouté des conseils que sans doute il n'a pas entendus ? Il n'avait pas besoin de les entendre.

Mais leur œuvre empêche-t-elle, ou rend-elle inutile, une œuvre toute différente, qui est la nôtre ? Les faits psychologiques une fois constatés, il reste à les expliquer ; les diverses formes sous lesquelles se manifeste l'âme connues et leurs lois établies, il reste à comprendre l'âme : il reste à savoir ce qu'elle est, d'où elle vient, où elle va, pourquoi nous vivons, quelle est la raison de l'être que nous sommes. A côté et en outre de la psychologie expérimentale, mais à la suite, la psychologie métaphysique a sa place.

*
* *

Elle peut être conçue de deux façons : comme une partie de la philosophie première, d'une science de la raison des choses dans leur rapport à l'homme, ou de l'homme dans son rapport au monde et à Dieu : c'est ce qu'elle a longtemps été, et c'est ce qu'elle peut continuer à être, mais dans la mesure où l'homme, où le monde, nous seraient connus d'ailleurs, où la philosophie première, au lieu d'être la construction idéale et comme la divination d'une réalité ignorée, serait ce qu'il faut qu'elle soit, une reconstruction, par la raison, de la réalité que l'expérience nous donne. Mais ce serait là une métaphysique plutôt qu'une psychologie métaphysique : celle-ci peut devenir l'objet d'une étude propre, et se faire en elle-même, pour elle-même. Les problèmes de l'âme peuvent être discutés à part des grands problèmes de l'univers et de Dieu. Ces problèmes généraux enveloppent les autres ; mais les autres peuvent en être détachés, et à leur tour ils enveloppent les problèmes généraux. Qui cherche à comprendre Dieu et le monde y trouvera l'homme ; et qui cherche à comprendre l'homme y trouvera le monde, y trouvera Dieu. Il y a lieu à une psychologie métaphysique, distincte de la métaphysique générale, et qui, sous un point de vue contenue en elle, sous un autre point de vue la contient.

Ces deux métaphysiques, ou, pour mieux dire, ces deux formes de la métaphysique, ont leur valeur, comme elles ont leur intérêt : l'intérêt le plus pressant est celui qui s'attache à la psychologie métaphysique. Et quand il n'en serait pas ainsi, c'est encore par celle-ci qu'il faudrait commencer. Connaissons d'abord le monde présent à nos sens, l'âme présente à notre conscience : il faut connaître, avant de comprendre ; mais avant de comprendre le monde, qui est hors de nous, Dieu, qui est au-dessus de nous, il faut nous comprendre nous-mêmes. C'est dans notre perception que le monde nous est donné, et Dieu par notre raison ; on a la connaissance du monde, sans en avoir l'intelligence, mais on n'en a l'intelligence que par l'intelligence de soi ; et l'on n'a pas la connaissance de Dieu si l'on n'en a pas l'intelligence, mais l'on n'en a l'intelligence que par l'intelligence de soi. Je veux dire que, si l'on connaît le monde parce qu'on le voit, et dans la mesure où on le voit, sans avoir besoin pour cela de le comprendre, l'on ne connaît Dieu qu'autant que l'on comprend qu'il doit être, et on ne le comprend qu'autant que l'on se comprend soi-même. Il ne suffit point de la connaissance de soi pour s'élever à celle de Dieu : il y faut joindre l'intelligence de soi. Elle n'est pas nécessaire à la connaissance du monde. Veut-on d'ailleurs le comprendre ? On ne le pourra qu'en se comprenant dans le rapport par où on lui est uni. On va de l'intelligence de soi à l'intelligence du monde, et à la connaissance de Dieu. La physique d'une part, la psychologie expérimentale de l'autre, la science fondée sur la double expérience du dehors et du dedans, ouvre la marche ; vient ensuite la psychologie métaphysique : la métaphysique ou philosophie première couronne le tout.

Nous voudrions ébaucher une psychologie métaphysique. On travaille à constituer une psychologie expérimentale : une psychologie métaphysique, on n'en veut pas. On est *positif*. On relègue l'âme, comme on relègue Dieu, dans le pays des rêves enfantins. Ni Dieu ni l'âme ne se touchent : l'observation, l'expérience, aidée même des plus subtils instruments, ne les atteint pas. Donc on les laisse à l'écart, vains fantômes, chimères bonnes tout au plus pour effrayer les femmes.

Et qui le leur a dit, que l'âme et Dieu sont des chimères ? Il vaut la peine de s'en assurer. Nous sommes justement inquiets de notre destinée. Dieu, ou la nature, ou le hasard, ne nous a-t-il jetés nus sur cette terre nue que pour nous y vêtir et la vêtir à notre usage, heureux si la sueur de notre front et la fatigue de notre cerveau nous permettent d'arracher à la stérilité d'un sol avare quelques maigres biens, contents de nous-mêmes et de notre science laborieuse, oubliant, dès que nous l'avons parée, la tristesse à peine masquée de notre demeure ? N'avons-nous rien à faire, qu'à vivre sans savoir pourquoi nous vivons ? à quelle fin ? s'il y a même une fin, un but de notre vie ? Et moi, moi qui suis et qui ne sais pas ce que je suis, moi, venu un jour je ne sais d'où pour m'en aller un jour je ne sais où, que suis-je ? d'où viens-je ? où vais-je ? Que suis-je, moi qui suis et qui pense ? Ne suis-je qu'un peu de boue ou de cendre, un agrégat de cellules composées d'oxygène et d'hydrogène, de carbone et d'azote, poussière arrachée à la poussière pour retourner à la poussière ? ou suis-je moi-même autre chose que ce corps destiné à pourrir ? Si cela est, vivrai-je après que la pourriture de mon corps aura nourri, par une suite de transformations, des herbes, des bêtes, des hommes ? Puis-je dès cette vie déterminer mon autre vie, une vie éternelle ?

On ne conteste pas l'intérêt immense d'une science de la destinée humaine, et l'on ne conteste pas que telle soit ou que telle doive être une science de l'âme. Et tel est l'objet, ou tel est du moins le principal intérêt, de la psychologie métaphysique. Mais on la déclare impossible. L'homme n'a point d'autre destinée que sa vie terrestre, et la science d'une âme immortelle serait la science d'une chose qui n'existe pas. Ou, si l'âme existe et si elle est immortelle, c'est ce que nous ne pouvons savoir, c'est ce que nous ne pouvons faire autrement que d'ignorer, puisque l'expérience l'ignore. Ainsi parle-t-on. Les uns s'en tiennent à la foi, variable comme l'éducation de leur enfance, universelle du moins dans les grandes affirmations de la spiritualité et de l'immortalité de nos âmes. D'autres, dont le nombre va croissant de jour en jour, dédaignent comme également illusoires et la foi de leur enfance et la science qui la confirmerait ou la remplacerait : ils bornent leurs pensées à la terre, ils enferment toutes leurs ambitions dans l'étroit horizon de cette vie.

Ont-ils raison ? ont-ils tort ? Il serait triste qu'ils eussent raison. Sans doute, il se pourrait que la vérité fût triste : mais encore faut-il y bien regarder ; et c'est assez pour que leur condamnation d'une science de notre destinée ne soit pas sans appel. Notre étude ou confirmera ou cassera leur arrêt. Abordons-la courageusement, avec l'espérance d'y trouver la solution des problèmes de l'âme.

Il existe une science expérimentale de l'âme : science de faits, constatés et reconnus par les négateurs comme par les affirmateurs de l'être même de l'âme, certaine tout d'abord et positive à ce titre. Nous ne les établissons pas, il ne s'agit plus ici de psychologie expérimentale ; mais c'est sur eux que nous nous appuierons, et nous aurons toujours l'expérience à la base de tous nos raisonnements.

II

L'âme est le sujet des faits de conscience.

Les faits de conscience, ou faits du moi, sont des faits distingués par ce caractère propre, que l'être auquel ils se rapportent les connaît en lui-même et se connaît lui-même en eux.

Je connais mes pensées, c'est-à-dire que je me connais pensant, et pensant ceci ou cela. Je ne connais pas des pensées quelconques, mais certaines pensées déterminées ; et je les connais en leur sujet : ce sont mes pensées, ce ne sont pas celles d'un autre. Les pensées sont miennes dans la connaissance même que j'en ai. Ou je ne les connais pas du tout, ou je les connais miennes. Et je ne me connais pas moi-même à part de mes pensées ; je me connais dans mes pensées, et par mes pensées : je me connais pensant. Je me connais en elles, comme je les connais en moi : je ne les sépare pas de moi, ni moi d'elles ; aussi ne me connaîtrais-je pas sans elles, et c'est par elles comme en elles que je me connais : mais c'est moi-même que je connais en elles et par elles, sans les confondre avec moi non plus que les séparer de moi. Je me connais un même pensant, unique et permanent, de pensées multiples et successives.

Il s'ensuit que j'ai une connaissance directe, immédiate, de moi-même : non de mon être nu, ni de tout mon être, mais de mon être pensant. Il s'ensuit aussi que je ne saurais penser sans me connaître penser, que nulle pensée n'existe sans un pensant qui la connaisse en lui-même et lui-même se connaisse en elle par elle ; qu'une pensée n'est concevable qu'en une conscience ; que l'hypothèse d'une pensée inconsciente est contradictoire.

Je connais mes affections, c'est-à-dire que je me connais sentant, et sentant ceci ou cela. Je connais mes volitions, c'est-à-dire que je me connais voulant, et voulant ceci ou cela. Je me connais voulant, sentant, pensant : penser, sentir, vouloir, sont manières d'être que je connais en un être qui est moi, sans lesquelles et hors desquelles je ne connais pas cet être, comme je ne les connais pas elles-mêmes sans la connaissance de cet être : je le connais en les connaissant, et je les connais parce que je le connais. Et comme je me connais un même pensant, unique et permanent, de pensées multiples et successives, un même sentant, unique et permanent, de sentiments multiples et successifs, un même voulant, unique et permanent, de volitions multiples et successives, je me connais un même conscient, unique et permanent, de faits de conscience multiples et successifs. Pensées, sentiments, volitions, sont par essence manières d'être d'un conscient ; et parler d'une pensée, ou d'un sentiment, ou d'une volition, qui ne serait pas telle volition, ou tel sentiment, ou telle pensée déterminée d'un être se connaissant penser, ou sentir, ou vouloir, c'est, dans toute la rigueur d'un terme sévère mais juste, parler sans savoir ce qu'on dit.

Non que la conscience embrasse l'être entier de l'âme : l'âme, au contraire, n'a point conscience de tout son être, mais de ses actes. Mais ce dont elle n'a pas conscience échappe à la connaissance directe ; ce qui, étant de l'âme, n'est pas objet de conscience actuelle, ne l'est point des sens ou de quelque autre faculté perceptive, et ne peut être connu que par induction. Et ce n'est ni ne peut être volition, ou sentiment, ou pensée : parler d'une pensée inconsciente, c'est parler d'une idée peut-être, mais d'une idée non pensée, c'est nier la pensée qu'on affirme, et se contredire.

*
* *

Se connaître penser ou sentir ou vouloir, ce n'est pas connaître seulement qu'on sent ou qu'on pense ou qu'on veut, mais ce qu'on veut, ce qu'on sent, ce qu'on pense. Dans le fait de conscience, la conscience n'est que la forme, non la matière. La matière est l'objet de la conscience, inséparable mais distinct de la conscience même : pour la volition, l'effort, acte du voulant ; pour la pensée, l'idée, non en soi, mais dans l'acte du pensant qui la saisit ; pour le sentiment, la modification reçue, non en soi, mais dans l'acte du sentant qui, touché du dehors, réagit sur ce qui le touche. Réaction sur l'action reçue, compréhension et, pour ainsi dire, préhension de l'idée, effort de la volonté, l'objet de la conscience est toujours un acte ; et la conscience elle-même est un acte : car elle est connaissance, elle est pensée. Tout fait de conscience, quelle qu'en soit la matière, est pensée dans sa forme, et toute pensée un acte du pensant : tout fait de conscience, quand l'objet n'en serait pas un acte, est un acte comme tel. Quand le conscient ne serait conscient, s'il pouvait l'être, que d'un état passif, c'est agir que se saisir soi-même et se connaître. S'il n'a point quelque conscience, au moins obscure, de son être, on ne peut dire, sans doute, qu'il agit, mais on ne peut dire non plus qu'il sent, ni qu'il pense, ni qu'il veut. Ce n'est pas vouloir que ne pas savoir qu'on veut, ni sentir que ne pas savoir qu'on sent, ni penser que ne pas savoir qu'on pense. Qui n'a pas conscience de soi est peut-être, mais non pour lui-même ; pour autrui peut-être : mais pour lui-même et en lui-même, qu'est-il ? Un être n'est donc, sinon au regard d'autrui, au moins pour lui-même, que dans la mesure où il est capable d'action. La conscience est un acte, et l'objet de la conscience en est un : on n'a pas une conscience générale d'être quelconque, mais la conscience présente et particulière d'un être déterminé. Quel être ? Celui que je suis en ce moment, par suite ou de ma propre détermination ou de ma réaction sur ce qui me détermine : que je me détermine moi-même ou que je sois déterminé du dehors, j'agis dans la première hypothèse, dans la seconde je réagis : mais réagir, n'est-ce pas agir ? J'ai conscience de mon être agissant : non de mon être, mais de mon acte. Je n'agis donc pas simplement, mais doublement : agissant, et prenant conscience de mon agir, ce qui est encore un agir. Le moi, l'être conscient, est un agent dont l'acte double est d'agir pour se connaître agir, un agent qui se sait agir ; qui ne peut donc, ni avoir conscience de son être sans agir, ni agir sans avoir conscience de son être en acte.

*
* *

Nous ne faisons encore que poser l'objet de la psychologie, l'âme, ou le moi. Il est ce qui se connaît, et il est ce qu'il se connaît être : il est esprit. Une force pensante et qui se connaît, une activité qui se sait agir, un agent conscient de son action, est un esprit. *Moi, âme, esprit,* noms divers d'une seule chose : *esprit* en elle-même, *âme* en ce qu'elle est le principe qui constitue l'homme, *moi* en ce qu'elle affirme son être.

Qui vient me dire qu'il ne saurait y avoir une science de l'esprit, parce qu'on ignore l'esprit ? On ignore l'esprit, on connaît la matière, à en croire certaines gens qui se donnent pour savants, et qu'on prend trop aisément pour ce qu'ils se donnent. Le vrai est précisément que nous ignorons la matière, et que nous connaissons l'esprit.

Ne disons rien de la nature de l'un et de l'autre. L'esprit peut-il être ramené à la matière ? ou, au contraire, la matière à l'esprit ? ou la matière et l'esprit à quelque essence commune, à un principe supérieur qui, sans être l'un ni l'autre, les embrasserait, les comprendrait l'un et l'autre ? ou sont-ce là deux essences irréductibles ? Je n'en dis rien, je n'en peux rien dire encore. Mais celle des deux que nous connaissons, ce n'est pas la matière, c'est l'esprit ; et celle des deux que nous ignorons, ce n'est pas l'esprit, c'est la matière. Le matérialisme est le fruit d'une savante méthode qui consiste à ramener ce qu'on sait à ce qu'on ne sait pas, à partir de l'inconnu pour en apprendre le connu.

L'esprit est le conscient, qui n'est qu'autant qu'il a conscience d'être, et qui est cela même qu'il a conscience d'être. Il se connaît donc, et j'ajoute qu'il ne connaît que soi. Non seulement je me connais, mais je ne connais que moi, et rien autre. De moi seul j'ai une connaissance directe et positive ; je n'ai du reste qu'une connaissance indirecte, toute négative. Je le connais en quelque façon, et j'affirme le non-moi en affirmant le moi : mais je l'affirme à ce titre, qu'il est le non-moi. Il est ce qui n'est pas moi. Si l'on me demande ce qu'il est, je n'ai rien à en dire, sinon qu'il n'est pas moi. J'en sais, non ce qu'il est, mais ce qu'il n'est pas. Et si j'en sais quelque chose d'autre, c'est ce que j'en trouve en moi-même. Tout ce que je tiens de l'univers, je l'ai en moi, sous forme d'impressions produites par lui sur moi, mais qui participent de ma nature peut-être plus que de la sienne : si elles résultent de son action sur moi, elles ne résultent pas moins de ma réaction sur lui ; et ce n'est pas lui que je peux connaître ni son action sur moi, mais ma réaction sur lui : car je n'ai pas conscience de lui, qui est autre, ni de son action, qui est une action étrangère, mais de ma réaction, qui est mon action propre.

Vous croyez ma connaissance du monde plus étendue que ma connaissance de moi-même ? Elle est beaucoup moindre, en vérité : car elle est comprise tout entière dans ma connaissance de moi-même. Le monde, a-t-on dit, et on l'a pu dire avec raison, est un phénomène cérébral. Mais il est d'abord un phénomène mental, un fait de conscience, une sensation ou un ensemble de sensations. Que connaissons-nous des choses ? Nous en connaissons ce que nous en avons, leur empreinte sur nous : cette empreinte est la sensation. Elle est un double effet et de l'action des choses sur nous et de notre réaction sur les choses : elle est donc pour nous le signe des choses, que nous connaissons par leurs signes comme le feu par la fumée, réelles, mais non peut-être plus semblables à leurs signes qu'à la fumée le feu. Comme la cire, si elle était douée de conscience et de raison, ne connaîtrait pas le cachet, mais une empreinte, dont elle affirmerait la cause extérieure inconnue, ainsi nous ne connaissons pas les choses, mais l'empreinte des choses ; elles ne nous sont pas données en elles-mêmes, mais dans leur rapport à nous, et dans leurs rapports entre elles tels que leur rapport à nous l'enveloppe.

*
* *

L'esprit se connaît donc lui-même, et il ne connaît directement, positivement, que lui-même. Il ne connaît la matière que comme il connaît le dehors, par un acte de son être sensible : disons par un acte des sens.

L'acte des sens est la sensation. La sensation est un fait de conscience. Le fait de conscience, le fait spirituel, nous est donné directement ; le fait corporel nous est donné dans un fait spirituel, dans la sensation. Si le conscient connaît d'autres faits que des faits de conscience, ce n'est plus par une connaissance immédiate comme celle qu'il a de lui-même, c'est par l'intermédiaire de certains d'entre les faits de conscience, qui sont les sensations ; et voilà ce qu'on appelle connaître par l'intermédiaire des sens, ou simplement par les sens. Il ne faut pas entendre les organes des sens, mais les sens eux-mêmes, le tact, la vue, l'ouïe, qui sont de l'âme : car les oreilles entendent-elles ? les mains touchent-elles ? les yeux voient-ils ? Non, c'est moi qui vois par mes yeux, qui entends par mes oreilles, qui touche par mes mains. Dire que je connais le dehors par l'intermédiaire de mes sens, ne doit pas s'entendre comme si l'on disait que je connais par l'intermédiaire de mes oreilles, de mes mains, de mes yeux, mais par mon ouïe, par mon tact, par ma vue, ou par les sensations qui en sont les actes : sensations auditives, tactiles, visuelles, etc., véritables intermédiaires entre les objets extérieurs à l'intelligence et l'intelligence même.

La sensation m'est donnée en ma conscience comme

un rapport entre le dehors et moi. Elle est un acte de moi, accompagné d'une double connaissance, d'une double affirmation : affirmation de moi-même, affirmation d'un autre. C'est qu'elle est la conscience d'une réaction de mon être sur l'être extérieur : d'où l'affirmation de l'être extérieur enveloppée dans celle de mon propre être. Cette union de la sensation et de l'affirmation d'un autre enveloppée dans l'affirmation de moi-même est la perception, fait très complexe, dont la sensation n'est qu'un élément, et qui requiert toutes les puissances de l'âme.

J'éprouve des sensations, visions, auditions, etc., lesquelles sont des faits de conscience que je me rapporte à moi-même à ce titre, mais que je rapporte aussi à quelque chose d'extérieur ; la sensation m'est donnée en ma conscience même comme un rapport du dehors à moi. Je suis l'un des termes de ce rapport ; l'autre est le non-moi, dont l'affirmation est enveloppée dans celle de moi-même. Il s'ensuit que je ne puis être à moi-même qu'objet de conscience, non de sensation ; que je me distingue essentiellement, absolument, du visible, du tangible, dans lequel je suis d'ailleurs plongé comme en un milieu où d'une action et d'une réaction incessantes résulte mon être spirituel ; qu'un être qui se connaît se connaît comme objet de conscience, et qu'un être qui connaît d'autres êtres les connaît comme objets de sensation ; que demander l'âme à la sensation est aussi insensé que demander le corps à la conscience ; que, par essence, l'objet de conscience est esprit, l'objet de sensation corps ; qu'esprit et corps sont moi et non-moi, irréductibles à ce titre, sans qu'il y ait rien à préjuger sur la nature intime de l'un et de l'autre ; qu'on est pour soi-même esprit, pour autrui corps, ou, sous un mode quelconque, principe de manifestations corporelles ; que je ne suis pas corps, que je ne suis donc pas mon corps, bien que je ne puisse être manifesté, ni peut-être me manifester à moi-même, prendre conscience de moi-même et vivre esprit, sans un corps.

※

Les deux ordres de faits que connaît l'homme se retrouvent en lui. Le moi, l'être conscient, se connaît lui-même en l'homme par la conscience, et y connaît d'autres faits que des faits spirituels : il y connaît des faits objets de sensation, des faits externes. L'homme comprend donc, embrasse, unit un moi et un non-moi distincts dans leur union même : un sujet de faits de conscience, l'âme, et un sujet de faits qui échappent à la conscience, le corps.

Ces faits externes, visibles et tangibles comme tous les faits corporels (le corps est, par définition, le visible, le tangible, le représentable), s'accomplissent dans l'étendue : ce sont des figures et des mouvements, figures produites par des mouvements, mouvements produisant des figures. Beaucoup de ces mouvements résultent de la vie et l'entretiennent ; ils viennent de la vie, ils y vont : ils l'ont pour cause et pour effet, pour principe à la fois et pour fin. Beaucoup aussi, impossibles sans la vie, n'en viennent pas et n'y vont pas, mais du dehors à moi, ou de moi au dehors : je suis le point où plusieurs aboutissent, c'est quand je sens ; et le point d'où plusieurs partent, c'est quand je meus. Le mouvement qui aboutit à moi, je le connais par la sensation qu'il détermine en moi, et cette sensation par la conscience ; je connais par la conscience la volonté qui détermine un mouvement dans mon corps, et ce mouvement par la sensation :

je suis donc le sentant et le voulant, non le mouvement qui détermine en moi la sensation ni le mouvement que détermine en mon corps ma volonté, ni surtout le lieu de ces mouvements : je suis le centre indivisible, le point où ils aboutissent, d'où ils partent ; et je ne comporte moi-même que des formes étrangères à l'étendue, des modifications qui sont des actes d'un indivisible.

Si de tels mouvements, où se manifeste l'étroite union de l'esprit que je suis avec mon corps, me sont extérieurs, combien plus ceux qui n'aboutissent pas à moi ni ne partent de moi, mais entretiennent dans mon corps la vie qui les produit sans cesse ! Ce sont phénomènes externes, dont je ne dois la difficile connaissance qu'à une expérience externe singulièrement laborieuse : je les ignore pour la plupart ; et de ceux que je n'ignore pas, j'ignore toujours la cause ; — que dis-je, la cause ? J'ignore jusqu'au sujet véritable. Nulle expérience ne me montre ni la cause de la vie, ni, dans la réalité d'un être inaltérable à la décomposition et à la recomposition continues de la matière, le vivant. Quel est ce vivant ? Est-ce moi-même, comme le veut l'animisme ? Est-ce *une âme de seconde majesté*, comme disait Lordat, comme le vitalisme l'enseigne ? Est-ce l'espèce en chacun des individus qui l'expriment et la réalisent ?

Comme j'ignore la cause, j'ignore le vrai sujet des faits de la vie corporelle : je me sais le sujet des faits de ma vie spirituelle, je me sais l'agent des actes qui la constituent. Et les faits de la vie corporelle sont des mouvements qui ne se rapportent qu'à cette vie même, qui ne vont qu'à la produire ou à la soutenir ; les faits de la vie spirituelle sont des actes pour une fin bien supérieure, pour une fin qui exige quelquefois jusqu'au sacrifice de la vie corporelle : de nous partent quelquefois des mouvements corporels qui, loin de produire ou de soutenir la vie corporelle, en consomment le sacrifice.

Voilà donc en l'homme deux ordres de faits, qui ne se peuvent ni séparer ni confondre. Séparez-les, vous n'avez plus l'homme. Confondez-les, vous confondez la vie spirituelle, qui est la fin, avec la vie corporelle, qui en est le moyen et l'instrument ; le point où aboutissent et d'où partent certains mouvements mêlés à d'autres qui n'y vont ni n'en viennent, avec le lieu de tous ces mouvements si divers ; un être conscient de soi, qui se connaît sujet et principe de ses actes, avec un être qui échappe à la conscience, à la connaissance intime et directe, objet ignoré en soi d'une connaissance toute externe, — un moi et un non-moi, unis mais contraires. Voilà donc en l'unité de l'homme deux hommes : il y a une science de l'homme corporel, qui est la physiologie ; et une science de l'homme spirituel, qui est la psychologie.

III

Le physiologiste, par ses sens aidés d'instruments, observe, expérimente : il voit et il touche, il regarde et il palpe, il se sert du microscope, s'arme du scalpel, scrute le corps humain, en fouille les coins et les recoins cachés, les secrets replis, les profondeurs obscures, impénétrables, pour découvrir ce qui s'y trouve : la composition et la disposition des éléments, les mouvements divers et concertés qui s'y exécutent : des phénomènes, et leurs lois. Une longue et laborieuse observation, une expérimentation habile, ne le conduit pas au delà, ni au bout : il ne saurait dépasser le phénomène, il ne saurait l'atteindre entièrement. Derrière les faits qu'il est parvenu à connaître, il en reste d'autres, et toujours d'autres, à découvrir ; et jamais il ne saurait parvenir ni à une cause véritable, ni à un véritable être.

Le psychologue observe aussi, mais sans intermédiaire ni d'instruments ni de sens : il s'observe directement lui-même par une sorte de retour ou de reploiement sur lui-même, qui est la *réflexion*. A peine a-t-il besoin de s'observer : les faits qu'il étudie lui sont tous connus d'avance par leur nature propre : ce sont faits du moi, qui ne se peuvent produire que le moi ne les connaisse, et qui ne sont qu'autant que le moi les connaît ; et comme la science ne traite pas des faits particuliers, mais des espèces et des genres, il n'est point que le psychologue, quand il s'observe, n'ait déjà connu en lui toutes les espèces et tous les genres, toutes les sortes de faits psychologiques. Mes pensées ne sont pas celles d'un autre, les pensées d'un autre ne sont pas les miennes : mais les miennes comme les siennes sont des pensées, et je connais en moi la pensée, avec toutes ses formes générales, conscience, perception, imagination, et le reste. De même pour mes sentiments, qui sont des sentiments ; pour mes résolutions, qui sont des résolutions : je connais en moi le sentir, le vouloir. Quelle difficulté pour arriver à connaître peu à peu, au prix des plus laborieux efforts, quelques faits corporels ! Tous les faits spirituels nous sont immédiatement connus. Il faut de longues expériences, et il faut le génie, pour découvrir la circulation du sang, le mouvement des nerfs, sensitifs, moteurs, le mouvement des fibres et des cellules du cerveau... Mais que dis-je ? Le mouvement des fibres cérébrales, des cellules cérébrales, l'a-t-on découvert ? On le présume ; et par ce fait possible, ou même probable, mais inconnu, par ce fait qu'on n'a pas encore découvert, mais qu'on présume, on se flatte d'expliquer la pensée, un fait d'une tout autre nature, et connu de lui-même ? Chacun sait, dès qu'il a conscience de soi, ce qu'est pensée, volonté, sentiment ; la découverte des faits psychologiques ne demande aucun effort de génie : on les a bien vite connus tous. Il n'y en a pas d'autres, je ne dis point de l'âme ou de l'être substantiel du moi, je dis d'autres faits de conscience, que ces faits dont nous avons tous également conscience ; et nous savons, nous voyons bien, qu'il ne saurait y en avoir d'autres. L'homme de génie pense, et l'idiot aussi pense ; on perçoit, on raisonne, on juge, on sent, on imagine, on veut, qu'on soit le plus glorieux des hommes ou qu'on soit le plus humble, et le plus humble comme le plus glorieux sait qu'il veut, qu'il imagine, qu'il sent, qu'il raisonne, qu'il juge. Les faits physiologiques sont toujours à découvrir : après l'un un autre, puis un autre, un autre encore, sans fin ; les faits psychologiques ne sont jamais à découvrir, et chacun, à chaque instant, les connaît tous.

Mais les lois des faits ne seront-elles pas à découvrir ? — Oui, sans doute, il y aura lieu de saisir et de reconnaître, pour les faits psychologiques de même que pour les faits physiologiques, des rapports constants de concomitance ou de succession, soit des faits psychologiques entre eux, soit des faits psychologiques et des faits physiologiques liés. Les premiers de ces rapports sont déjà reconnus : les déterminer a été l'œuvre de la psychologie expérimentale, surtout dans l'école écossaise et dans l'école anglaise ; et ç'a été la gloire de ces écoles. Mais cette œuvre est faite, ou à peu près ; et ce n'est là que le commencement de la psychologie. Les autres rapports, ceux des faits psychologiques et des faits physiologiques liés, sont très difficiles à déterminer, ils ouvrent un vaste champ de découvertes à des psychologues physiologistes. Plusieurs font aujourd'hui de cette recherche l'objet d'une étude ardente et singulièrement curieuse ; j'ai déjà parlé des travaux de la *Revue philosophique,* dont elle est l'honneur.

*
* *

Faut-il s'arrêter là ?

Distinguons d'abord, dans la psychologie expérimentale, une psychologie pure et une psychologie mixte ou psycho-physiologie. comme on l'appelle.

La première est à peu près faite. Nous suffira-t-elle ? Peut-elle nous suffire ? Les rapports des faits psychologiques reconnus, les lois propres de la psychologie comme telle déterminées, la psychologie est-elle achevée ? Si elle n'allait pas plus loin, elle n'irait pas loin. Émule des sciences physiques et des sciences naturelles, émule de la physiologie, mais pour une tâche autrement facile, quelle pauvre science elle serait ! Et quelle humble figure elle ferait à côté de ses rivales ! Elle mériterait presque le dédain de ces savants qui n'y voient pas autre chose, ou pour qui autre chose qu'ils y pourraient voir n'est que chimère. Des faits, qui ne sont pas à découvrir ; des lois, presque aussitôt reconnues qu'énoncées ; un classement, un groupement méthodique de phénomènes que savent les plus simples, et qu'elle ne ferait que leur rappeler dans un bon ordre !

Les phénomènes généraux de l'âme rappelés et

ordonnés, et leurs lois fixées, non seulement la psychologie n'est pas achevée, mais la psychologie expérimentale même ne l'est pas. La psychologie mixte, après la psychologie pure, est à faire, aussi difficile que l'autre l'était peu, aussi digne d'étude que l'autre, réduite à elle-même, paraissait mériter le dédain de nos savants.

Mais la psychologie est encore autre chose. Cette psychologie expérimentale, si loin qu'on la pousse, n'est qu'un point de départ pour une autre plus haute, une base ferme, mais une base, sur laquelle il faut construire la véritable psychologie. Celle-ci est l'honneur de l'école française : à peine cette école a-t-elle abordé la psychologie mixte, mais elle s'est élevée de la psychologie expérimentale à cette autre supérieure. Et pourquoi craindrions-nous de la qualifier par son caractère, mal vu aujourd'hui, mais qui fait sa gloire ? C'est la psychologie métaphysique.

Qu'est-ce que ce sujet des faits de conscience, cet être qui pense, qui sent, qui veut, cette force qui se sait agir ? Cette âme, en un mot, n'est-elle qu'un aspect de l'homme, dont le corps serait un autre aspect ? Est-elle née avec ce corps pour mourir avec lui ? Ou est-elle autre que ce corps, principe vivificateur du corps, peut-être esprit uni à un corps vivant, mais passagèrement, et pour une autre destinée comme il serait d'une autre nature ? Nous percevons, nous concevons, nous imaginons, nous raisonnons, nous pensons, dans telles conditions et de telle manière ; ainsi dit la psychologie expérimentale. Mais qu'est-ce que la raison ? Qu'est-ce que la pensée ? Que sont les idées régulatrices de la connaissance et, à ce qu'il semble, de l'existence même ? Le sont-elles de l'existence comme elles le sont de la connaissance ?

Et s'il en est ainsi, que sont-elles en elles-mêmes ? Que sont-elles en nous ? Que sont-elles dans leur source, dans leur principe supérieur à nous ? Qu'est-ce que le vrai, objet de l'intelligence ? Qu'est-ce que le beau, objet de l'amour ? Qu'est-ce que le bien, objet de la volonté libre ? Quelle part avons-nous dans notre conduite ? Et quelle part y prend l'hérédité, la société, le monde extérieur, Dieu peut-être ? Où va notre responsabilité ? finie ou infinie ? temporaire ou éternelle ?

Que de questions ! Et combien d'autres, graves, redoutables ! La psychologie doit-elle les éviter ? Non, si elle peut les résoudre. Mais le peut-elle ? Atteint-elle au delà des phénomènes ? La psychologie expérimentale n'est-elle pas la seule qui puisse être une science positive, et la psychologie métaphysique peut-elle être autre chose que la psychologie chimérique ?

*
* *

Oui, la psychologie atteint au delà des faits de conscience ; ou, pour mieux dire, la conscience atteint au delà des faits, au delà de ses propres phénomènes, l'être même qui se manifeste par eux. C'est un point qui divise les psychologues français et les psychologues anglais, ou, plus exactement, les anciens psychologues français et les nouveaux, devenus les disciples de l'école anglaise, si la conscience, connaissance directe, immédiate, du moi, ne l'est que des simples phénomènes ou de l'être même du moi. Pour Maine de Biran, pour M. Janet, pour M. Ravaisson, pour l'école française, elle l'est de l'être même du moi : pour l'école anglaise, elle ne l'est que des phénomènes. Il me paraît qu'on a raison des deux côtés, ou, ce qui est tout un, que des deux côtés on a tort. On a raison, et c'est pourquoi l'on est convaincu ; on a tort, et c'est pourquoi l'on ne peut convaincre ses adversaires. La conscience n'est pas la connaissance directe de l'être du moi : combien l'âme s'échappe à elle-même, loin d'avoir une pleine et entière connaissance de son être ! Et si elle connaissait ainsi directement, immédiatement, intuitivement, son être, disputerait-on, comme on le fait, de sa nature, de son existence ? Mais la conscience n'est pas la connaissance de purs faits, de purs phénomènes : elle est connaissance de phénomènes, de faits nôtres. Je ne connais pas mes pensées et mes sentiments comme je connais les phénomènes du dehors : ce sont faits que je connais du dedans, faits miens, et je ne les puis connaître sans les connaître en moi, sans me connaître en eux. Les phénomènes externes sont faits que je ne rapporte à rien, dont je ne sais rien, sinon qu'ils ne sont pas de moi ; ils sont faits du non-moi. Je connais des formes visibles, des formes tangibles. De quel être ? ou même sont-elles de quelque être ? Par connaissance directe je ne le sais, et n'en puis rien dire que par induction. Je ne connais donc pas la pensée ou le sentiment comme je connais les faits extérieurs. Je connais *des* faits extérieurs, je connais *mes* pensées. Je les connais miennes, sans induction, et de connaissance directe. Il est donc faux que la conscience ne soit la connaissance directe que de purs phénomènes, comme il est faux qu'elle soit la connaissance directe d'un être : elle est la connaissance d'un être dans les phénomènes qui le manifestent. Directe de ces phénomènes, mais, dans ces phénomènes, de l'être qu'ils manifestent : non directe d'un être, mais d'un être dans ces phénomènes ; non de purs phénomènes, mais de phénomènes où se manifeste et se connaît un être.

Non d'un être en soi, d'un être en puissance, mais d'un être en acte, dans les faits où son activité s'exerce.

Comme nous connaissons, par une perception directe, nos sensations, et dans nos sensations, par une perception indirecte, des phénomènes du dehors, ainsi nous connaissons, par une perception directe, tous les phénomènes du moi, et dans ces phénomènes, par une perception indirecte, l'être du moi.

Je ne connais du dehors, et dans mes sensations, seules directement perçues, que des phénomènes que j'appelle externes, qui sont toutefois, pour une bonne part, internes, car j'y mets beaucoup du mien, et ils ne sont que mes sensations mêmes en tant que rapportées au dehors ; je connais du dedans, et dans tous les phénomènes internes, seuls directement perçus, un être.

La conscience est donc la connaissance d'un être. Peu importe qu'elle ne soit pas directe : quand je connais les faits du moi, je me connais moi-même, je connais l'être que je suis. La portée de l'observation du dedans par la conscience est tout autre que la portée de l'observation du dehors par les sens externes, et la psychologie atteint où la physiologie ne saurait atteindre. Dès que je touche un être, les questions d'être, d'essence, de substance, d'origine, de fin, les questions métaphysiques se posent, et il n'est plus permis de dire qu'elles ne se peuvent résoudre. Elles sont insolubles, si l'être est inaccessible ; et ceux qui tiennent l'être pour inaccessible les estiment insolubles. La conscience est la connaissance d'un être, la psychologie atteint un être, elle atteint l'être dans un être : elle y trouve les questions relatives à l'être, et le motif qui les avait fait déclarer insolubles a disparu.

C'est la prétention d'une école physiologique très autorisée, et qui a la faveur du jour, de voir dans la psychologie un chapitre de la physiologie. Elle aboutit à la négation de l'être spirituel, de l'âme, dont elle ne fait que la fonction ou l'ensemble des fonctions du système nerveux : c'est le matérialisme. Elle conclut donc au matérialisme ; et volontiers on le professe aujourd'hui comme le résultat indéniable de la science. Mais c'est une pure pétition de principe : elle y conclut, parce que d'abord elle le suppose. Elle part de cette idée que la physiologie est la science de l'homme vivant. La physiologie est la science du corps vivant : l'homme vivant et le corps vivant, est-ce tout un ? Suis-je un cerveau pensant, ou un pensant lié à un cerveau ? Je ne penserais pas si je ne vivais, et je ne vivrais pas si je n'avais un corps : ne fussé-je que mon cerveau, j'ai un corps par lequel je vis, mais qui n'est pas moi : car il n'est pas mon cerveau, et l'on ne prétend pas, sans doute, qu'il pense. Or, suis-je un cerveau vivant et pensant moyennant un corps qui vit mais ne pense pas ; ou mon cerveau est-il pour moi ce qu'est pour lui ce corps, et suis-je une âme vivante et pensante moyennant un cerveau qui vit mais ne pense pas ?

La pensée est la fonction du cerveau, disent nos physiologistes en chœur. Ils risquent fort de dire un non-sens. La pensée résulte d'un mouvement, mais il se pourrait qu'elle résultât aussi d'autre chose, qu'elle eût plusieurs facteurs : ce ne serait pas la pensée, mais une des conditions de la pensée, qui serait la fonction du cerveau. La fonction du cerveau serait de constituer le milieu immédiat de l'âme, où seraient transportées les actions du dehors pour que l'âme les y pût recevoir, et d'où seraient transportées au dehors les actions de l'âme : le cerveau produirait, s'il ne l'était lui-même, l'intermédiaire entre l'âme et le monde extérieur. C'est avec le cerveau, ou avec un produit du cerveau, que l'âme, force propre, agent irréductible, serait en rapport immédiat d'action et de réaction, condition de sa manifestation à elle-même comme à autrui, jeu de sa vie spirituelle.

Peut-être n'en est-il pas ainsi, mais peut-être en est-il ainsi. C'est ce que la physiologie ne saurait dire. Il faut une autre étude, celle de la pensée en elle-même, avec ses conditions intrinsèques, dans la conscience qui la donne ; celle de la conscience qui, avec la pensée et dans la pensée même, donne l'être pensant.

IV

Qu'est-il donc, cet être pensant ? Le même que l'être vivant, et cet être le même que le corps vivant ? L'objet de la psychologie se confond-il, en sa substance, avec celui de la physiologie ?

La première question qui se présente à la psychologie métaphysique est de savoir si son objet propre existe. Le problème de la destinée humaine disparaît, si l'homme n'est pas immortel ; et il ne l'est pas, s'il n'est autre que son corps. Pour que l'homme soit immortel, il faut qu'il puisse l'être, c'est-à-dire que l'âme soit : non point qu'il ait une âme, mais que lui-même soit une âme, distincte de son corps. Est-il un corps ayant une âme, ou une âme ayant un corps ? Suis-je un corps vivant, un cerveau pensant ? Ou cet être conscient que je suis (car enfin je suis un être, et conscient) est-il distinct du cerveau, du corps, de l'organisme, sans lequel je ne penserais pas, mais pure condition, entre d'autres possibles, de ma pensée, excitateur extérieur à moi de mon être virtuel, suscitateur de ma conscience ?

Si nous sommes deux, quelle que soit la part du corps dans la formation de la conscience et de la pensée, la destinée de l'un n'est point nécessairement celle de l'autre ; le corps, j'entends ce corps visible et tangible, ce corps périssable, s'il est la condition des manifestations de l'âme, n'en est que la condition actuelle, mais non la condition nécessaire, unique, absolue : l'immortalité est possible, et, dès qu'elle a une raison d'être, elle est.

L'âme est cette activité capable de penser, de sentir, de vouloir, cette force consciente de soi, ce *moi* qu'est chacun de nous. Envisageons-la sous deux aspects fondamentaux et contraires : comme terme d'action reçue, comme principe d'action exercée : le moi sent, le moi veut.

*
* *

Il sent. Il éprouve des sensations de son, de lumière, de chaleur, etc., à la suite et en conséquence d'ébranlements des nerfs, de mouvements corporels : mais que les vibrations de l'air ou les ondulations de l'éther aient impressionné tel nerf ou tel autre, il n'y a toujours hors de la conscience, et dans le corps même, il n'y a dans le système nerveux, dans le centre nerveux, que des mouvements, différents d'origine, de direction, de vitesse : entre des sensations de son, de lumière, de chaleur, n'y a-t-il que des différences d'origine ? Une certaine vitesse de l'éther provoque la sensation de lumière, une autre celle de chaleur ; et d'ailleurs, quelle que soit l'origine des mouvements, quel que soit le corps mû (dans le cerveau, par exemple, substance blanche ou grise, fibre ou cellule), par quoi des mouvements peuvent-ils différer en eux-mêmes, sinon par la direction et la vitesse ? Mais n'y a-t-il entre nos différentes sensations que des différences de direction ou de vitesse ? N'y a-t-il pas différence de nature ? Il y a donc autre chose qu'une différence de mouvement, autre chose qu'un corps en mouvement : une âme, qui, à la suite d'un mouvement dont elle est affectée, y répond et y met du sien. Voir, entendre, etc., sont manières de sentir à elle, selon que, par tel ou tel objet qui la touche, elle est provoquée à se manifester sous tel ou tel de ses propres modes.

Les sens ne sont pas du corps, mais de l'âme. Ce ne sont pas nos yeux qui voient, ni les nerfs par lesquels ils communiquent avec le centre, c'est nous. Que nos yeux soient fermés ; qu'ils soient ouverts, mais dans l'obscurité ; qu'ils soient ouverts, et dans la clarté, mais malades ; ou qu'ils soient ouverts dans la clarté et sains, mais que l'impression produite sur la rétine s'y arrête et n'aboutisse pas au cerveau, nous ne pourrons voir : il y a donc là tout un ensemble de conditions sans lesquelles nous ne pourrons voir, mais elles sont les conditions de la vue, elles ne sont pas la vue. Nous ne voyons pas, si le mouvement des nerfs s'arrête en chemin : donc nous ne voyons pas sans le cerveau mû à la suite des nerfs, sans le nerf optique, sans l'œil ; mais donc aussi ce n'est pas l'œil qui voit, ni le nerf, ce n'est pas l'instrument ou l'organe, c'est nous. Nous avons des facultés de voir, d'entendre ; et il y a dans notre corps des organes de ces facultés : les facultés sont de l'âme, leurs organes sont du corps. Les organes des sens ne sont pas les sens. Prenons un microscope, et regardons : verrons-nous encore ce monde qui nous environne ? Nous en verrons un autre qui nous était invisible, et que le microscope nous rend visible. Le verrons-nous sans le microscope ? Mais est-ce le microscope qui le voit ? Il est l'organe de notre vue des très petits êtres ; il complète ou modifie, comme d'autres lunettes pourraient le faire autrement, l'œil, qui n'est lui-même que l'organe général, que le premier organe, de la vue.

La douleur, c'est bien vous qui l'avez ressentie, dirais-je à un homme qui s'est brûlé ; mais ce n'est pas vous qui avez été brûlé, c'est votre bras. La douleur a été provoquée en vous par un état de votre cerveau résultant d'un mouvement de nerfs résultant lui-même d'une altération des tissus d'où ils partent : altérations des tissus, mouvement des nerfs qui en partent, état du cerveau qui en résulte, sont du corps ; la douleur à la suite est de l'âme. Vous ne l'éprouveriez pas, et l'altération des tissus, la brûlure, vous serait insensible, si le mouvement des nerfs ne s'était pas produit ou s'était arrêté en route. Le corps est brûlé, l'âme sent la brûlure. Le corps est malade, l'âme en souffre. Le corps est en santé, l'âme en jouit. Le corps vit, l'âme sent, pense et veut.

*
* *

C'est par le corps que l'âme reçoit des informations de la nature extérieure, et peut, en conséquence de ces informations, agir sur elle. Un écolier frappe de la main, par façon de jeu, un de ses camarades ; et comme celui-ci proteste : « Ce n'est pas moi, c'est ma main ! » lui répond l'espiègle. Ce petit plaisant est un psychologue sans le savoir, et même un psychologue spiritualiste. Il a raison : sa main n'est pas lui ; et c'est pourtant lui qui frappe. Un assassin pourrait dire aussi : « Ce n'est pas moi, c'est mon poignard ! » Le poignard de l'assassin est l'instrument de son crime, et la main de l'écolier l'instrument de sa taquinerie : elle n'est pas lui-même. Nous ne pouvons agir sans notre corps ; mais notre corps n'est pas nous : il n'agit pas, et c'est nous qui agissons.

Considérons donc maintenant notre pouvoir d'agir. Nous agissons par instinct, par habitude. L'habitude est comme un instinct produit en nous par nous, par notre activité propre. Quand nous agissons par instinct, nous n'agissons point par nous-mêmes, nous n'agissons point véritablement nous-mêmes : c'est la nature qui agit par nous. Nous sommes le siège d'une activité dont nous ne sommes pas le principe. Nous agissons aussi de nous-mêmes. Nous sommes le principe d'une activité, qui se manifeste par des actes vraiment nôtres : actes que nous nous imputons, dont nous nous sentons responsables, actes libres.

Agir ainsi, c'est vouloir. Le caractère du vouloir est d'être libre, d'une liberté qui ne saurait se perdre qu'avec la volonté même : non point la liberté physique, ou politique, ou civile, ou nationale, mais la liberté morale, dite libre-arbitre. Est libre qui ne dépend que de soi : celui qui extérieurement dépend de forces qui le maîtrisent, un peuple assujetti à l'étranger, ou à un despote, un esclave, un homme aux fers, n'est pas libre extérieurement : il est libre intérieurement, parce qu'au dedans de soi il ne dépend que de soi seul. Mille influences le sollicitent, nulle nécessité ne le contraint : il tient dans sa main tout son vouloir.

L'âme se sent se déterminer elle-même, agir d'elle-même. Il y a des actes qu'elle s'impute, et des actes qu'elle ne s'impute pas ; elle distingue les uns des autres, reconnaît quand elle agit d'elle-même ou quand elle agit sous une impulsion, ne confond pas l'action de l'organisme, ou de la nature, ou de l'instinct, avec la sienne propre : le sentiment qu'elle a de celle-ci est précis, net, positif : ce n'est pas l'ignorance de la cause de son vouloir, c'est l'affirmation d'une cause de son vouloir, qui est elle-même ; c'est l'intuition d'une action, forme d'une activité dont elle n'est pas le siège, mais le principe. La conscience par laquelle on s'attribue certains actes est la même, et vaut au même titre, que celle par laquelle on se rapporte certains faits, les phénomènes du moi.

Nous nous sentons libres, dans la conscience par laquelle nous nous imputons à nous-mêmes certains actes imprimant certains mouvements à notre corps, une certaine conduite à notre vie. L'homme donc, s'il agit par le corps, agit de lui-même, être libre, quand il veut ; et s'il sent par le corps, c'est en se manifestant à lui-même, à la suite du mouvement qui le touche, sous un aspect qui lui est propre. Il n'est donc pas un corps, ni une âme sans corps ; ni même un composé d'âme et de corps, car il n'est pas double, mais un : l'homme est une âme ayant un corps, et formant avec lui, comme dit Bossuet, « un tout naturel ».

V

L'âme est un être. Elle n'est pas le corps. Elle n'est pas un corps. Elle est un esprit : c'est-à-dire une activité consciente de son action, une puissance d'actes conscients.

L'âme est un être : elle est l'être même de l'homme, elle est le *moi*. Pour bien comprendre ce qu'elle n'est pas et ce qu'elle est, pour bien voir si elle est une forme du corps vivant, ou si elle en est distincte et séparable, si l'homme est un corps vivant et pensant, ou s'il est une âme unie à un corps vivant mais ne pensant pas, un corps ayant une âme ou une âme ayant un corps, si, corps et âme selon qu'on le considère sous un aspect ou sous un autre, lui-même est un corps dont l'âme ne serait que la manifestation supérieure ou une âme dont le corps ne serait que l'instrument naturel et comme le premier milieu, il faut, quand on parle de l'âme, parler de soi, et à la première personne.

*
* *

Je commande à mon corps : il me sert, ou me résiste. Distinct de moi, s'il m'est soumis, comme le serviteur l'est du maître ; plus visiblement distinct, s'il m'est rebelle. Sans doute je dépends de lui, et suis assujetti à des conditions de son existence. Mais le maître n'est-il pas assujetti aux conditions d'existence de son serviteur ? ou le musicien, de son instrument ? Encore faudra-t-il que le violoniste maintienne son violon dans les conditions de sa valeur instrumentale, et se conforme aux exigences de l'instrument dont il joue, pour qu'il en puisse jouer. Cette dépendance réciproque de mon corps et de moi-même nous oppose l'un à l'autre, en même temps qu'elle nous unit l'un à l'autre en un concours pour une fin qui n'est pas celle de mon corps, mais la mienne.

Je compare l'âme à un musicien, et le corps à l'instrument dont il joue. On a fait une comparaison semblable, du corps à un instrument de musique : l'âme était la musique. Le corps est la lyre, et l'âme l'harmonie. Une harmonie en lutte avec les cordes mêmes dont elle n'est que la résonnance ? Car l'âme est souvent en lutte avec le corps. Un combat de l'harmonie contre la lyre ? Est-ce chose intelligible ? N'est-ce pas chose contradictoire ? Mais, soit : nous avons l'instrument et la musique : on n'a oublié que le musicien. Oui, le corps est une lyre ; la vie consciente sera, si l'on veut, le chant de la lyre : où est chanteur ? et quel est-il, sinon l'âme, l'être conscient, le moi ? C'est moi le chanteur : je chante sur ma lyre un chant que je ne produirais pas sans elle ; mais le produirait-elle sans moi ? Ma lyre brisée, je ne ferai plus entendre ce chant ; peut-être en ferai-je entendre d'autres, sur d'autres lyres. Ma vie consciente ne serait pas ce qu'elle est sans le corps qui me provoque à sentir, à penser, à vouloir, dans telles conditions, à prendre conscience de moi-même sous telle forme, non sous d'autres ; il sollicite, il détermine, si l'on veut, et dans tous les cas il circonscrit, il borne, il mesure l'exercice de mon activité : il ne la crée pas. Il ne me produit pas, il me permet de me produire.

La conscience que j'ai de moi-même, sans un corps, ne serait pas ce qu'elle est ; mais sans un principe d'activité consciente, serait-elle ? Je ne suis pas une conscience : je suis un principe de conscience, un être capable de conscience, un conscient sous des conditions déterminées.

Certes, je ne voudrais pas ce que je veux, je ne sentirais pas ce que je sens, je ne penserais pas ce que je pense, la forme de ma conscience, en un mot, serait tout autre, si je ne voyais ce que je vois, si je ne vivais où je vis, si je n'avais vécu, si je n'avais vu, entendu, lu, comme j'ai vécu, entendu, lu, si je n'avais reçu de mes pères l'héritage organique, l'héritage intellectuel, que je tiens d'eux, si j'habitais un autre milieu, ou le même avec d'autres perceptions, avec un autre cerveau : certes, ma conscience, dans sa forme présente, est un résultat, un produit, mais de deux grands facteurs : le facteur organique, et le principe d'activité que je suis moi-même. Ma conscience est un résultat, mais j'y suis bien pour quelque chose : elle me doit pour une bonne part d'être ce qu'elle est ; et, telle ou différente, d'être une conscience, elle me le doit absolument. Tous les faits de personnalités dédoublées, de mémoires altérées, d'âmes dominées par des influences qui les maîtrisent, s'expliquent également, que l'organisme soit conscient, ou qu'il soit un des facteurs de la conscience ; l'âme peut même (je ne crains pas de le reconnaître, et de combattre en ceci une assertion téméraire d'un spiritualisme préconçu). l'âme peut, dis-je, être sans pensée et à l'état de virtualité pure en dehors de certaines conditions d'organisme et de milieu : mais, si nécessaire que soit mon corps aux manifestations de mon être, il n'en est que l'instrument : j'ai besoin de mon corps, je ne suis pas mon corps. Mon corps et moi nous sommes deux.

*
* *

Je me connais, et je ne connais pas mon corps : c'est-à-dire, je me connais par une conscience directe de moi ; je ne connais mon corps que dans les sensations, faits de conscience, phénomènes du moi, qui me le donnent, et que je lui rapporte comme à leur cause. Nul ne me connaît que moi, je ne suis visible qu'à moi seul : car qui connaît mes pensées ou mes sentiments, que ce que je veux bien ou peux lui en dire ? D'autres que moi connaissent mon corps : il est visible à autrui, et plus à autrui qu'à moi-même. Mon corps est pour moi, comme pour autrui, objet de connaissance par les sens externes, indirecte, extérieure, très imparfaite. Il est vrai que j'en ai une autre connaissance, intérieure celle-ci, mais encore indirecte : si je le vois comme un corps étranger, je le sens d'une autre manière, toute particulière, où il m'est donné mien ; un sens qu'on appelle *vital* me le donne entre tous les corps, et ne le donne qu'à moi seul : non plus un corps, mais mon corps. Si j'ai mal quelque part, à la jambe, à la tête, c'est ma tête que je sens, ou ma jambe, non celle d'un autre ; et nul autre que moi ne la sent. D'autres ont la sensation visuelle de mon corps, comme j'ai la sensation visuelle du corps d'autrui ; je n'ai pas la sensation vitale du corps d'autrui, moi seul j'ai la sensation vitale du mien. Il est vrai : mais la sensation vitale que j'ai de mon corps n'est encore qu'une sensation, non une conscience. Je n'ai pas conscience de ma tête ou de ma jambe que je sens, mais de la sensation provoquée en moi par un état de ma tête ou de ma jambe. Je ne connais pas mes membres, ni les parties de mon corps, mais des sensations dues au jeu des nerfs qui en partent : les tissus modifiés, les nerfs excités, le cerveau atteint par leur mouvement, je sens : j'ai conscience de la sensation, non du mouvement, ni du cerveau, ni des nerfs, ni des tissus. On a écrit une thèse sur l'*aperception du corps humain*[1], dont nous aurions, jusqu'à un certain point, conscience. On voit ici ce que cette thèse a de fondé, ce qu'elle a d'erroné : j'ai, par le sens vital, connaissance de mon corps en des sensations particulières qui me le donnent mien, non comme ces sensations elles-mêmes, ainsi que mes

---

1. — *L'Aperception du corps humain par la conscience*, A. BERTRAND.

volitions, mes pensées, sont miennes, étant des actes du moi, mais comme étant à moi ; j'ai, dis-je, par le sens vital, une connaissance de mon corps comme étant à moi ; mais je n'ai, par le sens vital non plus que par les sens externes, je n'ai jamais de mon corps qu'une connaissance indirecte, j'ai une connaissance directe des sensations qui me le donnent, des actes du moi, de moi-même. J'ai conscience de moi, je n'ai pas conscience de mon corps. Donc je ne suis pas mon corps.

*
* *

La sensation est un fait de conscience. Dans ce fait est donné, avec le *moi*, le *non-moi*. C'est moi qui sens, mais non par mon action propre ; je sens en vertu de quelque chose, autre que moi, qui me fait sentir. Donc ce que je connais par les sens, sens externes ou sens vital, n'est pas moi. Je ne puis me connaître que par ma conscience, je ne suis donné à moi-même que dans ma conscience ; tout ce qui m'est donné ailleurs que dans ma conscience, tout ce que je connais autrement que par ma conscience, est autre que moi. Donc mon corps, qui m'est donné ailleurs que dans ma conscience, qui m'est donné comme objet de sensation, et que je connais par les sens, n'est pas moi ; je ne suis pas mon corps.

*
* *

Quand je veux mouvoir mon corps, j'ai conscience d'un effort nécessaire. J'agis sur quelque chose qui me résiste. Si je n'étais pas distinct de mon corps, mon effort serait de mon corps sur les corps extérieurs ; il ne serait pas de mouvoir mon corps, mais d'agir par mon corps sur d'autres. Il est de mouvoir mon corps. Il est bien de mon corps sur d'autres, mais avant tout de moi sur mon corps. C'est lui qui, quand je le meus, cède avec plus ou moins de résistance à mon action ; et je ne parviens pas toujours à le mouvoir. Donc il n'est pas moi, et je ne suis pas mon corps.

*
* *

Mon corps est un mécanisme dont les rouages s'engrènent les uns dans les autres pour former un système ; il se compose de plusieurs parties, liées solidairement et néanmoins distinctes. Tout ce qui se passe dans les tissus, os, peau, chairs, artères, veines, etc., m'échappe, tant que l'appareil nerveux ne fonctionne pas. Que le mouvement des nerfs dits *sensitifs*, qui portent l'excitation de l'extrémité au centre, soit suspendu, je ne sentirai rien ; que le mouvement des nerfs dits *moteurs*, qui portent l'innervation du centre aux muscles, soit suspendu, je ne remuerai rien : insensible, immobile, semblable à un cadavre, dans une paralysie totale de l'appareil nerveux, mon corps, en dehors de cet appareil, m'est étranger : il n'est mien qu'autant qu'il est en communication avec moi, soit que je le remue ou que je sente ce qui s'y passe, par l'appareil nerveux. Cet appareil même n'est pas encore moi : que le mouvement, s'il vient au centre, s'arrête avant d'y arriver, je ne sens pas ; ou, s'il en part, s'arrête avant d'arriver aux muscles, je ne remue pas. Il établit la communication entre le reste de mon corps et moi, comme, par ce corps même, entre le monde extérieur et moi : entre moi, dis-je, et une matière visible, tangible, au milieu de laquelle va et vient une portion qui en est détachée pour m'être attachée à moi-même par un appareil nerveux, qui l'unit à moi, et par elle me met en rapport avec le monde. Donc, ni la matière, ni cette portion de matière, ni l'appareil nerveux n'est moi, et je ne suis pas mon corps.

*
* *

Mon corps vit. Sa vie est un système de mouvements qui en résultent et qui la produisent : digestion, absorption, sécrétions, excrétions, circulation du sang, etc. Sans cesse de nouvelles molécules viennent prendre la place de vieilles et usées qui s'en vont : c'est le *tourbillon vital*. Ces mouvements s'accomplissent hors de ma conscience, hors du *moi* conscient. D'autres arrivent à moi, et je sens ; ou partent de moi, et je meus. Je suis donc le centre d'où partent ceux-ci, où arrivent ceux-là, hors du cercle des mouvements vitaux : je ne suis donc pas les mouvements qui arrivent à moi ou qui partent de moi, ni les mouvements vitaux qui forment un cercle hors de ma conscience, ni le lieu de ces mouvements, ni la masse des molécules en mouvement : je ne suis donc pas mon corps.

Qu'on se figure un appareil télégraphique : les fils, tendus sur des poteaux, transmettent l'électricité les uns de la frontière au centre, les autres du centre à la frontière ; l'électricité ne se retourne pas au centre des uns aux autres, mais c'est l'homme qui, du centre où il est assis, est instruit par celle que les uns lui apportent de la frontière, et, par celle que les autres emportent à la frontière, donne ses ordres. Ainsi des nerfs : les uns m'informent du dehors, par les autres j'agis sur le dehors ; tout mon corps n'est qu'un appareil d'information et d'action. Je suis au centre, moi, l'homme, moi, être conscient, âme, qu'il est aussi

ridicule de confondre avec les nerfs et avec le corps
que le télégraphiste avec les fils télégraphiques et les
poteaux. Il est vrai que l'appareil télégraphique ne
vit pas, c'est-à-dire que la matière ne s'en renouvelle
pas : car la vie n'est pas autre chose. Il est d'une
matière stable ; le corps vivant, d'une matière instable, matière vivante : mais c'est le corps qui vit, l'âme
pense.

VI

Je ne suis pas mon corps. Suis-je un corps ? Moi,
âme qui pense moyennant un corps qui vit mais ne
pense pas, moi pensant uni à un corps vivant, suis-je
de nature corporelle ? L'âme, que je suis, est-elle
quelque chose de ce corps vivant ? Je ne suis pas
mon corps ; mais suis-je une partie et comme une
maîtresse pièce de mon corps, un noyau cérébral, par
exemple ? Un centre nerveux ?

La matière de mon corps a été renouvelée plusieurs
fois depuis que je suis au monde. Semblable à un
édifice dont il ne reste pas pierre sur pierre, il ne
reste pas de mon ancien corps molécule sur molécule :
les pierres de l'édifice ont été remplacées une à une,
en sorte qu'il change peu dans son aspect, et par
degrés insensibles, lentement, régulièrement ; il
conserve sa forme générale, il ne conserve pas sa
matière. Pour moi, du temps de mon ancien corps,
qui n'est plus, j'étais, et je suis demeuré toujours le
même. J'étais, car je me souviens d'avoir été : d'avoir
pensé, senti, voulu, comme je veux, comme je sens,
comme je pense. Comme je me reconnais dans ma
conscience, je me reconnais dans mon souvenir, qui
est aussi une conscience de mon être en arrière : on

ne se souvient que de soi-même. J'ai conscience d'avoir été moi, comme j'ai conscience d'être moi : je demeure présent au changement incessant de mon corps. Que si je change moi-même, c'est, contrairement à mon corps, dans la forme de mon être, non dans mon être ; je suis un même conscient d'autres sentiments, d'autres pensées : mon corps change tout entier dans sa substance, dans sa matière. J'ai changé plusieurs fois de corps, autant de fois que la matière en a été renouvelée : donc, mon corps et moi, je le répète, nous sommes deux.

On insiste. Cela est-il bien certain ? Suis-je bien, dans la substance de mon être, le même être que j'étais ? Si des molécules nouvelles prennent la place d'anciennes molécules, en reconstituent la forme, en reproduisent les mouvements, n'est-ce pas assez pour qu'elles reproduisent les mêmes sensations avec toutes leurs suites ? N'est-ce pas assez pour l'identité du moi, et pour la mémoire ? — La vaine explication ! On oublie, encore ici, le témoin, l'être présent aux changements, aux différences comme aux ressemblances, et qui en juge. Qui saura que les nouvelles molécules prennent la place des anciennes ? Il ne s'agit pas d'une identité extérieure, mais intérieure et consciente : ce n'est pas assez, pour une telle identité, qu'elle soit : il faut qu'elle soit reconnue. L'identité de mon corps est extérieure, et pour ceux qui la voient : celle du *moi* est intérieure, et pour moi-même.

Mais suis-je de même nature que ce corps changeant ? Je serais changeant, si j'étais de même nature. La nature du corps est d'être un composé, un agrégat, multiple, étendu. Étant composé, il peut se décomposer ; les parties peuvent en être changées et remplacées une à une : et c'est ce qui arrive au corps vivant. Il change et se renouvelle ; il se décompose lentement, molécule à molécule, et se recompose à mesure ; il se défait et se refait sans cesse. Si j'étais composé, ne serais-je pas sujet à me décomposer aussi ?

On dira que je suis un composé stable. Et certes, s'il en est ainsi, très distinct de ce composé tout instable qui est mon corps ! Je serai, par exemple, la cellule fondamentale, primordiale et permanente, qui aura présidé au groupement et au renouvellement harmonique des mobiles cellules constitutives de mon corps. Cela même est une distinction, qui pourrait suffire, entre un corps mobile et un être immobile, entre un corps changeant et un être permanent, présidant pour un temps à la vie corporelle, sans qu'on en puisse conclure qu'il commence ou qu'il finisse d'être avec cette vie.

Mais quoi ! Un composé est-il un être ? Un être multiple, étendu, n'est pas un être, mais un assemblage. Un être n'est pas plusieurs, mais un ; un multiple, un agrégat, n'est donc pas un être. Laissons l'être en général, et considérons le nôtre. Un corps est un agrégat, multiple, étendu, inerte ; je suis un, comme un point indivisible, sans extension, tout en intensité, unité de force, actif et libre : donc je ne suis pas de nature corporelle.

Je rapporte à un même moi, à un centre unique, la multiplicité simultanée comme la multiplicité successive des phénomènes du moi. Je m'affirme dans ma conscience, et par cette conscience que j'ai de moi, un même sujet, unique et permanent, de phénomènes multiples et successifs : ils sont plusieurs, je suis un ; ils changent et passent, je demeure identique à moi-même. Ils sont, par exemple, des pensées : je ne suis pas une pensée, mais un pensant ; ni une suite de pensées, mais le pensant unique et toujours identique à soi de ces pensées diverses. Un dans le temps, un dans l'espace, inétendu, indivisible. Et qu'est-ce qu'une conscience d'un agrégat, d'un composé, d'une société, d'un groupe ? Peut-on dire la conscience d'une société, — de l'humanité, du monde civilisé, de l'armée, de l'Église, — autrement que par métaphore ? La conscience de la nation, dit-on métaphoriquement : chacun des citoyens qui la forment est conscient, la nation qu'ils forment ensemble ne l'est ni ne peut l'être. Le conscient est un. Un groupe est-il un ? Une société une ? Plusieurs en un ne sont pas un : leur unité est unité de rapport, non d'être. Qu'est-ce qu'un rapport ayant conscience de soi ? Le conscient n'est pas un rapport, mais un être. Un être seul peut avoir conscience de soi, et il faut pour cela qu'il soit un.

VII

Une école de psychologie prétendue scientifique fait du moi la résultante, la synthèse de phénomènes de conscience qui ne seraient que des consciences de mouvements corporels.... Je cherche ce que pourrait bien être un mouvement conscient de soi ! ou des phénomènes de conscience d'un conscient qui ne serait pas un, mais plusieurs !

— Mais c'est le fait, dit-on, et tel que le donne l'observation, seule méthode qui soit scientifique. Or l'observation ne donne que des phénomènes formant, par un lien de conscience et de mémoire commune, des groupes qui s... des personnes. Mêmes ces groupes, une fois form..., peuvent se déformer, se transformer, se désagréger : on parle de désagrégations psychologiques, par lesquelles on explique d'étranges cas de personnalités multiples en un même sujet. Le moi est donc multiple, bien loin d'être un, pour l'observation, pour la vraie science....

— Quelle que soit la valeur de l'observation, elle n'est point la science, ni ne suffit à la constituer : les faits reconnus, il reste à les interpréter, à les expliquer. L'observation les fait connaître, il reste à les comprendre. On les oppose triomphalement à la métaphysique. On triomphe trop tôt. Si une interprétation ou une explication de faits matériels était contraire à quelque théorème de géométrie, à quelque vérité mathématique, elle serait absurde, et partant fausse ; et les mathématiques auraient raison contre une observation mal faite ou mal comprise. Il en est de la métaphysique comme des mathématiques : elle établit des vérités dont le contraire serait l'absurdité même et radicalement faux : il est aussi déraisonnable de ne pas tenir compte d'une vérité métaphysique, c'est-à-dire d'une évidence rationnelle, en psychologie, qu'il le serait de ne pas tenir compte en physique d'une vérité mathématique. L'expérience présente le fait, l'explication du fait n'est point d'expérience, et n'est qu'une hypothèse, qui, sans doute, peut être vraie, mais qui ne peut l'être contrairement à une évidence de raison.

*
* *

On cite des cas extraordinaires de dédoublement du moi. Est-ce bien le moi qui se dédouble ? Un dédoublement du moi est-il chose concevable ? N'est-il pas plutôt impossible, inintelligible, contradictoire ? J'examine les cas cités.

Une même personne présente comme deux personnalités distinctes qui alternent et se succèdent tour à tour sans que l'une se souvienne de l'autre (qu'est-ce que se souvenir d'un autre ?) — Soit. Sont-ce deux personnes, deux âmes, se succédant et alternant en un même corps ? Est-ce, en un même corps, une même âme se manifestant à elle-même ainsi qu'à autrui sous deux conditions alternatives, par deux organismes cérébraux, ou deux dispositions de l'organisme cérébral formant comme deux organismes cérébraux, qui se succèderaient l'un à l'autre ? Cette âme n'aura pas moins, en elle-même, son unité ; et, s'il est des cas où ces deux manifestations, disons ces deux vies apparentes d'une même âme alternent sans aucun souvenir de l'une dans l'autre, il est d'autres cas, les plus fréquents dans les expériences d'hypnotisme et de somnambulisme, où l'une des deux, seule, est sans mémoire de l'autre, où l'autre relie les souvenirs des deux : la personne éveillée ne conserve aucun souvenir de ce qu'elle a pu faire ou voir endormie, tandis qu'endormie elle se rappelle, avec ses veilles, ses sommeils antérieurs, et rassemble en une seule mémoire, où se marque son essentielle identité, les deux mémoires de ses deux états.

— Il arrive que, dans cette succession de deux personnalités, l'une des deux rappelle ce qui est de l'autre comme d'une autre, se souvenant d'elle sans se reconnaître en elle ni elle en soi. — Se souvenant ? Est-ce bien un souvenir ? Est-ce bien la même âme ? Ne se pourrait-il que ce fût une autre âme passagèrement jointe au corps de la première endormie ou absente, dont elle connaîtrait assez l'histoire intime pour la rappeler, mais, en effet, comme d'une autre ?

— Il arrive que de même qu'il y a des exemples

d'une succession, il y en a aussi d'une simultanéité de deux personnalités distinctes, la première à l'état de veille normale, la seconde à l'état, dit-on, de sommeil sans dormir ou de somnambulisme éveillé : celle-ci est consciente de son côté comme la première du sien ; elle se manifeste par l'écriture, comme la première par la parole, par le chant, par les signes accoutumés de la vie normale.

— Où réside la seconde ? On parle de désagrégation psychologique. Est-ce l'âme qui se désagrège ? Elle n'est donc pas simple, elle n'est pas une ? C'est dire qu'elle n'est pas. On l'entend bien ainsi. Et, en effet, il faut admettre, pour comprendre cette hypothèse, que le conscient, qui constitue notre personnalité, non pas simple et une, mais synthétique, n'est autre que notre cerveau : là il peut y avoir désagrégation : une portion du cerveau, soustraite à la synthèse de ses éléments groupés pour une fin commune, formerait comme un cerveau à part, qui aurait sa conscience : voilà une personne éphémère, née avec ce cerveau et mourant avec lui. S'il en est ainsi, la personne que nous sommes, le conscient de nos sentiments, de nos pensées, de nos volontés, notre âme, dis-je, naît et meurt avec notre cerveau. Et s'il se forme dans notre cerveau, par des changements ou des altérations de son organisation interne, comme plusieurs cerveaux, successifs ou simultanés, ils seront les sièges de personnalités distinctes en un même sujet, c'est-à-dire en un même corps.

Je demande comment il se fait que le sujet d'une double personnalité n'a pas une double conscience : car il est alors, par hypothèse, un double cerveau conscient. Pourquoi n'est-il que l'un des deux conscient, et non pas l'autre, conscient lui-même de son côté ? Si mes deux yeux ne s'accordent pas pour une seule vision, si dans mon cerveau la synthèse des deux images ne se fait pas, je vois double. Si j'ai deux cerveaux, ou comme deux cerveaux, qui ne s'accordent pas pour une seule conscience, je serai un conscient double. Quoi ! Je serais à la fois, par désagrégation psychologique, c'est-à-dire, au vrai, par désagrégation cérébrale, un *moi* conscient et un *lui* également conscient, dont la conscience échapperait à la mienne, et qui serait encore moi-même ? Cela est-il intelligible ?

*
* *

Plusieurs expliquent ces phénomènes curieux, et curieusement étudiés, de personnalités simultanées ou successives par l'action d'êtres invisibles qui, pour être invisibles, n'en seraient pas moins réels, et, dans certains cas, pourraient se manifester à nous par les organes empruntés ou usurpés de certaines personnes. C'est une hypothèse dont la plupart des savants ne veulent à aucun prix. Ce qui répugne ici, et empêche de comprendre qu'une main puisse être conduite par un autre que l'homme de cette main, c'est l'habitude où l'on est de confondre l'homme avec son corps : si l'on vient à concevoir que le moi se sert d'un corps qui est à lui, qui n'est pas lui, on comprendra qu'il puisse prêter ou laisser prendre son corps à un autre, lequel, s'unissant momentanément à son cerveau et y puisant les éléments d'une parole humaine, conduise de là sa main, sans lui, comme lui-même.

Quoi qu'il en soit de cette hypothèse, étrange, mais non inintelligible, il suffit qu'elle ne soit pas absurde pour établir que ces faits (dont nous n'avons pas d'ailleurs à nous occuper ici) n'entraînent point comme conséquence nécessaire la désagrégation d'un moi qui ne serait qu'une synthèse d'éléments de conscience. Le conscient est essentiellement un.

VIII

On parle aujourd'hui volontiers d'un groupe systématisé de consciences, dont le moi serait la résultante suprême ; de cellules conscientes, dont les consciences liées formeraient la mienne, ou se résumeraient dans la mienne. Je ne serais pas un être, mais le rapport de plusieurs êtres composés : comment donc serais-je conscient, et qu'est-ce, je le répète, qu'un rapport conscient de soi ? Les consciences, non des cellules, inconscientes elles-mêmes puisqu'elles sont composées, mais de leurs éléments simples, monades ou forces primaires constitutives de mon corps, seraient, ma conscience ne serait pas.

Des consciences inférieures, des âmes subordonnées à l'âme que je suis, n'ont rien qui répugne à un philosophe qui déjà, dans un livre paru en 1860[1], en admettait et en développait l'idée, longtemps avant qu'elle se fût produite ailleurs, chez d'autres philosophes dont la parole a de l'écho ; et même alors nous ne prétendions pas que ce fût une idée nouvelle. Mais je suis distinct, dans la substance de mon être, et de ces consciences, et de leur composé : car de cela seul que j'ai ma conscience propre, que je suis un conscient, je ne suis pas un composé, un système ou un rapport d'êtres, mais un être.

---

1. — *La Raison*, livre II. — Ce livre II a reparu séparément, en 1872, sous ce titre : *L'Analyse métaphysique, méthode pour constituer la philosophie première*. Voir chap. III, § 18. (Chez Alcan, Paris.)

Les corps ont extension, figure et couleur ; je suis une force dont l'action, qui est de vouloir, de sentir, de penser, a plus ou moins d'intensité : cela est d'un autre ordre.

Les corps sont inertes. Ou, s'ils ont quelque activité, c'est dans leurs éléments premiers qu'elle réside ; si l'on peut, si l'on doit peut-être concevoir la force unie à la matière, ou peut-être réduire la matière à la force, il faut entendre, sous le nom de matière, les principes des corps, non les agrégats, les masses, les corps mêmes. Moi-même je suis actif. Bien plus, je suis libre. Si j'étais corps, mes volontés, ainsi que mes pensées, seraient des mouvements déterminés par des antécédents, par des *composantes* dont chacun d'eux serait la *résultante* nécessaire. Et, en effet, si telle est l'inertie des corps, qu'ils ne peuvent modifier d'eux-mêmes leur état de repos ou de mouvement, comment, étant inertes, pourraient-ils être libres ? Les forces même qui les meuvent, les forces physico-chimiques, ne le sont pas. La nécessité universelle, invincible, règne dans la nature, et son empire est absolu. Il n'y a de libre que l'esprit. Aussi l'école matérialiste, négatrice de l'esprit, l'est-elle de la liberté : mais nous ôter la liberté, c'est nous ôter, avec la responsabilité, la valeur morale de nos actes ; c'est nous envier la dignité de notre être ; c'est nous dégrader du rang de personnes au rang de choses. Il n'y a de personne, comme il n'y a d'être responsable et libre, que l'esprit.

*
* *

L'âme n'est donc pas corps. Elle est esprit. Esprit, c'est-à-dire activité consciente de ses actes. Où réside cette activité ? L'âme ainsi distinguée du corps, quelle en est la nature ? Est-elle d'une substance radicalement, essentiellement différente ? Mais qu'est-ce que la substance ? Peut-être n'est-elle rien en soi, qu'une puissance d'actes qui la manifestent, une virtualité que réalisent des phénomènes. Composerons-nous les corps d'atomes étendus, bien qu'indivisibles ? De monades inétendues, formant l'étendue par leur coordination ? De pures forces produisant, à des conditions déterminées, des effets déterminés ? De forces conscientes à quelque degré, si l'on veut, mais chacune consciente pour soi, sans que leurs consciences composées forment la mienne ? L'âme diffère-t-elle, essentiellement et par nature, de ces forces élémentaires ? Qu'importe ici ? Et à quoi bon ? Matérialisme et spiritualisme sont deux solutions contradictoires d'un problème qui me paraît mal posé. Il suffit que l'âme se distingue du corps comme, dans le corps, un des éléments se distingue de chacun des autres et de l'agrégat organisé qui est le corps même : elle y sera l'élément centre, principe et fin d'une organisation qui se rapporte à elle. Elle y sera une force en rapport d'action et de réaction avec un système de forces liées et subordonnées, qui est l'organisme vivant, intermédiaire entre la force qu'elle est et les forces constitutives du monde. Elle sera dans le corps un élément à part, comme le général dans l'armée : que pourra-t-il sans l'armée ? Et que pourra-t-elle sans lui ? Détruisez l'armée : les soldats, les officiers, les éléments dont elle se composait, ne sont plus que des hommes ; lui-même n'est plus qu'un homme, incapable de rien faire seul, mais capable, s'il retrouve une autre armée, de gagner encore des batailles. Soldats et général sont des hommes : mais ils sont l'armée, et il est le général. Ils mesurent la puissance dont il dispose, et il n'agit que par eux : mais c'est lui qui agit, et deux généraux différents ne tireront pas de la même armée le même parti. Ainsi du corps et de l'âme : les éléments qui ensemble sont le corps sont-ils, au fond et dans leur intime essence, d'une autre nature que celui qui est l'âme ? Celui-ci est l'âme, et ils sont le corps. Ils mesurent la puissance dont elle dispose, et elle n'agit que par eux : mais c'est elle qui agit, et deux âmes différentes ne tireront pas le même parti du même corps.

* * *

L'âme n'est donc pas le privilège de l'homme ? Non, sans doute. Les plantes, si elles ont conscience d'elles-mêmes, mais au moins tous les animaux, tous les êtres sensibles, intelligents, conscients à quelque degré, sont des âmes jointes à des corps. Il y a une vie corporelle chez les plantes comme chez les animaux : dès qu'à cette vie corporelle s'ajoute la conscience, à quelque degré que ce soit, c'est une vie spirituelle qui s'y ajoute. Unie à la vie corporelle, mais distincte : l'être qui la vit peut-il encore la vivre sous d'autres formes, à d'autres conditions, en d'autres milieux ? Oui, puisqu'il est distinct de son milieu, qui la suscite, mais ne la crée pas.

L'être spirituel existe, distinct de l'organisme nécessaire à sa vie, comme l'organisme est distinct lui-même du milieu terrestre également nécessaire à sa vie. Mon corps vivrait-il, détaché du milieu où il puise sa nourriture, l'air qu'il respire, tous les éléments de sa vie ? Mais s'ensuit-il que ce milieu, qui lui est nécessaire, se confonde avec lui, ou le produise ? Il lui permet de se produire : mais c'est au dedans, non au dehors, que mon corps a le **principe de sa vie** ; et il ne vivrait pas moins en changeant de milieu, j'entends en passant d'un milieu favorable à un autre favorable. Et s'ensuit-il, de ce que mon corps est nécessaire à mon âme, qu'il se confonde avec elle, ou qu'il la produise ? Il lui permet de se produire, mais c'est en elle, non dans son corps, qu'elle a le principe de sa vie.

A-t-elle en elle-même aussi le principe de la vie de son corps ? Se forme-t-elle son corps ? Préexiste-t-elle, survit-elle à son corps apparent ? Ce corps n'est-il qu'une forme visible, précédée peut-être, mais sans doute suivie, d'autres formes invisibles pour nous, sensibles à d'autres organes, et qui se manifesteraient quand les conditions en auraient été produites, quand l'heure en serait venue ?

IX

Elle existe, c'est assez. Elle est notre être même ; elle est le véritable homme. Je suis une âme se servant d'un corps, sans lequel je ne pourrais connaître ni agir ; mon corps m'est instrument vivant d'information et d'action : vivant par moi ? ou bien, indépendamment de moi (car je ne suis le maître ni de sa naissance ni de sa mort), vivant à mon usage ? Peu importe ici. Je suis une âme unie à un corps vivant, ou vivifiant un corps ; une âme ayant un corps : ce corps est mien, il n'est pas moi.

Je ne suis pas un être composé ayant une âme et un corps : qu'est-ce qu'un être composé ? Un être peut-il être composé ? Un composé, est-ce un être ? est-ce autre chose que l'union, quand ce n'est pas le simple assemblage, de deux ou de plusieurs êtres ?

Je suis un être, non l'union de plusieurs, ni de deux. Si j'ai, selon le langage vulgaire, — spécieux comme tout ce qui a quelque apparence de vérité, mais superficiel comme tout ce qui est vulgaire, et contradictoire même, pour peu qu'on en presse le sens, — si j'ai, dis-je, un corps et une âme, je ne suis donc, moi, ni corps ni âme ; et que suis-je ? Quelle sorte d'être, ayant un corps, qui n'est pas moi, une âme, qui n'est pas moi ? un corps mien, une âme mienne : et moi-même, que suis-je ? Et si l'âme est immortelle, c'est mon âme sans doute, ce n'est pas moi : que m'importe mon âme, qui m'aura quitté comme elle aura quitté mon corps ? Il m'importe d'être immortel ou de ne l'être pas, moi, non ce qui est mien, ou avec ce qui est mien, peut-être, mais non si je ne le suis pas moi-même.

— Je ne suis ni l'un ni l'autre, me dit-on, mais l'union des deux. — Même conséquence : l'union rompue, je ne suis plus rien. Le corps va de son côté, l'âme va de son côté ; et moi, qui étais un composé des deux, où vais-je ? Nulle part : je ne suis plus.

Ai-je été seulement ? J'étais un composé, le « composé humain », dont fait grand bruit une École qu'on avait crue morte, qui avait disparu dans l'ombre des séminaires, et qui vient de reparaître en ces derniers temps avec un surprenant éclat. Saint-Thomas est, certes, un des plus grands philosophes qui aient existé : mais il n'a pas arrêté et fixé à jamais l'esprit humain. Il n'est pas indiscutable, et il mérite qu'on le discute.

Il ne s'agit point ici d'une grande et puissante doctrine telle que le thomisme considéré dans son ensemble, mais d'un point de cette doctrine, qui, détaché de l'ensemble, perd sans doute beaucoup de sa valeur. Ce livre n'est pas une histoire de la philosophie : rencontrant sur notre route un philosophe, nous ne faisons que réfuter une objection, écarter ce qu'il nous oppose et qui nous barre le chemin.

*
* *

Il imagine entre l'âme et le corps une sorte d'union dite *substantielle* : une troisième substance qui serait l'union de deux. Ainsi l'union de deux substances serait elle-même une substance. Avant de voir s'il y a là autre chose qu'un pur non-sens, ou même une contradiction, examinons sa réfutation de la doctrine qui fait de l'homme une âme servie par un corps.

— Il en résulterait, dit-il, que l'homme n'est pas un ; que l'union du corps et de l'âme, qui le constitue, n'est pas essentielle, mais accidentelle et passagère, *relinquitur igitur quod homo non sit unum simpliciter, et per consequens nec ens simpliciter, sed ens per accidens*. — Et quand cela serait ? Un homme est un homme ; mais faut-il qu'il soit un dans son essence même ? Est-il un dans l'essence qui le constitue homme, dès qu'on distingue en lui un corps mortel, une âme immortelle ? L'homme essentiellement un est mortel ou immortel tout entier. On se tire de la difficulté par l'imagination d'une « résurrection de la chair » à la fin des temps : soit, si l'on doit croire un dogme, peut-être vrai, mais qui n'est pour la philosophie que la plus gratuite des hypothèses ; mais que devient l'homme dans l'intervalle ? Et qu'est-ce que l'immortalité d'une âme qui n'est pas lui ? S'il est une âme servie par un corps, on conçoit qu'à la mort, cessant d'en pouvoir disposer, il le quitte pour une autre condition d'existence : il passerait d'un milieu corporel, qui est le corps humain, à un autre, et sa mort ne serait qu'un changement de milieu ; on conçoit même qu'il ne le quitte que provisoirement, et le retrouve un jour, ressuscité ou refait pour son usage : on conçoit, dis-je, ou l'immortalité définitive d'une âme qui est l'homme, ou l'immortalité provisoire, en attendant sa réunion à son corps, d'une âme qui est toujours l'homme, à qui son corps serait tour à tour ôté et rendu : ôté pour son repos et pour son salaire, récompense ou juste peine, rendu pour son travail.

Saint-Thomas insiste : L'homme est un être sensible : ce qu'il ne serait pas, si le corps n'appartenait pas à son essence, car l'âme seule ne sent point, *sentire autem non est sine corpore.* — L'âme seule ne sent pas, soit, comme le corps seul ne vit pas : il faut au corps un milieu où il puise la nourriture et l'air et toutes les conditions de sa vie ; suit-il de là qu'il ne fasse qu'un avec ce milieu ? Le corps provoque dans l'âme des sensations, qui sont pour elle des occasions de connaissances, des suscitations d'idées : l'âme et le corps sont liés comme le télégraphiste et l'appareil télégraphique, comme le violoniste et le violon.

— Il y a des actes, tels que la joie, la tristesse, la crainte, etc., communs à l'âme et au corps... — Quoi ! une joie, une tristesse, une crainte qui serait du corps en même temps que de l'âme ? Non. Le corps provoque dans l'âme une jouissance, une souffrance, mais c'est l'âme qui jouit, qui souffre ; le corps détermine l'âme à se manifester sous tel mode, joie, tristesse, crainte, mais toujours mode propre à l'âme, où le corps n'est pour rien autre que pour exciter l'âme à se produire elle-même, à devenir ce qu'elle est, à passer de la puissance à l'acte. — *Sunt tamen aliquæ operationes communes sibi et corpori, ut timere et irasci et sentire et hujusmodi : hæc enim accidunt secundum aliquam transmutationem alicujus determinatæ partis corporis...* D'un peu plus, Saint-Thomas allait nous parler d'une transformation de mouvement corporel en sensation, de sensation en connaissance : ne décrit-il pas, dans sa théorie de la connaissance, une connaissance sensible distincte de la connaissance intellectuelle[1] ? Laissons la connaissance ; il ne s'agit ici que des sensations et des passions : Saint-Thomas tient à leur sujet le langage même du matérialisme physiologique. C'est peut-être ce qui lui vaut un regain auprès de théologiens heureux d'avoir toute prête, dans la plus autorisée de leurs écoles du Moyen Age, une philosophie si aisément d'accord avec le matérialisme d'une prétendue science contemporaine. Non, certes, qu'il y ait chez eux calcul, ni un autre intérêt que celui de la vérité ; mais par suite d'habitudes involontaires d'esprit et de langage contractées au contact de cette science, et sous l'influence d'un siècle tout imprégné d'idées matérialistes. L'Aristotélisme a plus d'affinité que le Platonisme avec ce qu'on appelle aujourd'hui l'*esprit scientifique*.

Saint-Thomas n'est pas matérialiste, assurément : sa foi le lui défend. Logiquement, il semble bien qu'il devrait l'être.

Les formules équivoques abondent chez lui. Il les sauve par l'interprétation. Mais combien ne serait-il pas aisé de les interpréter dans le sens du matérialisme ! *Sentire accidit in ipso moveri a sensibilibus exterioribus :* être mû par l'objet sensible, c'est cela qui est sentir ? Et la sensation ne sera-t-elle que l'im-

---

1. — Voir plus loin, Étude II, 18.

pression produite par le dehors ? *Sensus est igitur virtus passiva ipsius organi,* la sensation passive ! Le sens une réceptivité de l'organe ! Le sentant est donc de même nature que le senti : *non est igitur anima sensibilis secundum esse diversum a copore animato,* il ne se peut que l'être de l'âme sensitive diffère de l'être du corps animé, du corps organisé qui reçoit l'impression sensible. Les animaux ont aussi l'âme sensitive : cette âme aurait donc, si elle se comportait activement dans la sensation, une activité propre, une substance propre, et les âmes des bêtes seraient immortelles ? — Et que savez-vous si elles ne le sont pas ? Prenez garde ! L'immortalité n'est point la conséquence forcée de l'activité d'une substance dont la permanence n'est pas nécessairement la vie, dont la vie n'est pas nécessairement celle d'une conscience accompagnée de mémoire, celle d'un moi qui se reconnaît lui-même. Mais quand il serait qu'il faudrait conclure d'une certaine activité de l'âme sensitive l'immortalité de l'âme des bêtes, pourquoi non ? Et qu'en savons-nous ? Connaissons-nous leur destinée, nous qui ne connaissons pas la nôtre ?

*
* *

Le spiritualisme qui fait de l'âme un être distinct du corps, — le véritable être de l'homme distinct en lui-même de son propre corps, — n'est pas réfuté ; et ce qu'on lui oppose n'est pas un autre spiritualisme, mais un commencement de matérialisme. Examinons donc cette doctrine du « composé humain », qu'on veut mettre à la place de la nôtre.

Qu'est-ce que l'âme pour Saint-Thomas, pour les nouveaux thomistes, pour un grand nombre de nos théologiens ? Elle est au corps ce que la forme est à la matière ; elle est la forme du corps, non accidentelle, mais substantielle. L'âme constitue avec le corps un seul être, une substance dont l'essence est qu'elle résulte de l'union (non mélange, mais combinaison, dirait-on en chimie) de deux éléments qui se comportent entre eux comme matière et forme. Elle communique au corps l'être dans lequel elle-même subsiste ; de l'âme et du corps il se fait un composé dont l'être est aussi celui de l'âme, celui du corps : l'être du corps, l'être de l'âme, l'être du composé, ne sont, dans le composé, qu'un seul être : le corps est matière, donc substance ; l'âme, forme substantielle ; et l'union des deux, union substantielle, qui est la double unité de nature et de personne.

Tel est le « composé humain ». Et que devient-il quand les deux éléments substantiellement unis se séparent ? L'âme a sa vie propre comme forme subsistante, sans cesser d'être la forme substantielle du corps, non en acte, mais en puissance, et conservant toujours avec lui une certaine relation qui en permettra la résurrection au jour voulu.

— L'homme ressuscitera, soit. En attendant, il est mort. Son âme vit, mais son âme n'est pas lui ; elle vit comme vivent les pures intelligences, dans la contemplation des vérités immuables, sans aucun souvenir d'aucun fait particulier, d'aucune idée, d'aucun sentiment où le corps ait eu sa part. Est-ce vivre, cela ? Est-ce là une immortalité pour un être conscient de soi-même ? Elle vit comme vivent, d'après Saint-Thomas, les *formes subsistantes*.

Car il y a des *formes subsistantes*, et qui vivent : ce sont les purs esprits ; ce sont les anges. Non que les âmes des hommes deviennent jamais des anges : les anges sont de purs esprits par essence ; les âmes des hommes, séparées des corps dont elles sont toujours les formes, deviennent de purs esprits accidentellement, temporairement, dans l'attente de la résurrection finale.

Mais qu'est-ce que *forme subsistante* ?

Saint-Thomas distingue, à la suite d'Aristote, la *matière*, quelque chose d'indéterminé en soi, et la *forme*, qui la détermine ; c'est par la forme que la matière arrive à la détermination, à la réalité, passe de la puissance à l'acte, devient, ou plutôt est (car, avant d'être devenue, elle n'était pas) un être actuel. La forme est donc le principe de l'être, étant ce qui détermine et actualise la matière : forme *substantielle*, si elle constitue l'être dans son essence ; *accidentelle*, si elle ajoute à l'être pour lui communiquer un être secondaire, une manière d'être, un mode ; *inhérente*, si elle s'unit à la matière pour la constituer en la réalité de l'être ; *subsistante*, si elle comporte une existence propre, sans matière.

Il ne peut y avoir matière sans forme, mais il peut y avoir forme sans matière. Car que serait la matière sans forme ? Une pure puissance, une existence possible, rien de réel. Mais la forme, étant ce qui donne l'être à la matière, peut bien, au lieu de le donner, le garder, le retenir pour elle-même : et nous aurons des formes subsistantes, des êtres immatériels, des esprits : tels sont les anges ; telle sera l'âme séparée du corps.

La forme, qui donne l'être à la matière, peut bien le garder, le retenir pour elle-même : elle a l'être en propre. Pour pouvoir le donner, encore faut-il qu'elle le possède : il faut qu'elle soit, et qu'elle soit avant la matière qu'elle informe : forme sans matière...

— Mais qui ne voit que ce raisonnement repose tout entier sur une équivoque ? Sur le sens louche du mot *donne,* ou de tout autre analogue ? La forme donne l'être à la matière, en ce sens qu'elle fait l'être de la matière, que, si la matière est, c'est grâce à la forme, c'est-à-dire que la forme est l'être réalisé de la matière, l'acte de la puissance. Si la puissance, devenue réalité, l'est devenue par l'acte, ce langage ne signifie pas que l'acte ait fait passer l'être en puissance à l'être en acte, — que l'acte ait fait passer la puissance à l'acte, — ce qui serait un non-sens, mais que la puissance réalisée est en acte, que l'acte est l'être de la puissance ; et si l'on dit que la forme donne l'être à la matière, ce langage ne signifie pas que la forme donne à la matière sa forme, qui est son être, — que la forme donne la forme à la matière, — ce qui est un non-sens, mais que la matière n'est rien sans la forme qui la détermine, c'est-à-dire non qui agit pour la déterminer, mais qui en est la détermination ; que la forme, détermination de la matière, en est l'être même : d'où point de matière sans forme, car qu'est-ce qu'un indéterminé ? Mais aussi point de forme sans matière, car qu'est-ce qu'une détermination qui ne le serait de rien ? Qu'est-ce qu'un être qui ne le serait pas de quelque chose dont on puisse dire que cette chose est ? Remplaçons les mots de matière et de forme par ceux de substance et d'attribut : point de substance sans attribut, ni d'attribut sans substance. On emploiera le même langage : que l'attribut constitue la substance en son être, essentiel ou accidentel ; donne l'être à la substance ; fait l'être de la substance. Point de substance donc sans attribut : elle ne serait qu'une pure puissance ; mais un attribut sans substance, que sera-t-il ?

C'est donc une chimère que la forme substantielle. Et si l'âme n'est que la forme, même substantielle, du corps, elle périt avec le corps. Nous remarquions que l'immortalité de l'âme ainsi entendue n'était pas l'immortalité de l'homme : et qu'importe à l'homme ? Voici maintenant qu'elle n'est l'immortalité de rien... D'une puissance ? Non : l'âme étant la forme du corps, c'est le corps qui est la puissance, l'âme est l'acte. D'un acte, sans la puissance dont elle est l'acte ? D'une forme, sans la matière dont elle est la forme ? D'une vie, sans le corps dont elle est la vie ?

Car tout ceci revient à dire que le corps vivant est l'union substantielle d'un corps et d'une vie ; que de l'union d'un corps et d'une vie résulte un être substantiel qui est l'être de la vie et l'être du corps ; qu'à la mort le corps et la vie se séparent, le corps va d'un côté, la vie de l'autre, le corps sans la vie, la vie sans le corps : toujours vivante, immortelle, puisqu'elle est la vie, et qu'elle ne peut donc cesser d'être la vie, et que l'essence de la vie est de vivre, et autres enfantillages du même genre : on les trouve dans le *Phédon* de Platon ; mais si Platon est divin, ce n'est point par ces arguties, et la philosophie n'en est plus là.

*
* *

Quant à l'union substantielle, je prie qu'on me dise quelle sorte de substance peut bien être l'union de deux substances ? On me dira que la chimie présente une foule d'exemples de substances formées de la combinaison d'autres substances : ainsi l'hydrogène et l'oxygène sont deux substances dont la combinaison, dont l'union forme une nouvelle substance, l'eau. L'eau serait l'union substantielle de l'hydrogène et de l'oxygène, comme l'homme l'union substantielle de l'âme et du corps. Mauvaise réponse. Le mot *substance* n'a pas le même sens en chimie et en philosophie : en philosophie, la substance est l'être, le sujet un des divers caractères, des modes multiples qu'on lui attribue ; en chimie, les substances ne sont que les natures, les sortes ou les espèces d'être : hydrogène, oxygène, eau, sous le nom de substance, ne sont que des genres. Est-ce là ce qu'on entend par les deux substances dont l'union compose l'homme, et veut-on dire simplement que les deux natures, spirituelle et corporelle, forment par leur union la nature humaine ? Que l'homme est âme et corps, soit qu'on se plaise à voir dans l'âme une fonction du corps, ou dans le corps un instrument de l'âme, ou de quelque manière que l'on entende l'âme, le corps et leur union ? On le sait bien, et c'est ne rien dire. Non : on se demande quel est, dans l'homme, dans un homme, qui est un être, l'être même, sensible et actif, le sentant, le pensant, le voulant, l'être conscient, le moi ; et l'on répond : C'est l'union substantielle de deux substances, l'être formé de deux êtres, le « composé humain ». Et c'est ici que je demande à mon tour, dans cette acception du mot substance, quelle sorte de substance peut bien être l'union de deux substances, quel être l'union de deux êtres ? Je comprendrais un troisième uni aux deux : l'âme, le corps, et un troisième qui aurait un corps, qui aurait une âme : il serait un être, non un composé. Mais lequel ? Est-ce le moi, l'être conscient ? Qu'est-ce que *son* corps ? Nous le voyons. Mais qu'est-ce que *son* âme ? Dira-t-on qu'elle est le sujet des faits de conscience, distinct de ces faits ? Le conscient, distinct de la conscience ? L'âme serait le conscient, et le troisième être la conscience ? Mais la conscience n'est pas un être, non plus que l'union de deux ou de plusieurs êtres n'est un être. Le conscient est un être, le corps est un être, ou un composé d'une infinité d'êtres : s'il est le conscient, l'homme est un corps vivant et conscient, — ce qu'il n'est pas, car il n'est pas conscient de son corps ; et s'il ne l'est pas, l'homme est une âme ayant un corps.

L'âme de l'homme forme avec son corps un « tout naturel » (c'est le mot de Bossuet) qui est l'homme : naturel, oui, mais un tout. Naturel : l'homme résulte bien, et naturellement, de l'union d'une âme à un corps ; mais un tout : il n'est donc pas un être simple. L'âme est une ; l'homme est double, et, de ses deux parties, si l'une est simple, l'autre est indéfiniment multiple.

*
* *

— Mais on dit : Je dors, je digère, je marche, comme on dit : Je sens, je pense, je veux ; on s'attribue le marcher, ou le digérer, ou le dormir, qui est du corps, comme on s'attribue le vouloir, qui est de l'âme. N'est-ce pas attribuer l'un et l'autre à un même être, union substantielle, puisqu'elle est un être, du corps et de l'âme ?

— Non. Mais cette activité consciente qui est l'âme a sa part dans ce qui est du corps auquel elle est jointe. L'âme a conscience d'une foule de sensations qui ne sauraient lui venir d'un corps étranger, qui lui viennent de son propre corps : conscience, par exemple, non de dormir, mais d'une détente qui précède ou d'une excitation qui suit le sommeil ; non de digérer, mais d'un état de bien-être ou de malaise qui accompagne le fonctionnement des organes digestifs ; non de marcher, mais de vouloir un mouvement de ses membres pour quelque fin qu'elle se propose. Elle dira : Je marche, et non Mes jambes marchent, ou Mon corps marche, comme au lieu de dire Mon bâton frappe, Mon poignard tue, elle dirait Je frappe, je tue. Mon poignard n'est pas moi, mon bâton n'est pas moi, ni mon estomac, ni mes jambes, ni mon corps. Mon corps n'est pas moi, et il n'est pas une part de moi, qui suis simple ; il est mien. Ni moi, ni de moi, sinon pour la possession et la disposition que j'en ai. Ni moi, ni de moi, mais à moi.

X

En vérité, tout cela me paraît d'une telle évidence, qu'un enfant, ce semble, un esprit simple et droit, non prévenu par une fausse culture ou par une habitude vicieuse, la reconnaîtrait. Je lui tiendrais ce langage tout familier, tout uni :

« Qu'êtes-vous ? lui dirais-je. Vous êtes, j'imagine, quelqu'un qui m'écoute en ce moment, et qui sait qu'il m'écoute ; qui pense, et qui sait qu'il pense ; qui sent, qui veut, et sait qu'il sent et qu'il veut ; qui désire, qui espère et qui craint, qui se souvient, juge, raisonne, et sait qu'il fait tout cela ; vous n'êtes pour vous-même qu'autant que vous faites tout cela, et que vous le savez. Cessez de penser, de sentir, de vouloir, ou de le savoir, d'en avoir conscience, de pouvoir parler de vous à vous-même, existez-vous encore pour vous-même ? Existez-vous pour vous-même quand vous dormez d'un profond sommeil ? Non, mais pour moi qui vous vois ; et que dis-je ? Ce qui existe pour moi, ce n'est pas vous, c'est une apparence, une forme extérieure, où je vous reconnais parce que je vous ai connu sous cette forme : parce qu'elle signifie à mes yeux un être capable de conscience, un être pensant, qui pensait hier, qui pensera demain.

» Cette forme est votre corps. Elle vous signifie à moi, elle n'est pas vous-même. Elle est pour moi un signe où je vous connais, comme je connais à la fumée un feu qui ne lui ressemble pas. Je ne vous vois pas, je vois votre corps. J'appelle cela vous voir, comme j'appelle voir un mot dans un livre, y voir une suite de caractères qui signifient les sons articulés dont se compose le mot : on ne voit pas des sons, je ne vois donc pas le mot, mais une figure qui en est le signe, et j'appelle cela voir le mot. De même j'appelle vous voir, vous entendre, voir une figure, entendre un son, saisir une forme, qui est pour moi le signe de votre être. Mais vous, je ne vous vois ni ne vous entends ni ne vous touche : est-ce que je touche, est-ce que j'entends ou je vois vos pensées, qui sont vous-même quand vous pensez ? votre intelligence, qui est vous-même capable de penser ? votre âme, qui est vous-même capable de sentir et de vouloir comme de penser ? le principe de ces opérations dont vous avez conscience, votre être même ?

» Vous n'êtes donc pas votre corps. Vous ne l'êtes pas pour moi, non plus que le feu n'est la fumée, que l'idée n'est le mot qui l'exprime, ou le mot la suite des figures visibles qui le traduisent au regard. Mais vous ne l'êtes pas pour vous. Vous vous connaissez par la conscience, et vous connaissez votre corps par des sensations qui sont elles-mêmes des formes de votre conscience, dans lesquelles vous vous sentez passif, que vous rapportez à une cause étrangère, à quelque chose qui est si peu vous que de cette chose-là vous ne connaissez rien. Votre corps a une structure que vous ne connaissez qu'autant que vous la voyez et comme vous pourriez connaître les autres corps ; et tout ce que vous en savez, d'ailleurs, c'est sur la foi de gens qui ont dû ouvrir des corps humains pour les connaître : ils ne connaissent pas le leur, et ils n'ont pas ouvert le vôtre. Il y a dans votre corps mille sortes de mouvements, circulation du sang, absorptions, sécrétions, décomposition et recomposition des tissus, etc., que vous ne connaissez pas davantage, ni d'une autre manière ; et des mouvements nerveux qui, transmis soit de l'extrémité, soit des tissus et des diverses parties de l'intérieur, au centre, vous font sentir, ou, transmis du centre aux muscles, vous les font mouvoir, que vous ne connaissez pas davantage, ni d'une autre manière. Vous êtes conscient de vous-même, et ne pouvez agir sans vous connaître agir ; vous êtes inconscient de votre corps, et il agit sans que vous ayez le secret de son action. Votre corps n'est donc pas vous. »

***

Il ne se comprend pas qu'un être soit deux ou plusieurs. Si l'homme est âme et corps (ce qu'il est, en effet), il faut chercher l'unité de son être ou dans son âme ou dans son corps. Que ce soit dans l'une ou dans l'autre, les difficultés tirées d'une pluralité de personnalités simultanées, dont on parle beaucoup, disparaissent : elles s'expliquent dans l'une ou dans l'autre hypothèse, elles ne s'expliquent pas dans celle de l'unité d'un « composé humain ». La pluralité des personnalités, détruisant cette unité, détruit le composé qui serait l'homme. Mais si l'homme (c'est l'une des deux hypothèses) est un corps vivant et pensant dans certaines conditions de conscience, il pourra être un d'une unité de système, ou plusieurs dans certaines conditions exceptionnelles de conscience : le corps, étant un agrégat, pourra se désagréger, et d'une désagrégation physique, ou physiologique, suivra la désagrégation psychologique par laquelle une école de psycho-physiologie explique aujourd'hui ces phénomènes extraordinaires. Ou si l'homme est (c'est l'hypothèse spiritualiste) une âme unie à un corps vivant qui ne serait que l'instrument vivant de son action, d'autres âmes que celle qui est lui-même, ou se joignant à celle-ci, plusieurs âmes pourront, sous des conditions tout exceptionnelles, se servir ensemble ou tour à tour d'un même corps : la pluralité des personnalités serait une pluralité d'âmes, sans que l'unité de chaque âme en elle-même, sans que l'unité de l'âme, en fût atteinte.

Je ne parle pas d'une pluralité de personnalités successives, dont on parle beaucoup aussi : mais elle s'explique dans toutes les hypothèses, étant donné qu'il faut à l'âme, pour prendre conscience d'elle-même, des conditions organiques : d'une succession de conditions organiques différentes résultera une succession de mémoires, de consciences, de personnalités différentes. Des souvenirs effacés, remplacés par d'autres, produiront ce changement ; le conscient n'en sera pas moins toujours le même : s'il ne le sait pas, ce n'est point qu'il ne se reconnaisse pas : il ne se souvient pas. Il se reconnaîtrait, si jamais il venait à retrouver ses souvenirs. On le voit bien dans le cas des personnalités alternantes : quand reviennent les souvenirs de la première, la personne s'y reconnaît, ignorant la seconde, dont les souvenirs lui échappent ; et quand ceux-ci lui reviennent, elle se reconnaît dans la seconde, ignorant la première. Si elle retient dans l'une les souvenirs de l'autre, comme il arrive que le somnambule retrouve dans son sommeil les souvenirs de ses sommeils antérieurs sans perdre ceux de l'état de veille, elle se reconnaît ce qu'elle est, un même conscient de changeantes consciences.

*
* *

Le conscient est essentiellement un. L'âme est un être simple : l'âme, et non l'homme ; un être simple, distinct du corps auquel il est uni.

Elle est, nous l'avons dit, notre être même. Elle est un être en soi, elle peut être étudiée en soi : se connaître, par la réflexion, et, par la raison, se comprendre. Qu'elle se considère où elle est, non point hors d'elle, mais en elle-même, dans sa conscience ; et non plus pour s'y observer : il ne s'agit plus de psychologie expérimentale, — mais pour se construire, en quelque sorte, ou se reconstruire, par la raison.

Elle est une activité consciente de ses actes : activité limitée, déterminée, soumise à des conditions d'action, et dont le caractère propre est la conscience. La conscience est une connaissance : qu'elle sache y voir la connaissance même, et comment, se connaissant, elle connaît en soi autre chose que soi, ce qu'est la matière au regard de l'esprit, ce qui fait l'être intelligible, le principe et du connaître et de l'être ; une théorie de la connaissance le sera tout à la fois de la conscience, de la perception, de la raison : la théorie de la conscience lui révèlera sa propre nature, la théorie de la perception, celle du monde, la théorie de la raison, celle de Dieu. Mais sa conscience est conscience d'une activité, celle-ci déterminée, et se déterminant : déterminée, elle est soumise à des impulsions, à des inclinations, à des attraits, elle est amour : ici se présentent les problèmes de l'amour, et du désirable, et du beau ; se déterminant, elle est volonté : ici se présentent les problèmes du libre arbitre et du bien. Consciente d'une puissance finie et libre : consciente, elle pense ; d'une puissance finie, elle sent ; d'une puissance libre, elle veut. Et elle agit : elle agit en elle-même, elle agit hors d'elle ; elle agit dans l'ordre de la vérité, comme de la beauté, comme de la justice ; elle produit l'industrie et la science, le langage et l'art ; elle se produit elle-même et se manifeste et se déploie en un milieu organique, en un milieu social, elle traverse une vie qui est son œuvre : où s'est-elle embarquée, et pour quel rivage ?

Les problèmes naissent les uns des autres ; l'un résolu, un autre paraît,

> uno avulso, non deficit alter
> Aureus.

Problèmes d'or, comme le rameau dont parle Virgile : chers à l'esprit de l'homme, et les plus intéressants, en effet, qui puissent lui être posés. Faut-il qu'il y renonce ?

Ils peuvent être rangés sous ces titres généraux ; l'intelligence, la sensibilité, la volonté, la vie humaine, la vie éternelle.

La psychologie fut pendant longtemps sous la dépendance de la métaphysique. Des théories sur l'homme, sur l'âme, sur l'intelligence, la sensibilité, la volonté, entraient en de vastes systèmes sur l'univers et sur Dieu. Ces théories, construites *a priori*, valaient ce qu'elles pouvaient ; et il en est dont une description exacte du phénomène à expliquer a suffi pour faire justice. La psychologie descriptive ou expérimentale est donc le commencement nécessaire de la psychologie ; mais la psychologie ne s'y arrête pas. Elle partira de la conscience, qui est connaissance : elle étudiera la connaissance, l'intelligence, la pensée, et les conditions de la pensée ; elle rayonnera de la conscience à l'intelligence, à la sensibilité, à la volonté ; elle placera l'âme dans son milieu organique, dans sa vie humaine ; elle la suivra au delà, pour expliquer, s'il se peut, avec le mystère de la vie, le mystère de la mort.

Nous avons fixé l'objet de la psychologie métaphysique : l'âme, être conscient, ayant une existence propre, irréductible au corps ; et nous en avons fixé la méthode : la raison appliquée à l'observation interne, pour en suivre les inférences légitimes jusqu'où elles pourront nous conduire : jusqu'au principe de notre être, jusqu'au secret de notre destinée, jusque dans la haute sphère de ces problèmes redoutables qui ne sont pas la vaine curiosité de l'homme, mais son intérêt le plus vif, son plus noble souci, et quelquefois son tourment.

DEUXIÈME ÉTUDE

L'Intelligence.

I

Nous étudions l'âme, c'est-à-dire le sujet des faits de conscience. Nous étudions la conscience. Entrons donc et pénétrons dans le fond de moi-même.

Je suis une activité consciente de mon agir. Je ne suis pas une conscience, mais une puissance de conscience : une puissance d'actes conscients.

La conscience ôtée, je ne suis pas, ou je suis comme si je n'étais pas : néant pour moi-même faute de me manifester à moi-même. Suis-je pour moi ? N'en disons rien encore, ne sortons pas de la conscience.

Pour moi-même, dis-je, la conscience ôtée, je ne suis pas. Mais, néant pour moi-même, suis-je un pur néant ? Suis-je aussi néant en moi-même ? Non : en moi-même je suis un être virtuel.

C'est quelque chose qu'un être virtuel. Une graine est mise en terre, elle sera un végétal, cèdre, olivier, lis, ou tout autre ; et non indifféremment l'un ou l'autre : si elle doit être cèdre, elle ne sera pas lis. Et cela, indépendamment du milieu : quel que soit le milieu, si elle doit être cèdre, elle sera cèdre ; à moins qu'un milieu trop défavorable ne s'y oppose, mais alors elle ne sera rien. Dans la graine est un cèdre, qui n'*existe* pas, qui *est* cependant, et dont l'existence ne sera que le développement d'un être enveloppé, la manifestation d'un être caché, la réalisation d'un être virtuel.

Deux enfants naissent, également ignorants, infirmes et muets : l'un sera un imbécile, l'autre sera Pascal. Est-ce d'une différence d'éducation, d'une différence de circonstances extérieures et de milieu, que résultera la prodigieuse différence qui sépare un Pascal d'un imbécile ? Ils naissent ; considérés dans la réalité de leur être, ils se ressemblent, aussi nuls l'un que l'autre : mais entre l'être virtuel de l'un et l'être virtuel de l'autre, quel abîme !

Trois hommes sont en présence d'un problème de hautes mathématiques, difficile à résoudre : le premier aura beau étudier, il ne sera jamais capable de le résoudre ; le second en sera capable quand il aura étudié, mais il faut qu'il étudie ; le troisième, qui a étudié, en est capable, il se met à l'œuvre, et le résout. Celui-ci, avant de se mettre à l'œuvre, était en puissance prochaine de le résoudre : il en était capable ; le second, en puissance éloignée : il pouvait en devenir capable ; le premier, qui ne le pouvait, n'était nullement en puissance, prochaine ou éloignée, de le résoudre.

Voilà des virtualités de différents degrés : elles n'ont rien d'apparent ; elles ne se manifestent pas, elles ne sont pas de l'ordre des phénomènes, mais des êtres ; non êtres réels, mais virtuels. Le futur cèdre, ou olivier, ou lis, le futur imbécile ou Pascal, le futur mathématicien, sont des êtres virtuels ; véritables êtres, et si bien, qu'ils ne s'équivalent pas, ils comportent des degrés, l'un est plus que l'autre : car il est faux de dire, comme beaucoup le disent, qu'on n'est pas plus ou moins, qu'on est ou qu'on n'est pas : on est d'autant plus qu'on a plus de puissance prochaine, cette puissance est la mesure du plus ou moins d'être que l'on a. C'est l'être en puissance qui est la substance même, l'être même, le phénomène étant l'acte qui réalise la puissance, le mode qui manifeste la substance, la forme qui exprime l'être.

La conscience présente est donc la forme de l'être : d'un être d'abord virtuel.

Ici l'on me dira que l'être antérieur à la conscience n'est pas un pur virtuel, mais un réel, concret, visible : que les futures plantes, cèdre, olivier, lis, sont bel et bien des graines, qu'on voit et qu'on touche ; que le futur Pascal et le futur imbécile sont des cerveaux, et non semblables ; que l'incapable de mathématiques, le capable qui ne les a pas étudiées, et le capable qui, les ayant étudiées, peut résoudre le problème, sont trois cerveaux différents, le dernier modifié par l'étude... — Non, la graine n'est pas la plante, mais la première nourriture de la plante qui en sortira ; le cerveau n'est pas la pensée, il n'en est pas même une première nourriture, mais une condition extérieure : ni la pensée n'est un développement du cerveau, ni même la plante n'est, à vrai dire, un développement de la graine : le chêne est-il dans le gland, même infiniment petit, même en image, si réduite qu'on la veuille concevoir ? S'il y était, la raison qui l'y ferait être l'y mettrait tout entier, avec ses glands contenant d'autres chênes, qui auraient leurs glands contenant d'autres chênes, à l'infini : un nombre infini de petits chênes en images de plus en plus réduites. Les partisans de cet emboîtement des germes à l'infini affirmaient aussi, comme ils le devaient dans leur hypothèse, la divisibilité de la matière à l'infini : ils tombaient dans la contradiction du nombre infini. Le chêne donc est-il dans le gland ? Y a-t-il rien dans un gland qui ressemble à un chêne ? Mais surtout y a-t-il rien dans un cerveau qui ressemble à une pensée ?

D'ailleurs, quelle que soit la puissance du chêne, et fût-ce le gland, elle n'est chêne qu'en puissance, et l'être même du chêne y est un être virtuel ; quelle que soit la puissance d'une conscience, et fût-ce le cerveau, elle n'est conscience qu'en puissance, et l'être même dont la conscience est la forme est un être virtuel. Réel comme cerveau, il ne serait encore que virtuel comme puissance de conscience.

Nous étudions la conscience. Restons-y. C'est une erreur de méthode que d'aller en chercher l'origine au dehors, dans un dehors dont, jusqu'ici, nous ne savons rien. Ai-je un cerveau ? Je ne le connais pas. Je ne connais que des pensées ou des sentiments dont j'ai conscience ; je ne connais que des objets d'une conscience et la conscience de ces objets, parmi lesquels je ne trouve rien de tel qu'un cerveau ou un corps, mais seulement des images, des représentations de corps, des sensations que je rapporte à un dehors inconnu.

Que suis-je donc, moi, être conscient ? Que suis-je avant ma conscience, indépendamment de ma conscience, et, sinon pour moi-même (puisque je ne suis pour moi-même que dans la mesure où je suis conscient de moi), du moins en moi-même, au fond de mon être ? Un inconscient, mais capable de conscience. Une puissance de conscience. Mon être substantiel n'est qu'un être virtuel, un rien, qui est quelque chose ; et si bien quelque chose, que ce quelque chose a sa nature, sa mesure, ses degrés : puissance non de conscience quelconque, mais de conscience humaine, et de telle sorte d'homme, non de telle autre.

*
* *

Comment fera cette puissance pour passer à l'acte ? Comment cette substance de mon être, qui est et qui n'est pas (ce qui l'a fait affirmer par les uns, nier par les autres, avec autant de vérité de part et d'autre et autant d'erreur : car, tant qu'elle ne se manifeste pas, à soi ou à autrui, elle n'est ni pour soi ni pour autrui, et, quand elle se manifeste, elle n'apparaît que dans ses phénomènes, non en soi, mais elle est en soi, étant une virtualité qui a son caractère propre et sa mesure), comment, dis-je, cet être virtuel se réalisera-t-il ?

En devenant conscient de quelque objet. Il faut à la conscience un objet, qui ait sollicité ce conscient virtuel pour la produire en lui : elle est le produit de deux facteurs, le conscient, dont elle est la forme, et l'objet, qui le fait passer de la puissance à l'acte, qui, dis-je, l'actualise, et par là le réalise.

La conscience est la forme du conscient. Elle en est l'acte. Elle est moi connaissant moi : un rapport de moi connaissant à moi connu, du sujet à l'objet de la conscience : deux termes qu'il convient de considérer séparément pour en comprendre la synthèse.

Le sujet de la conscience, être latent, virtuel, non réel tant qu'il n'est pas réalisé par l'objet, autre terme du rapport, n'en est pas moins un véritable être : il a ses caractères, qui le distinguent parmi les êtres. Même les caractères qu'on attribue à un être, à un homme, par exemple, en disant qu'il est intelligent, et plus ou moins, qu'il est tendre ou sec, énergique ou faible, qualifient non ce qu'il fait, mais ce qu'il peut, ce dont il est capable : un être virtuel. Mais comme c'est l'autre qui, en le réalisant, le détermine, commençons par étudier l'autre, l'objet de la conscience.

*
* *

Cet objet est-il identique au sujet ? Dans la connaissance de moi par moi, le moi connu est-il le même que le moi connaissant ? Il est le même, puisqu'il est moi-même connu de moi ; et il est autre, puisque, dans le rapport qui le lie à moi, je suis, moi, l'un des deux termes. S'il n'était pas autre, comment passerais-je à l'acte ? Comment, de puissance de conscience à conscience effective ? L'être virtuel, encore inconscient, ne peut devenir conscient par lui-même : ou l'être est éternellement conscient, ou jamais par lui-même il ne le sera. L'est-il éternellement, par hypothèse, c'est un être éternellement réalisé, aussitôt réel que virtuel, infini, absolu : tel serait Dieu, tel n'est pas le moi humain. S'il part de l'inconscient (et c'est le cas du moi humain), il ne peut devenir conscient que par un autre : l'objet de la conscience lui vient du dehors ; le rapport du sujet à l'objet est de moi à quelque chose qui est aussi moi, sans doute, mais non le même : de moi indéterminé à moi déterminé par un *non-moi* qui suscite en moi la forme présente de mon être.

Sollicité par un objet extérieur, je réagis, et j'ai conscience de ma réaction. Otez l'objet extérieur, je ne trouve en moi que ce moi virtuel, pure puissance de conscience; posez-le sans rapport à moi, il ne m'est rien, et je demeure dans mon attente ; mettez-le en rapport avec moi, il s'oppose à moi et s'unit à moi : s'oppose comme être, s'unit dans ce rapport même. Il peut donc s'unir à moi, grâce à un élément commun :

identique à moi, si l'on ne regarde en lui que cet élément commun, contraire à moi, si l'on ne regarde en lui que les autres éléments, c'est-à-dire, identique si l'on retranche les différences, contraire si l'on retranche les ressemblances : il ne se distingue de moi, sans doute, que par ses différences, et ne s'unit à moi que par ses ressemblances, mais ressemblances profondes et qui n'apparaissent pas ; il était moi et moi lui en quelque manière latente ; le contraire qui le distingue de moi couvre une unité ignorée, qui le fait, étant autre que le sujet, devenir le même : l'acte par lequel il s'unit à moi est à la fois l'acte de la puissance qu'il est et de la puissance que je suis. Il se reconnaît en moi (s'il est capable de connaître), je me reconnais en lui, et il devient, dans son union avec moi, cette forme de moi qui est ma conscience. Conscience de quelque chose qui n'est pas moi, et qui est devenu moi : d'un non-moi en moi.

* *

Comment un non-moi est-il devenu moi ? En s'opposant à moi, et m'opposant à lui-même. Il a agi, et j'ai réagi ; mais il m'a modifié selon sa nature et selon la mienne, et j'ai conscience de la réaction de mon être ainsi modifié. Je me reconnais dans cette modification de mon être, parce qu'elle est ce que ma nature comporte, et, parce qu'elle est ce que comporte aussi la nature de l'objet extérieur, j'y connais cet objet.

Je ne le connais pas directement, intuitivement, en lui-même, mais tel que je le trouve dans la modification qu'il a imprimée à mon être ; et je ne me connais pas moi-même directement, intuitivement, mais tel que me façonne son action sur moi et au moment où il me façonne comme je le façonne, dans la double action de lui sur moi et de moi sur lui, dans ma réaction. Car je n'ai pas conscience de son action, mais de la mienne : dans la mienne je saisis la sienne, d'où la mienne résulte, déterminée qu'elle est par la double nature de l'un et de l'autre être : je ne réagirais pas sur l'objet de la manière même dont je réagis, s'il n'était pas ce qu'il est, et si je n'étais pas ce que je suis : ma vision, mon audition, le son que j'entends, la couleur que je perçois, sont formes de mon action propre en réponse à des actions du dehors.

Une forme de mon action ainsi déterminée, forme de mon être en acte, devient mon être même. Comme cette action en réponse à une autre, cette réaction sur une action du dehors, cette double action du dehors et de moi, était pour unir le dehors à moi, en m'identifiant, autant qu'il le pouvait, à ce qu'il avait d'identique à moi dégagé de ce qu'il avait de contraire, ou à ce contraire même identique en son fond, le dehors, dès l'identification faite, ne m'est plus extérieur, il ne m'est plus autre, il est moi-même. Il ne m'est plus objet de conscience : il fait désormais partie de mon être virtuel, accru d'autant.

Me voilà de nouveau inconscient. Pour que je repasse de cette nouvelle inconscience à une nouvelle conscience, il faut que je sois sollicité par un nouvel objet : et ainsi d'objet en objet, de conscience en conscience, de forme en forme de moi-même. Chacune de ces formes à son tour devient mon être ; chacune fait désormais partie de mon être virtuel, toujours en lui-même invisible, inconscient, toujours latent, mais se modifiant sans cesse par ses actes : je change dans le fond inaperçu de mon être, suivant que j'ai réagi, suivant que j'ai agi.

Qu'est-il donc, ainsi déterminé, le sujet de la conscience, le moi conscient de l'être virtuel que je suis ? Une force indivisible dans l'espace, indivisible dans le temps, puissance une d'actes divers, qui sont manières d'être diverses d'un même être, phénomènes divers d'une substance unique : toujours identique à soi dans leur diversité successive, comme toujours simple dans leur diversité simultanée : ils sont divers, elle est une. Simplicité, identité, unité : ces caractères du moi conscient ne sont pas à démontrer, ils apparaissent dans la diversité des faits de conscience qui sont ses actes.

Ces faits de conscience ne sont pas seulement des réactions du moi sur le dehors : le moi ne réagit qu'autant qu'il est lui-même une force capable d'agir. S'il a besoin d'une sollicitation et comme d'une suscitation du dehors, d'une action du dehors sur lui, pour prendre conscience de lui-même dans sa réaction, il ne se borne pas à réagir, il agit ; une fois mis en branle, il manifeste son propre être ; et s'il a conscience de sa réaction, d'autant plus a-t-il conscience de son action propre.

*
* *

Quelle action ? et qu'est-ce que son propre être ? Une activité, une force plus ou moins grande qui se développe et se forme ou se modifie sans cesse par ses actes mêmes. Elle a conscience de ses actes au moment où elle les produit ; une fois produits, ils ne sont plus comme actes du moi, mais il reste à la suite, dans le moi, des modifications favorables ou contraires à son être, heureuses ou malheureuses, qui en font partie désormais, et pour toujours. Qu'on le prenne à un instant quelconque, l'être virtuel du moi n'est plus une pure puissance, nue et vide, indéterminée, informe : il a sa forme, déterminée par ses actes antérieurs, et que ses actes ultérieurs modifieront encore : tant il est vrai qu'il est un être ! invisible à lui-même comme à autrui, être latent, mais un être, et si bien, qu'il se retrouvera et se reconnaîtra dans cette sorte de conscience qui est la mémoire.

Il reçoit, il éprouve, il est le terme d'une action exercée sur lui : c'est sentir. L'action exercée sur lui le façonne, lui imprime une forme. Il ne lui est pas indifférent qu'une forme ou une autre lui soit imprimée ; il ne lui est pas indifférent, à ce bloc de marbre, d'être « dieu, table ou cuvette » : il aspire à être dieu, et si l'action du dehors le façonne en cuvette ou en table, il souffre. J'entends que ce conscient virtuel n'est pas une simple force, une pure activité sans direction, mais un être ayant des aspirations, des tendances, vers une fin, savoir, le parfait être, savoir, l'être même, qu'il aime et qu'il désire. Conscient, non de son être, mais de ses actes, il est conscient de sa réaction, de son action, de sa pensée : il est conscient de sa réaction sur l'action extérieure, et la conscience qu'il en a est agréable ou pénible, est plaisir ou déplaisir, joie ou douleur, selon que la modification qu'il subit est conforme ou contraire à sa fin ; il est conscient de son action propre, action dont le principe est en lui-même, ou plutôt dont il est lui-même le principe, que lui-même détermine en vue d'une fin qu'il se propose, action d'une volonté libre ; il est conscient de sa pensée, pensée de lui-même sentant et voulant, pensée de ce qu'il sent, de ce qu'il veut.

Conscience est connaissance, conscience est pensée. Il n'a pu, dans sa conscience, connaître l'objet qui l'a suscité et se reconnaître lui-même, sentant ce qu'il sent, voulant ce qu'il veut, avec ses motifs de le vouloir, tel qu'il est à la suite de ce qui l'a formé tel, il ne l'a pu, dis-je, sans une application d'une raison qui a ses lois. Aussi a-t-il été permis à la philosophie d'appeler *pensée* la conscience en général, et de définir le sujet conscient une force pensante, mais force principe et non simple siège d'activité, force en possession de soi, *vis sui conscia et sui compos* (Leibniz).

Le sujet de la conscience, le moi, l'âme ou l'esprit, est donc un être, virtuel tant qu'il n'est pas conscient, conscient de ses actes, non de lui-même, non de son activité, mais de son agir, qui est sentir, penser, vouloir ; un véritable être, quoique virtuel : car il est, et il est plus ou moins, il a ses caractères : il est une activité simple et identique, ce qui signifie une et permanente ; intelligente pour être consciente ; sensible pour être intelligente et consciente ; libre.

Une dans le temps comme dans l'espace, force propre et irréductible, sensible, intelligente, libre, l'âme est tout cela, et n'est que cela. Elle n'est pas autre chose, comme, par exemple, étendue, colorée, pesante : car elle n'est pas consciente d'autre chose. Et il ne faut pas dire que ces caractères ou d'autres semblables, dont elle n'a pas conscience, peuvent appartenir à son être virtuel inconscient : cet être virtuel, dès qu'il agit, devient conscient, et sa conscience le manifeste dans sa forme présente, où sont contenues les formes antérieures qui l'ont faite : sa forme présente est un sentiment, une pensée, une volonté, liés à des volontés, à des pensées, à des sentiments, que la conscience y retrouve à leur place dans la série des formes d'où résulte l'être actuel. La conscience reconnaît l'être : l'être présent, sous son nom de *conscience ;* l'être passé, sous le nom de *mémoire :* l'être ainsi reconnu n'est jamais, réel, qu'un sentant, pensant ou voulant, un conscient de ces trois sortes d'actes, et, virtuel, par conséquent, qu'une puissance de ces trois sortes d'actes.

La conscience n'est donc pas un *épiphénomène* qui s'ajouterait, selon quelques psychologues physiologistes, à certains phénomènes d'un sujet coloré, étendu, mobile, multiple, divisible, d'un même sujet de pensées et de figures, de mouvements et de sensations, — d'un corps, en un mot, tel que serait le cerveau ou un noyau cérébral : nous avons déjà reconnu le conscient essentiellement un, nous le reconnaissons ici essentiellement sans figure ni couleur, ni aucun autre caractère que la triple faculté de penser, de sentir et de vouloir : vouloir, comme principe d'action propre ; sentir, comme terme d'action exercée sur lui ; penser, qui est la conscience même.

Il y a un point au delà duquel on ne saurait remonter, un fait primordial qu'il faut poser à l'origine : ici, quand il s'agit de l'âme, la conscience : d'où un sujet et un objet de conscience : objet hétérogène, comme on dit aujourd'hui, multiple, indéfiniment varié ; sujet un, substance ou puissance identique dans son fond, modifiable et indéfiniment modifiée dans sa forme, d'actes qui sont toujours ou sentir, ou vouloir, ou penser ; activité sensible et libre, consciente, donc intelligente par essence, et en elle c'est l'intelligence que nous avons à considérer d'abord.

II

Commençons par une rapide esquisse de l'intelligence, telle que la psychologie nous la présente, afin de nous mettre au point, et de pouvoir débattre utilement les graves problèmes qu'elle soulève : les faits bien fixés en un résumé qui en expose l'ensemble exact et précis, les considérations viendront à la suite.

L'intelligence est la faculté de connaître. Nous connaissons des faits, des phénomènes, c'est-à-dire des apparences ou des formes de choses ; et c'est par leurs phénomènes que nous connaissons les choses. Ainsi, nous ne connaissons pas directement notre intelligence, mais nos pensées présentes : nous pensons présentement ceci ou cela, c'est un fait présent à notre conscience, c'est une forme de notre intelligence, une apparence ou un phénomène de nous-mêmes ; par ce phénomène, par ce fait, nous nous connaissons intelligence, nous connaissons l'âme intelligente que nous sommes. Des faits de lumière sont présents à nos yeux, phénomènes de couleur, apparences ou formes visibles : par ces faits, qui ne sont que des phénomènes, des apparences, de pures formes, nous connaissons des êtres, des choses, le monde qui nous entoure. Ces faits sont donnés, les uns à notre conscience, les autres à nos sens. Nous les conservons dans notre mémoire ; nous nous les rappelons ; nous nous les représentons par l'imagination ; nous les groupons, nous les rattachons les uns aux autres, nous formant des idées générales, liant ces idées par des rapports de toutes sortes, affirmant ces rapports et les rapports de ces rapports, en établissant de nouveaux, jugeant et raisonnant, concevant au-dessus de ce qui est ce qui peut être, ce qui doit être, ce qu'il faut faire ; ayant dans notre esprit, pour que ces opérations nous soient possibles, des données intellectuelles qui, appliquées aux données de notre conscience et de nos sens, nous élèvent du phénomène à l'être, du fait à l'idée, et de connaître à comprendre.

*
* *

Nous ne connaissons pas directement des êtres, mais des phénomènes : et d'abord les phénomènes du moi.

Quand nous connaissons un phénomène extérieur, une couleur, un bruit, un contact, nous connaissons notre vision, notre audition, notre sensation tactile, nous nous connaissons voyant, entendant, touchant : c'est dans ces actes de voir, d'entendre, de toucher, dans ces faits du moi, dans ces phénomènes intérieurs, que les phénomènes extérieurs nous sont donnés ; et c'est dans ces phénomènes extérieurs que nous sont donnés les objets, comme dans ceux du moi nous sommes donnés nous-mêmes à nous-mêmes. Dans les phénomènes du moi nous est donné un être, qui est nous ; dans quelques-uns des phénomènes du moi, dans nos sensations, nous sont donnés des phénomènes extérieurs, dans lesquels nous sont donnés des objets extérieurs, les choses du dehors, le monde.

La connaissance du moi enveloppe celle du monde, qui la suppose ; elle est la conscience, elle se fait par le sens intime.

Je dis la connaissance des faits du moi, des faits de l'âme, dont le caractère propre est de ne pouvoir se produire sans que l'être qui les éprouve les aperçoive et sache ou sente que c'est lui-même qui les éprouve.

Elle est d'abord, chez les petits enfants comme chez les animaux, spontanée ; elle est ensuite réfléchie : confuse et obscure à l'origine, quand elle précède la réflexion ; claire et distincte, quand elle se reconnaît, et, par la réflexion, se replie en quelque sorte sur elle-même. Le moi ne se distingue lui-même de ce qui n'est pas lui que dans cette réflexion : jusque-là il ne se sépare pas de l'objet qui l'occupe, qu'il sent en lui, dans lequel il se sent, avec lequel il se confond : il est tout entier dans la sensation qu'il éprouve.

C'est à la conscience que nous devons les notions de joie, de douleur, de désir, d'amour, d'espoir, de crainte, d'idée, de jugement, de raisonnement, de cause, de force, et mille autres : toutes les notions d'ordre intellectuel et moral. Il en est que nous transportons hors de nous, et appliquons à des choses que nous n'expliquerions pas sans elles : celle de force notamment, avec les notions qui s'y rattachent, nous sert à comprendre la nature, mais nous la devons à la conscience. L'âme est une force, elle a des facultés, modes et caractères ou directions générales de l'activité qu'elle est essentiellement.

*
* *

Elle agit en prenant conscience d'elle-même ; elle agit en rapportant ses sensations à des objets extérieurs qui les provoquent. Elle connaît, dis-je, dans ses sensations, phénomènes intérieurs, faits du moi, des phénomènes extérieurs, faits du non-moi, formes de choses qu'elle s'oppose à elle-même : cette connaissance est la *perception extérieure*. Gardons-nous bien de confondre, comme on le fait souvent, la perception avec la sensation : celle-ci est une modification éprouvée par l'âme en présence d'un corps ; l'autre est le jugement par lequel l'âme rapporte cette sensation, qu'elle trouve en elle sans l'y avoir produite elle-même, à une cause extérieure, à un corps. La sensation ne sort pas de l'âme, dont elle n'est qu'un mode ; par la perception, l'âme sort en quelque façon d'elle-même pour atteindre et reconnaître hors d'elle un objet.

La perception est la connaissance en conséquence de la sensation : autant de natures de sensations, autant de natures de perceptions : les sens ne nous donnent pas les perceptions, mais les sensations ; et c'est la raison qui, à l'occasion des sensations, perçoit.

Les sensations appartiennent à la sensibilité. Elles sont les premières modifications de l'être conscient, provoquées en l'homme par le jeu de ses nerfs. Quelle que soit la cause, interne ou externe, qui mette en jeu ses nerfs, à la suite de l'excitation nerveuse il est affecté, il a conscience d'être affecté, et cette modification de lui-même est plaisir ou douleur.

Le jeu des nerfs est l'*impression*, qui passe par eux sans venir d'eux ni s'arrêter à eux : ils la reçoivent, la transmettent, elle arrive au cerveau, il en résulte dans l'âme, c'est-à-dire dans le moi ou la conscience de l'être, une modification qui est une sensation.

La sensation est provoquée dans l'âme par un état du cerveau, cet état par un ébranlement des nerfs ; cet ébranlement peut avoir sa cause dans le corps même ou hors du corps. Quand la cause en est un objet extérieur, la sensation nous avertit de sa présence, de son existence, de ses caractères ; quand la cause en est dans le corps, la sensation nous avertit de ses parties diverses, de leur bien-être ou de leur malaise : un mal de tête, de cœur, d'entrailles, un rhumatisme, etc. Nous rapportons donc certaines sensations aux diverses parties de notre corps : c'est les localiser ; on les appelle internes. Nous en rapportons d'autres à des objets extérieurs : ce sont les sensations du tact, de la vue, de l'ouïe, de l'odorat, du goût. Nous connaissons de la sorte ces objets : la faculté de les connaître ainsi par les sensations que provoque en nous leur présence est dite *sens*.

On compte cinq sens, qui sont le tact, la vue, l'ouïe, l'odorat et le goût. Chacun a son organe propre, qui met l'âme en rapport avec tel mouvement, de telle nature et de telle vitesse : l'organe de la vue, avec une certaine vitesse des vibrations de l'éther, et, par suite, avec les objets qui leur impriment cette vitesse entre deux extrêmes au-dessus comme au-dessous desquels on ne voit pas ; l'organe de l'ouïe, avec une certaine vitesse des vibrations de l'air ; et ainsi des autres.

Le goût nous donne les saveurs, l'odorat les odeurs, l'ouïe les sons ; la vue, par les couleurs et la lumière, nous fait connaître les surfaces ; le tact, par la résistance, le volume ou la solidité des corps. Notre corps nous met en rapport avec les objets corporels eux-mêmes par la main, la peau, les organes du tact, et aussi de l'odorat, du goût ; il n'établit entre eux et nous, par les organes des autres sens, qu'un rapport éloigné, à travers l'intermédiaire de l'air pour l'ouïe, de l'éther pour la vue.

Les organes des sens nous permettent d'atteindre certains corps à l'exclusion des autres : nous touchons des corps plus ou moins denses : à un degré de densité moindre que celle des moins denses, nous ne toucherons pas ; nous entendons, nous voyons des corps plus ou moins vibrants : un degré de plus ou de moins dans la vitesse des vibrations de l'air, nous n'entendrons pas ; un degré de plus ou de moins dans la vitesse des vibrations de l'éther, nous ne verrons pas. Des corps peuvent exister inaperçus, insaisissables à nos organes ; un monde invisible peut pénétrer ce monde visible, et remplir le vide apparent des espaces. Pour que nous puissions connaître les choses, il faut qu'elles soient en des conditions telles que leur présence affecte nos organes, et produise sur nos nerfs des impressions qui provoquent des sensations dans notre âme : notre âme ne demeure pas inerte, sous le coup de l'impression, dans une sensation toute passive, mais agit pour la reconnaître et la rapporter à son origine extérieure.

*
* *

Ce n'est pas le mouvement extérieur de l'organe affecté, ni même le mouvement du nerf à la suite, qui provoque la sensation : c'est le mouvement du cerveau. Tant que le mouvement n'est point parvenu de l'extrémité nerveuse au cerveau, la sensation n'a pas lieu ; et dès que le cerveau est mû, alors même que son mouvement ne dépend point de celui du nerf, la sensation a lieu. Un mouvement du cerveau qui s'est produit en présence d'un corps peut se reproduire en son absence : la sensation qui s'est produite se reproduira : on verra dans l'obscurité, on entendra dans le silence, on touchera dans le vide : on croira toucher, entendre, voir, en l'absence de tout objet. C'est ce qui nous arrive toutes les nuits dans nos rêves ; c'est ce qui arrive dans la veille même à quelques malades, et qu'on appelle chez eux *hallucination*. Il en est ainsi quand la sensation illusoire d'un objet absent n'est pas moins vive que la sensation légitime des objets présents. Elle est moins vive dans la veille normale, étant due à des mouvements plus faibles du cerveau : nous distinguons sans peine, pendant que nous sommes éveillés, ce que nous voyons dans notre esprit et ce que nous voyons par nos yeux, la représentation qui se fait en nous des objets absents et celle qui se fait en nous des objets présents : la *sensation* proprement dite, et la sensation reproduite, ou l'*image*.

La faculté des images est l'*imagination*. Quand nous reconnaissons, pour l'avoir vue, entendue, touchée, la chose dont l'image est en nous, cette reconnaissance est le *souvenir*; la faculté du souvenir est la *mémoire*.

Aux *images* se lient très étroitement les *idées*; mais les images ne sont pas les idées, elles n'en sont que les signes. Prendre les images pour des idées, ou les idées pour des images, est une confusion fréquente, contre laquelle il faut se tenir en garde. La représentation mentale, sensation ou image, d'un arbre présent ou absent suscite l'idée d'arbre ; mais image d'un certain arbre, qui a un certain port, une certaine hauteur, une verdure, une forme particulière : l'idée d'arbre ne convient pas moins à tout autre, qu'on ne se représente pas : l'objet de la représentation est un arbre, l'objet de l'idée est l'arbre. On se représente, on imagine, un triangle, qui sera, par exemple, isocèle : on entend le triangle, qui sera tout aussi bien d'une autre forme et d'une autre grandeur, même de toute grandeur quelconque et de toute forme, pourvu qu'elle réponde à la définition. Une idée se définit, et ne se représente pas. On a l'image d'un homme, l'idée de l'homme ; on a l'idée de la justice : quelle image en peut-on bien avoir ? Thémis avec sa balance n'est pas une image, mais un symbole ; pareillement le mot qui l'exprime : les mots sont des signes, et les images mêmes sont des signes. Mais comme les signes ne sont rien sans leurs idées, les idées aussi nous échappent sans leurs signes ; et nous ne pensons pas sans images.

Il y a d'autres images que des représentations de formes visibles : les formes tangibles, les formes sonores, les odeurs, les saveurs, tout se représente. Le gourmand a une image si vive de la saveur convoitée, qu'il en a *l'eau à la bouche*. Comment reconnaître un parfum, si l'on ne compare celui qu'on respire à celui qu'on a respiré, et à d'autres, dont on le distingue ? ou comment faire cette comparaison, si tandis qu'on respire le parfum, on ne se représente en même temps, vaguement, mais effectivement, les autres parfums ? Il nous faut des représentations de ce qui est représentable; il nous faut des mots pour ce qui ne l'est pas : peu à peu les mots remplacent les représentations, y suppléent, suffisent à tout ; mais nous ne pensons pas, habituellement, sans nous représenter les mots, et, à défaut de l'image des choses, nous avons celle des mots qui les expriment.

Si l'on se souvient, c'est qu'on a vu, entendu, touché, pensé, agi.

> Quiconque a beaucoup vu
> Peut avoir beaucoup retenu,

dit le fabuliste. On ne se souvient pas de ce qu'on a vu, mais d'avoir vu : non de l'objet, mais de soi-même. C'est comme une conscience en arrière, par laquelle on se retrouve au passé. Notre mémoire nous donne à la fois notre durée et notre identité : c'est-à-dire que nous avons été ce que nous sommes, que notre être n'est pas d'un instant, que dans la succession des instants il demeure toujours le même; que nous, qui sommes aujourd'hui, nous étions hier, avant-hier, il y a huit jours, il y a dix ans, dès la première heure de nos souvenirs, présents à nous-mêmes depuis cette heure jusqu'à ce jour.

Quand plusieurs mouvements se sont produits

ensemble dans le cerveau, ils tendent à se reproduire ensemble ; si l'un se reproduit, les autres se reproduisent ; comme ils provoquent des images, une image en appelle d'autres ; et comme aux images sont liées des idées, une idée en appelle d'autres : c'est l'*association des idées*, suite de l'association des images.

L'association des idées aide la mémoire : une idée présente en rappelant d'autres, il suffit de les reconnaître pour qu'elles soient autant de souvenirs. Les principaux rapports selon lesquels s'associent les idées sont les rapports de cause à effet, de simultanéité ou de contiguïté, de ressemblance ou de différence.

La mémoire est favorisée et facilitée surtout par l'*attention :* de ce qu'on a vu sans le regarder, de ce qu'on a entendu sans l'écouter, on se souvient peu ; on retient bien, au contraire, ce qui a fixé l'esprit.

La mémoire est plus ou moins *facile*, plus ou moins *fidèle*, plus ou moins *prompte :* on l'a facile, quand on retient aisément ; fidèle ou tenace, quand on retient longtemps, qu'on garde ce quand on a retenu ; prompte, quand on le retrouve sans peine et vite. Ces qualités de la mémoire sont séparables ; c'est même l'ordinaire que la facilité et la fidélité ne s'accompagnent pas. Il y a aussi plusieurs mémoires, suivant qu'on se rappelle mieux tel ou tel genre d'objets, des faits, des idées, des mots, des figures, des sons, etc. La mémoire est de toutes les facultés la plus susceptible d'être développée, fortifiée par l'exercice, perfectionnée par le travail.

*
* *

La mémoire est aidée par l'association des idées, suite de l'association des images, due à l'imagination : cette faculté des images qui aide la mémoire, qui est une sorte de mémoire, qu'on appelle quelquefois mémoire imaginative, n'est pas la seule imagination de l'homme. Il en est une autre, qui est la faculté de combiner des idées, de construire des images, de produire des œuvres : c'est l'imagination active, distincte de la première toute passive : celle-ci représente, l'autre crée. Elle ne crée pas les images, ni les idées : elle crée les œuvres qu'elle en construit, œuvres d'industrie, œuvres d'art.

Entrez dans un chantier, voyez-y ramassées des pierres de dimensions et de formes diverses ; dans un autre, des pièces de bois ; en des magasins, des gonds, des serrures, des ferrements de toutes sortes. Tous ces objets y sont-ils par hasard ? S'y sont-ils mis d'eux-mêmes ? S'y sont-ils distribués, rangés, comme ils y sont, en bon ordre ? Telles sont les images, telles sont les idées, dans notre esprit. L'imagination passive ne nous présente qu'un pêle-mêle d'images, au hasard des mouvements du cerveau, auquel répond le hasard des rêves : une fois maître des idées qu'elles suscitent en nous, nous les rangeons, nous les distribuons, ici les ferrements, là les pièces de bois, ailleurs les pierres d'après leurs diverses tailles, toutes en bon ordre : ainsi nous rangeons nos idées en espèces, en genres, ces genres en d'autres qui les embrassent, ces autres en d'autres : ce n'est pas encore l'imagination active, c'est la *classification*, opération compliquée, élevée, où nous déployons à un haut degré l'activité de notre intelligence.

Vienne maintenant l'architecte : il construit avec ces matériaux un édifice. L'édifice construit est-il un simple résultat, purement naturel, des matériaux ? Non, certes : quelques-uns sont choisis parmi tous les autres pour être disposés selon un plan, dans un ordre conçu et voulu. Un résultat purement naturel des matériaux ne serait qu'un des résultats possibles ; mais il y en a une infinité de possibles : celui qui a été réalisé l'a été par le génie de l'architecte. Mille architectes différents auraient conçu, voulu, produit mille résultats différents, également possibles, auraient tiré de ces matériaux, les mêmes pour tous, mille édifices : chacun eût fait le sien, qui eût empêché les autres, et qui eût eu son propre usage, sa destination, maison, halle, temple ou palais, avec ses caractères propres, selon le génie de l'artiste. Quelque chose est ici qui n'était pas dans les matériaux, qui doit son être à la pensée et à la volonté de l'artiste : ce ne sont pas les éléments de l'œuvre, c'est l'œuvre même. Cette œuvre est celle de l'imagination active, qu'on appelle aussi, et à juste titre, *créatrice :* car elle donne l'être à ce qui ne l'avait pas. Elle crée un édifice qui n'était pas dans les matériaux, une œuvre qui n'était pas dans les éléments ; qui, sans doute, ne serait pas sans eux, mais qui n'en résulte pas d'elle-même, et tire son être propre de la volonté qui l'a produite.

L'imagination créatrice combine ainsi tantôt des idées, tantôt des images, tantôt des images et des idées liées les unes aux autres, des idées exprimées par des images : elle est la faculté des inventeurs en industrie et en science comme en art, des grands savants, des philosophes, des poètes. Le savant même qui fait une découverte scientifique a conçu d'abord une expérience, une hypothèse ; il a d'abord imaginé ce qu'il reconnaît ensuite : il vérifie, mais d'abord il invente.

Pour imaginer, pour classer, pour opérer sur des idées, il faut en avoir. On les forme par la généralisation, qui suppose la comparaison, l'abstraction, l'attention.

L'*attention* est l'application de l'activité à l'intelligence. C'est la première condition de toute connaissance, de toute pensée. Quand l'attention est libre, elle se porte spontanément sur tout ce qui la sollicite, et procure une connaissance d'ensemble, générale, complète, mais confuse et vague ; pour l'avoir distincte et précise, il faut fixer l'attention sur un point, mais alors on perd de vue le reste, et si la connaissance qui en résulte est nette, elle est partielle : on connaît bien un point ou un élément de la chose que l'on considère, on ne connaît pas la chose même. Il faut donc passer d'un point à un autre, d'un élément à un autre, se rendre attentif à tous tour à tour, en ayant soin de les rapporter les uns aux autres, et de reconstruire la chose ou de la recomposer en son unité totale à mesure qu'on l'a décomposée en ses parties. Cette décomposition et cette recomposition nécessaires des choses par la pensée sont appelées *analyse* et *synthèse*. L'attention fixée et concentrée sur un point ou un élément, sur un caractère de ce qu'on étudie, le détache des autres points, des autres éléments, des autres caractères inséparables, de tout ce qui est la chose même : c'est l'*abstraction*.

On rapproche les choses pour voir en quoi elles diffèrent, en quoi elles se ressemblent : c'est la *comparaison* ; et l'on réunit dans une même idée toutes les semblables : c'est la *généralisation*. Elle résulte de la comparaison, qui suppose l'abstraction : car on ne compare pas des objets considérés dans leur totalité, mais dans certains caractères qui sont le point de vue où l'esprit les envisage.

Penser, c'est *juger* ; juger, c'est affirmer le rapport

de deux idées, ou, plus simplement, « affirmer quelque chose de quelque chose, κατηγορεῖν τι τινός (Aristote) ». De là deux termes : ce dont on affirme quelque chose, ou le *sujet*, et ce qu'on affirme du sujet, ou l'*attribut* ; plus, un troisième terme qui est l'union des deux, le *verbe*. Tout jugement est affirmation, soit qu'il affirme, ou qu'il nie : car celui qui nie affirme le non. Le contraire de l'affirmation n'est pas la négation, mais le *doute*. Celui qui suspend son jugement par crainte d'erreur n'affirme pas plus le non que le oui ; dès qu'il se prononce, dès qu'il juge, que ce soit le oui ou le non, il affirme.

Quand sur la vérité donnée d'un ou de plusieurs jugements on fonde la vérité d'un autre, on *raisonne*. Ce qu'on fait de deux manières : ou bien on tire d'un jugement général un jugement particulier, ou plusieurs, qu'il contenait : c'est la *déduction* ; ou bien on va d'une série de jugements particuliers à un jugement général qui les embrasse, ou les résume, ou les explique : c'est l'*induction*.

***

Mais pour induire, pour déduire, pour généraliser même et pour abstraire, pour faire les opérations, quelles qu'elles soient, de l'intelligence, il faut des principes régulateurs de ces opérations. Il en faut pour former les idées : car la conscience ni les sens ne nous donnent point des idées, mais des faits, des phénomènes ; il en faut pour passer du phénomène à l'être, pour affirmer l'être à l'occasion du phénomène : il y a des idées, qui sont les lois de la pensée, les conditions de la connaissance : ces idées, ces principes, ne sont donc pas dus aux sens ni à la conscience, à l'expérience, impossible sans elles, à une connaissance antérieure qui n'a pu se produire que par leur concours, mais à la *raison*. La raison ne se ramène pas à l'expérience ; non plus que dans l'expérience même, la conscience ne se ramène aux sens externes : les données de l'expérience ne sont que des phénomènes ; les données de la raison sont des principes régulateurs de la pensée, des idées sans lesquelles nous ne formerions aucune idée, sans lesquelles nous n'en pourrions avoir aucune.

Ces idées sont idées de rapports nécessaires, c'est-à-dire qui non seulement sont, mais ne peuvent pas ne pas être : l'idée de causalité, par exemple, ou le principe qu'il n'y a pas de phénomène sans cause, est l'idée d'un rapport entre deux termes, le phénomène et la cause, d'où il résulte que, si l'un existe, l'autre existe, si un phénomène est, il est par une cause. Ce qui est nécessaire, ce qui ne peut pas ne pas être, ce n'est point qu'un phénomène soit, mais que, s'il est, il soit par une cause. Il se peut que nul n'existe ; il ne se peut qu'un seul existe sans une cause qui l'ait fait être. Ce n'est donc point l'un ou l'autre terme du rapport qui est nécessaire, c'est le rapport. Et comme il est nécessairement, il est universellement, éternellement, c'est-à-dire en tout temps et en tout lieu ; il est absolument, c'est-à-dire indépendamment de toute condition, et par essence. Il règle toute intelligence, et ne dépend d'aucune intelligence, d'aucune volonté. L'idée en est de celles qui constituent la raison humaine, la raison divine, toute raison, et en un mot (car il n'y a pas plusieurs raisons, mais une seule, régulatrice de toute intelligence), la raison.

Ainsi le principe d'identité : « Ce qui est est », qu'on appelle aussi principe de contradictions : « Une même chose ne peut tout ensemble, sous le même rapport, être et n'être pas. » « Deux quantités égales à une troisième sont égales entre elles. » C'est le principe qui permet de déduire : si un jugement général en contient d'autres, on les affirme par l'affirmation même qui est le jugement général, et il suffit de faire voir qu'ils y sont contenus. Ainsi le principe de raison suffisante : « Rien n'est sans une raison suffisante d'être. » Ainsi les principes de cause, de substance, etc.

Et ne me dites point que ces principes, s'ils constituent la raison, s'ils sont essentiels à l'intelligence, lui doivent être innés, et cependant ne le sont pas : ils le sont. Qu'ils doivent être présents à tous les esprits, et que beaucoup d'esprits les ignorent : ceux qui les ignorent les ont, et ne connaissent, ne pensent, ne raisonnent, que par eux, comme on ne marche que par des os, des muscles, des tendons, des nerfs, que l'on a sans savoir qu'on les a. Les ignorants, les enfants, les simples, ont à leur insu ces principes, innés à des intelligences qui n'en ont pas conscience : qui ne les pensent pas, mais qui pensent par eux, qui pensent conformément à des lois de la pensée dont ils ne se rendent pas compte. A peine commencions-nous à balbutier, nous interrogions nos parents, et leur demandions à tout propos : Comment ? Pourquoi ? Nous savions donc que toute chose a son comment, son pourquoi : qui nous l'avait appris ? Nous savions que rien n'est sans une raison suffisante d'être : d'où le savions-nous ? Par la nature même de notre intelligence, ou de la raison, dont nous participions en notre qualité d'êtres intelligents. Mais nous le savions sans savoir que nous le savions, sans formuler le principe, sans être capables d'en entendre la formule, sans nous rendre compte de nous-mêmes à nous-mêmes. Remontons plus haut encore : avant d'interroger personne, nous avons vu, entendu, touché, nous avons affirmé des objets qui n'étaient pas donnés à nos sens : des contacts, des couleurs, des formes, des sons, des sensations, nous étaient donnés, non des objets, non des êtres : nous avons affirmé des objets, des êtres : nous avons appliqué des idées de cause, de substance, etc. Si nous les avons appliquées, c'est que nous les avions. Peu à peu, avec ces idées appliquées aux faits, aux phénomènes de toutes sortes, nous avons formé toutes les autres : celles-ci non plus nécessaires, mais contingentes, c'est-à-dire que leurs objets pourraient n'être pas, existent ici ou là, en tel lieu, en tel temps, non partout et toujours ; par quelque cause ou quelque condition de leur existence, non par essence et d'eux-mêmes : idées dites d'*expérience*. L'expérience ne nous les donne pas, elle ne nous donne que des phénomènes : c'est nous qui les formons en appliquant à ces données de l'expérience les données de l'intelligence même, les principes régulateurs de la raison.

L'intelligence n'est pas nue, ou, comme on l'a dit, une « table rase », une tablette vide, un papier blanc, que les objets couvriraient peu à peu de leurs propres traces : elle est constituée par des idées qui sont les lois de toute pensée, par des principes qui sont les conditions de toute connaissance, qui sont l'intelligence elle-même.

Et comme il n'y a point connaissance de ce qui n'existe pas, comme il faut bien admettre que ce que l'on connaît existe en effet tel qu'on le connaît, et que le vrai, qui est l'objet de l'intelligence, n'est pas moins le caractère de l'être, il faut admettre que les principes de l'intelligence le sont aussi de l'être, que les conditions de l'intelligence le sont aussi de l'existence, que les lois de la pensée sont les lois de la vérité et les lois de la vérité celles de la nature et de l'esprit tout ensemble, faits l'un pour l'autre par un commun Auteur de l'un et de l'autre, Source unique d'où coulent parallèlement, s'accompagnant et se correspondant toujours, la Nature et l'Esprit.

III

Il n'est presque pas un des points de cette théorie qui ne donne lieu à réflexion, et ne soulève des questions auxquelles il faut essayer de répondre.

Parlons d'abord de la conscience.

On demande si la conscience est une faculté. Elle est l'âme elle-même en acte. Non point l'âme en elle-même, je dis l'âme en acte, soit qu'elle agisse comme faculté de penser, ou de sentir, ou de vouloir. Une faculté n'est pas un être, mais un aspect de l'être actif; une faculté de l'âme n'est pas une âme dans l'âme, mais un aspect de cette activité qui est l'âme : l'âme est une activité, une faculté supérieure, dont les formes particulières sont ou pensée ou volonté ou sentiment, dont la forme générale est conscience.

L'âme est-elle consciente de tout son être ? Non, mais de son agir, et, dans son agir, d'un être virtuel actualisé, non tout entier, mais selon qu'il doit l'être pour la possibilité présente de l'acte, — selon qu'il est puissance immédiate de l'acte même. Telle pensée, telle volonté, tel sentiment, n'est possible que de telle âme, élevée à tel degré d'être, constituée en son être présent par la suite de ses actes antérieurs : elle se trouve en chacun de ses actes telle qu'il faut qu'elle soit pour en être capable, telle qu'elle a été faite ou qu'elle s'est faite, telle qu'elle est ; et elle reconnaît son passé dans un présent qui le contient, dans l'éternel présent d'un être actif dont les actes se succèdent, dont l'être subsiste : l'acte remplace l'acte, imprimant à l'être une modification qui ne remplace pas la précédente, à jamais fixée dans la permanence de l'être, mais s'y ajoute pour s'y fixer à son tour en s'y combinant avec elle. L'acte succède à l'acte, mais, en lui succédant, le continue et commence l'acte qui va lui succéder à lui-même : l'instant présent, indivisible en son absolu présent, n'est pas un intervalle, si petit soit-il, entre le passé et l'avenir, mais une limite mobile, fuyante, à jamais insaisissable, point d'arrivée toujours déplacé d'un passé qui est aussitôt l'avenir, point de départ toujours poussé d'un avenir qui est aussitôt le passé, synthèse indissoluble de l'un et de l'autre. L'âme agissant a, dans son acte, conscience de son être tel qu'il est, non tel qu'il sera ; de son être présent, contenant le passé qui l'a fait, non l'avenir, si ce n'est ce commencement d'avenir qui est dans son acte même : elle y trouve donc son passé, et s'y reconnaît, comme elle se reconnaît dans son présent ; elle ne sépare pas l'un de l'autre, elle a conscience dans son être présent de son être passé. De tout son être passé ? Non, pas plus qu'elle n'a conscience de tout son être présent, mais de son acte présent, et, dans cet acte, de l'être passé lié à l'être présent : non de ses actes antérieurs, mais de la trace qu'ils ont laissée en son être, d'une représentation de ces actes dans la forme de son être présent, de même qu'elle a conscience dans certains de ses actes, qui sont les sensations, d'une représentation d'objets liés à cette sorte d'actes. De même, dis-je, qu'elle n'a pas conscience des objets, mais d'une représentation des objets, et non de tous, mais des objets liés à ses sensations, de même elle n'a pas conscience de ses actes passés, mais d'une représentation de ces actes, et non de tous, mais des actes passés liés à l'acte présent. Mais tandis qu'elle ne se reconnaît pas dans la représentation des choses du dehors, elle se reconnaît dans la représentation de ses actes passés, parce qu'ils furent siens, parce qu'ils sont toujours siens dans son être virtuel constitué et comme façonné par eux.

On objecte qu'il n'y a pas conscience du passé. Aussi n'a-t-elle pas conscience de ses actes passés, mais de la représentation de ces actes dans un être où ils demeurent présents, non en eux-mêmes et comme actes, mais comme états, modes ou manières d'être qui en résultent.

L'âme n'a pas conscience d'être, mais d'agir ; et c'est dans son agir qu'elle connaît son être. Elle a conscience, par exemple, de se rendre attentive, non d'être attentive : attentive, elle est toute à ce qu'elle écoute, à ce qu'elle regarde, à ce qu'elle considère, non à son attention même, devenue un état.

L'âme peut-elle donc être inconsciente? Oui, quand elle n'agit pas ; et même quand elle agit, de tout ce qui n'est pas ce qu'elle met présentement du sien dans son agir.

*
* *

M. Th. Ribot, dans son très remarquable livre sur les *Maladies de la Mémoire*, dit ceci : « Un état de conscience qui n'est plus conscient, une représentation qui n'est plus représentée, est un pur *flatus vocis*. » Il ne dit pas assez : c'est une pure contradiction. Mais les « modifications latentes conservées dans l'âme », dont il repousse la « thèse » comme « insoutenable », ne sont pas, si elles sont latentes, des représentations ni des états de conscience. Que des actes conscients aient imprimé à l'âme des modifications inconscientes, « latentes », états d'une âme consciente de ses actes mais non de ses états ni de son être virtuel, qu'y a-t-il en cela de contradictoire ? L'objection de M. Ribot vaut contre la thèse de ceux qui confondent l'âme avec la conscience, tels que les Cartésiens, qui définissent l'âme une *chose pensante*, en sorte que, pour eux, si elle cesse de penser elle cesse d'être, et elle n'est aussi que dans la mesure où elle est consciente : si donc elle n'est pas au-delà et en outre de sa conscience, où seront ces modifications latentes conservées en elle ? Dans un quelque chose d'elle qui n'est pas, dans un néant. M. Ribot a raison contre eux. Qu'aurait-il à dire contre une philosophie qui définirait l'âme, non une *chose pensante*, un être conscient, mais une puissance d'actes conscients ? distinguant dans cet être l'acte, dont il a conscience et qui le réalise, et la puissance, dont il n'a pas conscience, sinon de sa réalisation même ? l'être actuel, et l'être virtuel ?

Il pourrait dire qu'un être qui échappe à toute expérience tant de la conscience que des sens, et n'est connu que par la raison, n'est aussi qu'un être de raison ; que cet être métaphysique risque fort d'être un être chimérique, cet être virtuel un être qui n'est pas.

Mais c'est ici une autre question. Nous avons cru, nous, pouvoir établir qu'il est, et si bien, qu'il a ses caractères propres, ses degrés, sa grandeur : non grandeur d'étendue, grandeur de nombre relative à une multiplicité d'êtres coexistants, mais grandeur de l'être en soi, de la puissance, de l'esprit.

Il faut à la conscience un conscient ; et, puisque nous parlons de la mémoire, un être qui se souvienne, qui se reconnaisse dans l'objet du souvenir. M. Ribot donne pour base à la mémoire, et à la conscience, un « processus nerveux », le jeu d'un mécanisme cérébral. Ce mécanisme vivant se souvient-il ? ou n'est-il que la condition du souvenir ? ou même une condition ? et condition essentielle ? ou temporaire et humaine ? et de tout souvenir, ou de certains souvenirs ? Ce mécanisme a-t-il conscience ? Mais de quoi ? Ce ne pourrait être que de son fonctionnement, et précisément tel n'est point l'objet de la conscience : on a conscience d'une volonté, d'une pensée, d'un sentiment, non d'un mouvement cérébral. Et quoi, qu'est-ce qui a conscience, dans ce mécanisme ? Est-ce le jeu, le mouvement, qui n'est qu'un déplacement de parties, un changement de rapports entre elles ? Un changement, un déplacement, un mouvement conscient de soi, pur non-sens, pur *flatus vocis*, dirai-je à mon tour ! Est-ce l'ensemble des parties ? Qu'est-ce que la conscience d'un ensemble ? Où est, dans cet ensemble, assemblage ou collection changeante de parties mobiles dont les groupes tantôt se forment tantôt se fixent puis se reforment sans cesse, le conscient ? Est-ce chacune des parties, j'entends chacun des éléments simples dont elles se composent ? Car force est bien de ramener un composé à des composants non composés, ou ceux-ci composés à d'autres, ceux-ci à d'autres, jusqu'à ce qu'on arrive à des composants simples ; et force est bien de concevoir le conscient comme un être, et l'être comme simple. Un composé n'est pas un être, mais un groupe. Un corps n'est pas un être, mais une multitude. Les fourmis sont des êtres, non la fourmilière. Est-ce donc chacune des parties dernières, irréductibles et simples, qui est le conscient ? Ne disons plus un conscient, mais des conscients, des milliers, des milliards de conscients. Est-ce une de ces parties, à laquelle se rapporteraient, de près ou de loin, toutes les autres ? Soit. Mais ce n'est plus un « processus nerveux » ni un mécanisme cérébral, ni même un corps.

« On peut objecter, à la vérité, que l'état de conscience implique une action nerveuse et quelque chose de plus. Peu nous importe. Si l'état nerveux primitif — celui qui répond à la perception — a suffi pour susciter ce quelque chose en plus, l'état nerveux secondaire — celui qui répond au souvenir — y suffit également. » Ainsi parle M. Ribot, et l'on ne saurait mieux dire. Oui, si un état nerveux suffit à la représentation d'un objet présent, un autre état nerveux suffit à celle d'un objet absent : sensation dans le premier cas, reproduction de sensation dans le second cas. Mais un jeu de nerfs y suffit-il ? Et, quand il y suffirait, suffit-il, dans le premier cas, à la perception, qui est un jugement, un acte de l'intelligence ? et, dans le second cas, à la reconnaissance de sensations qui n'apparaissent plus nouvelles mais reproduites ? à la reconnaissance, dis-je, du moi par lui-même ? à la conscience de l'identité et de l'unité du moi ?

C'est ce « quelque chose en plus » dont parle M. Ribot, et dont notre première Étude a établi l'existence, c'est l'être conscient ou capable de conscience, qui fait l'objet de ce livre. Nous étudions la conscience en elle-même, dans ses caractères intrinsèques, ses lois et ses conditions propres ; nous étudierons (Étude V) ses conditions extérieures, cette action du milieu nécessaire, cette suscitation du dehors, qui ne la produit pas, mais la fait se produire. C'est là que nous

nous rencontrerons avec M. Ribot, sur un terrain où nous ne saurions trouver, en effet, un meilleur guide.

*
**

Certains philosophes ont nié que la connaissance de soi-même fût possible, par la raison que, dans ce rapport du connaissant au connu qui est la connaissance, le connu et le connaissant ne sauraient être le même ; et d'autres philosophes ont nié que la connaissance du monde extérieur fût possible, par la raison que, dans ce rapport du connaissant au connu qui est la connaissance, le connu et le connaissant ne sauraient être hétérogènes, qu'il y faut un élément commun, et qu'il ne peut y avoir connaissance que du semblable. Les uns ont nié la possibilité de la conscience, les autres celle de la perception extérieure : sceptiques les uns comme les autres, et éliminant du savoir soit le subjectif, soit l'objectif. On répond aux uns par le fait même de la conscience, le plus certain de tous les faits, et que tous enveloppent ou qui les enveloppe tous ; et l'on répond aux autres par une invincible affirmation, qui n'est, au fond, qu'une invincible foi.

La première de ces deux réponses est insuffisante pour le métaphysicien ; la seconde n'en est pas une.

Il faut répondre aux négateurs du savoir subjectif qu'ils ont raison quand ils disent que le connu et le connaissant ne sauraient être le même, mais qu'ils ont tort de confondre, dans la conscience, le connu avec le connaissant : le connu, dis-je, avec l'intelligent, puissance de connaître, le sentant, puissance de sentir, le voulant, puissance de vouloir, l'agent, étranger au temps comme à l'espace, l'unique agent d'actes indéfiniment variés et multiples qui sont le connu : le connaissant est l'être du moi, le connu est la suite des phénomènes du moi.

Et il faut répondre aux négateurs du savoir objectif qu'ils ont raison quand ils disent que toute connaissance requiert un élément commun au connaissant et au connu, mais qu'ils ont tort de le méconnaître dans la perception du non-moi par le moi : si le moi connaît le non-moi, c'est qu'il le fait sien, et, par l'acte même de le sentir, de le penser à la suite, se l'identifie. L'âme ne sort pas d'elle-même pour atteindre hors d'elle un objet ; elle ne connaît pas l'objet, mais sa réaction sur l'action de l'objet, sa propre sensation à l'occasion de l'impression produite en elle. Ce que je connais, intime union d'un moi et d'un non-moi solidaires, est moi et autre que moi : dans ma conscience, un moi qui est autre ; dans ma connaissance du dehors, un autre qui est moi..

***

Beaucoup de philosophes ont vu dans la perception extérieure une faculté primitive, irréductible : la connaissance que nous avons des choses du dehors est à leurs yeux une intuition directe de ces choses. Nous ne connaissons pas les choses par leurs images en nous, disent-ils, mais directement en elles-mêmes. Car que savons-nous si les images des choses ressemblent aux choses qu'elles prétendent nous représenter? Peut-être sont-elles menteuses, et nous voilà tombés dans une sorte d'idéalisme qui n'est qu'un scepticisme, un doute invincible, sur ce qui n'est pas nous-mêmes, nous seuls, sur ce qui n'est pas le moi, monade solitaire, enfermée et comme emprisonnée dans l'enceinte de son infranchissable solitude. — Et d'ailleurs, ajoutent-ils, comment les choses du dehors pourraient-elles imprimer leurs images dans l'âme : choses matérielles dans l'âme spirituelle ? Il faut donc, ou que l'âme soit matérielle, et elle ne l'est pas ; ou que les choses soient spirituelles, et qu'il n'y ait point de matière : erreur évidente, forme de cet idéalisme qui est le scepticisme relatif au monde.

Reid croit renverser ainsi la théorie des *idées-images* de Locke, d'où Berkeley tire, en effet, la négation de la matière, et Hume, avec la négation de tout être substantiel, un pur phénoménisme. Cette argumentation de Reid est bien faible et bien vaine : elle se retourne contre sa propre théorie de la perception directe. Car que savons-nous, peut-on lui objecter en répétant contre lui ce qu'il dit contre Locke, si la perception que nous avons ou que nous croyons avoir directement des choses correspond aux choses dont elle se prétend la connaissance ? — C'est un fait premier, inexplicable, qui ne comporte point d'au-delà, qui nous demande un acte de foi, il faut le croire..... — Eh bien ! si, au lieu de connaître les choses directement, nous les connaissons dans leurs images, pourquoi ne pas croire, par un acte de foi tout pareil, à la ressemblance de ces images avec les choses qu'elles prétendent nous représenter ? Et si l'image de choses matérielles en une âme spirituelle est incompréhensible parce qu'elle serait contradictoire, ne trouverons-nous pas la même contradiction dans la perception de choses matérielles par une âme spirituelle ? Mais qu'est-ce qu'esprit, qu'est-ce que matière ? Et les choses extérieures en seraient-elles moins réelles quand elles ne seraient pas matière, ou qu'elles ne le seraient pas selon l'idée qu'on s'en fait généralement ?

La vérité est que les objets extérieurs ne sont pas en nous, ni en relation directe avec nous : non pas même avec notre corps. Les uns sont à distance, et n'entrent en relation avec notre corps que par des intermédiaires, de l'air pour l'ouïe, de l'éther pour la vue, etc. ; d'autres nous touchent, mais on sait qu'il n'y a pas de contact absolu, ni des corps entre eux ni de leurs éléments ; le rapport avec notre corps établi, rien n'est fait tant que le mouvement du nerf atteint n'a pas été transmis au cerveau : c'est alors seulement, quand le cerveau est atteint à son tour, que se produit en nous un état de conscience, mais lequel ? Une perception ? Non : une sensation, qui n'est, pour l'intelligence, qu'un signe. Les sens ne donnent que des sensations ; et ce n'est que par ces sensations, dans ces sensations, que nous connaissons les choses mêmes.

Sensations qui sont ce qu'elles doivent être ; et les sens ne nous trompent pas, si nous avons la sagesse de ne leur demander que ce qu'ils peuvent nous donner. Ainsi parlent nos psychologues.

Et si la vue nous montre ronde une tour qui est carrée ? — Effet d'optique : elle donne ce qu'elle peut donner, de la distance où l'on voit la tour. — Et si elle montre courbé dans l'eau un bâton qui est droit ? — Effet d'optique : elle donne ce qu'elle peut donner, étant posée la réfraction de l'eau. — Et si elle montre jaunes, ou fortement teintées de jaune, toutes choses de toutes couleurs ? — Effet de maladie : elle donne ce qu'elle peut donner, étant posée la coloration de l'humeur aqueuse. — Et si l'ouïe nous fait entendre à gauche le roulement d'un train de chemin de fer qui passe à droite ? — Effet d'acoustique : elle donne ce qu'elle peut donner, étant posée la répercussion du son par un obstacle qui le renvoie. — Et si le tact, — le tact lui-même, le sens du solide, le plus sûr de tous les sens, et qui rectifie au besoin tous les autres, le sens qu'on affirme incapable de tromper jamais! — nous présente entre les extrémités entrecroisées de deux doigts, l'index et le medius, deux corps où il n'y en a qu'un : soit un corps assez petit pour y tenir, une bille, une noisette, l'arête du nez : on sait qu'il n'y en a qu'un, et l'on en sent parfaitement deux, on sent l'intervalle qui les sépare, tant ils sont distincts, également solides, et qu'on jurerait également réels ? — Illusion due à l'entrecroisement des nerfs des deux doigts, et le tact donne ce qu'il peut donner, étant posé cet entrecroisement des nerfs... — C'est à merveille. Les sens ne trompent pas, si on ne leur demande que ce qu'ils peuvent donner, c'est-à-dire, si on ne leur demande pas la connaissance. Il est clair que, si nous n'avons aucune connaissance à leur demander, nous ne serons pas trompés par eux. Mais que nous donnent-ils donc ? Des sensations, et rien autre. A nous de les bien interpréter.

En présence des choses, nous avons des sensations de ces choses ; en leur absence, nous en avons des images. L'erreur de Locke n'est point d'avoir cru que nous connaissons les choses par leurs images, mais d'avoir confondu les images avec les idées. La théorie des *idées-images* est fausse, non en ce qu'elle affirme que nous ne saisissons pas les choses hors de nous, mais en nous et dans leurs images : elle est fausse, et gravement, en ce qu'elle prend ces images pour des idées particulières, qui seraient les idées premières, d'où dériveraient les idées générales.

Mais c'est là le point capital d'une théorie de l'intelligence, et il convient de nous y arrêter.

IV

L'idée est la notion en soi, applicable indéfiniment : abstraite, et, par suite, universelle de sa nature. Chaque idée a pour objet, non une chose particulière, mais tout un ordre de choses possibles en nombre indéfini et prises sous un certain point de vue. Quand je pense montagne, arbre, cheval, ou tout autre objet, l'objet de ma pensée n'est pas telle montagne ou tel arbre ou tel cheval, avec tous ses caractères propres, une montagne, par exemple, ayant telle étendue, telle forme, etc., mais ce qui est commun à toutes les montagnes possibles, abstraction faite de ce qui ne peut convenir qu'à l'une ou à l'autre ; l'idée de montagne est donc une notion en soi, applicable à une infinité de montagnes possibles, mais toutes prises sous un certain point de vue commun à toutes : l'idée de montagne est abstraite et universelle. Ainsi de toute idée. Quand je pense non plus montagne, mais telle montagne déterminée, l'idée universelle de montagne se détermine par d'autres idées également universelles : haute de trois mille mètres, couverte de chênes et de hêtres, puis de sapins, de mélèzes, d'arbres qui croissent au milieu des rochers, puis de mousse, et enfin de neige : je la vois en ce moment même, je vois tout l'ensemble de ces caractères, avec une foule d'autres dont la simple énumération me demanderait plusieurs pages, en un seul coup d'œil et par une sensation visuelle ou par une imagination unique ; mais si je la pense telle que je la vois, combien d'idées viennent à la suite l'une de l'autre déterminer l'idée principale ! Car je ne considère plus

l'idée de montagne, mais bien l'idée de cette montagne :
idée complexe qui résulte d'une multitude d'idées plus
simples, ou plutôt, idée composée d'une multitude
d'idées élémentaires. Disons mieux : l'idée de cette
montagne n'existe pas ; je ne la pense pas : je pense
un très grand nombre d'idées à la fois, avec leurs
rapports réciproques. De même que, quand je perçois
un corps, je perçois un agrégat ou une combinaison
d'éléments qui sont des substances, de même, quand
je pense une chose particulière, je pense un agrégat ou
une combinaison d'éléments qui sont des idées.
Toutes ces idées sont abstraites et universelles, ainsi
que leurs rapports. Montagne haute de trois mille
mètres : l'idée de montagne est abstraite et universelle,
indépendante de telle hauteur comme de tout autre
caractère particulier ; suit l'idée de hauteur, qui
embrasse toutes les hauteurs possibles, abstraction
faite des objets plus ou moins hauts, et qui s'applique
à toutes sortes d'objets mesurables en étendue, abstraction faite de tout autre caractère propre à ces mêmes
objets. Mais quelle hauteur ? De trois mille mètres :
idée abstraite et universelle de trois mille, qui est un
nombre : tout nombre est abstrait par essence, et
applicable à des objets de toute sorte ; idée abstraite
et universelle de mètre : le mètre est une longueur,
une abstraction par conséquent, et une mesure applicable à toute longueur. Ainsi des idées qui suivent,
couverte, chênes, hêtres, etc. ; et ainsi encore des
rapports par lesquels ces idées se déterminent l'une
l'autre : chacun de ces rapports, exprimé tantôt par
une préposition, tantôt par une conjonction, tantôt
par une flexion du mot, ou par la place même qu'occupe le mot, ou autrement, marque un certain point
de vue toujours applicable à une infinité de choses

possibles : chacun est une idée abstraite et universelle.

L'idée, abstraite et universelle de sa nature, est par là même essentiellement distincte de la sensation, ainsi que de la représentation mentale ou de l'image, qui est, au contraire, particulière et concrète. Je ne vois pas montagne, mais une certaine montagne d'une certaine hauteur, d'une certaine couleur, d'une certaine forme, bref, déterminée en toutes ses qualités visibles ; et je ne me représente pas montagne, mais une certaine montagne déterminée en toutes ses qualités visibles, semblable à une montagne vue : car je ne distingue la vision de la représentation mentale ou de l'image que par la vivacité moindre de celle-ci ; encore y a-t-il des cas, tels que le rêve, le délire, où celle-ci n'est pas moins vive que l'autre ; alors cesse l'unique distinction qui existe entre les deux, et j'arrive à les confondre, et à croire à la présence d'objets absents que je vois.

On a dit que la sensation elle-même est abstraite, parce que, entre les diverses qualités de l'objet concret, elle n'en donne que certaines, indépendamment de toutes les autres : la vue n'en donne que l'étendue et la forme visibles ; l'étendue et la forme solides, la résistance, la sonorité, la saveur, l'odeur, et les autres caractères, physiques, chimiques, etc., en nombre incalculable, du même objet, n'existent pas pour elle ; la vision, la sensation, est donc, dit-on, une abstraction, comme l'idée.

Il y a là une confusion qu'il importe d'éclaircir. La vision n'est pas seulement une sensation, mais une perception, c'est-à-dire une sensation accompagnée d'une induction, un fait sensible qui n'est qu'un signe interprété par l'intelligence.

La sensation, dans la vision, l'audition, ou toute autre perception, est une affection de l'âme, qui, prise en soi, ne contient rien de plus que l'âme, j'entends l'âme en acte, l'âme réelle et concrète, l'âme vivante, modifiée d'une certaine manière, mais toujours d'une manière complexe, multiple : je veux dire que chaque modification en enferme plusieurs dont la coexistence la détermine à être précisément ce qu'elle est. Une vision enferme plusieurs visions simples, qui se réunissent en une, et en déterminent ainsi la forme totale. Je vois une harpe : je vois, d'une seule vue, mais multiple en son unité et déterminée par cette multiplicité même, cette harpe, disons plutôt la couleur de cette harpe, comme un ensemble de couleurs dans le milieu des couleurs qui l'entourent, la bornent, et la rendent distincte en la bornant. Cette vue d'une couleur est donc une sensation, déterminée, particulière, concrète. Si la même harpe a d'autres qualités, comme des qualités sonores, et que je vienne à les sentir, si j'entends la harpe que je vois, j'entends d'une seule ouïe, mais multiple en son unité et déterminée par cette multiplicité, la sonorité de la harpe ; cette audition d'un son est aussi une sensation, une autre sensation, déterminée, particulière, concrète. Ce sont deux sensations différentes, chacune particulière et concrète. Qu'importe qu'elles se rapportent au même objet, pris ainsi, par une abstraction qui résulte de nos sens, sous deux points de vue distincts ? Ces points de vue sont des idées, non des sensations : idées abstraites en effet, qui répondent à des sensations concrètes, avec lesquelles il ne faut pas les confondre. Dès que, sortant de l'âme ou du sujet, je rencontre l'objet, cause externe des sensations diverses que j'éprouve, je sors de la sensation, qui n'est qu'une affection de l'âme, une modification du moi, et je n'ai plus affaire qu'à des idées.

Je vois, quelque chose produit en moi la vision : je ne la produis pas moi-même, puisque je l'éprouve, puisque je suis passif en tant que voyant : il y a donc hors de moi un agent capable de produire en moi la vision, de produire, dis-je, une certaine vision déterminée ; d'où il suit que l'agent est tel qu'il puisse produire en moi cette vision même, précisément celle-là, non une autre : un agent est une substance, un être, et c'est ainsi que je vois un être, une substance. L'objet est donné par la vision comme cause de la vision : c'est donc une réflexion sur la vision, c'est une induction qui me le donne. Induction primitive, si naturelle qu'elle échappe à la conscience présente de l'âme, je le veux : induction néanmoins. Qu'il s'ensuive que la perception implique une induction cachée, avec tout un concours d'idées ; que, dans les âmes capables d'idées, l'idée et la sensation naissent l'une dans l'autre, je le veux : l'idée et la sensation, pour être contemporaines, ne sont pas moins distinctes.

Ainsi l'objet que je vois est l'objet d'une idée, non d'une sensation ; et de même, en vertu de la même induction, l'objet que j'entends. L'objet que je vois et l'objet que j'entends sont-ils deux ou sont-ils un seul ? Il appartient encore à l'induction de me l'apprendre. Nouvelle induction, et non plus cachée, mais manifeste : car ce n'est qu'à force de voir le même objet quand j'entends le même son, quand je sens la même odeur, la même saveur, etc., que j'arrive à connaître l'identité de l'objet vu avec l'objet entendu ou senti de quelque autre manière ; à connaître, dis-je, un seul objet de plusieurs perceptions diverses et simultanées comme une seule cause de plusieurs sensations qui en sont chez moi les effets simultanés et divers.

Elles sont des effets, des faits, des phénomènes : phénomènes de conscience, particuliers et concrets, comme est tout phénomène. Il en est pareillement de la représentation mentale ou de l'image. Taine a écrit avec une expressive hardiesse que la perception est une « hallucination vraie ». Elle l'est, au même titre que l'hallucination est une perception fausse. C'est qu'elle est, comme l'hallucination, une sensation accompagnée d'une induction dont l'esprit affirme le résultat. Dans l'hallucination, la même induction a lieu, mais elle porte à faux : comme il n'y a pas d'autre différence entre l'hallucination et la perception, sinon l'affirmation, fausse dans un cas, véritable dans l'autre, d'un objet absent ou présent, c'est là une preuve que l'affirmation qui accompagne toujours la perception résulte d'une induction rapide, instantanée, mais très réelle, et si bien distincte de la sensation qui la sollicite à se produire, qu'elle peut être fausse, et que, la sensation restant la même, elle ne sera plus une perception, mais une hallucination, une vision ou une audition imaginaire, un songe. Otez l'affirmation, vous aurez la représentation mentale, l'image, avec l'idée de l'objet qu'elle rappelle, laquelle résulte d'une induction ; ôtez l'induction, faites qu'elle n'ait pas eu lieu, vous ôtez l'idée acquise, et vous n'avez plus que la sensation. Je suppose un être réduit à la sensation pure : il n'aura pas, à vrai dire, de perception : il sentira la présence d'un objet visible, sans distinguer l'objet de lui-même ; il verra sans voir, il ouïra sans ouïr, c'est-à-dire sans comprendre qu'il existe aucun objet de sa vue ou de son ouïe. Telle vue, telle ouïe, lui plaira, et il ira comme pour s'emparer de ce qui lui plaît, suivant aveuglément l'attrait qui le pousse, qui le dirige à son insu. Si l'aspect de la harpe lui plaît, il ira vers la harpe ; si le son de la harpe lui plaît, il ira vers la harpe : dans les deux cas, va-t-il vers le même objet ? Il ne sait ; il ne s'avise point que ce qu'il entend soit le même que ce qu'il voit, ni soit autre, ni qu'il y ait aucun objet au monde : il ne pense point, et la sensation, toute subjective, n'a point d'objet : ce qui est donné par l'idée, comme l'idée elle-même, est néant pour lui.

Il est si vrai que l'objet d'une perception n'est pas, en soi, l'objet de la sensation, mais de l'induction qui l'accompagne dans l'âme capable d'idées, qu'il y a lieu pour l'âme d'établir à quelles conditions cette induction est légitime, afin de savoir si elle perçoit en effet un objet présent, puisqu'elle peut être déçue par une hallucination.

L'idée, distincte de la sensation, l'est également de la perception. Il y a trois choses dans la perception : la sensation actuelle, phénomène sensible ; l'affirmation implicite de la présence actuelle de l'objet qui la cause ; l'idée de cet objet, distincte à la fois et de sa présence actuelle et de l'affirmation que la sensation actuelle, qui en est la suite, provoque la part de l'âme. La perception, avec la sensation, passe, l'idée demeure.

L'idée enfin est distincte de la connaissance. Nous connaissons par les idées, et nous connaissons des idées : elles sont l'objet direct de la connaissance, elles ne sont pas la connaissance même. Celle-ci est le rapport du sujet connaissant à l'objet connu : l'objet connu n'est pas la chose, mais l'idée de la chose. Nous ne connaissons pas les choses, mais leurs idées ; et c'est indirectement, médiatement, par leurs idées, que nous connaissons les choses. Nous ne connaissons pas un arbre : nous connaissons l'arbre, nous entendons l'idée d'arbre, et nous affirmons l'existence avec la présence actuelle d'un arbre parce que nous en sommes avertis par la sensation qu'il cause ou provoque en nous.

L'idée n'est donc point la chose, ni la présence de la chose, ni la connaissance que nous en avons, ni l'affirmation que nous en pouvons faire ; elle n'est pas un phénomène de l'âme : elle est dans l'âme, qui la porte en elle, dans son être virtuel, sans le savoir, et tout d'un coup, quand, avertie par la sensation, elle vient à connaître, l'aperçoit en elle-même comme l'objet direct de sa connaissance. Elle est l'intelligible, le possible, le logique, le rationnel ; elle est ce qui doit être, ou du moins ce qui peut être, et que réalise ce qui est : les choses sont la réalité, et les idées la vérité, dont la loi les gouverne ; les choses sont les existences, et les idées les essences, qui les déterminent en leur être.

*
* *

Si la connaissance a pour objet direct l'idée, l'idée a pour objet direct, à son tour, non un être, mais un rapport : car toute idée implique une définition : qu'on l'exprime, on aura un jugement, c'est-à-dire un rapport de deux idées. Il s'ensuit que toute idée se rapporte à une autre ; il n'y a point d'idée solitaire : les idées se déterminent les unes les autres, et ne se peuvent entendre que par cette détermination mutuelle. Entendre l'arbre, c'est entendre certains caractères qui distinguent l'arbre de toute autre chose, et qui conviennent à l'être inconnu de l'arbre ; et entendre ces caractères, c'est entendre des attributs applicables, en soi, et chacun à part, à toutes sortes de sujets, bien que, en fait, ils ne s'appliquent dans leur ensemble à aucun autre qu'à l'arbre : l'idée d'arbre n'est donc pas proprement l'idée de ces caractères ni l'idée de l'être auquel ils conviennent, mais l'idée du rapport de ces caractères ou de ces manières d'être à cet être ; et les idées de ces caractères sont des idées de qualités ou d'attributs de substances quelconques, des idées de rapports possibles.

De là certaines idées primordiales : rapports fondamentaux, qui sont comme les cadres généraux où entrent nécessairement tous les rapports particuliers. La neige est blanche : rapport particulier entre la qualité blanche et la substance neige, mais qui entre nécessairement dans le cadre du rapport général entre une qualité quelconque et une substance quelconque. Toute qualité se rapporte à une substance : point de qualité sans une substance qu'elle manifeste ; point de substance sans un ensemble de qualités qui la manifestent. Ce rapport qui rattache la qualité ou l'attribut ou le mode à la substance, la manière d'être à l'être, par un lien tel qu'il est impossible d'avoir l'un des deux termes sans l'autre, que, étant donnée une qualité, elle est mode d'une substance, manière d'être d'un être, que, étant donné un être, il comporte certaines manières d'être, il est une substance que déterminent certains modes, est nécessaire, universel parce qu'il est nécessaire, absolu. De même cet autre qui rattache le fait à la cause par un lien tel qu'il est impossible d'avoir l'un des deux termes sans l'autre, que, étant donné un fait, il est un effet d'une cause, que, étant donnée une cause, elle produit certains effets. De même quelques autres rapports, objets directs d'idées primordiales, qui se ramènent toutes à l'idée unique de l'être. L'idée unique de l'être s'épanouit, pour ainsi dire, et se développe en idées de substantialité, de causalité, de finalité, d'unité et de pluralité, d'espace, de temps, etc.

Une idée ne pouvant être entendue que par ce qui la distingue d'une autre, l'idée d'un être est l'idée du rapport qu'il soutient avec d'autres êtres, réels ou possibles ; et, par conséquent, est moins l'idée de cet être que de sa distinction d'autres êtres : c'est ainsi que l'intelligence pense tout ensemble l'un et le plusieurs, et ne pense pas l'un sans penser le plusieurs, ni le plusieurs sans penser l'un. Elle entend donc toujours, quand elle entend un être, un autre être ; d'où deux points de vue inséparables dans l'être : l'être pour soi, et l'être pour autrui. L'être pour soi est substance, pour autrui il se manifeste par ses modes ; pour soi il est une force, pour autrui une cause ou un effet ; pour soi il est une fin, pour autrui un moyen ; pour soi il est un, pour autrui il entre comme élément d'une pluralité : on ramènera sans peine l'étendue, dont la possibilité indéfinie constitue l'espace, à la coexistence de plusieurs se limitant réciproquement, et la durée, dont la possibilité indéfinie constitue le temps, à la succession, je veux dire à la suite logique de plusieurs s'engendrant et se produisant les uns les autres comme causes, effets d'autres causes, causes d'autres effets.

*
* *

Mais n'essayons pas encore, ce n'est point ici le lieu, d'esquisser une théorie des catégories de l'entendement : théorie qui d'ailleurs, peut-être, ne saurait jamais être définitive : car peut-être la raison de l'homme se développe-t-elle, peut-être acquiert-elle, à la longue, de nouveaux axiomes, évidences de rapports qu'elle n'avait d'abord vus que possibles et particuliers, et qui lui apparaîtraient un jour nécessaires, universels, absolus. Qui nous assure que non ? Est-il difficile de concevoir d'autres êtres dont la raison possèderait plus d'axiome que n'en possède la nôtre, ou aurait à l'état d'axiomes, d'évidences premières, des idées que la nôtre n'a qu'à l'état de purs probables, que dis-je ? de purs possibles ? Nous pouvons devenir nous-mêmes, après notre mort, ces êtres supérieurs ; ce que nous pouvons devenir, nous pouvons l'être devenus déjà, eu égard à nos vieux pères, aux vieilles races qui nous ont lentement enfantés à travers les âges. Qui sait ? Peut-être remonterions-nous de la sorte jusqu'à une humanité très semblable à la bête ; peut-être y a-t-il différentes raisons chez les hommes, et plus encore chez les différentes races d'hommes, comme chez les différents êtres de l'univers : mais, quelques différences que l'on veuille imaginer, ce ne seront toujours que différences de degré, non de nature, et l'idée fondamentale, l'idée nécessaire par excellence, dont toutes les autres idées, nécessaires ou contingentes, universelles ou particulières, ne sont que des applications diverses, sera toujours l'idée de l'être. Qui entend, entend un rapport de manière d'être à être ; et qui entend ce rapport entend, à quelque degré, la loi de l'être. Avoir une idée, c'est appliquer en quelque façon la loi de l'être à un phénomène.

※
※ ※

Les rapports, objets de nos idées, sont, les uns nécessaires, les autres possibles. Ceux-ci nous apparaissent comme étant simplement : comme pouvant être, puisqu'ils sont, et pouvant ne pas être, puisqu'ils ne sont point par eux-mêmes, puisqu'ils ne sont point donnés par l'idée de l'être en général, mais par l'idée de tel être. Ils sont donc particuliers, et les autres universels. Point de qualité sans substance, ni de substance sans qualité : le rapport de substance à qualité est nécessaire, nécessaires aussi les deux termes du rapport : il y a substance, puisqu'il y a être ; et il y a qualité, puisqu'il y a substance. Que si je dis : La neige est blanche, j'exprime un rapport qui n'est point nécessaire, non plus que ses deux termes : car il se pourrait, en soi, que la neige ne fût point blanche, et il se pourrait aussi qu'il n'y eût point de substance neige, ou de qualité blanche. Il y a nécessairement quelque substance, la neige est une des substances possibles ; il y a nécessairement quelque qualité, la blancheur est une des qualités possibles ; et il y a nécessairement un rapport de qualité à substance, le rapport de blancheur à neige est un des rapports possibles, contenus, à l'infini, dans ce rapport nécessaire.

Le nécessaire est toujours, partout, indépendamment de toute condition : c'est dire qu'il est universel, absolu ; le simple possible n'est que là où il est, et non ailleurs, puisque, s'il peut être, il peut aussi ne pas être, et il dépend des conditions qui le déterminent à être : c'est dire qu'il est particulier, relatif. Mais il n'est particulier qu'au regard de l'universel où il est compris, celui-ci embrassant tous les ordres, celui-là un seul ordre : dans son ordre, il est universel. La qualité embrasse tous les ordres de qualité, la substance tous les ordres de substance, et le rapport de l'une à l'autre tous les rapports de substance à qualité : mais la blancheur aussi est un infini dans son ordre, elle embrasse toute blancheur, tant réelle que possible ; et la neige est un infini dans son ordre, elle embrasse toute neige, tant réelle que possible ; et le rapport de l'une à l'autre embrasse tous les rapports de neige à blancheur : car, de même que la proposition générale : La substance est qualifiée, embrasse cette proposition particulière : La neige est blanche, celle-ci à son tour embrasse une foule de propositions plus particulières encore : Cette neige est blanche, et cette autre, sans fin : toute neige réelle, dont la réalité même des choses borne l'existence, est blanche ; toute neige possible, dont la possibilité ne rencontre point de bornes en soi, est blanche. Toute idée a pour objet, sinon un nécessaire, du moins un possible : tout possible est un infini.

Les deux termes du rapport sont l'un dans l'autre : le sujet dans l'extension de l'attribut, et l'attribut dans la compréhension du sujet. La neige est une des substances dont il faut dire qu'elle est blanche, et la blancheur une des qualités qu'il faut assigner à la neige. L'homme est un des êtres dont il faut dire qu'il est raisonnable, et la nature raisonnable un des caractères qu'il faut assigner à l'homme. Analysez l'idée de la nature raisonnable : elle est le rapport d'un caractère à certains êtres, et tous les êtres auxquels appartient ce caractère se trouvent contenus dans ce rapport ; et analysez l'idée d'homme, elle est le rapport d'un être à certains caractères, et tous les caractères qui appartiennent à cet être se trouvent contenus dans ce rapport. Si donc on ignore que l'homme soit raisonnable, ou que la neige soit blanche, si, en général, on ignore une des qualités d'une substance ou réciproquement une des substances d'une qualité, c'est qu'on ne possède pas l'idée entière de neige, d'homme, de blancheur, de nature raisonnable, etc. ; et il n'est pas une seule idée que l'esprit de l'homme connaisse à fond.

N'oublions pas qu'il s'agit de possibles, quand il s'agit d'idées. Trouver dans l'idée d'une qualité toutes les substances de cette qualité, c'est en trouver les substances possibles, susceptibles d'avoir l'être, sans qu'il s'ensuive qu'elles existent réellement ; et trouver dans l'idée d'une substance toutes les qualités de cette substance, c'est en trouver les qualités possibles, compatibles avec elle, sans qu'il s'ensuive qu'elles existent réellement. L'intelligence absolue conçoit à la fois tout le possible ; il ne s'ensuit point que la puissance absolue réalise tout le possible. Il se peut que Dieu, parmi les êtres possibles, tous également présents à sa pensée, choisisse quelques privilégiés, pour ainsi dire, auxquels il accorde, comme une faveur, l'être réel qu'il refuse à tous les autres. Il se peut aussi que l'intelligibilité mesure la réalité des êtres ; que possible, intelligible, rationnel, nécessaire, n'expriment au fond qu'une même idée sous différents points de vue, et qu'il appartienne à l'essence des choses que tout ce qui peut être soit. Peu importe en ce moment. Pour nous du moins, nous entendons le nécessaire, et nous entendons le possible. Le nécessaire est l'être, ou la loi de l'être ; le possible est tel être, telle application particulière, capable d'avoir lieu ou de n'avoir pas lieu, de la loi de l'être à certains faits.

Il s'ensuit qu'un esprit même qui connaîtrait à fond une idée y trouverait sans doute toutes les idées qu'elle contient, et dans ces idées nouvelles toutes celles qu'elles contiennent elles-mêmes : toutes les idées dans une seule idée. Que connaîtrait-il de la sorte ? Tous les possibles, tous les intelligibles, rien de plus. Si l'intelligible et le réel sont conformes l'un à l'autre, si, comme tout réel est intelligible, tout intelligible est réel, il connaîtrait tout le réel en connaissant tout l'intelligible : avec les possibles, il aurait les êtres. Les idées constituent la vérité, qui est l'objet de l'intelligence : toute idée est donc vraie. Mais quel est l'objet d'une idée ? On l'a dit : non pas proprement une chose ou un être, mais un rapport, qui est un possible. Qui a une idée pense un rapport possible : en quoi il pense vrai. Le rapport possible existe-t-il ? Il existe dans ses deux termes, s'il est donné dans l'un des deux : l'un des deux étant déterminé par son rapport à l'autre, s'il est, l'autre est.

Puisque nous ne connaissons que des idées, c'est-à-dire des rapports, il faut, ou que nous ignorions à jamais toute existence réelle, ou qu'un rapport nous soit donné dans l'un de ses deux termes dont l'existence nous serait acquise d'ailleurs. Mais qu'elle nous soit acquise, celle de l'autre terme en résulte avec celle du rapport, et celle encore de tous les rapports qui y sont contenus avec celle des termes de chacun d'eux. C'est ici le nœud de la question.

V

Voici donc le point où nous en sommes. Nous ne connaissons pas des choses, des êtres, mais des idées, lesquelles sont des rapports, ou ne s'entendent que par rapport les unes aux autres. Plusieurs de ces rapports sont nécessaires : l'idée de l'être les contient, et nul être ne peut être conçu que par eux. Ils sont les idées de l'être, et c'est pourquoi ils sont nécessaires. Les autres sont des idées d'être, et ne sont donc que possibles. Si notre intelligence était parfaite, nous entendrions d'abord, suivant l'ordre logique, tout le nécessaire, puis tout le possible : l'être et les êtres. Nous connaîtrions toutes les idées. Connaîtrions-nous toutes les choses réelles ? Oui, s'il est de l'essence des choses que tous les possibles soient réalisés à leur heure. Non, s'il peuvent rester éternellement à l'état de possibles, toujours entendus, sans être jamais. Car alors il y aura choix : quelques-uns recevront l'être réel, que les autres ne recevront pas. Il ne suffirait donc pas, même à une intelligence parfaite d'ailleurs, de connaître tous les possibles pour connaître les êtres réels : il lui faudrait connaître en outre le choix qui donne l'être réel à certains possibles à l'exclusion des autres, ou du moins la raison de ce choix : il lui faudrait être l'intelligence divine. Aussi n'y a-t-il que l'intelligence divine qui soit véritablement parfaite.

Telle n'est point la nôtre. Nous connaissons les choses par leurs idées, nous connaissons donc les idées, mais non pas sans les choses ; nous les connaissons à l'occasion des êtres qui les réalisent : et c'est pourquoi nous ne les connaissons pas toutes, mais seulement celles que réalisent des êtres donnés, et dans la mesure où ces êtres nous sont donnés. Les êtres donnés, les phénomènes, les choses en un mot, ne produisent point dans notre intelligence les idées, puisque c'est par les idées que nous les connaissons : nous avons donc les idées avant de connaître les choses. Mais nous les avons en nous sans les y apercevoir : les choses nous les manifestent. Ainsi nous connaissons les choses par les idées, et les idées dans les choses. Les choses éveillent en nous, provoquent à se produire en nous, leurs idées, applications particulières, contingentes, des lois universelles et nécessaires de l'être : quand nous entendons, nous entendons un possible, que nous entendons lui-même par un nécessaire. Donc, des idées de rapports nécessaires, desquelles dérivent des idées de rapports possibles à l'infini : tout un monde, l'univers idéal, présent à l'intelligence, sans l'être à la conscience, à la connaissance actuelle de l'homme. Pour que l'homme en prenne conscience, pour qu'il possède la connaissance actuelle de ce monde intelligible, il faut qu'il soit averti, pour ainsi dire, de ses idées par les choses qui les réalisent ; il faut, non qu'il connaisse les choses, puisqu'il ne les peut connaître que par les idées, mais que les choses lui soient données autrement que par la connaissance : et c'est la sensation ou le sentiment qui les lui donne. Il connaît par la faculté d'*idéer* ce qui lui est donné par la faculté de *sentir*.

*
* *

Il faut qu'un être nous soit donné. Un être nous est donné, en effet, et c'est le nôtre. Nous nous sentons être, et, avec le sentiment de notre être, nous en avons l'idée. *Je pense, donc je suis,* dit Descartes ; Je veux, donc je suis ; Je sens, donc je suis. Que je me sente sentir, penser, ou vouloir, par quelque sentiment, sous quelque forme que mon être me soit donné, en même temps m'est donnée l'idée de mon être. Le moi n'a pas d'autre idée que celle de son propre être : mais, ayant celle-là, il a toutes les autres, qui s'y rapportent de près ou de loin, et qu'il en tire à mesure. Cette idée, comme toute idée, est idée d'un rapport : mais l'un des deux termes du rapport existe, à savoir, telle manière d'être de lui-même, telle forme actuelle de son être vivant, soit un sentiment ou une sensation, soit un acte volontaire, soit une connaissance, un phénomène de conscience, en un mot. Je me connais : je connais certains faits, certains phénomènes, qui sont manières d'être du moi, que je n'entends que dans leur rapport à mon être. Ainsi je me sens vouloir, sentir, penser ; et je me connais vouloir, sentir, penser : j'ai l'idée de mes pensées, de mes sentiments, de mes volitions, idée du rapport de phénomène ou de manière d'être à être. L'un des deux termes du rapport, le phénomène, n'est pas seulement possible, mais réel, puisque je le sens être : il est moi-même sous telle ou telle forme, et, quand je le sens être, je me sens être moi-même. C'est parce que je me sens être que je le sens être, et c'est quand je le sens être que je me sens être. Le phénomène existe donc ; le rapport dont il est un des deux termes est donc aussi, non seulement vrai, mais réel, non seulement rationnel et possible, mais actualisé ; car les deux termes sont inséparables, et, si l'un existe, il faut que l'autre existe : l'autre, qui est l'être, est donc réel. Donc enfin je suis, uni aux phénomènes du moi et distingué de ces phénomènes, comme l'autre terme du rapport dont ils sont l'un des deux éléments : attributs qu'ils sont, desquels je suis la substance ; effets, desquels je suis la cause. Ainsi je suis un être : substance permanente et simple de modes successifs et multiples, cause intelligente et libre d'effets qui émanent de mon action, comme mes volitions, ou dans lesquels je trouve, comme dans mes pensées et jusque dans mes sentiments, quelque trace de mon action.

*
* *

Qui dit substance dit unité, qui dit cause dit liberté : puisque je sens en moi des phénomènes, ils existent ; puisqu'ils existent, ils sont manifestations, comme attributs et comme effets, de substances et de causes, et d'abord de moi-même qui les sens être en moi et me sens être en eux : j'existe donc comme substance et comme cause : à ce double titre, je suis un, et je suis libre.

Je suis une substance libre, qui se connaît et qui se sent : par conséquent, volontaire, intelligente et sensible. Je suis un principe actif, une force ; mais je suis en relation avec d'autres forces, qui agissent sur moi comme j'agis sur elles. Car l'idée d'un être se rapporte à d'autres êtres, et le moi implique un non-moi.

Le moi se connaît : il est sujet connaissant, objet connu. Dire qu'il se connaît, qu'il est une conscience vivante, c'est dire qu'il trouve en lui lui-même et quelque autre chose qui, pour être l'objet de sa connaissance de lui-même, soit lui-même comme à lui. Donc, dans le moi un se rencontrent le même et l'autre : un seul moi toutefois, en sorte que l'autre est, pour ainsi parler, le même que le même. Dans le moi donc, qui est un, deux termes : le sujet et l'objet, le moi et ce qui le manifeste à lui-même, le même et l'autre, deux termes singulièrement distincts, la manifestation du moi, ensemble de ces phénomènes de conscience qui en constituent la vie, étant multiple et successive, l'être du moi simple et identique ; plus un troisième terme, par qui les deux, si distincts, si contraires l'un à l'autre, ne sont qu'une personne vivante, dont l'idée est l'idée du moi, idée d'un rapport. Mais ce moi, connaissant et connu tout ensemble, se connaissant lui-même ou se manifestant à lui-même, est actif et passif. Il y a en lui quelque chose qui s'oppose à son activité propre et limite la force qu'il est : car le second terme détermine l'être du premier, et, en le déterminant, le mesure. Ce quelque chose qui me limite est moi, puisque j'en ai conscience, puisqu'il est un des deux termes du moi ; et n'est pas moi, puisque je suis passif dans mon rapport à lui, puisqu'il détermine et mesure mon être, puisqu'il est une activité en face de la mienne. Il est moi et il est autre que moi ; il est moi et il est non-moi : le non-moi existe et s'oppose au moi, mais en même temps qu'il s'oppose au moi il s'unit à lui. Il est le non-moi dans le moi. Ce qui, dans le moi, est l'objet ou l'autre qui le révèle à lui-même, est encore le non-moi qui se révèle au moi. Quand je dis moi, par là je m'affirme sans doute, mais par là aussi je me distingue. En m'affirmant, j'affirme d'un seul mot et mon existence et l'existence de quelque chose qui n'est pas moi. Non seulement l'existence du non-moi est donnée dans celle même du moi, mais elle lui est nécessaire : sans elle il ne se connaîtrait point, il se perdrait dans son propre vide comme dans un désert ; il s'anéantirait dans l'indétermination de son être.

Je me sens être, en effet, sous deux modes profondément différents. Je trouve en moi deux ordres de phénomènes contraires : je produis les uns, je subis les autres ; les uns partent de moi pour agir sur le dehors, les autres partent du dehors pour agir sur moi. J'agis dans les uns et dans les autres, puisqu'ils sont miens : il faut bien alors que je me sente en eux tout entier, avec l'activité inséparable de mon être, essence de mon être. Mais j'agis de moi-même sur le dehors, dans les uns ; dans les autres, je réponds par mon action à la sollicitation du dehors, je réagis. Telles sont les modifications que je n'ai pas faites en moi. Elles sont qualités et effets : suis-je la substance de ces qualités, la cause de ces effets ? Je ne puis les sentir sans me les rendre propres, au moins par une certaine attention, condition de la conscience que j'en ai ; ma nature d'ailleurs y entre pour une certaine part, toute modification étant déterminée et par l'action de la force qui l'imprime à un être et par la réaction de l'être qui la reçoit : en cela, je suis la cause et la substance qu'elles manifestent. Mais je ne les fais pas, je les reçois ; je ne les produis pas, je les éprouve, ou je ne concours à les produire que par la réaction de mon être : en cela, elles manifestent des substances et des causes étrangères, elles sont qualités et effets d'êtres extérieurs qui m'affectent. Ces affections sont les sensations. Quand je veux, je suis actif : l'idée de la volition que je produis est un rapport dont la volition est l'un des termes, dont l'autre, donné par ce premier terme et par la nature du rapport, est mon propre être, cause du phénomène volontaire ; quand je sens, je suis passif : l'idée de la sensation que j'éprouve est un rapport dont la sensation est l'un des deux termes, dont l'autre, donné par le premier terme et par la nature du rapport, est un être extérieur, cause du phénomène sensible.

* * *

Comme nous ne connaissons pas les choses, mais leurs idées, c'est-à-dire les choses par leurs idées, lesquelles sont des rapports, nous connaissons les choses externes par le rapport qui les lie à nos sensations, et nous connaissons nos sensations par le rapport qui les lie aux choses externes. Nous sentons nos sensations, et nous les pensons : tant que nous ne faisons que les sentir, nous n'en sortons pas, et elles ne nous donnent aucun être, non pas même le nôtre, comme objet d'une idée ; dès que nous venons à les penser, nous ajoutons, au sentiment que nous en avons, la connaissance : nous les connaissons, ainsi que toutes choses, par leurs idées, qui contiennent à la fois elles-mêmes et leurs causes, les choses du dehors. Il y a lieu de distinguer entre sentir son être et le connaître, puisqu'il faut que la réalité soit donnée autrement que par l'idée, qui est l'objet immédiat de la connaissance, et qui n'a elle-même d'autre objet immédiat que l'intelligible pur ou le possible : il s'ensuit que le sentir précède le connaître, et qu'il n'est point nécessaire de connaître son être pour le sentir.

Les êtres qui se connaissent eux-mêmes se sentent : sans quoi ils ne se connaîtraient point. Tous les êtres qui se sentent se connaissent-ils ? S'il en est qui se sentent et ne se connaissent pas, ils ne se distinguent pas de leurs sensations, ni leurs sensations des choses du dehors : ils sont toutes leurs sensations, et toutes les choses qu'ils sentent, tout ce qu'ils peuvent voir, ouïr, odorer, goûter, toucher, mais sans idées ; ils sont comme disséminés dans la nature, qui est comme ramassée en eux ; ils se confondent avec la nature, la sentant en eux, se sentant en elle, et par là se sentant eux-mêmes sans se connaître. C'est ce qui nous arrive dans certains rêves : c'est ce qui arrive, semble-t-il, à ceux qui ont pris du haschich, ou d'autres substances auxquelles ils ont demandé, comme un bonheur, le retour à l'état inférieur d'êtres purement sensibles : ils se sentent être fleuves, arbres, montagnes, cascades, pierres, animaux, tout ce qu'ils imaginent, tout ce qui frappe leurs sens ou leur fantaisie : tel, dans le délire de ses songes, était diable au temps du sabbat, tel est loup-garou. Les choses qui préoccupent notre veille se représentent pendant notre sommeil, dans certains de nos rêves, non à la raison de notre âme intelligente, mais à la fantaisie de notre âme sensible : nous ne voyons plus, nous ne percevons plus, nous ne connaissons plus enfin ces choses-là, nous les sommes. Des êtres doués de sensibilité sans intelligence ne sont point des personnes ; ils ne distinguent par leur moi du milieu où ils passent leur vie ; ils n'ont pas de moi, à vrai dire, faute de se connaître, bien qu'ils se sentent. De tels êtres, s'il en existe de tels, ne sont encore que des choses : choses sensibles, mues du dedans par le sentiment de leur être mêlé à l'être universel.

*
* *

On a établi dès le principe que les idées ne sont pas des images. L'objet extérieur imprime à nos organes un mouvement qui se communique à notre cerveau, et y produit des modifications dont nous ignorons la nature. Le cerveau, modifié, agit sur l'âme. Je dis agit, parce qu'il a été démontré que le moi éprouve une action : il éprouve, dans la sensation, l'action (directe ou indirecte) du cerveau. Quelle action ? Productrice de la sensation ? Non, mais qui la provoque à se produire. La sensation est-elle un fait apporté du dehors et par le dehors dans l'âme ? Non, mais un développement de l'âme sous l'excitation du dehors, qui ne fait que lui fournir, pour ainsi dire, les conditions d'une éclosion incessante. L'être extérieur a-t-il un autre rôle à remplir que d'avertir l'âme qu'elle possédait à son insu, qu'elle porte dans son fond les mêmes caractères que lui ? Non, car les sensations manifestent à la fois l'âme à elle-même et l'être extérieur à l'âme : elles sont donc, à divers titres, qualités de l'une et qualités de l'autre. Si l'être extérieur avertit ainsi l'âme des qualités qu'ils possèdent l'un et l'autre en commun, est-ce en lui présentant des qualités semblables ? Non, mais plutôt des qualités contraires, qui l'invitent à se compléter par ces mêmes qualités qu'elle avait, qu'elle ne sentait pas encore en elle. Et c'est la loi, non seulement de la communication des forces ou des substances constitutives de ce qu'on nomme le corps avec l'âme, mais en général de la communication de toutes forces, de toutes substances entre elles, qu'elles s'excitent sans cesse l'une l'autre à devenir l'une ce qu'est l'autre et qu'elle était elle-même d'une manière latente.

Le cerveau modifié par l'impression qu'ont reçue des choses les organes du corps agit sur l'âme, et l'âme sent. Que le cerveau conserve la modification qu'il a reçue, alors que les organes ont cessé de recevoir l'impression des choses, ou que le mouvement qui résulte de l'impression et la termine dans le cerveau s'y reproduise, il sera dans le même état pour agir sur l'âme, et l'âme, en l'absence des choses, sentira. La sensation qu'elle éprouve est toujours un effet qu'elle demeure fondée à rapporter à la même cause prochaine. Cet arbre est la cause éloignée, non prochaine, de ma sensation : il cause dans mes organes une impression qui en cause une dans mon cerveau, et c'est celle-ci qui en cause ou en provoque dans mon âme une dernière dite sensation. Chaque fois qu'elle sera la même, je verrai l'arbre. L'arbre est réellement présent, il existe, si la modification de mon cerveau est normale : car dire qu'il existe un arbre, c'est dire qu'il existe un être, cause inconnue de certains effets qui doivent avoir lieu. Si donc la vision de l'arbre doit avoir lieu, il existe ; et elle doit avoir lieu, si la modification du cerveau qui la provoque dans l'âme doit elle-même avoir lieu ; celle-ci enfin doit avoir lieu, si, les circonstances étant les mêmes, elle a lieu chez tous les hommes, sauf le très petit nombre des malades, et toujours chez moi, sauf le très petit nombre des cas maladifs[1].

La sensation est donc, non une image, mais la conséquence propre à l'âme d'une image ou d'une sorte d'image produite dans le cerveau. Si l'idée n'est pas sensation, moins encore est-elle image. Elle ne représente rien ; elle est un pur intelligible, un possible. Elle a besoin néanmoins de quelque image, non pour être dans l'âme, mais pour être aperçue par l'âme, pour être entendue. Cela résulte de l'intime union de l'âme avec le corps. Le corps provoque l'âme, par la sensation, à se manifester à elle-même son propre être, et elle entend suivant qu'elle se connaît être : d'où il suit que la sensation, sans être l'idée ni la donner à l'âme, la tire des secrètes profondeurs de l'âme et l'amène au jour de la conscience. De là encore la parole nécessaire à la pensée, et dont la formation s'explique enfin sans grande peine. La parole ou le signe est une sensation abrégée, destinée à rappeler la première sensation à l'occasion de laquelle on pensa d'abord. L'homme ayant l'intelligence, eut des idées dès qu'il eut des sensations ; et ses sensations furent ses premiers signes. Il n'eut donc pas à les inventer, mais à les abréger, à les transformer et à les combiner pour un facile emploi.

On se demande comment l'âme, être simple, peut avoir des idées de choses multiples, comme sont les choses matérielles : idées de figure, d'étendue, etc. : l'idée d'un portique, par exemple, dit Bossuet, qui n'hésite pas à voir dans cette apparence de contradiction un incompréhensible mystère. D'abord on confond ici, comme on le fait trop souvent, l'idée avec la

---

1. — V. infrà, XIX.

sensation, avec la représentation, avec l'image. L'idée du portique n'en est point l'image dans l'âme, mais le rapport ou l'ensemble des rapports qui déterminent la figure de géométrie que le portique exprime ; de même qu'une forme triangulaire n'est point l'idée du triangle, et peut être vue, ou plutôt sentie, par un esprit incapable de la comprendre. Ensuite, l'image du portique, qui est dans le cerveau, non dans l'âme, éveille dans l'âme une affection, une sensation, laquelle même n'est pas une idée : les divers points réels, les diverses *monades* qui composent un corps, comme le portique ou tout autre, agissent ensemble, dans l'ordre de leur coexistence, sur mes organes, sur mon cerveau, et par mon cerveau sur mon âme ; j'éprouve une sensation multiple, une foule de sensations simultanées, mais simultanées selon un certain ordre, et concourant pour une seule sensation totale ; je les éprouve simultanément sans que ma simplicité en soit altérée, de même que j'en éprouve une foule successivement sans que mon identité en soit troublée. On a déjà vu que toute sensation est multiple, ainsi que toute idée, qui contient un monde. J'ai en outre plusieurs idées différentes et plusieurs sensations différentes ne concourant pas en une seule sensation ou en une seule idée. Une telle multiplicité ne divise pas l'âme, parce que c'est une multiplicité de qualités, non de substances ; d'effets, non de causes. Il y a dans le portique, il y a dans tout corps, une multiplicité de substances ; mais elles ne passent pas en l'âme : elles n'y produisent ou n'y provoquent à se produire qu'une multiplicité d'affections.

*
* *

Les sensations sont des phénomènes internes, tant qu'elles ne sont que senties ; dès qu'elles sont connues, entendues, comprises, elles sont des phénomènes internes et externes à la fois : internes, selon qu'elles sont des affections de l'âme ; externes, selon qu'elles manifestent des êtres extérieurs qui les produisent ou les provoquent dans l'âme. Au fond des sensations, phénomènes internes, je trouve la cause, la substance, l'être qu'elles manifestent, l'être que je suis ; au fond des sensations, phénomènes externes, je trouve les causes, les substances, les êtres qu'elles manifestent, les êtres du milieu dans lequel est placé le mien.

Ces êtres et l'être que je suis sont finis : je n'entends l'être fini que par l'être infini. Ils sont imparfaits : je n'entends l'être imparfait que par l'être parfait. Ils sont des êtres qui possèdent l'être et à qui l'être manque, qui n'en possèdent qu'une faible part, avec une faible part des qualités ou des perfections constitutives de l'être : je ne les entends que par l'être qui possède l'être entier et plein avec la plénitude entière des souveraines perfections. Ils sont vrais, dans la mesure où ils sont ce qu'ils doivent être ; ils sont beaux, dans la mesure où ils expriment, comme un vivant langage, leur idée, où ils « racontent la gloire de Dieu »; ils sont bons, dans la mesure où se découvre en eux l'acte libre d'une force conforme à la loi, soit qu'il parte d'eux, ou aboutisse à eux, forces bonnes, ou œuvres bonnes d'une autre force : je ne les entends que par le vrai absolu, le beau suprême, le souverain bien. Et ainsi j'affirme, quand j'affirme leur être, un être voulant infailliblement selon la loi, être tout bon ; un être parlant pleinement le verbe de son idée, être tout beau ; un être étant parfaitement ce qu'il doit être, être tout vrai : un être possédant la plénitude même de l'être, un être parfait, un être infini.

Deux choses telles qu'il soit impossible d'avoir

l'idée de l'une sans avoir l'idée de l'autre sont nécessaires l'une à l'autre, étant la condition logique l'une de l'autre, et ne sont affirmables ou niables qu'ensemble. Or l'intelligence ne peut avoir l'idée d'une chose qu'elle ne la définisse, c'est-à-dire la classe et la spécifie. Si elle entend le monde comme fini, elle a l'idée du fini : classer cette idée, c'est la rapporter à une idée contenante, par exemple, l'idée d'être ; et la spécifier, c'est la distinguer des autres contenues dans la même idée, par exemple, dans l'idée d'être. L'idée d'un autre être que le fini, est-elle celle d'un indéfini, pure indétermination de limites ? Non, car l'indéfini n'est pas un être. Il n'y a d'êtres concevables que le fini, être ayant des limites déterminées, et l'infini, être sans limites. L'idée d'un autre que le fini est donc celle d'un infini : c'est l'idée de l'infini qu'il faut que l'intelligence possède pour qu'elle possède celle du fini. Donc, ou ni le fini ni l'infini n'existent, ou ils existent ensemble : le fini est, donc l'infini est.

L'idée d'un phénomène a pour objet propre un rapport de manière d'être à être, lequel contient à son tour celui d'être fini à être infini, d'être défectueux à être absolu. L'idée des phénomènes que je sens en moi a pour objet propre un rapport de ces manières d'être à mon être, rapport qui contient à son tour celui de mon être à l'être infini ; l'idée de certains d'entre les phénomènes que je sens en moi, savoir mes sensations, a pour objet propre un rapport de ces manières d'être et à mon être et à des êtres extérieurs, rapport qui contient à son tour celui de leur être fini à l'être infini. Dans les phénomènes ou les modes actifs du moi, je trouve, par une induction qui conclut de l'existence de l'un des deux termes d'un rapport à l'existence de l'autre, l'être de mon âme ; et c'est percevoir l'âme que faire cette induction toute spontanée, toute primitive. Dans les phénomènes ou les modes passifs du moi, je trouve, par une induction semblable, l'être des choses extérieurs ; et c'est percevoir les choses extérieures que faire cette induction toute spontanée, toute primitive. Dans les uns et dans les autres, je trouve encore, par une induction semblable, l'être de Dieu, fondement et principe des idées ; et c'est percevoir Dieu que faire cette induction toute spontanée, toute primitive. Ceux à qui le lien des idées échappe, et qui se font juges en des matières qu'ils n'entendent pas, peuvent mettre en doute l'être de Dieu, comme l'être de l'âme, comme l'être même des corps : car quelle vérité n'a pas été mise en doute ? La parole du genre humain affirme l'être des corps, l'être de l'âme, l'être de Dieu.

Les idées qui nous viennent de la conscience ou de la perception du moi n'en sauraient venir sans la perception du non-moi, contenue dans le rapport fondamental qui est leur objet commun ; et les idées qui nous viennent de la perception du fini, que celui-ci soit le non-moi ou le moi, n'en sauraient venir sans la perception de l'infini, contenue dans le rapport fondamental qui est leur objet commun. Mais comme l'idée de l'infini ne s'éveille en nous qu'à l'occasion de celle du fini, l'infini ne se révèle à nous que sous des aspects correspondants aux divers aspects du fini accessibles à notre expérience : l'éternité, à la durée ; l'immensité, à l'étendue ; l'unité, à la variété ; la cause, à l'effet ; la substance, au mode ; l'être, au paraître ou au phénomène. De là des concepts, tels que ceux d'être, de substance, de cause, de nombre, d'espace, etc., qui ne sont, comme on l'a bien vu, que des formes nécessaires de la pensée, conceptions de la possibilité indéfinie d'être des choses sous certains rapports, conditions de la connaissance de ces choses, mais qui impliquent, ce qu'on n'a pas assez remarqué, la réalité du fini sous les aspects que nous connaissons, et la réalité de l'infini sous les aspects correspondants, suivant que l'infini les comporte, et comme principe de ces mêmes aspects du fini.

Dès que je connais, je connais tout ensemble, simultanément, par une triple perception, moi-même, le dehors, et Dieu : Dieu dans le dehors et dans moi. Nous ne voyons donc pas les choses en Dieu, comme le veut Malebranche, mais Dieu dans les choses ; et nous ne voyons les choses que par Dieu.

A cette triple perception répond une triple faculté de percevoir, un triple sens : le sens intime, qui a vue sur l'âme ; le sens externe, qui a vue sur le dehors ; le sens divin, ou de l'absolu, qui a vue sur Dieu. Le sens intime n'a point pour objet l'âme, mais des phénomènes dont il sent l'existence, et qu'il rapporte, par une induction naturelle, à l'être de l'âme ; de même le sens externe n'a point pour objet le dehors, mais des phénomènes dont il sent l'existence, et qu'il rapporte, par une induction naturelle, aux êtres du dehors ; de même enfin le sens divin n'a point pour objet Dieu, mais les uns et les autres phénomènes dont l'existence, qu'il avait sentie, lui est connue, et dont, par une induction naturelle, il rapporte les idées à l'être de Dieu.

VI

Le moi n'a proprement qu'un sens, comme il n'a qu'un sentiment et qu'une idée : il ne sent que son propre être, et il ne connaît que son propre être. Le sentiment qu'il a de son être éveille ou suscite en lui l'idée qu'il a de son être : mais cette idée contient toutes les idées, et le sentiment de son être la provoque à se développer en toutes les idées qu'elle contient. Le sens intime devient le sens externe le jour où l'intelligence pense, dans l'idée de la sensation, l'action du dehors sur l'âme ; et il devient le sens de l'absolu le jour où l'intelligence pense, dans l'idée d'un être fini, l'être infini. Ainsi les trois sens ne sont que l'épanouissement d'un sens unique, de même que toutes les idées ne sont qu'une seule idée qui se développe en intelligibles, en possibles.

On a vu quelle excitation est nécessaire à l'âme pour que ce développement puisse avoir lieu et les idées s'y produire. Une fois produites, elle les associe, les combine, en fait des idées nouvelles, de nouveaux possibles, ou, pour mieux dire, tire des idées qu'elle avait, formes diverses de l'unique idée qu'elle a toujours d'elle-même, des possibles, des rapports, qu'elle n'y avait pas encore découverts. Ces idées ainsi faites par elle-même sont-elles vraies ? Oui, sans doute, comme l'est toute idée, qui n'est qu'un possible. Ces idées sont des possibles, à moins qu'elles ne soient contradictoires : mais une contradiction n'est pas une idée. Tout ce que la logique ne désavoue pas est vrai. Réel, c'est autre chose. Qu'y a-t-il de faux dans l'idée de cheval ailé, par exemple, ou d'une chimère quelconque, d'un monstre, pourvu qu'elle ne soit pas contradictoire ? Elle est une combinaison possible, un rapport qui existait en effet entre les deux idées dont elle est composée, et 'on ne pourrait combiner d'ailleurs par un rapport ...t entre elles : cela va de soi. Quant à la réalité de cette idée, je n'en puis rien dire, jusqu'à ce que je sois averti par le sentir, qui me donne les existences à connaître. Peut-être y a-t-il des chevaux ailés dans quelque autre monde, peut-être y en aura-t-il, peut-être y en a-t-il eu. Les inventions de l'industrie et de l'art ne sont-elles pas des possibles nouvellement conçus ? Ne sont-elles pas des idées sans réalité, que réalise la main de l'homme ? L'erreur ne consiste jamais à penser une idée (sauf qu'elle soit une contradiction), mais à en affirmer la réalité tant qu'on ne l'a pas sentie.

*
* *

D'où viennent les idées ? Il résulte de leur nature qu'elles ne viennent de nulle part, que l'esprit ne les produit pas, non plus que les choses du dehors ne les produisent dans l'esprit, mais qu'elles y résident. Elles sont l'intelligible, objet éternel et toujours présent de l'intelligence. Elles sont innées à l'âme pensante.

Qu'importe qu'elles soient en nous sans que nous ayons conscience de les avoir ? Elles ne sont pas des phénomènes de l'âme, puisqu'elles ne sont ni des sensations, ni des perceptions, ni des affirmations, ni les connaissances enfin où elles entrent comme éléments : elles peuvent donc être en nous à l'état latent ; ceux qui objectent contre la théorie des *idées innées* que beaucoup manquent à beaucoup d'hommes montrent par leur objection qu'ils ne l'entendent pas. C'est en vivant, c'est en pensant (car la pensée est la vie de l'esprit), que le moi prend peu à peu la conscience de son être ; et il ne peut penser, il ne peut vivre, qu'à de certaines conditions. Certaines conditions lui sont nécessaires pour qu'il puisse connaître ses propres idées, posséder la vérité qui est en lui-même : il ignore dans la mesure où il s'ignore lui-même ; et il s'ignore lui-même, dans la mesure où ces conditions, qui lui sont extérieures, lui font défaut. A ces conditions même, le moi n'atteint que des phénomènes, dont il induit la cause, la substance, le *noumène,* dit Kant, c'est-à-dire l'être qu'ils manifestent ; et il induit sont propre être comme l'être que manifestent les phénomènes par lesquels il a conscience de soi. Il ne s'aperçoit lui-même que dans les modifications actuelles qu'il éprouve ou dans les opérations actuelles qu'il accomplit, non dans le fond de son être : il s'aperçoit sentant, pensant, voulant actuellement, il ne s'aperçoit pas volonté, sensibilité, intelligence : il se sait âme par induction, comme il sait les autres êtres ; ou plutôt, comme tous les êtres, comme tout ce qu'il sait, par l'idée qui entre dans la connaissance qu'il a des phénomènes.

L'âme ne produit pas les idées. Par un double acte de volonté, par l'attention, qui lui est nécessaire pour qu'elle aperçoive, et par l'affirmation, qui est comme un acquiescement qu'elle accorde à ce qu'elle juge véritable, elle produit en elle la connaissance, ou quelque chose de la connaissance, mais non les idées mêmes. Toute idée étant générale, une idée, si elle était un produit de l'esprit, résulterait d'une généralisation (et c'est ce que l'on enseigne communément) : mais il faut avoir comparé pour généraliser, il faut avoir abstrait pour comparer, et pour abstraire il faut avoir eu les idées générales des caractères qu'on se proposait de considérer à part. Faites une espèce, un genre ; que faites-vous ? Vous réunissez, pour former un genre, plusieurs espèces différentes, semblables par certains caractères communs ; et vous réunissez, pour former une espèce, plusieurs objets différents, semblables par certains caractères communs : vous avez donc comparé ces objets, ces espèces ; mais vous avez donc eu, dès l'abord, les idées de ces caractères, les uns différents, les autres semblables, tous applicables à une foule d'êtres possibles, tous abstraits et universels. Vous avez eu, dès l'abord, des idées générales, sans lesquelles vous n'auriez pu généraliser pour en acquérir d'autres. Donc, bien loin que nous produisions, par la généralisation, des idées générales, nous ne généralisons qu'à la condition d'avoir des idées générales, sans lesquelles nous ne pouvons rien. Il y a en nous, dès l'origine, par la nature même de notre être spirituel, des généralisations toutes faites, des notions primitives, des idées innées. Et quand nous généralisons, nous ne produisons pas une nouvelle idée, nous travaillons à dégager une des anciennes idées, anciennes et toujours nouvelles, éternelles, universelles, infinies chacune en son ordre, qui habitent, en nombre infini, dans les profondeurs de notre être inconnu.

L'âme, qui ne produit pas les idées, ne les reçoit pas davantage du dehors. Les idées n'ont pu entrer dans l'âme par la porte des sens, la connaissance des phénomènes, externes ou internes, ne les lui donne pas : elles règlent, au contraire, cette connaissance même, et permettent de comprendre le monde, inintelligible sans elles ; elles éclairent par le nécessaire le contingent, par l'un le multiple, le fini par l'infini, le relatif par l'absolu : elles constituent, au-dessus des réalités, la vérité qui les explique.

Elles sont la raison, laquelle est dans les âmes sans appartenir à aucune âme : soleil intelligible, dont la clarté pénètre les esprits sans se confondre avec aucun d'eux. La raison est impersonnelle, puisqu'elle est la lumière qui éclaire l'œil, et non l'œil qui voit ; et elle réside immuablement, infiniment, parfaitement, en un être immuable, infini, parfait comme elle est elle-même, c'est-à-dire en Dieu. Donc on ne voit rien que par Dieu, et l'on voit Dieu, ou la lumière divine, en voyant les choses, que cette lumière seule rend visibles à l'esprit. Sans la raison, nous n'aurions que des sensations, et point d'idées ; nous nous sentirions diversement modifiés et affectés sans connaître s'il existe autre chose que nous avec nos affections et nos modifications diverses : car sommes-nous affectés par nous-mêmes, ou par autre chose ? Nous ne le sommes point par notre volonté, mais par autre chose que notre volonté, c'est-à-dire que nous le sommes, directement ou indirectement, par autre chose que nous : donc l'objet de nos sensations, autre que nous, existe, et tel qu'il doit être pour être la cause qui nous affecte, tel, par conséquent, à tout le moins, que nos sensations nous le manifestent. L'idée d'une réalité extérieure à nous implique l'idée d'une cause de nos sensations indépendantes de notre propre vouloir : mais qu'est cette dernière idée, sinon une application, non encore réfléchie, du principe rationnel de la causalité ?

Nous ne connaissons donc que par la raison : spontanée d'abord, et nous connaissons alors naturellement, mais sans conscience de notre être, dont la divine profondeur nous échappe ; ensuite réfléchie, par un retour sur nous qui nous permette de prendre conscience de nous-mêmes, par une appropriation personnelle de l'impersonnelle vérité.

Telle est la théorie de la raison. Les sensations, non plus que les autres phénomènes de l'âme, ne sont pas innées ; les idées sont innées. Toutes les idées, et non point seulement quelques-unes. Non point seulement les idées nécessaires, mais les idées même contingentes, qui sont des possibles : le possible est éternel, comme le nécessaire. Je dis toutes les idées, dans l'idée unique du moi, qui, avec celle de l'être qu'elle implique, les contient toutes. Et je dis les idées, non les pensées, produits de notre activité propre, actes de notre intelligence ; ni les connaissances, qui ne peuvent avoir lieu qu'à la suite des sensations, par la double action du dehors sur l'âme intelligente et de l'âme intelligente sur le dehors.

VII

Revenons, pour les discuter plus amplement en présence de puissants contradicteurs, sur les principaux points qu'ils nous contestent ou nous refusent.

L'âme ne reçoit rien du dehors : ni les idées, qui résident en elle-même, et la constituent comme intelligence ; ni les connaissances, qu'elle forme par le concours de la raison et des sensations ; ni les sensations, que le monde provoque en elle, mais n'y produit pas. Elle-même se produit, et sa vie entière n'est qu'un développement d'elle-même sous l'excitation du dehors. Elle tire tout de son propre fond, sous des conditions extérieures qui lui permettent de se réaliser elle-même.

A cette doctrine, qui est une sorte d'*innéisme* universel, s'opposent et l'*innéisme* partiel de l'École classique, et l'empirisme des Écoles matérialistes, physiologistes, positivistes, dites mal à propos scientifiques.

L'empirisme peut n'être pas matérialiste ; mais le matérialisme est nécessairement empiriste.

L'*innéisme* partiel fait à l'empirisme sa part : mais il faut dire de l'empirisme ce qu'on a dit du scepticisme : on ne lui fait pas sa part. S'il est faux, cet *innéisme* partiel, qui est un empirisme partiel, sera faux pour ce qu'il contient d'empirisme.

Les empiristes sont ceux qui expliquent par l'expérience toutes les idées : or il n'est pas une seule idée que suffise à expliquer l'expérience. Ils en sont encore au vieil adage : *Nihil est in intellectu quod non prius fuerit in sensu*, oubliant ou méconnaissant la restriction fameuse qui le détruit : *Nisi ipse intellectus*. C'est une exception, mais cette exception comprend tout.

Les idées, à les en croire, nous viennent des sens, directement ou indirectement : nous recevons les unes, et de celles-ci nous dérivons les autres. — Nous ne pourrions, dans tous les cas, recevoir des sens que des idées de vérités contingentes, particulières, temporaires, locales, relatives. Ils l'accordent. On leur demande comment nous en dérivons des idées de vérités nécessaires, universelles, éternelles, absolues : ils éliminent l'absolu. — L'expérience ne présente que des phénomènes : nous ne pourrions donc en recevoir que des idées de phénomènes. Ils l'accordent. On leur demande comment nous en dérivons les idées de cause, de substance, d'être : ils écartent la cause, la substance, l'être même. — Nous ne voyons que des durées et des étendues finies, des choses imparfaites. Ils l'accordent. On leur demande comment nous en dérivons les conceptions du temps, de l'espace, de l'infini, du parfait : ils nient l'infini, ils nient le parfait, ils nient l'espace et le temps. Ils nient tous les objets de raison : et ils ont raison, dès qu'ils nous réduisent à l'expérience.

Nous n'avons expérimentalement que des phénomènes ; point de cause, point de substance, point d'être qui nous soit expérimentalement donné. C'est, d'après eux, qu'il n'y en a pas. Un être n'est qu'un groupe de phénomènes liés. Une substance n'est qu'une suite de phénomènes : si on les considère deux à deux, l'un est la cause, l'autre l'effet. Une cause n'est qu'un antécédent invariablement suivi d'un conséquent que nous nommons effet. Des couples de phénomènes dont l'un suit l'autre, voilà donc l'idée de cause ; comme des systèmes de phénomènes qui se suivent, voilà l'idée de substance ; et des systèmes de phénomènes qui s'accompagnent, voilà l'idée d'être. Le temps est la somme des durées, l'espace la somme des étendues. L'infini est ce que nous concevons au-delà des bornes : toute borne peut être reculée, toute quantité augmentée ; d'une unité ajoutée à un nombre se forme un nouveau nombre, auquel peut s'ajouter une unité d'où se formera un nouveau nombre, auquel peut s'ajouter encore une autre unité d'où se formera encore un autre nombre, puis un autre, toujours, sans fin : voilà l'infini.

— Non, ce n'est point là l'infini, mais l'indéfini. L'idée de l'infini est l'idée d'une réalité illimitée, comme l'idée du fini est l'idée d'une réalité limitée : l'idée d'une possibilité de nombres à la suite n'est pas plus l'une que l'autre de ces deux idées, mais une troisième, l'idée de l'indéfini. Le fini et l'infini, par définition, existent, l'un borné, d'une existence positive et négative à la fois, l'autre sans bornes, d'une existence toute positive. L'indéfini n'existe pas : ce mot n'exprime qu'un rapport, l'idée d'une possibilité d'additions successives : c'est la grandeur prise en soi, pour attribut : toute réelle grandeur, toute chose grande, se marque par un nombre fini. Or ce que l'empirisme appelle infini n'est autre que cette nécessité d'ajouter par la pensée une grandeur à une grandeur, cette impossibilité de ne pas concevoir au-delà d'une grandeur une autre, au-delà du visible l'invisible, et toujours : en un mot, l'impossibilité de s'arrêter dans la série des nombres. Mais qu'on prenne une grandeur ou une collection de grandeurs qui existent, elle sera limitée. L'infini n'est point cela. Il est, par définition, l'être réel sans limites ni au dehors ni au dedans, indivisible, plein, absolu.

Entendu de la sorte, l'infini existe-t-il ? Peu importe en ce moment : il suffisait de montrer que les empiristes, le confondant avec l'indéfini, le suppriment.

L'espace n'est pas plus la suite des étendues dan un même temps, ni le temps la suite des durées dans un même espace, que l'infini n'est la suite des nombres : ôtez les choses qui ont de la durée, les choses qui ont de l'étendue, vous n'ôtez ni la puissance de leur durée, le temps, ni la puissance de leur étendue, l'espace. La cause n'est pas un antécédent, mais un efficient, un producteur, un créateur de l'effet : elle est ce qui fait être. L'être n'est pas un système de phénomènes qui s'accompagnent, la substance n'est pas un système de phénomènes qui se suivent : l'être est ce que manifestent les phénomènes sans l'épuiser, la substance est le fond permanent de phénomènes qui changent : d'autres êtres pourraient se manifester par le même phénomène, d'autres phénomènes pourraient manifester le même être. Être et substance, cause, espace, temps, infini, absolu, parfait, tout cela est-il ? Et qu'est-ce que tout cela ? Nous essaierons de le dire. Mais qu'importe ? Ce sont mots pour d'autres idées que celles qu'on s'efforce de mettre sous ces mots. On veut expliquer ces idées par l'expérience, et comme l'expérience ne les explique pas, on en donne une explication qui les supprime.

※
※ ※

Supprime-t-on aussi la justice ? Nul n'osera. Non, on la respecte ; et rendons-leur nous-même, à nos adversaires, cette justice, que leur empirisme, honorablement inconséquent, a la ferme volonté d'être moral. Et pourtant, quelle expérience donne le droit ? Produisez-nous une expérience qui nous montre, par exemple, le droit qu'a toute personne vivante d'être respectée dans l'exercice inoffensif de ses facultés, dans sa fortune, dans tout son être ; qui nous montre qu'il ne faut pas faire à autrui ce que nous ne voudrions point qui nous fût fait ; que nous avons de la sorte envers les autres un devoir d'une nature particulière, qui leur confère un droit sur nous. L'expérience peut montrer qu'il y a danger à ne pas remplir un tel devoir, à ne pas reconnaître un tel droit ; que l'ordre social exige, sous peine de dissolution, qu'on agisse conformément à cette maxime ; qu'il est funeste de la violer, qu'il est très utile, au contraire, qu'il est nécessaire de l'observer. Mais d'utile, de nécessaire, à obligatoire, y a-t-il un pas ? Il y a un abîme. Il y a l'infini. L'utile est ce qu'il faut faire sous peine de souffrir ; le nécessaire, ce qu'il faut faire sous peine de périr : l'obligatoire est ce qu'il faut faire dût-on souffrir, dût-on périr. Deux idées de deux mondes bien différents, qu'unit sans doute, dans la suprême unité des choses, une merveilleuse correspondance, mais qu'il est bien rare que l'expérience accorde ici-bas ! L'une habite le monde réel que nous montre l'observation ; l'autre, le monde intelligible que la raison pure nous révèle : elle émane de cette lumière qui éclaire toute intelligence, de cette souveraine loi qui gouverne la nature, mais la gouverne invisiblement.

L'expérience donne le fait. Comment le fait, unique objet de l'expérience, peut-il être ou peut-il devenir le droit ? Le fait est ce qui est ; le droit, ce qui doit être. Ce qui est est : voilà tout. S'il est conforme à ce qui doit être, ce n'est point en tant qu'il est : car il ne serait pas moins ce qu'il est, quand il serait contraire à ce qui doit être. Il est tel, et c'est ce qui le constitue un fait ; il peut être conforme au droit : cette conformité même, quand elle existe, est un fait. Elle n'est pas un droit, pure conception, mais conception absolue, d'un obligatoire : elle est un fait possible, contingent, relatif ; elle est le fait de la conformité d'un fait à un droit. Dire qu'un fait devient un droit, c'est associer des idées selon un rapport inintelligible ; c'est prononcer une parole qui n'a pas de sens. Il ne peut y avoir qu'un rapport de conformité, non d'identité, entre ces deux termes. S'ils pouvaient être identiques, l'observation, qui donne le fait, pourrait donner le droit : comme ils ne peuvent être que conformes, il faudra, pour juger s'ils le sont ou ne le sont pas, les avoir connus l'un et l'autre différemment : l'un par l'observation, sans doute ; mais que reste-t-il pour connaître l'autre, sinon la raison pure ?

On aime le bien, et l'on travaille pour le progrès : c'est-à-dire à faire passer la société d'un état moins bon à un état meilleur. Mais qu'est-ce qui est moins bon, qu'est-ce qui est meilleur ? Qu'est-ce qui est bon ? Quelle observation le dira ? L'observation nous enseignera ce qui est agréable, ce qui est profitable, ce qui nous assure ou nous promet une plus grande somme de jouissances terrestres ; elle nous enseignera l'utile :

elle ne nous enseignera pas le bien, si ce n'est que l'utile ne soit le bien : mais cette question même, l'expérience ne la résoudra pas.

Cela est si vrai, que l'on juge tout différemment du progrès de la société selon qu'on s'est formé une conception différente de la nature, du principe et de la fin de l'homme ; ce que tel nomme progrès, tel autre le nomme décadence : corruption pour ceux-ci, civilisation pour ceux-là. Or, qui nous instruit de la nature, du principe et de la fin de l'homme ? L'expérience ? Mais l'essence ainsi que l'origine et la destinée des choses lui échappent si bien, qu'on ne tente pas de les lui rendre ; et plutôt que de renoncer à l'emploi exclusif d'une méthode favorite, on prend résolûment le parti des sceptiques contre toute métaphysique, c'est-à-dire contre toute recherche de cet ordre. L'homme, s'écrie-t-on, ne peut rien connaître de l'origine et de l'essence même des choses ; il ne peut qu'observer des faits, et arriver ainsi à des lois qui en expriment la succession et l'enchaînement. Voilà le domaine où est circonscrite son intelligence. — Circonscrite dans le domaine des faits (car les lois, qui ne sont que la succession et l'enchaînement des faits, ne sont encore que des faits d'un caractère supérieur), incapable de connaître les essences ni les origines, ni les fins par conséquent, comment connaîtra-t-elle, je ne dis pas ce qui est utile ou ce qui est agréable à l'homme, mais ce qui est conforme à sa fin, le bien ? Comment jugera-t-elle du progrès ? Et, pût-elle en juger, d'où sait-elle cela même, qu'il est bon de concourir au progrès ? D'où lui vient cette règle qui la dirige en ses jugements ? A moins qu'elle ne la porte en elle-même, dans sa raison : mais, alors, nous sortons de la méthode expérimentale pour nous rendre, vaincus et repentants, à cette méthode spéculative dont on a horreur.

*
* *

Il y a dans l'esprit humain d'autres idées que les idées (à supposer qu'il y en ait de telles) dues à l'expérience : il y a donc une autre intuition que celle du sens externe, que celle même du sens intime. L'idée du bien : le sens intime nous donne à connaître des faits intérieurs, le sens externe des faits extérieurs, que nous jugeons, que nous déclarons conformes ou non à un principe dont l'intuition est en nous. Les idées de substance, de cause, d'espace, de temps, d'infini, d'absolu, de parfait : ni le sens externe, ni le sens intime ne nous donnent rien à connaître de parfait, d'infini, d'absolu : des étendues nous sont visibles, non l'espace ; des durées nous sont sensibles, non le temps ; et quand nous connaîtrions en nous-mêmes une cause, une substance, connaîtrions-nous pour cela les rapports nécessaires, universels par suite, de modes à substances, de phénomènes à causes ?

L'esprit dérive ces idées des idées dues à l'expérience ? Mais alors c'est qu'il opère en quelque façon sur les données de l'expérience. Comment opère-t-il ? Encore lui faut-il pour cela un pouvoir propre, des principes qu'il applique : ce pouvoir lui est sans doute inhérent par nature ; ces principes, sans doute, il ne les tire pas des données sur lesquelles il ne peut opérer sans ces principes mêmes. Donc il les a en soi. Voilà le *nisi intellectus ipse* : ce sont idées innées, constitutives de l'entendement. Nous avons montré qu'il y a des idées innées, nous en avons cité : on les méconnaît ? on les récuse ? Nous montrons qu'il doit y en avoir, qu'il y en a nécessairement. On les prétend dérivées ? S'il y a des idées dérivées, c'est qu'il y en a d'innées, par lesquelles on dérive les unes des autres.

On se récrie. Des idées innées ! Où sont-elles chez l'enfant, chez le sauvage, chez l'homme simple, qui ne les comprennent pas même quand on les énonce devant eux ? — Elles sont dans leur esprit. Ai-je dit des pensées innées ? Ce serait une absurdité. Dans la théorie des idées innées, l'idée n'est pas la pensée, mais l'objet de la pensée. Pour la rejeter comme pour l'admettre, encore serait-il bon de l'entendre. Nous sommes pleins d'idées acquises que nous ne pensons pas actuellement. Les idées innées sont comme ces idées acquises. Ai-je dit que nous les pensons ? J'ai dit que nous pensons par elles. Nous pouvons les penser, et nous les pensons quelquefois ; c'est par elles que nous pensons toujours. Nous avons besoin, pour les penser, et même pour penser par elles, de l'expérience qui les suscite. La raison a besoin de l'expérience, et l'expérience de la raison. Notre vie intelligente n'est dans tout son cours qu'une pénétration intime de l'une dans l'autre : aussi les idées de raison ne se distinguent-elles et ne se formulent-elles séparément que par un effort dont peu d'hommes sont capables.

***

On veut bien reconnaître aujourd'hui qu'il y a des idées innées. On explique leur innéité par l'hérédité. On les tient pour adventices à l'origine, dues à l'expérience, devenues, par une accumulation d'expériences, comme naturelles à l'esprit, transmises de père en fils avec les cerveaux auxquelles elles se sont comme incorporées.... — Je n'examine pas en ce moment ce que cela signifie, des idées incorporées à des cerveaux ! Comment des idées peuvent être en des cerveaux, quelle chose peut bien être une idée qui serait en un cerveau : je suis accoutumé à ces sortes de phrases, qui me révoltent ; elles sont pour moi des insanités à faire pitié, ou à indigner quand elles sont proférées par des savants dont l'autorité les impose aux simples qui les répètent ; et je ne puis m'empêcher de me dire que ces naturalistes, ces physiologistes, puisque aussi bien ils n'ont étudié de l'homme que son corps, n'auraient pas dû parler de son âme, qu'ils ne connaissent pas, dont ils n'ont aucune intelligence. Sur l'âme, ils n'avaient qu'à se taire, s'ils ne voulaient pas s'en rapporter à nous : nous nous en rapportons bien à eux sur le corps, qu'ils étudient, et que nous ne connaissons que d'après eux ; pourquoi ne s'en rapportent-ils pas à nous sur l'âme, qu'ils ne connaissent aussi que d'après nous ? Car ils ne l'étudient pas où elle doit être étudiée, là où elle est, dans la conscience qui la donne, et la donne seule, comme la vue la lumière ou l'ouïe le son ; et l'étudier dans le corps, c'est étudier la lumière dans les phénomènes de l'ouïe ou le son dans les phénomènes de la vue, c'est brouiller tout. Que s'il y a entre les uns et les autres, entre l'âme et le corps, des correspondances ou des concomitances, c'est confondre des objets qui s'accompagnent ou se correspondent ; et les identifier, c'est montrer qu'on les a méconnus, qu'on n'y a pas vu clair. On souffre à entendre débiter sur l'âme par des savants, — par de grands savants quelquefois, — des phrases toutes semblables à celles que débitent les bonnes vieilles sur les corps qu'elles prétendent guérir, elles ont des remèdes : eh ! elles ne sont pas sans quelque idée, sans quelque vague connaissance du corps ! ils connaissent l'âme, eux, comme elles connaissent le corps. Quand on parle de ce qu'on n'a pas étudié, fût-on le plus grand savant de la terre et le plus illustre, on parle sans savoir ce qu'on dit.

Mais je ne me demande pas, en ce moment, si ceux qui logent des idées en des cerveaux savent ce qu'ils disent : la question des rapports du cerveau avec l'esprit, du système nerveux avec l'âme, ou, pour user d'une expression consacrée, du physique avec le moral, viendra plus tard, dans l'étude V, sur *la vie humaine*. La question de l'hérédité, si grave, si délicate, si difficile, viendra également à son tour. Qu'il y ait des idées innées à la génération présente, par transmission héréditaire, par structure de cerveaux se reproduisant chez les descendants selon qu'ils se sont formés chez les ancêtres, peu importe ici : les idées, innées chez les descendants, ne le seraient pas chez les ancêtres. Chez eux, elles seraient expérimentales, *empiriques*. Nous prouvons, nous montrons, je crois, avec évidence, qu'elles ne le sont pas, parce qu'elles ne peuvent pas l'être. Si elles ne peuvent pas l'être, elles ne le peuvent pas plus chez les ancêtres que chez les descendants : si elles ne le peuvent pas, elles ne l'ont jamais pu. Renvoyer au passé l'impossible n'est pas le rendre possible : c'est se payer de mots, ou payer de mots ceux qui vous écoutent. Ce qui est impossible, parce qu'il est contradictoire et absurde, n'est pas, n'a jamais été, ne sera jamais.

Écoutez un apologue.

Un père de famille, pour amuser ses enfants, leur présenta une feuille de papier blanc où avaient été tracés des caractères invisibles. Comme il voulait juger de leur esprit, il ne leur en dit rien. Mais tandis qu'il approchait ce papier d'un foyer de chaleur, les caractères apparurent, et ses enfants y lurent des lettres, des mots, des phrases : les voilà émerveillés. La chaleur écrit ! Le papier était blanc, et voilà qu'à l'approche de la chaleur il s'y trouve des caractères, plus nets où la chaleur est plus proche, plus vagues où elle est plus éloignée : nul doute, c'est bien la chaleur qui les trace...

Ils appliquent la règle baconienne, chère à nos observateurs : si A étant présent B se produit, A étant absent B ne se produit pas, A variant B varie, A est la cause de B. Ah ! combien cette règle mal comprise, cette sotte, cette absurde règle (telle qu'on l'entend et qu'on l'applique) a fait déraisonner de gens d'esprit ! Que voulez-vous ? Nos maîtres l'enseignent. Ces enfants s'y conforment. La chaleur présente, les caractères paraissent ; absente, ils ne paraissent pas ; variant, ici plus rapprochée, plus éloignée là, ils varient, ici plus nets, là plus vagues : la chaleur est la cause de ces caractères, c'est elle qui les trace, elle écrit !

— Oui, cause de l'apparition, mais non de la production des caractères. La règle de Bacon a du vrai : mais il faut l'entendre, et savoir l'appliquer. De ce que A présent B se produit, A absent B ne se produit pas, A variant B varie, il ne s'ensuit pas que A est la cause de B, mais il est pour quelque chose, assurément, sinon dans la production, au moins dans l'apparition et la manifestation de B. Nos enfants, — pardonnons-leur, ce sont des enfants, et ils ne savent pas que le papier a été préparé, — déclarent que la chaleur y trace les caractères qu'ils y lisent, — que « l'expérience grave les idées sur la tablette vide, ou, comme on s'exprime, la *table rase* de l'esprit ».

Un d'eux, plus réfléchi, n'en croit rien, traite l'explication de ses frères d'insensée, d'absurde, les traite eux-mêmes de sots : « La chaleur, dit-il, n'a pas pu écrire les caractères tracés sur ce papier ; elle n'a pu que les faire apparaître ; ils y étaient invisibles : comment ? sous quelle forme ? je n'en sais rien ; mais je suis bien certain qu'ils y étaient. Je ne le sais point par expérience, je ne les ai pas vu tracer : mais je le sais mieux que par aucune expérience, parce que je vois clairement, évidemment, qu'ils devaient y être. Je le sais par la raison, supérieure à l'expérience, et qui la juge. »

Il suffit, pour voir, d'avoir des yeux, et des sens pour connaître ; pour comprendre, il faut l'intelligence, et l'observation n'y suffit pas. L'enfant qui assurait qu'il y avait sur le papier des caractères tracés d'avance, avait l'intelligence ; ses frères n'avaient que le vulgaire « sens commun ». Peut-être avaient-ils de meilleurs yeux que lui. Mais il ne s'agit pas de voir, il s'agit de comprendre.

Nous savons par expérience, et pour l'avoir nous-mêmes préparé ou vu préparer, que le papier présenté à ces enfants était un papier préparé : que l'âme soit un papier préparé, nous ne le savons point par expérience, mais plus certainement que par aucune expérience : par la raison, qui a sa vue propre. Vue bornée, elle ne voit pas tout, elle ne voit pas loin : mais ce qu'elle voit, elle le voit sûrement. Elle reconnaît le certain, le possible, l'impossible. Il est impossible que les idées nous viennent de l'expérience : donc, ou nous les formons nous-mêmes, ou elles sont en nous, ou nous formons les unes en appliquant à l'expérience d'autres qui sont en nous, qui nous sont innées.

Celles-ci, comme nous pensons par elles, sont dans tous nos jugements. Un empirisme approfondi les y découvre, et s'en sert à contre-sens pour essayer de ramener la raison à l'expérience. Les spiritualistes, dit-il (c'est l'argumentation de Taine contre Victor Cousin), déclarent qu'on ne peut extraire le nécessaire et l'universel du contingent, du particulier, l'absolu du relatif, l'infini du fini ; fort bien : mais ne voient-ils point que dans chaque proposition contingente et particulière il y a un rapport nécessaire et universel ? La neige est blanche : rapport contingent et particulier de la qualité blanche à la substance neige, mais dans ce rapport contingent et particulier est impliqué cet autre nécessaire et universel : Toute qualité suppose une substance. Il y a dans chaque proposition de ce genre deux points de vue que Victor Cousin confond par une équivoque, fondement ruineux de sa théorie : un cas particulier et contingent, un rapport universel et nécessaire, que l'analyse en peut extraire, puisqu'il s'y trouve. — Il s'y trouve, mais qui l'y a mis ? d'où vient-il ? L'idée de la blancheur de la neige contient, j'en conviens, celle du rapport de la substance au mode : que conclure de là ? sinon qu'il faut avoir l'idée du rapport de la substance au mode pour avoir celle de la blancheur de la neige ou toute autre semblable, et que, bien loin que l'idée universelle soit donnée par l'idée particulière, il est impossible d'avoir même celle-ci sans avoir déjà celle-là ?

Écoutons encore notre contradicteur. — Toute qualité suppose une substance. Qu'est-ce qu'une qualité ? Une manière d'être, un point de vue, un extrait de la substance. Qu'est-ce que la substance ? Un composé de qualités....

Je pourrais arrêter ici notre philosophe. Une substance n'est pas un composé de qualités : remarquons cette suppression de l'idée à expliquer, que nous avons signalée tout à l'heure. Qualité est manière d'être, oui ; point de vue, soit encore : extrait, non. Substance n'est point qualité, mais ce qui a qualité. Et de quoi seraient-elles qualités, ces qualités dont serait composée la substance ?

Mais passons, et suivons l'argumentation de l'empiriste. La qualité est un extrait de la substance, la substance un composé de qualités : l'axiome, que Toute qualité suppose une substance, revient donc à dire : Tout extrait d'un composé de qualités suppose un composé de qualités. Analysez le premier des deux termes de ce rapport, l'autre s'y trouve. La proposition est universelle parce qu'elle est nécessaire, et elle est nécessaire parce qu'elle est analytique, ou conforme au type $A=A$. Pourquoi Victor Cousin vient-il nous dire qu'on aura beau entasser propositions particulières sur propositions particulières, jamais on ne s'élèvera jusqu'à la proposition universelle, jusqu'au principe ? que jamais addition de finis ne donnera pour somme l'infini ? Il ne songe qu'à l'addition, et il oublie la soustraction, l'abstraction. Une seule proposition particulière implique l'universelle : que l'abstraction ou l'analyse l'en dégage. L'idée d'une seule qualité est déjà l'idée de l'axiome nécessaire, puisqu'il se formule par une proposition dont elle contient les deux termes. — Ainsi raisonne Taine ; je lui demande à mon tour d'où il tire cette idée d'une qualité, cette première idée qui implique les autres ? Que les idées s'impliquent les unes les autres, soit, et telle est précisément notre propre thèse ; encore faut-il en avoir une, avec la puissance de l'analyser pour y trouver les autres qu'elle contient. Il faut donc admettre une faculté d'*idéer*, de penser, d'entendre, distincte de la faculté de sentir. Cette faculté est la raison. Elle est l'intuition de l'intelligible, ou du nécessaire, ou de l'absolu, ou de l'être, ou de Dieu.

— La vérité se rapporte nécessairement, comme tout mode, à une substance : la vérité parfaite à une substance parfaite, à Dieu. — Équivoque, dit Taine. Il y a des choses ou des propositions vraies, dont la vérité se rapporte à ces choses ou à ces propositions ; et il y a la connaissance de la vérité, laquelle en effet se rapporte à un être connaissant, à un esprit. Victor Cousin confond la vérité avec la connaissance de la vérité, et applique à l'une ce qui ne convient qu'à l'autre. — Ainsi parle Taine ; et, d'accord avec lui sur le vice de la forme du raisonnement qu'il attaque, je lui dis à mon tour : Une chose n'est pas vraie en tant qu'elle est, mais en tant qu'elle est conforme à la loi de l'être, à la raison ; une proposition n'est vraie aussi que pour l'esprit qui l'entend : car il n'y a point de proposition hors de l'affirmation d'un rapport, qu'il faut bien entendre pour l'affirmer ou pour pouvoir l'affirmer. Une proposition actuellement affirmée est entendue actuellement, une proposition affirmable est un intelligible. De toute manière, la vérité n'est point la réalité, mais bien l'intelligibilité, laquelle suppose un objet d'intelligence et un sujet d'intelligence, une raison. Mais où est la raison ? En nous, et dans tout esprit qui entend. Mais est-elle absolument, parfaitement, en nous, ou dans quelque esprit fini ? Qui l'osera dire ? Nous n'entendons qu'imparfaitement, et nous avons besoin d'être avertis pour entendre. La conscience de nos propres idées nous fait défaut, nous ne nous connaissons pas nous-mêmes, nous ne connaissons pas du moins toute la raison, toute la vérité qui est en nous. Ce n'est donc pas seulement la connaissance de la vérité, c'est la vérité même, qui suppose l'intelligence, et l'intelligence la substance intelligente. Comme elle n'est pas toute entendue en nous, elle ne suppose l'intelligence qu'imparfaite en nous, mais la suppose parfaite hors de nous, dans un esprit infini. Oui, elle se rapporte à une substance parfaite, car elle se rapporte à la raison, et la raison à l'être raisonnable, la toute-raison à l'être tout raisonnable, à Dieu. « Il faut, dit Bossuet, que la vérité soit entendue quelque part. »

*
* *

Il y a une raison, qui n'est point nous, ni aucun esprit, mais qui est à divers degrés dans les esprits finis, et qui est pleinement dans un esprit infini. Il y a une loi de l'être, aperçue par tout être dans la mesure où il se connaît être, aperçue absolument par l'être qui se connaît absolument parce qu'il est absolument, par le principe de l'être, qui est tout ensemble la force productrice des êtres et la loi à laquelle, en les produisant, elle les conforme. Notre esprit affirme, connaît, voit dans une certaine mesure, la raison des choses : sommes-nous la raison des choses ? Non plus que nous ne sommes les choses mêmes. Notre esprit voit, dans une certaine mesure et d'une très faible vue, mais enfin il voit, en s'en distinguant lui-même, d'une part les choses, de l'autre la raison des choses : donc cette raison existe, comme les choses existent. Celles-ci (en tant que nous les voyons), sont des phénomènes, qui expriment pour nous des êtres ; celle-là est la loi ou le principe ou l'être des êtres,

Dieu. Et comme nous ne voyons la raison des choses que dans les choses, mais n'entendons les choses que par leur raison, nous ne voyons aussi Dieu que dans les phénomènes qui expriment pour nous des êtres, mais nous n'entendons les phénomènes et les êtres qu'ils expriment que par Dieu.

Taine introduit un géomètre maniant, la craie en main, des vérités éternelles. — Voyez-vous Dieu ? lui dit-il. — Non, répond l'autre. Je vois un triangle, et dans ce triangle particulier le triangle universel, éternel, parce qu'il est abstrait. — Il voit l'un et l'autre, sans doute, et l'un dans l'autre, mais non par les mêmes yeux : il voit ou *sent* l'un, qu'il vient de dessiner à la craie, et le *pense ;* il pense l'autre sans le sentir ; et il ne pense le premier qu'autant qu'il pense le second. Voir Dieu dans les choses ! Cette idée a paru étrange, presque autant que la *vision en Dieu* de Malebranche, dont on a ri :

Lui, qui voit tout en Dieu, n'y voit pas qu'il est fou,

écrivait un plaisant du xviiie siècle, qui n'était pas un fou, lui, mais un sot. On a ri aussi de cette idée d'une vision de Dieu dans les choses : l'a-t-on bien comprise ?

Elle n'accorde pas à l'homme une vue directe de Dieu ou de l'Esprit divin, de l'être qui possède en toute sa plénitude la raison divine, mais de la raison divine ; et encore non totale, mais très partielle ; et encore non en elle-même, mais dans les choses qu'elle éclaire, dont elle fait l'intelligibilité ou la vérité. Quand je vois un objet, je vois en lui la lumière, et je ne le vois que par la lumière qui l'éclaire : cette lumière émane d'un foyer lumineux, que je puis ne pas voir directement, mais que je ne puis pas ne pas concevoir comme le principe d'où elle tire son être et sa vertu ; cette lumière est la lumière du soleil. — Voyez-vous le soleil ? — Non, dit l'ignorant, je vois un arbre. — Oui ; et vous voyez en l'arbre la lumière du soleil, par laquelle seule vous voyez l'arbre. Si vous ne voyez aucun objet, vous ne voyez ni le soleil ni sa lumière ; mais quelque objet que vous voyiez, vous voyez en lui le soleil, et vous ne le voyez que par le soleil. Même vous ne voyez pas l'objet, mais sa couleur ; vous le voyez par la lumière, et vous ne voyez proprement que la couleur, la lumière, le soleil. Quoi ! le soleil lui-même, en corps et comme en personne ? Point, mais la lumière, qui émane du soleil, dont chaque rayon le contient tout entier ; la lumière, qui est le soleil arrêté sur les objets qu'il rend visibles. Ainsi ne s'agit-il pas de voir Dieu face à face, en personne, en être propre, mais de voir la raison divine, lumière qui émane de ce soleil intelligible ; et de la voir dans les choses, qu'elle rend intelligibles, en sorte qu'on ne les peut voir elles-mêmes, ou entendre, que par la raison divine. Quiconque entend un être entend l'être ; et quiconque voit une chose vraie, ou belle, ou juste, y voit, plus ou moins effacée, la vérité ou la beauté ou la justice de l'être de qui la chose même, en ce qu'elle a d'être, est une participation.

La raison est impersonnelle. Qu'est-ce à dire ? S'agit-il de l'intelligence ? Non, mais de la raison, qu'il ne faut pas confondre avec elle. La raison est l'objet de l'intelligence, objet unique de toutes les intelligences, objet absolu de l'intelligence absolue. Qui parle de la raison parle de la raison des choses, de la raison divine, de l'absolu, non de la vue de l'absolu. La vue de l'absolu est une faculté, personnelle comme toute faculté. Cette faculté est dite aussi raison, mais non impersonnelle celle-ci. J'ai en moi deux raisons, pour emprunter à Fénelon son langage : l'une qui est moi-même, ma propre intelligence, raisonnable essentiellement ; l'autre qui n'est pas moi, ni aucune intelligence, mais l'objet nécessaire et la règle de mon intelligence comme de toutes les intelligences, l'intelligible. L'intelligence même de Dieu a pour règle, comme elle a pour objet, cette raison supérieure, absolue, impersonnelle ; mais elle possède pleinement, absolument, parfaitement, cette raison impersonnelle qui la règle, de sorte que les deux raisons, la raison impersonnelle qui règle l'intelligence, et la raison personnelle qui est l'intelligence réglée par la raison, inégales l'une à l'autre en tout esprit fini, s'égalent l'une l'autre et s'identifient en Dieu.

Plusieurs ont conclu de l'impersonnalité de la raison celle de Dieu. Ils confondent l'éternelle raison avec Dieu, prenant à la lettre ces mots, et d'autres semblables : « O raison, raison, n'es-tu pas le Dieu que je cherche ? » La raison est en Dieu souverainement, comme elle est faiblement en moi ; elle est de Dieu, mais elle n'est pas Dieu. Elle n'est pas même l'intelligence divine : elle est l'intelligible divin. Entendre les idées, c'est voir Dieu, en ce sens que c'est voir les idées qui sont l'objet infini d'une intelligence infinie, attribut d'un être infini. Ce n'est donc pas voir cet être, mais un attribut de cet être, ou plutôt une manifestation en nous d'un attribut de cet être : mais cela, c'est voir l'être. Car les êtres même finis, les voyons-nous autrement ? L'âme peut-elle atteindre et saisir autre chose qu'une manifestation en elle-même de quelques-uns de leurs attributs ? Quoi donc ! une sensation que j'éprouve me donne lieu d'affirmer un être qui la cause en moi, qui manifeste par elle en moi quelques-uns de ses attributs, quelques-unes de ses énergies ; et une idée que j'ai, qui n'est pas mienne, mais qui s'impose à moi sans que les choses me l'imposent, que je leur impose, au contraire, et que je ne tiens de rien du dehors ni de ma propre sensation, ne me donnera pas lieu d'affirmer un être qui me la communique, qui manifeste par elle dans mon âme un de ses attributs, son intelligence : un être intelligent, dis-je, un esprit ?

*
* *

Les choses, au dire de Kant, fournissent à la connaissance la *matière,* à laquelle nous imprimons la *forme :* ce ne sont pas les choses qui façonnent d'après elles notre esprit, c'est notre esprit qui façonne les choses, non en elles-mêmes, mais pour nous ; elles sont pour nous ce que notre esprit les fait, et, en vérité, nous ne savons ce qu'elles sont. — Kant n'a pas vu que, si notre esprit n'est point façonné par les choses (ce qu'il a bien vu), il ne les façonne pas non plus d'après lui-même, à son gré, mais d'après une règle qu'il n'a pas faite ; que, si les choses sont pour nous ce que notre esprit les fait, notre esprit les fait selon ce qu'elles sont, car il les fait selon qu'il est fait lui-même, conformément aux lois de la pensée, dont il n'est pas l'auteur, dont l'auteur, principe de l'intelligence, établit une harmonie nécessaire entre l'intelligence et l'être ; conformément à l'intelligible, objet de l'intelligence, mais d'abord caractère de l'être : l'être même est l'objet de l'intelligence, les lois de la pensée sont celles de l'être ; et si l'on connaît, c'est quelque chose que l'on connaît, non quelque chose dont on ne sait ce qu'il est, mais quelque chose qui est vraiment tel qu'on le connaît. Si les lois de la pensée ne sont que des conditions de la connaissance, qui pourraient n'être pas celles de l'existence même, une telle connaissance n'aura qu'un objet problématique, elle sera sans objet certain, elle sera un rapport entre un sujet connaissant et un objet non connu... la contradiction est flagrante. Si les lois de la pensée sont purement subjectives, elles sont vaines ; et si elles sont objectives, si elles ont une valeur absolue, elles émanent d'un principe divin qui se manifeste à nous par elles comme les choses par les sensations qu'elles provoquent en nous. Si l'on doit rapporter des sensations qu'on éprouve à des choses qui les suscitent, on doit rapporter des idées dont on n'est pas plus l'auteur que des sensations par lesquelles on connaît les choses à Dieu qui en est le principe : et si rapporter aux choses les sensations, c'est percevoir ou voir les choses, rapporter les idées à Dieu, c'est voir Dieu.

Dieu est la raison, comme il est l'être ; il est lui-même la raison de toutes choses, comme il est l'être de toutes choses, dont la raison est une face, étant la *loi* de la *force* qui les détermine en leur être. Toute raison est une communication de la raison de Dieu, comme tout être est une communication de l'être de Dieu. La création est une participation de l'être unique par les êtres divers, qui, de néant qu'ils étaient, ne deviennent des êtres, ou ne passent de la puissance d'être à l'être réel, qu'en vertu de cette mystérieuse, de cette incompréhensible participation.

Cet être de Dieu participé par le néant est le nôtre. Chaque être est un être d'emprunt par lequel Dieu, qui lui prête son propre être, exprime une des idées éternellement comprises dans le suprême Λόγος, dans son Verbe. Quiconque a reçu de Dieu, parmi les divers caractères et les pouvoirs constitutifs que Dieu lui prête, le pouvoir de sentir, sent en soi-même un être divin, capable de se développer en une infinité de sentiments, et ne sent que soi-même ; quiconque a reçu de Dieu le pouvoir de connaître, connaît en soi-même une divine idée, capable de se développer en une infinité d'idées, et ne connaît que l'idée de soi-même : mais il connaît d'autres êtres et l'être de Dieu, dans cette idée unique, dont la compréhension infinie embrasse tout.

*
* *

L'âme est une force ayant connaissance de soi. Elle a, dans cette connaissance de soi, la connaissance de Dieu, avec la connaissance actuelle d'autres êtres et la connaissance virtuelle de tous les êtres à l'infini : mais elle a besoin que le sentiment l'avertisse de leur présence, pour en découvrir les idées dans l'idée unique de son être ; pour savoir aussi, quand elle connaît ses idées, si leur objet est actualisé, si les possibles correspondent à des réels. L'expérience et la raison sont nécessaires l'une à l'autre : la raison, pour que la connaissance expérimentale puisse avoir lieu ; l'expérience, c'est-à-dire la présence actuellement sentie de l'objet à connaître, pour que la raison entre en exercice. En quoi tous les spiritualistes sont d'accord. J'ajoute que l'expérience nécessaire à la raison n'est pas la connaissance expérimentale, qui ne peut avoir lieu sans les idées, lesquelles sont dans la raison ; mais la présence de l'objet à connaître, telle que son action sur notre âme l'avertisse par le sentiment. Tout en maintenant la distinction des idées nécessaires et des idées contingentes, j'efface celle des idées d'expérience et des idées de raison : toutes les idées sont de raison. Il n'y a point des idées *adventices* d'une part et de l'autre des idées *innées* : il n'y a que des idées innées. Les sensualistes (disons plutôt *sensationnistes*) montrent aisément, dans toute idée contingente, particulière, une idée nécessaire, universelle : si les unes sont adventices, pourquoi les autres, qui y sont contenues, ne le seraient-elles pas? Et c'est de quoi ils triomphent. Une analyse plus approfondie établit qu'il n'y en a point qui soient adventices, qu'elles sont toutes innées ; et explique, avec leur existence latente, leur apparition au jour de l'âme. Malebranche a tenu le commencement de la vérité, qu'il a exagéré, faute d'en tenir la suite : il est vrai que l'âme voit toutes choses, les contingentes comme les nécessaires, non en Dieu, mais par Dieu, c'est-à-dire par leurs idées, qu'elle voit par Celui qui entend toutes les idées, intelligence parfaite de l'intelligible absolu, par Dieu : mais elle ne voit Dieu que dans les idées, et les idées dans les choses qui, agissant sur elles, lui font sentir la réalité de leur être : les choses senties ; dans ces choses les idées ; dans les idées, ou avec les idées, Dieu, le lieu des idées. Dieu donc, avec les idées, dans les choses qui agissent sur l'âme ; les choses enfin, en agissant sur elle, la modifient elle-même, et elle ne sent directement que cette modification d'elle-même. C'est ainsi qu'elle est avertie, par les diverses formes du sentiment de son propre être, je veux dire par le sentiment de soi à la fois unique et divers, de l'existence des choses.

Le sentiment lui donne les existences, et la raison les essences : l'un la met en rapport avec une très petite partie du monde réel des créatures, l'autre avec une partie correspondante du monde vrai des idées incréées. Une âme qui sentirait les unes et n'entendrait pas les autres ne connaîtrait pas ; c'est ce qui a lieu pour l'âme irraisonnable. Une âme qui entendrait les unes et ne sentirait pas les autres dans le sentiment de son propre être, ne connaîtrait pas ; elle ne penserait que des possibles : c'est ce qui a lieu pour l'âme raisonnable, quand elle invente : mais nous ne pouvons inventer qu'excités déjà et éveillés à l'être pensant par des connaissances antérieures. Nous connaissons une pénétration du monde idéal dans le monde réel, par une pénétration de l'entendement dans le sentiment : sentant et entendant notre propre être, ne sentant et n'entendant immédiatement que lui, mais par lui, ou, pour mieux dire, en lui les autres avec lesquels il est en rapport.

VIII

Nous ne pensons pas, nous ne pouvons penser la substance et le mode, la cause et le phénomène, le nécessaire et le contingent, l'absolu et le relatif, l'infini et le fini, l'un sans l'autre. Donc nous ne tirons pas de l'idée du fini celle de l'infini, sans laquelle nous n'aurions pas la première ; et, pour la même raison, nous ne tirons pas non plus de l'idée de l'infini celle du fini. Il faut que le fini et l'infini nous soient donnés simultanément et l'un dans l'autre : le fini, pour que nous puissions penser l'infini ; et l'infini, pour que nous puissions penser le fini. Dans l'idée du fini, nous pensons l'infini ; et cette idée, que nous ne pouvons dériver de l'idée de l'infini, puisque nous n'aurions pas celle-ci sans elle, d'où nous vient-elle, sinon du monde ? Dans l'idée de l'infini, nous pensons le fini ; et cette idée, que nous ne pouvons dériver de l'idée du fini, puisque nous n'aurions pas celle-ci sans elle, d'où nous vient-elle, sinon de Dieu ? La double présence de l'infini et du fini, de Dieu et du monde, en nous-mêmes, est nécessaire à notre pensée.

Étudions donc la pensée. Les négateurs de la métaphysique savent beaucoup de choses : mais la pensée, combien ils l'ignorent !

*
* *

La pensée est jugement, ou suite de jugements. J'appelle jugement l'acte de l'esprit qui affirme.

On affirme une chose d'une autre, une idée d'une autre. De là deux idées nécessaires à toute affirmation : celle dont on affirme, celle qu'on affirme ; et des deux résulte l'affirmation elle-même.

Celle dont on affirme est le sujet de l'affirmation ; celle qu'on affirme est l'attribut ou le *prédicat* du sujet ; l'affirmation est le jugement.

Une idée n'est telle pour l'esprit qu'autant qu'elle en est conçue, c'est-à-dire bien vue et distincte de toute autre. Or l'esprit ne voit bien une idée et ne la distingue de toute autre que s'il la compare avec celles qui en diffèrent, pour voir par où elle en diffère, par où elle leur ressemble : ce qui est la spécifier et la classer, ou la définir. Car la ressemblance de plusieurs idées exprime ce qu'il y a de général en elles, le genre, la classe ; et leur différence, ce que chacune a de propre, ce qui en fait une espèce à part dans un genre, ce qui le spécifie.

Mais classer une idée, c'est affirmer d'elle, comme prédicat, sa ressemblance avec d'autres idées, une généralité, un nom commun : c'est faire un jugement. Spécifier une idée, c'est affirmer d'elle, comme prédicat, sa différence d'avec les autres du même genre, laquelle n'est au fond qu'une ressemblance avec d'autres d'un autre genre, une généralité encore, un nom commun : c'est faire un jugement.

En un mot, ce qui donne à une idée sa valeur propre, c'est l'ensemble de ses caractères, ou sa compréhension ; chacun de ses caractères est un prédicat que l'on peut affirmer d'elle, une ressemblance avec d'autres idées, un genre où elle est contenue ; affirmer, entre tant de caractères, celui qui exprime son genre prochain, c'est la classer ; affirmer celui qui exprime sa différence prochaine, laquelle n'est qu'un genre plus éloigné où elle soit contenue seule de son genre prochain, c'est la spécifier ; classer et spécifier, c'est définir. Définir, c'est faire un double jugement.

Définir l'homme un animal raisonnable, c'est d'abord le classer dans le genre animal ; mais c'est, en le spécifiant, en le distinguant des autres animaux par le caractère d'être raisonnable, le classer dans un genre plus éloigné où il est contenu seul de son genre, seul des animaux : dans le genre des êtres raisonnables, esprits, anges, Dieu lui-même.

Une idée claire est toujours, au moins implicitement, définie dans l'esprit qui la conçoit. Une idée, simple notion de chose possible, appelle un jugement sur le possible, sur l'intelligible : car l'objet de l'idée est intelligible ou non, contradictoire ou non ; s'il est contradictoire, s'il n'est pas intelligible, l'idée n'est pas une idée, elle n'est rien. Donc toute idée enveloppe un jugement : s'il n'est pas formel, au moins est-il implicite, mais il est.

D'autre part, l'esprit n'affirme pas sans motif d'affirmer ; il voit une raison qui le force à prononcer comme il prononce ; il est contraint d'unir les deux termes de l'affirmation par une certaine identité des deux, qui sont le même en un sens. Apercevoir qu'ils sont le même, c'est comprendre le motif du jugement, s'en rendre raison, raisonner. Le raisonnement, quand il est formulé, montre une identité qu'on n'avait pas aperçue.

Ainsi le raisonnement se compose de jugements, le jugement d'idées ; l'idée à son tour implique le jugement, et le jugement le raisonnement. Qui conçoit, lorsqu'il se rend compte de ce qu'il conçoit, juge ; qui juge, lorsqu'il se rend compte de son jugement, raisonne ; qui conçoit et juge et raisonne, ce qui a toujours lieu, qu'on s'en rende compte ou non, pense.

Les idées ne sont que la matière et comme les membres du jugement : elles ne sont pas plus sans lui qu'il n'est sans elles. Le raisonnement n'est que le jugement développé pour que la raison en éclate. C'est pourquoi la pensée est jugement, ou suite de jugements : dans le jugement est l'essence même de la pensée.

*
* *

Or, le jugement est l'acte de l'esprit qui affirme.

Il est l'affirmation de la convenance de deux idées.

On ajoute : ou de la disconvenance ; à tort, car c'est donner comme un double objet un jugement, c'est dire qu'il est affirmation ou négation, qu'il est ceci ou cela. Mais quoi ? Dites, d'une façon précise, ce qu'il est, exprimez l'unité dans laquelle rentrent l'une et l'autre de ses deux faces affirmative et négative que vous y faites voir.

On explique bien qu'il est toujours une affirmation, car qui nie affirme : il affirme que non, et l'affirmation se trouve jusque dans le doute : on affirme alors, à tout le moins, qu'on doute. Là s'arrête ce doute universel par où Descartes prélude à ses grandes doctrines : Je ne puis douter que je doute, et douter, c'est penser, dit-il ; et cette nécessaire affirmation du doute même, qui résulte de ce que toute pensée est jugement, tout jugement affirmation, démontre qu'il y a pour l'homme une légitime certitude, parce que le scepticisme absolu, contradictoire en soi, n'est pas possible à l'esprit humain.

Mais, lorsqu'il y a disconvenance de deux idées, il est aisé de ramener la seconde, qui ne convient pas à la première, à une contraire ou négative qui lui convienne : un simple changement de forme suffit pour cela. « Le scepticisme absolu n'est pas possible à l'esprit humain, » écrivais-je tout à l'heure : voilà une disconvenance de deux idées ; que j'écrive : « Le scepticisme absolu est impossible à l'esprit humain, » le jugement sera le même, et il sera l'affirmation de la convenance de deux idées. Telle est donc la définition du jugement, car il s'y ramène toujours, n'affirmât-il que la simple existence : c'est alors l'idée de l'existence même dont il affirme la convenance à celle du sujet ; et lorsqu'il est négatif, c'est toujours, au bout d'une exacte analyse, l'idée du prédicat qui est négative.

Or il faut considérer comme de véritables idées les idées négatives, qui sont positives d'une certaine manière pour l'esprit, en tant qu'intelligibles ; et l'on verra qu'il n'y en a point de si positive où il n'entre quelque chose de négatif, comme il y a du positif dans toute négative qui nous est intelligible. Les idées, comme idées, et abstraction faite du plus ou moins d'être qu'elles représentent, se valent, et le jugement affirme toujours la convenance de deux idées.

Il y a, dans le fait seul du jugement, plus encore

qu'un invincible dogmatisme, qui résulte de ce que tout jugement est affirmation ; il y a plus qu'un dogmatisme, dis-je : il y a quel dogmatisme ; plus qu'une simple affirmation : l'affirmation de toute la théorie de l'esprit : affirmation de l'être et du non-être, de l'absolu et du relatif, de la substance et du mode, de la cause et de l'effet, du nécessaire et du contingent, de l'un et du multiple, de l'immensité et de l'étendue, de l'éternité et de la durée, en un mot de l'infini et du fini, du nombre, de la loi, laquelle n'est que la formule de l'ordre. Le jugement, analysé en soi-même, dans sa seule forme et quelle qu'en puisse être la matière, donne toute la raison de l'homme ; et il faut bien qu'il en soit ainsi, si la pensée est jugement.

Le jugement étant l'acte de la force pensante ou de l'esprit, l'esprit s'y retrouve tout entier, et il n'est pas une pensée où il n'imprime comme un sceau toute son essence rationnelle.

*
* *

1-2. — *Être et non-être. Absolu et relatif.* — Le jugement affirme l'être d'un rapport ; et c'est là le jugement même. Il n'y a pas d'affirmation, il ne peut y en avoir, qui ne soit affirmation d'être, non de l'être pur, mais déterminé, celui-ci, non celui-là, tel rapport, non tel autre : positif et négatif tout ensemble. De là le concept fondamental de l'être et du non-être, deux termes dont l'union, c'est-à-dire l'être à qui de l'être manque, l'être qui est cela et n'est que cela, déterminé, limité, nous est seule directement accessible. De là le concept de l'être absolu, que notre pensée affirme, mais qui lui échappe, et de l'être relatif, qu'elle saisit.

3. — *Substance et mode.* — Cela résulte de l'affirma-

tion d'un rapport entre deux termes : quels termes ? Un sujet, un prédicat ou attribut : une chose qui est, et une manière d'être de cette chose : une substance, un mode. Or, notre pensée ne saisit la substance que dans le mode, qui lui est seul accessible, puisque la pensée n'est pas, ou est jugement, c'est-à-dire affirmation du rapport d'une substance à un mode : elle ne saisit donc une substance que dans un mode qu'elle lui rapporte, comme elle ne saisit un mode qu'en le rapportant à une substance, une manière d'être à un être. C'est pourquoi le prédicat, qui exprime une manière d'être, est rapporté au sujet comme à un être ; le rapport du sujet et du prédicat, dont l'affirmation est jugement, est un rapport de substance et de mode.

Non que le sujet d'un jugement soit toujours une substance. Tant s'en faut. Comme la substance n'est point saisie ailleurs que dans le mode, comme elle ne nous est connue que par le mode, le mode la remplace pour nous : il désigne alors, non telle substance particulière, mais toute substance qui soit manifestée par ce mode : la bonté, ce qui est bon, toute substance bonne ; la bonté est aimable : tout être bon, en tant qu'il est bon, est aimable ; et le prédicat d'un jugement devient le sujet d'un autre. Le jugement lui-même, affirmation d'un rapport, c'est-à-dire fusion de deux idées en une, transformation du sujet et du prédicat en un terme complexe qui les embrasse l'un et l'autre, n'étant ni l'un ni l'autre mais l'identité des deux, n'est jugement qu'avec le verbe, qui exprime l'affirmation actuelle : qu'on en ôte le verbe, qu'on pose le jugement comme une affirmation une fois faite, il ne sera plus jugement, mais idée : il sera ce terme complexe dont j'ai parlé, idée d'un rapport :

non d'un être, mais d'une manière d'être ; non d'une substance, inaccessible en soi, mais d'un mode : cette idée peut donc, comme l'idée d'un mode, être un prédicat, ce qui en est le vrai rôle, ou un sujet, je l'ai fait voir, et devenir l'un des deux termes d'un nouveau jugement. C'est pourquoi le sujet et l'attribut logiques, qui ne sont chacun qu'une idée, mais presque toujours complexe, s'expriment presque toujours dans les langues par un grand nombre de mots.

4. — *Cause et effet.* — L'affirmation suppose un motif d'affirmer : on affirme une manière d'être d'un être, et le motif d'affirmer n'est autre que la raison d'être de cette manière d'être. Cela est ainsi, A est B : qu'est-ce à dire ? Ou j'ignore le motif d'affirmer, et j'énonce un fait, que je connais sans le comprendre ; ou je prononce que cela est ainsi parce que je reconnais que cela doit être ainsi, qu'il faut que cela soit ainsi : donc la raison qui, dans l'intelligibilité, me force à prononcer une manière d'être d'un être est au fond la raison qui, dans la réalité même, force l'être à la manière d'être que j'en prononce. Démontrer, à le bien entendre, c'est établir entre un principe et sa conséquence un rapport de cause à effet. La cause est ce qui fait être, soit qu'elle produise l'effet, ou qu'elle en motive la production : efficiente, ou finale. La cause en soi nous échappe : elle ne nous apparaît que dans l'effet, comme la substance dans le mode : mais tout effet est rapporté à une cause, comme tout mode à une substance ; et comme tout mode saisissable est effet, ainsi toute substance est cause : tout être enferme dans son sein la double raison, efficiente et finale, de ses diverses manières d'être. C'est pourquoi le prédicat est contenu dans le sujet de telle sorte qu'on ne

l'en puisse nier sans contradiction : toute proposition vraie est, en un sens, analytique.

5. — *Nécessité et contingence*. — Or, lorsqu'on se demande si une proposition est vraie, que signifie cela ? — Que le rapport qu'elle exprime, seul genre de vérité qui nous soit accessible, nous semble pouvoir être ou n'être point : il n'est point, mais notre intelligence conçoit qu'il eût pu être, puisqu'elle s'est demandé s'il est ; ou il est, mais notre intelligence conçoit qu'il eût pu ne pas être, puisqu'elle s'est demandé s'il est. D'ailleurs, alors même qu'il est, ce n'est pas en soi qu'il est, mais en vertu d'un principe qui le fait être, lequel est, dans la réalité, le principe de son être, et, dans l'intelligibilité, le principe de la démonstration de son être. Le rapport serait-il sans les deux termes qui le déterminent ? Et l'effet, si la cause n'était pas ? En soi donc il est contingent ; en tant qu'il découle de son principe, son principe donné, il est nécessaire ; nécessaire comme conséquence, contingent comme être. Le principe à son tour, s'il est conséquence d'un autre principe, est pareillement contingent et nécessaire ; et cet autre, et toujours, jusqu'à un premier principe, lequel, ne dépendant plus de rien, n'étant plus déterminé à être par aucun autre, est nécessaire en soi. Ce nécessaire en soi, comme la cause, comme la substance, comme l'absolu, nous échappe, et nous ne le pouvons saisir que dans le contingent qui le manifeste.

6. — *Unité et multiplicité. Espace. Temps.* — Le jugement est vrai, lorsque ses deux termes, si divers qu'ils puissent être, sont en quelque façon identiques : et juger, qu'est-ce autre chose qu'affirmer cette identité de deux termes divers ? Divers, ils sont deux ;

ils deviennent, en ce qu'ils ont d'identique, un troisième terme qui est les deux en un : multiplicité, unité.

L'unité est indivisible. L'unité divisible, qui est celle des mathématiciens, n'est qu'une sorte d'unité factice, tout arbitraire, et collective : multiple, bien loin d'être une, puisqu'elle se fractionne et se divise en parties, puisqu'elle est une somme, un nombre. L'unité vraie est indivisible de soi, et de soi sans limites : car, si elle n'était point sans limites, on la concevrait augmentée ou multipliée, mais par là même diminuée ou divisée, ce qui est contre l'hypothèse : elle serait une quantité déterminée, un nombre, qui se multiplie et qui se divise. D'ailleurs, tout ce qui est divisible l'est indéfiniment : je n'entends pas dans la nature réelle, on verra bientôt ce qu'il en est, mais en soi : car chaque partie étant de même essence que le tout, étant, dis-je, une quantité comme le tout, peut toujours être conçue, si petite qu'on la suppose, moindre qu'elle n'est ; entre le zéro et l'infini, deux extrêmes que nulle quantité ne peut atteindre, la suite des nombres est illimitée, ce qui exprime que toute grandeur, et toute partie d'une grandeur, se peut diminuer comme elle se peut augmenter, en soi, et que tout ce qui est divisible l'est, en soi, indéfiniment. Mais si l'unité indivisible n'est pas sans limites, il peut y en avoir plusieurs ; et dès lors un multiple, divisible par conséquent, serait composé de plusieurs unités ou de plusieurs parties indivisibles de soi, proposition contradictoire à la précédente. La véritable unité n'est donc pas une quantité, elle est en dehors et au-dessus de toute quantité ; elle est une de toute façon, j'entends qu'elle est une de soi, et qu'il n'y en a qu'une, l'infini.

L'infini n'est point quantité, mais intensité. C'est le caractère de la suprême Cause, comprenant dans sa féconde unité tous les effets réels et possibles : finis et en nombre fini, mais possibles à l'infini.

Or, la multiplicité, qui se mesure et qui se compte, peut être prise de mille manières différentes : tous les objets se comptent ; et des objets mêmes on détache les prédicats saisissables, pour les mesurer à part. Le nombre s'applique à tout ce qui est multiple, je veux dire à tout ce que saisit directement notre pensée : car elle ne saisit l'un que dans le multiple, comme le nécessaire dans le contingent, la cause dans l'effet, la substance dans le mode, l'absolu dans le relatif, l'être enfin dans l'être moindre auquel de l'être fait défaut,- l'infini dans le fini. Tout ce qui est fini se mesure et tombe dans le nombre. Mais le multiple, si divers qu'il soit, revient toujours aux deux concepts fondamentaux qu'il suppose : le temps et l'espace.

Un objet mesurable, compris comme pouvant être augmenté ou diminué, est compris par là même comme pouvant changer : ce qui change devient ; ce qui devient était ceci, est cela, sera autre : voilà un passé, un présent, un futur, voilà une succession de minutes et d'heures : c'est la durée divisible, c'est le temps.

Plusieurs objets se limitent l'un l'autre, s'ils existent dans le même temps ; en se distinguant, ils se séparent, ils se repoussent, ils s'excluent : de là l'impénétrabilité de la matière, la juxtaposition des parties et le lieu de chacune ; de là donc l'étendue divisible, l'espace.

Or, le multiple implique l'un. Donc, la durée divisible implique l'immutabilité infinie, l'éternité, qui est la parfaite unité de temps ; et l'étendue divisible implique la simplicité infinie, l'immensité, qui est la parfaite unité d'espace.

Ainsi nous apparaissent tous les êtres, plongés dans l'espace et dans le temps : nous y sommes plongés nous-mêmes, et nous ne concevons rien hors de là. Tout est pour nous mesure d'étendue, ou mesure de durée, ou combinaison de ces deux mesures. La forme, la distance, sont des mesures d'étendue ; je ne parle point du volume ; mais le poids, qui semble s'y soustraire, y rentre profondément : comme pesanteur, n'est-il point un des cas de cette attraction universelle qui est mesurée par distances et par masses ? Comme sensation, n'est-il point un des cas de la sensation de résistance, qui est celle de la limite ou de l'impénétrabilité réciproque du corps que je touche et du mien ? Les sentiments mêmes, les mouvements intérieurs, les phénomènes de l'âme, les actes du moi, accessibles à notre expérience directe, passent vite ou se prolongent, ils changent, ils appartiennent au temps ; mais encore ils se distinguent, et par là, ou, s'ils sont des êtres, ils se limitent, se séparent, s'opposent les uns aux autres, ce qui est absurde, ou, s'ils sont des manières d'être, ce qui est vrai, ils se rapportent à un être un sans doute, car comment serait-il un sans un principe d'unité ? mais dans lequel se trouve néanmoins, puisqu'ils sont multiples, un principe de multiplicité, de composition, d'étendue, et de la sorte ils appartiennent à l'espace.

De là suit que nul esprit, s'il éprouve des phénomènes successifs et distincts, ne peut être affirmé par notre pensée que plongé, comme nous, dans l'espace et dans le temps, c'est-à-dire avec un organisme plus ou moins lourd, plus ou moins subtil, peu importe. Point de succession ni de distinction, rien que l'immutabilité et la simplicité pure, dans l'esprit pur : mais aussi notre pensée l'affirme sans le comprendre.

*
* *

Voilà, en quelques mots, et dans la seule analyse du jugement, l'analyse de la raison tout entière.

D'autres philosophes ont dressé d'autres listes des *catégories*, comme on les appelle : ils ne les ont pas tirées de la pensée même, du jugement, ou de l'opération qui est l'acte de l'intelligence.

Les dix catégories d'Aristote sont prises des divers aspects sous lesquels on peut considérer une chose : la substance d'abord, la première, la grande et fondamentale catégorie ; puis ses attributs, les manières d'être qu'elle comporte, les questions que l'on peut s'adresser à son sujet : quantité, qualité, relation, lieu, temps, situation, possession, action, passion.

Kant est bien autrement systématique, mais aussi bien autrement artificiel. Il coupe la raison en trois : sensibilité pure, entendement, raison proprement dite, attribue à la sensibilité pure deux formes, à l'entendement douze catégories, à la raison trois idées ; il fonde toute cette construction sur les divisions des anciens traités de logique formelle. Exposons brièvement, pour qu'on en juge, ce système très compliqué.

L'esprit connaît, juge, raisonne. Le raisonnement est formé de jugements, le jugement d'idées. A l'origine des idées, sont les *sensations*, impressions de l'homme en tant qu'être sensible ; ou *intuitions*, parce qu'elles sont une représentation des objets : l'esprit, en tant qu'il reçoit des impressions, qu'il éprouve des sensations, est réceptivité, ou sensibilité.

Mais il faut distinguer ici, dans la connaissance due aux intuitions, la matière et la forme. L'expérience ne donne que des éléments incohérents et multiples : c'est la matière ; l'esprit les unit et les ordonne dans l'espace et dans le temps : c'est la forme qu'il imprime à la matière. Le sens externe range les objets dans l'espace, le sens interne dans le temps ; et comme les objets sont transportés du dehors au dedans, du sens externe au sens interne, par la sensation, ils sont à la fois dans le temps et dans l'espace. L'espace et le temps sont les conditions de notre sensibilité, et, par suite, de notre connaissance des choses : il ne suit pas qu'ils soient les conditions de l'existence même des choses. Les notions en sont inhérentes à notre esprit ; elles sont des intuitions pures, c'est-à-dire où n'entre aucun élément empirique : elles sont les formes de la réceptivité. Ajoutez à la réceptivité passive une intervention active de l'esprit pour produire les idées en imprimant la forme à la matière de la connaissance, une spontanéité, la réceptivité sera sensibilité.

La sensibilité est la faculté des idées. La faculté des jugements est l'entendement ; et la faculté des raisonnements, la raison. Les idées produites, il faut les unir en jugements. Comme les impressions, les sensations, les intuitions, sont la matière des idées, qui reçoivent de la sensibilité leur forme, les idées sont la matière des jugements, qui reçoivent de l'entendement leur forme. Tous les jugements se rapportent ou à la quantité, ou à la qualité, ou à la relation, ou à la modalité. Comme quantité, ils sont ou individuels, ou particuliers, ou universels : ce sont les trois catégories de l'unité, de la pluralité, de l'universalité, qui est plusieurs en un. Comme qualité, ils sont ou affirmatifs, ou négatifs, ou limitatifs : ce sont les trois catégories de réalité, de négation, de limitation, où négation et réalité s'unissent. Comme relation, ils sont ou catégoriques, ou hypothétiques, ou disjonctifs : ce sont les trois catégories de substance et accident, de causalité et dépendance, de communauté, c'est-à-dire d'action et réaction. Comme modalité, ils sont ou problématiques, ou assertifs, ou nécessaires : ce sont les trois catégories de possibilité ou impossibilité, d'existence ou non-existence, de nécessité ou contingence. Douze catégories : trois à trois, les deux contraires et leur accord, sous quatre chefs principaux. Les relations invariables que l'entendement établit ainsi entre les phénomènes sont les lois de la science : elles se ramènent à trois, que Leibnitz appelait le principe de la raison suffisante, le principe de l'harmonie réciproque entre les êtres, et le principe de la permanence de la force : ces trois lois soumettent le monde à l'empire de la nécessité, et l'enchaînent dans un déterminisme universel. Mais ce qui est la condition de la connaissance l'est-il de l'être ? Et ce déterminisme universel, qui exprime la manière dont les choses nous apparaissent, exprime-t-il aussi la manière dont elles sont ?

Les idées, produites par l'union des sensations, ont été unies en jugements : il faut unir les jugements en raisonnements. Comme les idées sont la matière des jugements, les jugements sont la matière des raisonnements, lesquels reçoivent leur forme de la raison. Dans tout raisonnement, la conclusion dépend des prémisses, conclusions elles-mêmes d'autres prémisses ; les prémisses sont les conditions des conclusions, et dépendent à leur tour de conditions, et toutes ensemble d'une condition suprême, absolue. L'office de la raison est de la chercher ; et, comme il y a trois formes de raisonnement, le raisonnement catégorique, l'hypothétique et le disjonctif, il y a trois idées qui l'établissent, une pour chacune de ces trois formes. Pour le catégorique, où la raison reçoit de l'entendement des jugements dont l'attribut est dans le sujet, il faut chercher l'idée d'un sujet qui ne soit l'attribut d'aucun autre : c'est l'idée de substance. Pour l'hypothétique, où la raison reçoit de l'entendement des jugements dont l'attribut n'est lié au sujet que par une hypothèse, il faut chercher une hypothèse qui enveloppe tous les possibles : c'est la totalité des faits dont se compose le monde, l'idée de l'univers. Pour le disjonctif, où la raison reçoit de l'entendement des jugements où l'attribut est lié au sujet comme partie d'un tout, il faut chercher un tout qui, n'étant partie d'aucun autre, permette une division entière des parties : c'est l'idée d'un être qui renferme tous les êtres, l'idée du souverain être.

L'expérience ne peut donner ni l'idée ontologique de la substance : car elle ne donne que des phénomènes ; ni l'idée cosmologique du tout des phénomènes : car elle n'en donne qu'un petit nombre ; ni l'idée théologique d'un être qui contienne tous les êtres : car elle ne donne que des êtres particuliers. Ces idées, par lesquelles la raison constitue l'unité des jugements, sont donc des formes qu'elle imprime à la matière que lui fournit l'entendement, comme l'entendement imprime sa forme à la matière que lui fournit la sensibilité, et la sensibilité la sienne à la matière première qu'elle reçoit de l'expérience. Elles sont notions *a priori* : la substance, et d'abord notre être propre, l'âme ; la totalité des phénomènes, ou le monde ; un être des êtres, Dieu. Trois idées où s'achève et se consomme l'unité des idées, œuvre de l'intelligence : formes suprêmes de l'intelligence, conditions dernières de la pensée, sont-elles aussi conditions de l'être ?

Ce doute s'explique, chez Kant, par la position qu'il a prise au sujet de l'origine des idées. Nous les produisons, en opérant, pour les unir dans l'espace et le temps, sur des sensations reçues : pour lui, comme pour les empiristes, nous recevons des sensations, et en tirons des idées, qui ne peuvent être d'abord que des idées particulières : la différence entre les empiristes et lui est que, selon lui, nous les tirons des sensations en les unissant sous des notions *a priori*, formes pures de l'intelligence réceptive ou sensible. Toute autre est pour nous l'origine et des idées et même des sensations, que nous ne recevons pas, mais produisons sous l'excitation du dehors. Nous n'avons pas à revenir là-dessus.

Quant à ses catégories, on voit combien elles sont artificielles. Il s'agit chez lui d'espèces de raisonnements, de jugements, d'idées. La construction de Kant est bâtie sur une logique, toute formelle, et quelque peu arbitraire. Nous considérons, nous, le jugement en lui-même, la pensée, acte de l'intelligence. Peu nous importe quantité, qualité, relation, modalité, ou tout autre caractère par lequel il aurait plu aux logiciens de distinguer diverses sortes de jugements : nous prenons le jugement dans son essence, quel qu'en soit le sujet, quel qu'en soit l'attribut, quel que soit le rapport de ses deux termes ; le jugement pur, A est B. Nous y trouvons la raison tout entière : elle est toute dans le jugement, parce qu'il est la pensée même. Je ne parle ici que de l'intelligibilité des êtres, c'est-à-dire de la vérité, laissant la beauté et la justice, qui sont d'un autre ordre.

⁂

Or, à ne considérer que l'intelligibilité des êtres, ce que donne le jugement pur, je crois avoir fait une liste complète des principes ou des concepts fondamentaux de la raison. Chacun d'eux embrasse tout ce qu'il nous est permis de saisir : toutes choses sont pour nous des êtres, mais qui ne se déterminent pour nous que par leurs rapports avec d'autres êtres, qui ne se comprennent que par leurs attributs, entendus comme effets, contingents et multiples, juxtaposés, successifs. Ainsi chacun de ces concepts embrasse tout, et ils nous sont nécessaires tous à la fois pour la moindre de nos idées ; ils s'enchaînent les uns aux autres, en sorte qu'on ne les peut séparer, et ils se distinguent les uns des autres, en sorte qu'on ne les peut confondre. Et comme ils nous sont tous nécessaires, ils nous suffisent aussi ; ou plutôt, en même temps qu'ils forment l'essence de notre raison, ils la limitent, car elle ne conçoit rien au-delà. L'un conduit à l'autre, jusqu'au dernier, qui ne conduit à rien. Est-ce à dire qu'il n'y ait plus rien, et qu'ils épuisent toutes les possibilités des choses ? A Dieu ne plaise ! Mais que notre raison, formée par eux, est aussi bornée par eux. L'œil de notre esprit ne va pas plus loin ; il arrive jusque-là, il ne passe pas outre.

Telle est, pour l'esprit humain, l'étendue et la borne de l'horizon ; voici l'étendue et la borne de la hauteur, ou de la profondeur. Au fond de tous ces êtres, dont il ne voit que des rapports et des modes, effets contingents et multiples, juxtaposés, successifs, il affirme invinciblement un je ne sais quoi immuable et simple, indivisible, nécessaire, cause suprême, substance suprême, être absolu. Au fond des êtres, il affirme un je ne sais quoi qui est l'être. Ce je ne sais quoi, un intelligible qui nous est incompréhensible, un absolu qui nous échappe, n'est pas cependant une abstraction vide, mais l'être plein, l'être substantiel et parfait, et un seul être qui est tout cela ensemble : car il est l'être intelligible par soi, indépendamment de tout rapport, absolu donc ; donc substance suprême et cause suprême, puisqu'il est de soi, non attaché à aucun autre comme un prédicat, ni causé par aucun autre comme un effet, ce qui en ferait un être relatif à un autre ; donc nécessaire ; donc indivisible ou un, puisque l'absolu ne peut être augmenté ni diminué, ce qui en ferait un nombre, mesurable et relatif : donc immense et éternel. Et qu'on l'envisage sous l'un quelconque de ces divers aspects, il est infini : l'être pur, absolu, qui ne dépend de rien, que rien ne détermine, que rien ne limite, est infini ; la substance suprême, qui ne dépend d'aucune autre et dont toute autre dépend, dont toute substance est empruntée, est infinie ; la cause suprême, qui n'est point causée, qui enferme en son ample sein tous les effets réels et possibles, est infinie ; le nécessaire, qui ne peut pas ne pas être, qui est donc plus encore que toujours et partout, supérieure au temps et à l'espace, est infini ; chacun de ces aspects de l'être est infini, et ils ne sont tous ensemble qu'un seul infini, embrassant tous les infinis dans l'unité de l'être. C'est là l'infini, c'est là l'être, c'est là Dieu.

Ce Dieu n'est pas une hypothèse imaginée pour expliquer le monde, ni une idée dont on se demande si l'objet existe : Dieu existe hors de nous comme en nous : il est l'être même, l'être de tout ce qui est. Car toute pensée l'affirme, et plus invinciblement que l'être des choses accessibles à notre vue immédiate ; et il n'y a point de pensée qui ne l'affirme : « Quiconque pense pense Dieu. » Rien de multiple ne se peut concevoir que par l'un, rien de contingent que par le nécessaire, rien de relatif que par l'absolu, nul effet sans la cause, nul mode sans la substance, nul être déterminé et limité sans l'être indéterminé, illimité, pur. Rien ne se peut connaître, qui n'implique Dieu : en sorte qu'il est impossible de nier Dieu sans nier tout ce que l'homme peut connaître, — je dis, tout. C'est tomber dans la négation de toutes choses, c'est s'enfoncer, dirai-je, dans un scepticisme, ou plutôt dans un nihilisme ? sans fond, c'est se contredire en sa propre parole, que nier l'être de Dieu.

L'idée de Dieu est donc la condition de l'idée de toutes choses. De là, le multiple n'étant concevable que par l'un, le particulier ne l'est que par l'universel, les individus relèvent des espèces, les espèces des genres, et toujours, jusqu'au genre suprême, jusqu'à l'être : c'est l'unité dans la variété des choses, l'harmonie. Tout jugement implique l'harmonie, car il ne se peut que l'un au moins de ses deux termes ne soit général.

Or toutes choses, par là même qu'au fond elles sont une, s'enchaînent de telle sorte que, contingentes en soi et prises à part, elles sont nécessaires en tant que conséquences : elles participent de l'être qui est en elles sous tous ses aspects, immutabilité, simplicité, unité, nécessité, cause, substance, mais tout cela relatif, substance, cause, nécessité, unité, secondes, si je peux le dire · de cette nécessité seconde et relative des choses, qui est comme un absolu relatif, résulte un système de lois qui se rattachent toutes à la loi de l'être, toutes donc générales et stables.

D'où il suit que chaque être concourt par une fin qui lui est propre à la fin universelle des êtres ; il y a donc une force dans chaque être qui le fait tendre vers sa fin. D'où il suit encore que le monde est un ensemble d'effets qui sont causes, par conséquent substances, car la cause, qui contient l'effet, n'est pas seulement une manière d'être, mais un être : causes causées, substances *substanciées,* empruntées, relatives.

Tel est le concept de l'ordre : l'application du concept de l'unité, de la nécessité, de la causalité, aux choses : Dieu dans le monde. Le monde nous est incompréhensible sans Dieu : il nous faut, pour comprendre les êtres, les concevoir en lui et lui dans tous, et le concevoir lui-même être distinct de tous les êtres, au-dedans et au-dessus, *immanent et transcendant,* comme on dit aujourd'hui ; ou plutôt au fond, mais autre. Lui-même toutefois, ni en soi ni dans le monde, ne nous est directement accessible : nous ne le voyons pas, il est impliqué et comme enveloppé dans ce que nous voyons. Aussi n'est-il pas compris, mais affirmé ; et les causes particulières même, les substances finies, nous les affirmons, nous les concevons, nous les connaissons, nous ne les comprenons pas.

Voilà donc, non plus l'horizon, mais la hauteur de l'esprit humain. Il s'élève jusqu'à l'être principe de tous les êtres. Il voit jusqu'à Dieu, il ne voit pas Dieu. Dieu est au-dessus de ce qu'il voit, et il le connaît sans le voir. Il ne comprend rien que par Dieu, et Dieu lui est incompréhensible. Son œil embrasse une étendue vaste : il est créé pour la remplir peu à peu ; mais tant que l'homme demeurera homme, il ne la dépassera pas ; lorsque le point de vue de sa raison aura changé, qu'il connaîtra les effets dans leur cause et le monde en son principe, lorsqu'il sera plus qu'un homme, alors seulement il verra Dieu.

Et ce sera là voir Dieu. Le voir face à face, *facie ad faciem,* comme parle l'Écriture, n'est point voir un être ayant une forme, qui serait une limite : c'est voir l'être même, l'être en soi, le principe infini des existences finies, possibles à l'infini. Voir Dieu face à face, c'est voir les effets dans les causes, et les causes dans la première cause ; c'est voir les choses en Dieu, au lieu de voir Dieu, comme nous le voyons, dans les choses. Voir tout en Dieu ! Telle fut l'erreur de Malebranche, faisant trop tôt de l'homme ce qu'il n'est pas encore, ce qu'il ne sera pas tant qu'il n'aura pas franchi la vie et la nature humaine, un être chez qui l'intelligence enveloppe la sensibilité.

IX

Chez l'homme, la sensibilité enveloppe l'intelligence. De là vient que toutes nos idées, qui sont idées de choses finies, sont positives et négatives à la fois : positives, car le rien ne saurait donner aucune idée de soi, et qui parle du néant pense l'être pour entendre la négation de l'être : Dieu est impliqué dans toute idée, il n'y en a donc point qui ne soit positive ; — mais négative aussi, car elles sont toutes idées d'effets, de modes, d'êtres à qui de l'être manque. Et de la sorte s'explique l'incompréhensibilité d'un Dieu qui, pour être incompréhensible, n'en est pas moins réel : c'est qu'à l'être, l'être pur, absolu, parfait, source de toute existence et de toute vie, l'existant et le vivant qui est l'existence même et la vie du monde, aucun prédicat ne saurait convenir, aucun, dis-je, des prédicats que notre pensée peut comprendre, parce qu'elle n'en peut comprendre que de négatifs à quelque égard : d'un tel être, il faut donc les nier tous, parce qu'il faut nier toute négation ; un tel être n'a point de compréhension pour nous, et les attributs de Dieu, immensité, immutabilité, infinité, etc., négatifs pour nous, mais négatifs de la négation, nous sont, comme Dieu même, incompréhensibles.

Ce n'est pas tout. Les divers concepts que nous a donnés l'analyse du jugement, s'enchaînant les unes aux autres de telle sorte que le premier amène au second, le second au troisième, et ainsi de suite, aboutissent tous à celui où tous conduisent et qui ne conduit à aucun autre : celui d'unité et de multiplicité, ou de quantité, pour le dire en un mot, dont l'espace et le temps sont les deux aspects. Je vois des êtres relatifs, des modes qui me manifestent des substances, des effets qui me révèlent des causes : mais je ne les vois que dans une série, comme des membres d'un groupe, dont ils se distinguent par plusieurs caractères, se confondant par d'autres avec les autres membres du même groupe ; je ne les vois qu'en leur lieu dans l'espace et dans le temps, et j'ai besoin de déterminer ce lieu pour connaître, par induction, des substances, des causes ; je ne saisis que des effets, des modes, et toujours mesurables ; et je ne peux m'en rendre compte que par la mesure. Je connais quelques causes, quelques substances, non en elles-mêmes, mais dans leurs effets et dans leurs modes, qui me les manifestent seuls. Si je connaissais une substance en elle-même, j'en déduirais tous les modes, infailliblement et sans fatigue ; une cause, tous les effets, qui m'échappent : mais alors je comprendrais la substance et la cause en soi, donc aussi la substance première, la cause divine, et, dans cette compréhension merveilleuse, tout ce qui fut, tout ce qui est, tout ce qui pourra jamais être. Telle sera l'intelligence de l'homme, lorsque, ayant franchi la sphère de son être terrestre, au lieu de ne concevoir Dieu qu'indirectement dans les choses qu'il voit, il concevra les choses en Dieu qu'il verra directement. Le point de vue de sa raison aura changé, et, comme il verra Dieu, il en déduira l'univers ; mais l'univers, où doivent prendre l'être, chacun à son rang et à son jour, tous les possibles, épuise l'étendue et la durée sans limites, et l'homme n'aura pas trop de l'éternité pour le déduire.

O ineffable possession de toutes choses, connues en Dieu par l'esprit qui comprend Dieu ! L'esprit terrestre, plus humble dans la sphère plus étroite de son intelligence, ne peut que mesurer les choses qu'il lui est donné de voir ; il ne peut que les soumettre au nombre, pour trouver la série : non pour déduire, mais pour induire, la formule de la loi, expression de l'ordre.

Notre idéalisme, loin de rejeter l'expérience, la requiert. Nous ne prétendons pas, avec les purs platonisants, nous abstraire du corps pour mieux connaître ; loin de là, nous établissons la nécessité d'un corps pour tout esprit fini : un esprit qui ne devrait pas à un organisme, condition et borne d'expérience, la mesure de sa connaissance possible, connaîtrait absolument et par lui-même tout, ou ne connaîtrait rien ; il serait l'esprit infini, ou il ne serait qu'un esprit virtuel.

X

Il est rare qu'une erreur n'ait point son explication et comme sa justification dans une erreur contraire : le rationalisme, tantôt n'accorde rien à l'expérience, à laquelle, en réponse, l'empirisme donne tout ; tantôt accorde à l'expérience l'origine de la plupart des idées, se contentant d'en réserver quelques-unes, comprises dans les autres, et que l'empirisme y trouve comme elles y sont en effet. Nous avons vu Taine trouver dans le rapport particulier d'une certaine qualité à une certaine substance le rapport nécessaire et, par suite, universel de qualité à substance, l'idée de la substantialité en soi : elle y est, en effet, comme nous venons de voir qu'elle est dans tout jugement, que dans la seule forme du jugement sont enveloppées toutes les idées de la raison. Il en faut conclure, ou que toutes les idées viennent de la raison, ou que nulle n'en vient : les unes étant comprises dans les autres, si celles-ci viennent de l'expérience, toutes en viennent ; mais si, prise en soi et quel qu'en puisse être le contenu, l'acte de la pensée, qui est le jugement, implique la raison, la raison imprime sa forme à la connaissance, dont l'expérience ne fournit que la matière.

Un autre tort du rationalisme est qu'il fait de la raison une faculté de connaître, ayant pour objets des êtres ou des caractères d'êtres réels, tels que Dieu et les attributs de Dieu : assurément nous n'avons pas une connaissance directe de Dieu, ni de ses attributs.

*
* *

Le rationalisme qui nie la part de l'expérience dans la connaissance humaine est abandonné. L'expérience a fait ses preuves ; et, comme elle est la maîtresse du terrain, elle prend tout. Les plus rebelles se croient bien forts de lui disputer quelque chose : ils lui retirent les idées de raison, ils lui laissent les autres. Au sens externe ils attribuent une connaissance directe de certains objets, une au sens intime, une à la raison ; ils comptent, sous le nom de facultés intellectuelles, plusieurs facultés de connaître, et comme plusieurs intelligences : ils divisent l'intelligence, qui est une.

Le sentiment de cette unité est une des forces de l'empirisme : Il n'y a, dira-t-il, qu'une faculté de connaître ; connaître est l'acte conscient du sens externe : du sens externe viennent, de près ou de loin, directement ou indirectement, toutes les connaissances avec la conscience qui les accompagne, toutes les idées. Opposons-lui la thèse inverse, à la fois semblable et contraire, qui est la vraie : Il n'y a qu'une faculté de connaître, connaître est l'acte conscient de la raison : de la raison viennent, de près ou de loin, directement ou indirectement, toutes les connaissances avec la conscience qui les accompagne, toutes les idées. L'expérience n'en donne aucune. Que donne-t-elle donc à la connaissance ? La matière, non la forme : les phénomènes du moi, les actes du conscient, seul objet de la connaissance directe et point de départ ou principe des autres, disons, d'un seul mot, le connaissable, non la connaissance même, ni l'idée.

Connaître se fait par une application de la raison à l'expérience : c'est-à-dire, des données de la raison aux données du sens intime et du sens externe. Les données du sens intime sont les actes du moi ; les données du sens externe sont les sensations ; les données de la raison sont des idées innées, irréductibles, primitives, constitutives d'une raison innée à elle-même : idées de rapports nécessaires, qui sont les conditions et de la connaissance et de l'existence, les conditions de l'être intelligible. Percevoir le dehors, c'est rapporter au dehors la sensation, fait interne qui enveloppe un fait externe comme sa cause ; se percevoir soi-même, c'est se rapporter à soi-même ses propres actes, qui sont tous les faits du moi : car la sensation même est un acte, l'âme n'ayant pas conscience de l'action du dehors sur elle (qu'est-ce qu'avoir conscience d'une action étrangère?), mais de sa réaction sur le dehors. Rapporter au dehors ses sensations, se rapporter à soi-même ses actes, c'est affirmer, c'est juger : c'est appliquer la raison aux données du sens externe, du sens intime, appliquer, dis-je, des idées innées à des faits, pour former les autres idées ; et comme les autres idées ne sont que celles de la raison appliquées et particularisées, comme les particulières sont comprises dans les générales, et ainsi de proche en proche toutes dans toutes, former les autres idées, c'est les tirer de l'état implicite et virtuel, c'est les rendre manifestes de latentes qu'elles étaient, c'est les faire passer de l'être en puissance à l'être en acte. L'expérience, — nous pouvons aller ici jusqu'au sensualisme et dire l'expérience externe, — est la condition de cette manifestation des idées. Il est vrai de dire avec le sensualisme que toutes les idées viennent des sens, en quelque manière : les sens provoquent ou suscitent la raison, en déterminent les applications, qui sont les connaissances ; et il est vrai de dire avec le rationalisme pur que nulle n'en vient : les données des sens ne sont point des idées, mais des phénomènes, qui provoquent les applications de la raison. Toutes les idées sont de raison. Peu importe que, pour apercevoir en soi ses propres idées, pour entrer en possession de la raison, on ait besoin de la sensation qui l'éveille, qui l'excite à se produire, à paraître sous l'œil de la conscience : la sensation n'est point l'idée, ni ne la crée, mais la fait éclore dans l'âme ; la sensation ne la donne pas, mais la manifeste ou plutôt la fait se manifester à l'âme, qui, une fois avertie, la trouve en elle-même et l'applique aux éléments que lui donne la sensation pour les *idéer*, c'est-à-dire penser, sous une forme particulière déterminée par des termes particuliers et variables, un rapport universel.

XI

Rappelons brièvement ce que nous avons longuement exposé, et fixons bien le résultat de notre étude.

La présence des choses affecte, par l'impression qu'elle produit sur nos organes, notre cerveau, et, par suite, nous-mêmes : nous réagissons sur l'action de notre organisme, nous sentons. Le sentir est un phénomène à double face, l'une interne, l'autre externe : il n'est pas une idée. La représentation mentale qui le suit ou l'image qui nous en reste n'est pas non plus une idée : car le propre objet de l'idée, on l'a vu, n'est pas représentable. On se représente un arbre, un certain poirier, un certain chêne, on se représente un homme, un triangle : l'arbre, ou même le chêne, le poirier, l'homme, le triangle, on ne se le représente pas, on se le définit. L'idée a pour objet le rapport qui constitue la définition. L'idée n'est point l'être sensible, mais l'être intelligible.

L'idée est l'élément irréductible, l'élément propre et original de l'intelligence : tout le reste n'est qu'agir et sentir. Percevoir le dehors, c'est agir avec la raison sur les sensations, pour affirmer à titre d'objet la cause de faits qui en eux-mêmes ne sont point de l'intelligence, mais de la sensibilité ; se percevoir, c'est agir avec la raison sur les actes du moi, pour affirmer à titre d'objet le principe de faits qui en eux-mêmes ne sont point de l'intelligence comme telle, mais de l'âme. L'intelligence est une : elle est la raison. Ceux qui méconnaissent la raison méconnaissent l'intelligence. Ils la ramènent à la sensibilité ; et comme, sous forme de conscience, au moins spontanée, elle est en effet dans la sensibilité, bientôt ils ramènent la sensibilité à un jeu d'organes, à l'organisme, au corps : là, ils échappent enfin à la raison, mais aussi à l'intelligence ; à l'intelligence, mais aussi à la sensibilité : ils n'ont plus que le corps, peut-être un corps vivant, peut-être un végétal : ils n'ont plus même un animal. Car, dès qu'il y a sensibilité, il y a intelligence, et dès qu'il y a intelligence, raison : non toujours abstraite et dégagée du sensible, mais présente. Elle est, par exemple, dans les animaux, le principe de ces inductions non formulées, — raisonnements sans raison, dit-on, ce qui est contradictoire, — mais, au contraire, œuvres de raison sans raisonnement, œuvres non expressément raisonnées d'une raison implicite. Elle est d'abord le principe de leurs perceptions, comme des nôtres : la perception est une induction spontanée, immédiate, irréfléchie. La conscience est une connaissance, réfléchie ou spontanée ; quel qu'en soit le degré, quel qu'en soit le mode, conscience est intelligence, intelligence est raison : partout où il y a sentiment, il y a pensée, et partout où il y a pensée réside le divin Logos.

*
* *

Les phénomènes de l'âme, sensibles, intellectuels, volontaires, donnent lieu à autant d'idées. Nous avons des idées ; nous avons encore l'idée de nos idées, de nos sentiments, de nos volitions ; et nous avons dans tout cela l'idée de notre être intelligent, sensible et libre. L'idée de notre être nous vient à la fois de nous et des phénomènes qui sont en nous, qui ne sont pas nous, sans lesquels néanmoins nous n'aurions pas conscience de notre être.

L'idée de nos phénomènes nous vient et de nos phénomènes et de nous ; elle résulte d'une double force, celle que nous sommes, et celle qui produit en nous nos phénomènes de conscience : nos pensées, la sensibilité et la volonté combinées ; nos sentiments, l'action d'un non-moi sur le moi qui réagit ; nos volitions, l'action du moi sur un non-moi qui réagit. Partout je trouve la double action de l'âme et de quelque chose qui n'est pas elle, mais qui la fait passer de l'être latent à la conscience de son être.

*
* *

Les phénomènes de conscience, étant nécessaires à la conscience du moi, n'en sont pas créés, puisque sans eux il ne serait pas pour les produire : ils supposent donc, quelle que puisse être l'action du moi, le concours d'une action autre que la sienne en face de la sienne, d'un non-moi également nécessaire au moi pour les produire en lui. Donc les idées viennent du non-moi quant à la matière de la connaissance, du moi quant à la forme : *Nihil est in intellectu quod non prius fuerit in sensu,* — *nisi intellectus ipse,* quant à la matière ; *Nihil est in sensu quod non prius fuerit in intellectu,* — *nisi sensus ipse,* quant à la forme. Ici, *intellectus* est la faculté ou le pouvoir de connaître ; *sensus,* ce qui met le moi en rapport avec le non-moi.

Or, ce non-moi est-il seulement le fini, ou seulement l'infini, ou l'un et l'autre ? L'un et l'autre, car l'idée du fini sans celle de l'infini est impossible, et celle de l'infini sans celle du fini. En effet, une idée n'est idée qu'à la condition d'être distinguée de tout ce qui n'est pas elle : l'idée de l'infini est la seule qui ne soit pas celle du fini, comme l'idée du fini la seule qui ne soit pas celle de l'infini. Ces deux idées se supposent donc l'une l'autre, l'une n'est pas sans l'autre, et elles ne se produisent pas l'une l'autre, puisque l'une est la condition de la compréhension de l'autre ; elles ne viennent donc point l'une de l'autre, mais elles sont simultanées dans le moi. Donc l'idée de l'infini n'a point sa source, quelque procédé intellectuel qu'on imagine, dans l'idée du fini, ni dans aucune des idées qui s'y rattachent ; ni, au reste, et en vertu du même raisonnement, l'idée du fini dans celle de l'infini. Donc la perception du non-moi par le moi est double, ou se rapporte à un double objet : le fini et l'infini.

En soi, chacune des deux idées peut être l'occasion de l'autre, qui y est implicitement contenue ; en fait, celle du fini l'est pour tout moi fini, puisqu'il a pour point de départ nécessaire la connaissance de soi-même, être fini, et que, la connaissance lui étant donnée dans la sensibilité, il connait d'abord en elle l'être qui lui convient, que manifestent à un tel moi des êtres finis. A l'occasion donc des idées de ce qui est relatif, viennent en nous, mais d'ailleurs, les idées de l'absolu ; et, à l'occasion de la connaissance du monde, la connaissance de Dieu.

Non que la raison ait pour objet Dieu, mais l'intelligible divin, qui est l'intelligible absolu, qui est l'intelligible. Non que la raison soit l'intuition de la substance, ou de la cause, ou d'aucun être, mais de rapports nécessaires : rapports qui nous permettent, un de leurs termes étant donné, d'affirmer l'autre, — la sensation, par exemple, étant donnée, d'affirmer le monde, et, le fini étant donné, d'affirmer l'infini.

Ces rapports sont d'être à non-être, d'absolu à relatif, de substance à mode, de cause à phénomène, de nécessaire à contingent, d'un à multiple, savoir, d'immuable à mobile : c'est le temps ; de simple à composé : c'est l'espace ; en un mot, d'infini à fini. Être, absolu, substance, cause, nécessaire, un, immuable, simple, infini, sont un seul sous divers aspects ; non-être, relatif, mode, phénomène, contingent, multiple, mobile, composé, fini, sont l'autre. Un même être est un être qui se manifeste par une forme déterminée, forme négative : *Omnis determinatio negatio est;* par une privation, c'est le mot d'Aristote : στέρησις ἐστιν ἕξις πῶς (MET. v, 2); καὶ γὰρ ἡ στέρησις εἶδός πώς ἐστιν (PHYS. II, 1) : forme et privation tout ensemble, privation parce qu'elle est forme, et de ce qu'un être a certains caractères il suit que certains caractères lui manquent. Un même être donc est un être qui se manifeste par une détermination privative, par un non-être ; un absolu, indépendant en soi mais non dans ses manifestations, qui se manifeste par un relatif, par une détermination dépendante de conditions extérieures ; une substance qui se manifeste par des modes ; une cause qui se manifeste par de phénomènes, cause efficiente et finale, phénomènes dont il est la fin comme il en est le principe ; un nécessaire dont les manifestations sont contingentes, un dont les manifestations sont multiples, immuable dont les manifestations changent et se succèdent, simple dont les manifestations composent des groupes : un infini virtuel dont l'acte, qui le réalise, est toujours déterminé, mesuré, fini.

XII

On sépare la substance des modes qui en sont les qualités, la cause des phénomènes qui en sont les effets, l'espace des étendues qu'il comprend, le temps des durées qu'il enferme ; on souffle alors sur ces êtres d'abstraction et de chimère, qui, devant les modes, les phénomènes, les étendues, les durées, seules réalités, s'évanouissent ; et l'on croit qu'il n'en reste plus rien. Il en reste pourtant quelque chose, quand ce ne serait que les mots, signes d'idées. Que sont les idées ? On a la ressource d'identifier les idées avec les mots, et plusieurs ne se font faute de recourir à cet extrême : Taine, par exemple, n'y manque pas. Il ne voit dans les idées que des signes. Mais les signes alors sont quelque chose : et c'est par l'étude des signes qu'il ouvre son livre sur l'*Intelligence*. La substance, que sera-t-elle ? Un composé de qualités, exprimé par une idée qui en est le signe, par un mot. Et la cause ? Un phénomène qui constamment en précède un autre. Et le temps ? La suite des durées. Et l'espace ? La somme des étendues. Et l'infini ? L'indéfini de la durée ou de l'étendue. Et l'absolu ? Il ne sera pas. On l'élimine. Le parfait ? On le frappe de la même condamnation : il ne sera pas.

Le reste sera-t-il davantage ? Si l'infini n'est que l'indéfini de l'étendue ou de la durée, il n'y a dans la réalité que des durées, toujours finies, des étendues, toujours finies, et point d'infini. Si l'espace n'est que la somme des étendues, il n'y a que des étendues, et point d'espace ; si le temps n'est que la suite des durées, il n'y a que des durées, et point de temps : des durées qui ne sont en aucune puissance de durée, des étendues en aucune puissance d'étendue. Si la cause n'est qu'un phénomène qui constamment en précède un autre, il n'y a que des phénomènes, et point de cause : des phénomènes, des apparences, des manifestations qui ne manifestent rien. Si la substance n'est qu'un composé de qualités, il n'y a que des qualités, et point de substance : des qualités qui ne qualifient rien.

Qualités sont manières d'être, et phénomènes manières d'apparaître : n'y a-t-il que des manières d'apparaître sans rien qui apparaisse, des manières d'être sans êtres qui soient ?

Mais on alléguera que ces mots de phénomène, de qualité, sont des mots mal faits, parce qu'ils sont faits dans l'hypothèse métaphysique et chimérique de la cause, de la substance ; on dira qu'il n'y a que des choses visibles, tangibles, observables, lesquelles ne sont point des faits ou des effets, des phénomènes ou des manières d'apparaître, des qualités ou des manières d'être, mais des êtres, et tout l'être. Soit, voilà l'être : multiple et composé : composé sans composants ? multiple sans éléments ? Ou ces éléments sont-ils encore des multiples, ces composants des composés ? Mais les composants de ces composés ? Et s'ils sont composés encore, les composants de ces derniers composés ? Composés encore, et toujours, et sans fin, nous avons un composé de composants composés, un composé sans composants, une contradiction pure. C'est la même contradiction que celle de manières d'être sans être, de qualités sans substance. On a fait évanouir la substance : mais avec la substance l'être même s'est évanoui.

De même avec la cause. Si l'être est successif, comme il est composé, n'est-il qu'une succession sans premier terme, ou le premier terme n'est-il premier qu'eu égard à ceux qui suivent, sans qu'il y ait un premier terme absolu ? Mais, absolument, c'est une succession sans premier terme, la série des termes écoulés est un nombre dont l'unité, point de départ du nombre, recule jusqu'à l'infini ; dont l'unité, dans l'éternité passée, n'a été jamais : un nombre sans unité, ou un nombre actuel infini : c'est tout un, et c'est la même contradiction.

L'être conscient que je suis n'est qu'une collection et une succession de sentiments et de pensées... Quoi ! de sentiments sans un être qui sente ? de pensées sans un être qui pense ? On accorde que ces pensées sont liées, qu'elles forment un tout distinct : où est le lien, où est le principe de ce tout irréductible, de ce moi qui est lui-même et non un autre ? Là sera l'être.

*
* *

Mes pensées ne sont pas hors de mon être, ni mon être hors de mes pensées : la substance n'est pas plus séparée de ses modes que de la substance les modes ; et il n'y a pas plus à concevoir une substance sans modes que des modes sans substance. L'erreur de ceux qui séparent la substance de ses modes enfante l'erreur de ceux qui la nient : c'est qu'en effet, séparée, elle n'est pas, ni ne peut être. Mais elle est distincte : si mon être ne va pas sans mes pensées, il est autre que mes pensées, car il ne va pas non plus sans mes volontés, sans mes sentiments. Si l'on dit qu'il est le tout de mes pensées, de mes volontés et de mes sentiments, je réponds qu'il est un même pensant, un même voulant, un même sentant, un même conscient, unique et permanent, de sentiments, de volontés, de pensées, d'actes multiples et successifs : il ne saurait donc se confondre, lui un, avec ce qui est en lui plusieurs. Et je réponds que ses volitions, ses sentiments, ses pensées, ne l'épuisent pas ; qu'ayant pensé, voulu, senti, il peut penser, vouloir, sentir encore ; qu'il eût pu, dans d'autres circonstances, penser, vouloir, sentir, autrement qu'il n'a fait, et qu'ayant autrement pensé, il n'eût pas été autre.

Telle est la vraie nature de la substance : une puissance d'être, c'est-à-dire d'être ceci ou cela. Elle n'est pas un être, si elle n'est ceci ou cela ; mais si elle est ceci ou cela, elle n'est pas substance pure, elle est substance avec ses modes. Elle n'est donc pas être, mais élément d'être. Distincte de ses modes, qui peuvent être autres sans qu'elle-même soit autre : elle comporte des modes divers, elle est une ; mais elle n'est point sans tels ou tels de ces divers modes. Toujours elle en comporte de nouveaux, elle est inépuisable ; mais elle n'est jamais sans des modes changeants qui à chaque instant arrêtent sa forme limitée ; elle est une virtualité infinie, principe d'une réalité finie : l'être n'est point cette virtualité pure, nulle sans la réalité qui la manifeste, ni cette réalité pure, nulle sans la virtualité qu'elle manifeste : mais les deux ensemble, les deux en un.

*
* *

Si la substance est la puissance d'être, qui ne devient réalité qu'autant qu'elle passe à l'acte, l'acte n'est pas seulement un mode, mais un mode par où elle se manifeste elle-même, par où elle traduit et signifie sa nature, par où elle s'exprime : elle est le principe de l'acte, elle est activité, et enfante en soi ses phénomènes : ses modes ne sont pas seulement ses modes, mais des effets de son énergie propre. Elle produit ses modes. Elle est cause : efficiente, car elle est la cause productrice de ses modes ; et finale, car elle est le but de leur production : elle les produit en soi pour soi. D'autres peuvent agir sur elle : leur action ne sera que la condition de ses phénomènes, actes de la puissance qu'elle est, effets dont elle est la véritable cause. Qu'on mette dans la terre un gland, il n'en sortira pas un sapin : l'action du milieu sur le gland ne produira pas le chêne, mais le fera se produire. L'action de l'organisme ne produit pas non plus l'être mental, mais le fait se produire : l'âme préexiste au corps, et les idées à l'expérience, comme le chêne à sa terre : invisible, virtuel, mais il est. Le milieu détermine la forme des êtres, dont la cause est dans la puissance, dans la substance même ; quand c'est une substance d'être fini, une puissance de réalité bornée, elle ne saurait passer à l'acte et se produire qu'à la condition d'une détermination reçue, et comme sous l'excitation d'autres forces : si elle n'avait pas besoin d'une telle excitation pour se produire, si elle était par elle seule un acte, elle le serait immédiatement et dans tout son être : elle ne serait donc plus puissance, mais acte pur, unique, éternel, comprenant dans un ordre nécessaire toutes les manifestations, toutes les réalisations possibles de l'être, âme omniprésente d'un monde qui, sous la double forme de l'espace et du temps sans limites, l'exprimerait tout entier : tel est Dieu.

Où il y a puissance, il faut qu'il y ait passage à l'acte, mouvement, changement, réalisation par des conditions externes : mais si l'être ne devient que sous l'excitation du dehors, il ne devient que ce qu'il est en puissance et comme dans le fond de son être ; et c'est pourquoi il ne devient pas indifféremment ceci ou cela, mais tel être, non un autre.

En lui donc est la vraie cause de son devenir, la vraie fin aussi : il se veut lui-même, et il se veut tout ce qu'il peut être. L'effet est dans la cause, comme dans la substance le mode ; l'effet est la manifestation de la cause, comme le mode la réalisation de la substance : la cause contient l'effet, et le surpasse, capable de se manifester sans s'épuiser par des effets à l'infini, comme la substance contient le mode, et le surpasse, capable de se réaliser sans s'épuiser par des modes à l'infini.

Qu'on ne nous objecte pas ici la mort : la cause, la substance, la puissance d'être, ne connaît point la mort, qui pour elle serait l'anéantissement, mais le passage d'une forme à une autre, ou d'une suite liée et comme d'un ordre de formes à un autre ordre.

*
* *

Comme les effets sont dans la cause, les modes dans la substance, la cause est aussi, d'une autre manière, dans ses effets, la substance dans ses modes : la substance est une avec ses modes, qui la contiennent et qu'elle contient ; la cause, une avec ses effets, qui la contiennent et qu'elle contient : le principe de raison suffisante se ramène au principe d'identité. Effets et modes, c'est tout un : actes d'une puissance d'être. La condition extérieure qui en détermine la forme est l'acte d'une puissance étrangère, de sorte que le phénomène, en même temps qu'il est l'acte de la puissance qu'il manifeste, l'est encore de la puissance qui fait celle-ci se produire : la production du chêne est à la fois l'acte du chêne et l'acte du milieu ; la sensation, dit excellemment Aristote, est à la fois l'acte du sujet capable de sentir et l'acte de l'objet capable d'être senti. Acte de l'âme, elle en est un effet et un mode : l'âme est la cause de cet effet comme la substance de ce mode. Acte du sensible, elle en est un effet et un mode ; le sensible est la cause de cet effet et la substance de ce mode. Elle est deux causes, deux substances, deux puissances en un seul acte ; elle est plus que le passage du moi au non-moi : elle est le non-moi dans le moi, l'objet et le sujet en un.

*
* *

De ces deux causes, celle qui est le moi ne prend conscience d'elle-même que dans le concours des deux : cette conscience est précisément la sensation. C'est la conscience non d'une action, mais d'une réaction : forme de conscience qui ne résulte pas de mon action propre, mais du concours de mon action avec une autre, dont l'agent, en conséquence, existe hors de moi. Comme elle a pour condition cette action du dehors, elle est distincte en cela de toute forme de conscience qui résulte de mon action propre, que je détermine moi-même : j'agis dans l'une et dans l'autre ; je suis toujours, dans l'une comme dans l'autre, activité consciente de son agir, mais déterminée dans l'une, et dans l'autre se déterminant elle-même, active en soi et par soi, libre.

Sentir est réagir, penser est agir à la suite, vouloir est agir proprement et de soi-même. Une activité première produit elle-même ses actes, se produit d'elle-même : c'est l'activité libre. Une activité qui serait déterminée dans tous ses actes serait donc toute passive : et qu'est-ce qu'une activité toute passive, sinon une contradiction de termes ? Où il y a de l'actif, il y a du libre. Une force qui ne serait pas libre ne serait pas une force propre, principe d'action, mais le siège d'une activité supérieure, d'une force première agissant par elle : les causes secondes ne sont pas de véritables causes, mais des aspects de causes premières qui seules agissent véritablement :

une cause première est une cause libre, consciente de sa libre action.

S'il n'en est point de telles dans la nature, si la liberté doit être niée des forces qu'elle nous présente, il faut la faire remonter de ces forces fatales à des forces libres dont elles ne sont que des manifestations diverses, forces premières, supérieures à la nature ; et s'il n'en existe pas, si nous ne sommes point de telles forces, à une activité suprême, principe universel de toute action, celui-ci enfin libre et conscient de son action, c'est-à-dire de toute action quelconque, dont il est, par hypothèse, l'unique principe. Si nous sommes nous-mêmes des forces libres, s'il y a des forces libres dans la nature, ces forces, finies, puisqu'elles sont plusieurs, comme elles ne passent point par elles-mêmes de la puissance à l'acte, ne sont point libres dès l'abord, étant d'abord suscitées et déterminées : d'où, pour expliquer leur actualité reçue, avec celle de tous les êtres contingents et finis, d'un premier être en acte, la nécessité d'une activité souveraine, souverainement libre et consciente de son action.

Cet être premier, qui, passant par lui-même de la puissance à l'acte, est en acte immédiatement, éternellement, absolument, ne reçoit aucune action, aucune suscitation d'aucun autre : il existe par lui-même, et rien n'existe que par lui. Il n'est jamais puissance, ou il est puissance toute en acte ; acte et puissance en lui sont identiques : éternelle puissance, éternel acte, éternelle identification des deux : éternellement la puissance engendre l'acte, et des deux procède éternellement leur parfaite union, qui est la vie divine.

Dieu donc réalise, en lui-même, de toute éternité, la puissance de l'être infini. Il contient, de toute éternité, dans cette puissance même de l'être infini, les puissances des êtres finis ; et c'est lui qui les fait passer de la puissance à l'acte, qui les actualise, qui les fait être. Il est le grand suscitateur de tout ce qui existe ; il est l'universel agent, libre et conscient, de toute action fatale : et si les actions des forces naturelles sont fatales, il faut voir la libre action de Dieu derrière la nature, comme la libre action d'une âme derrière le corps qu'elle anime. Nulle action, à vrai dire, n'est fatale : toutes sont ou de causes libres, telles que nous sommes, ou de la suprême cause libre. Les actions exercées par nous, — non instinctives, mais volontaires et dont nous soyons les auteurs, — sont libres ; les actions exercées sur nous le sont ou par d'autres, hommes, esprits, anges, démons, peu importe, libres comme nous, ou par la nature, c'est-à-dire par Dieu. Non par des corps inertes, non par des forces fatales et aveugles, mais, à travers ces corps ou ces forces, et de proche en proche, soit par des âmes libres, soit par Dieu.

XIII

La création d'un être est la suscitation qui le fait se produire. Avant d'être en acte, il était en puissance : puissance éternellement intelligible, toujours identique à elle-même, simple ; essence de l'être dont l'existence, en l'exprimant, la réalise.

Les phénomènes, que déterminent les conditions extérieures de leur forme pendant que l'être qu'ils expriment les produit ou se produit en eux, sont l'actualité contingente, changeante, multiple, d'une puissance nécessaire en soi, immuable en soi, une en soi. La puissance est hors de l'espace, hors du temps ; les actes sont dans l'espace et dans le temps.

L'espace est-il l'étendue ? je veux dire : la chose étendue ? Non : les étendues sont dans l'espace, elles ne sont pas l'espace. Une étendue ôtée, l'espace qu'elle occupait n'est pas ôté ; et quand on ôterait l'étendue entière, reste le lieu, ou, pour mieux dire, la puissance de l'étendue, qui est l'espace. L'espace est-il donc infini ? Non, car il y a petit espace, grand espace, il augmente, il diminue, il se divise. Est-il un être ? Non. Une manière d'être ? Mais de quel être ? Des choses étendues ? Il se confondrait avec l'étendue de ces choses. L'espace déborde toutes les étendues. De Dieu ? Il se confondrait avec l'immensité divine, et serait indivisible. Qu'est-il donc ? Une quantité. La quantité se divise, diminue, augmente, est grande ou petite, est distincte des choses mesurables, sans être rien de réel hors de ces choses : l'espace est la possibilité indéfinie d'être étendu. Il n'y a rien de réel que les choses mêmes étendues, et, hors de ces choses, point d'espace réel. Le nombre de ces choses est illimité : je veux dire qu'il n'y a point dans leur qualité d'être étendues une raison qui en limite le nombre ; et c'est ce qu'on entend quand on affirme improprement que l'espace est infini. L'espace n'est ni infini, ni rien ; il n'est pas une réalité, mais un concept de la raison : l'illimité de l'étendue possible ; une puissance : le possible de l'étendue à l'infini.

*
* *

Mais qu'est-ce que l'étendue ? Est-elle une qualité inhérente à la substance des êtres étendus, ou exprime-t-elle un certain rapport de ces êtres ? Le corps, qui est étendu, est-il une substance, un être, ou bien un composé d'êtres ?

Un corps est environné de corps qui le bornent et qu'il borne. Il n'est petit ou grand que par comparaison avec ces autres corps qui l'environnent. En lui-même, il n'est petit ni grand ni moyen, ni susceptible d'aucune qualification prise de l'étendue : donc, en lui-même, comme étendue, il n'est pas.

On se récrie. Un corps est étendu, toujours, en toute hypothèse : on ne le peut concevoir autrement ! — Oui, sans doute, parce qu'on ne peut le concevoir isolé. Imaginez un corps unique dans le vide infini : il ne vous paraîtra petit ou grand qu'eu égard au vôtre, que vous ne pourrez vous empêcher d'imaginer à côté ; ou à d'autres, dont vous ne pourrez vous empêcher de mettre à côté le souvenir et l'image : vous aurez voulu, vous aurez cru l'imaginer isolé, vous l'aurez imaginé accompagné, vous le verrez comparé, rapporté à d'autres corps. Il est donc vrai qu'on ne peut le concevoir isolé. Le voit-on du dehors, il est entouré ; et s'il n'était pas entouré, on ne le pourrait voir ni concevoir du dehors : hors de la réalité des choses, hors de l'univers, fini ou infini, peu importe en ce moment, il n'y a rien : rien de réel ni de possible, s'il est infini ; s'il est fini, il reste un possible à l'infini, mais rien de réel. Le voit-on du dedans, il se compose de parties, il est un nombre, une multitude, une société : jamais il n'est isolé. A ce dernier point de vue, le corps, pris dans sa totalité, est grand : il est comme un monde pour les parties qui le composent, lesquelles sont plus ou moins grandes, moyennes, petites, qualifiables en étendue, selon qu'elles se comparent aux autres ou avec le tout : en elles-mêmes, rien. Hors un certain rapport qu'elles soutiennent entre elles, les choses, comme étendue, ne sont pas. Donc l'étendue n'est aussi qu'un rapport. Donc toute chose étendue, tout corps, toute nature visible, tangible, représentable, est, par essence, un agrégat, un composé d'éléments inétendus.

Quoi ! dit-on. Une somme composée de zéros ! — Ce n'est point cela ; mais un nombre composé d'unités. Si la langue, au lieu d'*unité,* voulait qu'on dît *impluralité*, un nombre, une pluralité serait composée d'impluralités. Où serait la contradiction, sinon dans une langue mal faite ? Un corps est une pluralité composée d'éléments simples. Que seront ces éléments ? Des forces.

Victor Cousin, prévenu par un Cartésianisme quelque peu partial[1] contre la *monadologie* de Leibniz, refuse d'admettre que « la matière soit tout entière dans la force », par « cette raison bien simple », dit-il : « c'est qu'à ce compte il n'y a plus d'étendue réelle, » plus de solide, c'est-à-dire plus de matière, plus de » corps à proprement parler ». J'avoue que cette *raison bien simple* me paraît une bien pauvre raison. Qu'est-ce que *étendue réelle* ? Et l'étendue sera-t-elle moins réelle pour être un rapport, si elle est un vrai rapport entre choses qui existent réellement ? Car on ne suppose point, sans doute, qu'elle-même soit une chose. Et qu'est-ce que la *matière ?* La connaissons-nous ? Nous connaissons des corps. Pourquoi n'y aurait-il point de corps, parce que les corps, au lieu d'être des substances composées, seraient des composés de substances simples ? « Comment faire un » composé réel avec des substances essentiellement » simples ? » demande-t-il. Mais, lui demanderons-

---

1. — *Histoire générale de la Philosophie,* leçon ix.

nous à notre tour, comment faire un composé, sinon avec des composants non composés ? Sans quoi, les composants, étant eux-mêmes des composés, devront être expliqués par d'autres, et ceux-ci par d'autres, ceux-ci par d'autres, sans fin, c'est-à-dire sans explication, ou jusqu'à ce qu'on arrive à des composants simples.

« Il n'y a plus d'étendue réelle, plus de solide. » Ceci est étrange, en présence de cette autre phrase de Victor Cousin : « Leibniz dit très bien que l'étendue » est une continuité de résistance. » Le solide est-il autre chose qu'un résistant continu ? Est-il malaisé de concevoir qu'un groupement de forces le constitue en sa forme ?

*
* *

On me dira : La matière nous échappe toujours. Nous avons peut-être ici la résistance, non la continuité. Vos points résistants sont discontinus. — Ils ne le sont pas. Distincts, oui, mais liés, sans contact d'ailleurs, et non sans intervalle entre eux : un corps, suivant qu'il est plus ou moins pressé, se resserre ou se dilate. Les monades s'unissent jusqu'au degré au-delà duquel, confondues et identifiées, elles s'anéantiraient les unes dans les autres : leur impénétrabilité est leur extériorité réciproque essentielle, suite nécessaire de leur individualité propre, irréductible. Chacune a son enceinte, que nulle autre ne peut franchir : le mouvement qui la franchirait provoquerait une fuite. Elles s'attirent et se résistent : sans se toucher, elles se lient, et forment ainsi le continu.

Plusieurs nous opposent que la force a besoin d'un point d'appui, la matière, laquelle, en conséquence, leur semble irréductible à la force. Un point d'appui est un point de résistance : le point de résistance pour une force ne peut-il être une autre force ? Les forces donc seront points d'appui les unes aux autres, irréductibles entre elles ; et la multiplicité liée des forces irréductibles sera la matière.

Pour les géomètres, le volume se compose de surfaces, la surface de lignes, la ligne de points. Tout se ramène à des points. Cela est rigoureusement vrai. Il n'y a pourtant, en réalité, que des volumes qui soient tangibles, visibles, représentables : nul corps ne nous montre une surface sans profondeur, ou une ligne sans surface ; à plus forte raison le point échappe-t-il aux yeux, à toute vue, à toute image : mais il est l'élément substantiel, bien que non représentable ni même imaginable, du volume, qui seul tombe sous le regard. Nous ne percevons et n'imaginons que des agrégats, comme nous ne pensons que des rapports.

Les corps accusent leur volume, c'est-à-dire leur étendue totale, par leur juxtaposition. De même, dans un corps, les parties de ce corps, qui sont des corps, jusqu'à ce que, réduisant sans cesse le volume des parties, on arrive aux moindres, qu'on appellera, si l'on veut, atomes, qui accusent également leur étendue par leur juxtaposition, mais qui ne se peuvent plus diviser sans disparaître. L'étendue est une pluralité, puisqu'elle est une juxtaposition, ou qu'elle en résulte. Les parties de ces moindres corps, n'étant plus composées, sont liées entre elles de manière à former par leur groupement un volume, une étendue ; chacune d'elles, abstraction faite du groupe, est inétendue, mais aussi ne peut-on ni la percevoir ni l'imaginer, ni se la représenter aucunement. L'atome, ou le corps simple, mais représentable, des chimistes, est donc composé en réalité ; et néanmoins il ne peut être divisé, parce que celui qui le diviserait arriverait à des points métaphysiques, à de pures monades, et, quand il tiendrait des êtres, mais non représentables, croirait ne plus rien tenir : il n'aurait plus de corps, il outrepasserait la matière, il ne saisirait plus rien. Nous avons donc le corps, divisible ; l'atome, dit corps simple, quoique divisible, mais indivisible physiquement ; la monade, ou le point, métaphysiquement, absolument indivisible ou un.

Il a été dit que l'un est infini, et qu'il est unique. Les monades sont des unités simples, éléments finis de groupes qu'elles forment : il semble que la contradiction soit flagrante. Mais elles ne sont pas des êtres, elles sont des puissances, des forces, des virtualités, comprises dans l'unité de l'être infini, qui ne sont aussi qu'autant que cet être les réalise, qui n'existent que dans un commencement d'acte ; dépendantes les unes des autres, solidaires et liées dans cette unité, sans quoi chacune serait un tout, et il n'y aurait point d'étendue.

Un philosophe distingué, T. H. Martin, dans sa très intéressante *Philosophie spiritualiste de la nature,* propose pour composants des indivisibles étendus. S'ils sont étendus, ils ne sont pas indivisibles ; et M. Martin accorde qu'ils ne le sont pas absolument, mais naturellement : ce sont des atomes. Ils se composent donc d'éléments inséparables, mais distincts. Tout inséparables qu'ils puissent être, dès qu'ils sont distincts, ils sont plusieurs, ils forment un nombre ; le composant est encore un composé, mais un composé d'une infinité actuelle de parties, ce qui est contradictoire, ou d'un nombre fini de parties absolument indivisibles, mais alors inétendues.

*
* *

On connaît l'argument d'un ingénieux sceptique de la Grèce : Achille aux pieds légers poursuit une tortue ; Achille fait dix mètres (j'emploie la mesure moderne, plus commode) pendant que la tortue en fait un, mais à chaque dix mètres que fait Achille, la tortue en fait un, et à chaque mètre, un décimètre, et à chaque décimètre, un centimètre, et à chaque centimètre, un millimètre, etc., de sorte qu'elle sera toujours en avant d'une fraction d'étendue, si petite qu'on la veuille, mais réelle, et Achille ne l'atteindra jamais.

Qu'on ne dise point qu'Achille la dépassera dès qu'il ne sera plus qu'à un mètre de distance, parce que le seul pas d'Achille vaut plus d'un mètre : qu'importe ? Ce pas, qui vaut plus d'un mètre, ne peut mesurer et réaliser sa valeur sans en parcourir toute la ligne, avec toutes les divisions possibles de la ligne, décimètres, centimètres, millimètres, etc., à l'infini. — Donc Achille aux pieds légers n'atteindra pas la tortue lente.

— « Voilà à quoi s'amusait le plus spirituel et aussi le plus frivole peuple de la terre ! » dit un jour un professeur de l'École normale supérieure à ses élèves en le leur citant. — « Réfutez-le », lui répondit-on. Et il était moins aisé de le réfuter que d'en rire.

C'est qu'en effet le mobile, s'il parcourt une grandeur qui, parce qu'elle peut être diminuée à l'infini, s'évanouit en quelque sorte à mesure qu'il approche d'un terme, n'y arrivera pas.

Mais dire que la grandeur peut être augmentée ou diminuée à l'infini, ce n'est pas dire que l'augmentation ou la diminution d'une grandeur réelle ne s'arrête nulle part : c'est dire d'abord que, si elle s'arrête quelque part, il n'y a rien dans la notion de grandeur qui puisse déterminer cet arrêt ; c'est dire ensuite qu'elle doit s'arrêter quelque part, au contraire, puisque ni l'augmentation ne peut atteindre l'infini, ni la diminution zéro. Une réelle grandeur n'est pas une somme infinie de zéros de son ordre, ce qui est contradictoire, mais une somme finie d'unités indivisibles, de monades. Un mobile parcourant une série d'intervalles égaux, atteindra le terme cherché. Un mobile parcourant une série d'intervalles qui décroissent toujours, ne l'atteindra pas ; mais ces intervalles ne peuvent décroître toujours, quoiqu'ils le puissent indéfiniment. Indéfiniment : c'est-à-dire, et que le dernier degré ne saurait être fixé, et qu'il y a un dernier degré, l'indéfini n'étant pas l'idée d'une réalité, mais d'une possibilité dont les applications doivent être finies : ils ne peuvent donc décroître que jusqu'à la rencontre de l'unité réelle, laquelle, étant indivisible, donne enfin la série des intervalles égaux qui permettront au mobile d'atteindre le terme. Si ces derniers intervalles, réellement indivisibles, s'expriment par un nombre divisible, c'est que le nombre doit pouvoir se diviser toujours, pour exprimer la divisibilité de l'étendue, non plus comme étant telle quantité, mais comme étant quantité ; et ce n'est plus alors l'intervalle, c'est le nombre qui l'exprime, qui est divisible.

L'étendue est divisible à l'infini. Si elle est l'essence de la matière, comme le veut Descartes, ou si, comme on le pense très généralement, elle entre du moins, sans être la matière même, dans l'essence de la matière, les derniers éléments des corps seront étendus et la matière sera, comme l'étendue, divisible à l'infini. Et c'est sur la divisibilité de la matière à l'infini que se fonde l'argument du raisonneur grec. La proposition, qu'Achille aux pieds légers n'atteindra pas la tortue lente, est équivalente à cette autre : La matière est divisible à l'infini. Et, comme elle est fausse, l'autre l'est également : il est faux que la matière soit divisible à l'infini. Les éléments de la matière, les composants de ces agrégats ou de ces masses qui sont les corps, sont indivisibles, simples, inétendus.

※
※ ※

Ces éléments inétendus, ces points de résistance, et aussi d'action, agissant et réagissant les uns sur les autres, d'ailleurs impénétrables parce qu'ils sont irréductibles les uns aux autres, sont donc aussi extérieurs les uns aux autres. Extérieurs dans le même sens, ils forment une ligne droite indéfiniment continue. On conçoit qu'ils puissent l'être en tous sens, formant des lignes droites dans toutes les directions : mais toutes les directions se ramènent à trois fondamentales, la droite, la perpendiculaire à cette droite, et la perpendiculaire au croisement des deux. La droite embrasse tous les points de la ligne ; la perpendiculaire à cette droite embrasse toutes les lignes du plan ; et la perpendiculaire au croisement, ou au plan, tous les plans du volume. Ce sont les trois dimensions de l'étendue. Les trois se conçoivent, et une quatrième ne se conçoit pas : car une perpendiculaire à la troisième, c'est-à-dire à la perpendiculaire au plan, serait parallèle au plan. Largeur, hauteur, profondeur : largeur, c'est la première dimension, la ligne ; hauteur, la perpendiculaire à cette ligne, la seconde dimension, le plan ; profondeur, la perpendiculaire à ce plan, la troisième dimension : une perpendiculaire à la profondeur serait parallèle à la hauteur, appartiendrait à la hauteur, rentrerait dans la seconde dimension, et ainsi il ne saurait y en avoir d'autre. L'hypothèse d'une étendue à quatre, cinq, six, à N dimensions, peut se poser verbalement, et l'on en peut déduire toutes sortes de conséquences, comme on peut tirer d'une proposition quelconque, fausse ou vraie, absurde ou raisonnable, tout ce qu'elle contient ; mais une telle hypothèse ne peut pas plus se concevoir qu'elle ne peut se représenter, et les curieuses constructions d'une géométrie imaginaire, qui a été le jeu de quelques géomètres, ne relèvent pas plus de l'étendue intelligible que de l'étendue réelle.

*
* *

La conception de l'étendue n'en est pas la représentation. Celle-ci est toute subjective. Kant fait de l'espace et du temps des formes de la sensibilité pure : s'il s'agit des représentations de l'espace et du temps, il est dans le vrai ; s'il s'agit, non plus de se les représenter, mais de les concevoir, de les entendre, ils ont un caractère objectif : il y a, en dehors de nos représentations, une coexistence de points irréductibles, impénétrables, dont l'extériorité réciproque comporte trois dimensions et n'en comporte que trois, c'est l'étendue, possible à l'infini ; et c'est l'infinité de l'étendue possible qui est l'espace, de même que le temps, on le verra, est l'infinité de la durée possible.

Nous nous représentons l'étendue sous une forme toute subjective, et l'espace n'a point d'existence réelle, actuelle, il n'est que le possible de l'étendue ; infini, mais c'est l'infini d'un possible, non d'un réel. De même nous nous représentons la durée sous une forme toute subjective, et le temps n'a point d'existence réelle, actuelle, il n'est que le possible de la durée : infini, mais c'est l'infini d'un possible, non d'un réel. Il y a toutefois quelque chose de réel, et qui ne peut l'être que d'une manière, non d'une autre : pour l'espace, l'étendue, c'est-à-dire la multiplicité coordonnée de monades coexistantes ; pour le temps, la durée, c'est-à-dire la multiplicité coordonnée non plus des monades ou des forces, mais de leurs effets, qui ne peuvent être que successifs.

Ceci doit être expliqué.

XIV

Le temps est comme l'espace. L'espace et le temps se croisent : tout le temps est dans un même espace, tout l'espace dans un même temps.

Le temps est-il la durée ? je veux dire la chose qui dure ? Non. Les durées sont dans le temps, elles ne sont pas le temps. Une durée ôtée, le temps qu'elle occupait n'est pas ôté ; et quand on ôterait la durée entière, reste le lieu ou, pour mieux dire, la puissance de la durée, qui est le temps. Le temps est-il donc infini ? Non, car il y a un temps long, un temps court, il augmente, il diminue, il se divise. Est-il un être ? Non. Une manière d'être ? Mais de quel être ? Des choses qui durent ? Il se confondrait avec la durée de ces choses. Le temps déborde toutes les durées, comme l'espace toutes les étendues. De Dieu ? Il se confondrait avec l'éternité divine, et serait indivisible. Qu'est-il donc ? Une quantité. Comme l'espace est l'indéfini de l'étendue, le temps est l'indéfini de la durée.

On dit qu'une chose dure, quand elle persiste dans son être, ou dans sa manière d'être ; quand elle demeure ce qu'elle est. Il faut donc entendre que durer c'est être, et changer cesser d'être. La durée d'une chose se rapporte à celle d'une autre, qui dure plus ou qui dure moins, qui change plus tard ou plus tôt ; et elle se limite par le changement de cette même chose : car, tant que la chose ne change pas, la durée n'en peut être mesurée, faute d'être déterminée et finie. Ainsi la durée est mesurée par le changement. Point de changement, point de durée : l'être immuable ne dure pas, parce qu'il dure toujours, il demeure fixe dans son être, il est. Si rien ne changeait dans le monde, les choses, restant immuablement ce qu'elles sont, ne dureraient point plus ou moins l'une que l'autre, elles demeureraient fixes dans leur être, elles seraient ; il n'y aurait pas de durée, la durée étant une comparaison et un rapport. C'est donc par le changement que se marque l'avant et l'après ; le changement est le mouvement des choses qui deviennent autres, qui *altèrent* et modifient leur être.

Elles ne changent pas dans leur être même, mais dans leur manière d'être. Si elles changeaient dans leur être, ce ne serait plus un changement, mais l'anéantissement d'un être et la création d'un autre : deux êtres qui se succèderaient l'un à l'autre, non un être qui changerait. Tous les êtres du monde, qui vivent dans un perpétuel changement, seraient donc à chaque instant anéantis et de nouveau créés : point de durée, éternité d'être, pour ce qui ne change pas ; pour ce qui change tout entier, point de durée, ni de substance, ni d'être. Ce qui ne change pas est au-dessus de la durée ; ce qui change tout entier est au-dessous. Les phénomènes, qui changent tout entiers, changent aussi continûment ; au même instant, ils sont et ne sont plus : c'est pourquoi ils ne sont pas des êtres, mais des apparences, des formes, des manifestations d'être. Dans chaque être donc, un fond qui ne change pas, une forme qui change sans cesse. Un être, du moment qu'il est, est pour toujours : il demeure dans son être, il change dans sa manière d'être.

*
* *

Comme tout changement est phénomène, comme tout phénomène a une cause, il s'ensuit que la durée, mesurée par le changement, dépend des causes qui le font. Et si la cause n'est autre que la raison d'être des effets, si ce qui fait qu'une chose est le même qui fait qu'elle doit être, il s'ensuit qu'en rigueur l'avant est l'antécédent, l'après le conséquent, chronologique et logique à la fois : les phénomènes de l'univers se causent l'un l'autre, se succédant parce qu'ils se produisent, et se produisant parce qu'ils s'engendrent ; l'ordre de succession figure l'ordre de causalité, qui est le même que l'ordre par lequel est déduite d'un principe une conséquence, principe d'une conséquence nouvelle, jusqu'à la fin. Au point de vue du pur intelligible, qui est celui de la raison divine, il n'y a ni passé ni avenir, mais un éternel présent : ou plutôt, le passé, c'est la cause, le principe ; et l'avenir, c'est l'effet, la conséquence. L'univers se déroule sous le regard de Dieu comme une vaste déduction dont le commencement et la fin sont en lui.

Qui voit les conséquences dans le principe retient toujours le principe dans les conséquences ; il voit dans le passé l'avenir, et dans l'avenir, présent pour lui, retient le passé : il voit le tout ensemble. Si je comprends les phénomènes que j'ai devant les yeux, je trouve en eux toute la série des phénomènes-principes dont ils sont les effets, et, par le même acte de mon esprit, toute la série des phénomènes-conséquences dont ils sont les causes ; les unes sont encore et les autres sont déjà pour moi : tout leur passé et tout leur avenir me sont présents. Il n'y a donc pour la raison qu'un présent : à l'expérience appartiennent le passé et l'avenir. Comme la déduction est une succession logique, la succession chronologique est la forme sous laquelle se présente à mon expérience la déduction que ma raison ne saisit pas.

Le temps serait-il, s'il n'y avait point de changements, point de phénomènes, manifestations variables d'immuables substances ? Mais les phénomènes sont par l'action des conditions qui les font se produire, ou (comme on dit, et nous parlons ici le même langage) des causes qui les produisent, et ils sont donnés avec l'action de ces causes. La cause, dès qu'elle est, agit ; dès qu'elle agit, produit son effet ; et le phénomène existe. Tous les effets sont donc avec toutes les causes ; et si plusieurs sont à leur tour causes d'autres effets, leurs effets sont avec eux, comme ils sont avec leurs causes : d'où il résulte qu'il n'y a point d'autre antériorité que l'antériorité de la cause sur l'effet, toute logique. Leibniz a défini l'espace « l'ordre des coexistants » ; définissons le temps « l'ordre des conséquents ». Le mot même de *conséquents,* qui marque la déduction comme une suite, marque aussi la suite, ou la succession, comme une déduction.

* * *

D'où vient cependant que la déduction nous apparaît succession ? C'est qu'il y a autre chose que déduction pure : je dis, autre chose en nous. Il y a dans le temps un autre élément que le rapport d'antériorité et de postériorité logiques des causes et de leurs conséquences : mais cet autre élément n'est rien d'objectif, il réside tout entier dans l'activité, dans la volonté libre, dans l'âme, cause première elle-même (cause première seconde, si l'on me passe une telle expression, étrange, mais juste), elle-même principe et fin en sous-ordre, de sa vie et de ce qui constitue sa vie, — dans l'âme, qui crée sans cesse, et dont la vie n'est pas une continuité, mais une création continuée par son propre vouloir, et comme un recommencement incessant de son être. Or, le sentiment du temps est le sentiment de ce recommencement incessant dans la continuité. Le temps ne comporte pas seulement des moments qui ne seraient que des suites logiques ; mais chaque moment du temps, s'il est une suite, est aussi un commencement, et encore une fin. Chacun est un point d'arrêt possible ; ce qu'il ne serait pas, s'il n'était qu'une suite : car une suite n'est pas plus une fin qu'elle n'est un commencement, mais suppose un postérieur comme un antérieur dans un continu. La déduction explique la suite ; elle n'explique pas le point d'arrêt possible. C'est l'activité de l'âme qui en rend compte.

L'âme, tant qu'elle vit sa vie propre, tant qu'elle a conscience d'elle-même, ne cesse pas d'agir : si elle cesse d'agir, elle cesse à l'instant d'avoir conscience d'elle-même, de vivre sa propre vie. Elle agit donc, soit qu'elle veuille, ou qu'elle sente : quand elle sent, c'est qu'elle réagit sur le dehors, elle s'approprie la modification qu'elle en reçoit, et l'accueille ou la repousse, mais, alors même qu'elle la repousse, la fait sienne par la conscience. Elle est affectée, sans doute ; mais autre chose est d'être affectée, ou d'avoir conscience qu'elle est affectée, ce qui est sentir : elle crée donc, par cette appropriation de l'affection qu'elle éprouve, son propre sentir, comme elle crée son penser, son vouloir. Chacun des phénomènes de la conscience, créé de la sorte par l'action intérieure qui lui imprime son caractère, est un commencement et une fin, parce qu'il est une œuvre qui part de l'âme et se rapporte à l'âme, qui a dans l'âme son terme comme son principe. Tous ensemble sont des effets, simultanés (comme sont tous les effets) avec leurs causes, mais effets de causes multiples, actes multiples d'un même agent ; ou plutôt effets d'une même cause se produisant par des actes multiples. Effets de causes diverses, ils seraient coexistants et constitueraient l'espace ; effets divers d'actes multiples d'une même cause, ils se distinguent les uns des autres, et constituent un autre ordre, l'ordre des successifs. Mais de même que les coexistants ne formeraient pas un ordre s'ils n'étaient que diversité sans unité, s'ils n'étaient, dans l'objet, manifestations multiples d'un même être, et, dans le sujet, représentations multiples à un même être ; de même les successifs ne formeraient pas un ordre s'ils n'étaient que diversité sans unité, si chacun des moments du temps n'était qu'un commencement et une fin, un point d'arrêt, sans être une suite. On a vu que chacun d'eux est une suite logique, retenant le passé et contenant l'avenir ; on a vu que la succession est une déduction. Qu'il en soit ainsi dans l'objet, nulle difficulté. Peut-il en être ainsi dans le sujet ? Si les phénomènes de la conscience résultent d'autant d'actes du moi, chacun de ces actes n'est-il pas un commencement, loin d'être une suite ? Ou, s'il est une suite, n'est-il pas une suite arbitraire, le simple fait d'un acte distinct d'un autre acte, loin d'être une suite logique ?

Pour entendre ceci, mettons l'âme en sa place, c'est-à-dire en présence d'un monde conçu comme un ensemble de phénomènes logiquement ordonnés. Elle les saisit par sa propre action, mais non par un acte unique. Si elle les saisissait par un acte unique, elle les saisirait tous ensemble comme des coexistants en un même temps éternel ; si elle saisissait chacun d'eux par un acte différent, il n'y aurait point de coexistants pour elle, point d'espace. Elle ne les saisit pas tous, mais ceux-là seuls qu'un concours de causes met en rapport avec elle ; ceux-là, elle les saisit ensemble par un acte unique, comme des coexistants en un même temps qui est le présent pour elle, et qui lui donne diversité dans l'unité, un espace. Le développement logique des choses, le déroulement des causes dans leurs conséquences, établit des rapports nouveaux entre elle et de nouveaux ensembles de phénomènes, qu'elle saisit par de nouveaux actes : autant d'actes, autant de commencements ou de recommencements, autant de fins, autant de points d'arrêt possibles, dans une suite. La suite est hors de nous ; les points d'arrêt sont en nous : c'est nous qui, par les divers actes dont nous saisissons, dont nous affirmons nos rapports divers avec le monde, mettons ces points d'arrêt dans la suite logique, dans l'inflexible et éternelle chaîne des phénomènes de la nature.

Ces actes, qui sont des affirmations, se rapportent aux phénomènes extérieurs, sans être déterminés par eux, mais par nous. Causes de nos propres actes, c'est nous qui les produisons, mais non solitairement ; nous les produisons solidairement, en concours avec une action étrangère dont l'effet n'est pas de les produire, puisqu'ils sont nôtres, mais de nous provoquer à les produire. C'est ainsi que, tout en étant ce qu'ils doivent être selon la toute-puissance qui régit l'univers, ils nous appartiennent bien : déterminés par notre activité, ils le sont encore par l'intimité de notre être, par notre propre nature, soit que nous l'ayons reçue, ou que nous nous la soyons faite nous-mêmes. La suite n'est donc pas hors de nous seulement, mais en nous : avec cette différence que les deux éléments du temps, le point d'arrêt possible et la suite, sont en nous, tandis qu'il n'y a hors de nous qu'un seul des deux éléments du temps, la suite, la déduction des effets donnés tous ensemble dans leurs causes.

Il n'y a de temps, comme il n'y a d'espace, que le multiple : le temps est la multiplicité de nos appréhensions des choses, comme l'espace est la multiplicité des choses que nous appréhendons par un seul acte de notre esprit.

L'espace est le possible de l'étendue ; l'étendue est la coexistence des êtres saisis par un même acte de l'être spirituel dans la multiplicité présente de leurs phénomènes. Le temps est le possible de la durée ; la durée est la présence d'un même être spirituel à une suite de phénomènes saisis dans leur liaison par la multiplicité de ses actes.

*
* *

Il faut distinguer pour le temps comme pour l'espace la conception et la représentation. Celle-ci est aussi, comme pour l'espace, toute subjective : mais il y a, en dehors de notre représentation du temps, une série continue de principes et de conséquences, de causes et d'effets, appréhendés dans la multiplicité d'ensembles partiels par la multiplicité des actes d'un moi incapable de les saisir en leur ensemble total. Ces ensembles partiels diffèrent entre eux, selon l'action des causes qui les produisent et en diversifient les éléments ; ils diffèrent donc, non dans tous leurs éléments, mais dans quelques-uns, tandis que d'autres se retrouvent en plusieurs ensembles : c'est dire que les uns durent moins, d'autres plus ; qu'en dehors de notre manière à nous, toute subjective, de nous les représenter, il existe des durées ; et c'est l'infinité de la durée possible qui est le temps.

Le temps n'est, disons-nous, que le possible de la durée ; la durée seule est réelle. Elle ne peut donc, non plus que l'étendue, se voir ou se concevoir du dehors. Avant ou après, elle n'est pas : ce qui serait avant serait une durée antérieure, ce qui serait après serait une durée postérieure : ajoutons toutes les durées, prenons la durée totale, mais réelle, elle ne comporte point d'avant ni d'après.

Les durées s'ajoutent, non les instants.

Une durée réelle, c'est-à-dire la durée d'une chose qui existe, n'est successive qu'à notre regard : elle ne se compose pas d'instants ajoutés, distincts, et comme extérieurs les uns aux autres ; mais chaque instant est l'indissoluble union d'un passé et d'un avenir, — avenir qui commence dans un passé qui finit, parce qu'il est une conséquence dans son principe, un effet dans sa cause. Chaque instant contient quelque chose de l'instant futur, et nul instant ne saurait être le dernier : la durée de l'univers, toujours finie, puisqu'elle a dans chaque instant sa fin actuelle, sa limite aussitôt dépassée que posée, va, sans être infinie, à l'infini, et il n'est pas à craindre que jamais, jamais, jamais le temps s'arrête. Chaque instant retient quelque chose de l'instant passé, et nul instant ne saurait être le premier, sinon le premier principe, la première cause, la substance dont le monde est le mode multiple comme il est le multiple effet de cette cause unique : l'Être infini, source intarissable d'où sort inépuisablement l'univers.

*
**

Parmi les difficultés célèbres que de subtils anciens soulevèrent contre le mouvement, figure l'argument de *la flèche*. Une flèche fend l'air : à un certain instant, elle occupe un certain espace ; à l'instant suivant, l'espace suivant : mais comment, quand, et par où, a-t-elle pu passer de l'un à l'autre ? Prise à deux instants consécutifs, elle n'est pas en passage, mais bien en deux espaces consécutifs. Entre deux instants consécutifs, point d'instant intermédiaire qui puisse être celui du passage ; et point d'espace intermédiaire, qui soit celui du passage, entre deux espaces consécutifs.

On voit la force de l'argument. Celui de l'*Achille aux pieds légers* était d'une réfutation plus facile. Nous suffira-t-il encore de ramener toute réalité de temps, comme nous avons ramené toute réalité d'espace, à une série d'indivisibles ? Des indivisibles nous donnent des consécutifs, mais non le passage des uns aux autres.

Il faut répondre qu'il n'y a pas proprement d'instants consécutifs, parce que les instants ne s'ajoutent pas ; qu'un instant est précisément le passage d'un passé qu'il retient encore à un avenir qu'il contient déjà.

Il faut répondre qu'un mouvement n'est pas, comme on le répète, un effet, mais une suite d'effets, parce qu'il est une suite de positions dont chacune est un effet ; qu'il n'y a hors de nous que des suites logiques ; que, tous les effets étant donnés ensemble avec leurs causes, et toutes les causes avec la cause première dont elles-mêmes ne sont que des effets, tout est donné ensemble ; que le mouvement est donné tout entier avec les causes-effets qui ont pour effets les diverses positions dont la suite le constitue ; que la flèche est où elle était, où elle sera : elle est encore là, elle est déjà ici, elle est avec tout son passé, avec tout son futur, parce qu'il n'y a pas d'autre passé que la cause, qui tient sa conséquence, ni d'autre futur que la conséquence, qui est dans la cause ; qu'en toute chose le devenir, passage de la puissance à l'acte, n'est que la manifestation de forces toujours présentes qui ne se produisent diversement que parce qu'elles se combinent diversement, et ne se combinent diversement que parce qu'elles sont multiples ; qu'une force devient selon qu'elle se produit ou se développe, et se développe selon qu'elle entre en combinaison avec d'autres forces ; qu'en rapport avec le devenir de la flèche qui se meut, ou, pour être plus exact, du groupe de forces qui sont la flèche en mouvement, est le devenir de l'âme qui la perçoit dans la diversité de ses combinaisons avec d'autres forces et avec elle-même : d'où une diversité d'affirmations, qui sont les points d'arrêt possibles, les moments du temps, et font une succession en nous de ce qui n'est hors de nous qu'une suite logique sans passé ni futur.

*
* *

Est-ce à dire qu'il n'y ait point de temps au regard de Dieu ? Il y a la déduction, la succession logique des choses hors de lui, mais en dépendance de lui, et vue par lui dans son immuable présent : ce ne serait là toutefois qu'un des deux éléments du temps, la suite, le continu ; l'autre est aussi en lui, l'acte, ou les actes, l'acte multiple en son unité, qui pose le monde.

Le monde a un commencement, puisqu'il est multiple, puisqu'il est fini : une série de phénomènes sans commencement serait, ou un infini réalisé, contradiction ; ou un infini composé d'éléments finis, autre contradiction. Un monde qui n'aurait pas commencé présenterait la contradiction d'un nombre de phénomènes sans premier terme. Le premier terme est, pour chacun de nous, dans l'acte par lequel nous appréhendons tout d'abord les phénomènes extérieurs : chacun de nos actes introduisant dans le temps un point d'arrêt possible, il y a pour chacun de nous un commencement du monde, et l'ensemble des phénomènes auxquels il nous est donné d'assister est exprimable par un nombre. Mais cet ensemble est précédé d'un autre, qui, pour nous avoir échappé, n'en est pas moins réel ; celui-ci d'un autre, et celui-ci d'un autre : sans fin? Non : car chacun de ces ensembles n'est lui-même qu'une unité d'ordre supérieur dans le nombre exprimant la totalité de ces ensembles de phénomènes qui sont nos mondes, et qui constituent le monde. Il y a donc une première unité, et un commencement du monde. S'il y a plusieurs mondes, il y a un premier monde, première unité de la totalité des mondes : un commencement de l'Univers.

***

On a vu que les actes créateurs des faits de conscience sont des commencements et des fins, des points d'arrêt possibles dans le temps : l'acte par lequel Dieu pose le monde est le commencement du monde, et l'acte par lequel il se pose lui-même est son propre commencement, si l'on peut parler d'un commencement de l'être : je veux dire qu'il est à lui-même son principe. Il n'est pas posé ; il se pose, et il pose le monde. Le monde est par lui, et il est par lui-même. Dès qu'il est, il commence le monde. Il est, et il agit, et il produit. En s'affirmant, il affirme le monde, dont il contient toutes les possibilités à l'état de virtualités comprises dans sa nature ; et il se produit en produisant le monde.

Dieu se produit : qu'est-ce à dire ? N'est-il donc pas, et n'est-il pas éternellement ? Il se produit comme il s'affirme, par un acte éternel d'une conscience qui embrasse tout.

Le temps ne commence qu'avec les actes du moi : l'activité du moi, d'où ils émanent, est en dehors du temps ; le premier de ces actes n'est donc premier qu'eu égard à la suite : il précède tout, et ne suit rien, sinon la cause même, toujours préexistante, la cause éternelle dont il est l'effet temporaire. Demander en quel temps il a été opéré, c'est demander le son d'une lumière, ou la couleur d'un bruit.

L'activité du moi constitue, par ses actes, un des éléments du temps, dont l'autre est le rapport logique, absolu, de principe à conséquence, de cause à effet : deux aspects de la causation : dans l'objet, c'est la production des conséquences par le principe ; dans le sujet, c'est la production des actes par l'activité ou la volonté du moi. Pour le moi lui-même, la question du temps n'a point de sens. Le temps est donc, pour chaque moi, ce qu'il embrasse par ses actes ; et comme il y a d'autres moi, il y a d'autres temps, chacun a le sien : le moi divin embrassant par ses actes, ou par un acte infini, tout ce qui existe, c'est là tout le temps, et il n'y en a point d'autre.

* *
*

L'acte qui pose le monde, multiple en son unité, pose la multiplicité ordonnée de l'être, dans la coexistence de tous les êtres et la conséquence de tous les phénomènes. Ici apparaît une autre distinction entre l'espace et le temps : le temps est la conséquence des phénomènes, l'espace est la coexistence des êtres. Tous les êtres coexistent, en dehors du temps, dans leur éternelle activité, dans leur virtualité divine. Ils sont les virtualités de l'être ; ils sont divins dans leur principe ; ils sont en Dieu, ils sont une participation de la substance de Dieu. Toute substance, comme toute puissance causatrice, comme toute volonté, comme toute raison, est une participation de la raison, de la volonté, de la puissance, de la substance de Dieu. Les êtres sont des substances secondes, empruntées à l'absolue et unique substance ; et leurs puissances, des causes secondes, qui tirent toute leur efficace de l'absolue et unique cause ; leurs volontés, des volontés secondes en concours avec l'absolue et unique volonté ; leurs raisons, des raisons secondes, dérivées de l'absolue et unique raison : tous êtres en communion avec un seul être qui est l'Être, et qui ne diffèrent entre eux que par la conscience de cette communion ; tous êtres dont la vie individuelle, qui se distingue et se détache sur le fond commun de l'Être, a pour principe l'unité inconsciente et pour fin l'unité consciente avec Dieu : Dieu les affirme en s'affirmant, parce qu'ils sont en lui, parce qu'ils sont de quelque manière lui-même, parce qu'ils sont divins dans leur fin comme dans leur principe ; Dieu s'affirme en les affirmant, parce qu'il prend conscience de son activité dans son acte, dans l'acte qui pose le monde.

Ne peut-il agir sans poser le monde ? agir d'une action toute intérieure ? Mais la création même est une action intérieure : il n'y a rien d'extérieur à Dieu, il n'y a point d'être hors de l'être. Le rapport de l'être absolu aux êtres relatifs, ou de l'être infini aux êtres finis, n'est pas un rapport d'addition : l'infini et le fini ne se peuvent ajouter, étant incommensurables entre eux. On ne saurait concevoir les êtres comme formant une somme A + B + C... + Dieu : ce serait borner l'être de Dieu par celui des autres. Les autres sont autres sans lui être extérieurs : « C'est en lui que nous avons la vie et le mouvement et l'être (St-Paul). » Dieu n'est pas l'extrémité d'une série, mais le principe omniprésent de tous les termes de la série : le rapport les êtres à l'être n'est pas une addition, mais une pénétration intime où s'unissent, sans se confondre entre eux ni avec lui, tous les finis dans l'infini, immédiatement présent en chacun d'eux. L'infini, qui ne s'ajoute pas aux finis, n'est pas non plus leur tout, puisque un tout de finis est encore un fini, puisqu'il est en eux et en chacun d'eux comme chacun d'eux et tous ensemble sont en lui ; ni leur unité substantielle, puisqu'ils sont substances : mais la substance de ces substances, l'être de ces êtres, l'Être-Principe. Dieu n'est pas seulement un être en relation avec d'autres êtres, mais l'Être même, qui est en toutes choses comme toutes choses sont en lui, l'Être des êtres, le Par quoi et le Pour quoi de tout ce qui est, l'Origine et la Fin, la Toute-Puissance, Toute-Sagesse, Toute-Beauté, distincte mais non séparée de l'Univers, dont elle est le Principe : il n'est aucun des êtres du monde qui, soit qu'il le sache ou l'ignore, ne subsiste en communion avec Dieu ; plus on a l'âme haute, plus on a conscience de cette communion : « Mon Père et moi nous sommes un. »

Poser le monde n'est donc pas, pour Dieu, agir extérieurement, mais intérieurement ; et agir intérieurement c'est, pour Dieu, produire l'intelligible, réaliser le possible, poser le monde.

L'être absolu, Dieu, puissance infinie, pense éternellement l'intelligible, possible infini, et éternellement l'exprime ou le réalise, le produit en acte.

Trois choses éternellement distinctes en elles-mêmes : la Puissance infinie d'être, de penser, d'agir ; l'objet infini de la Puissance, l'Intelligible ; l'œuvre infinie de la Puissance, le Monde.

Trois choses éternellement distinctes en Dieu : l'Être pouvant infiniment penser et agir, c'est la Puissance infinie ; l'Être pensant infiniment son objet, c'est l'Intelligence infinie ; l'Être agissant infiniment dans la production de son œuvre, c'est la Vie infinie.

Et ces trois choses sont infiniment réelles : si Dieu ne pensait pas, il ne réaliserait pas sa puissance de penser, il ne serait pas Intelligence en acte ; si Dieu n'agissait pas, il ne réaliserait pas sa puissance d'agir, il ne serait pas Vie en acte.

Dira-t-on que le monde n'est pas infini ? Sans doute il ne l'est pas, puisqu'un tout de finis est fini ; et toutefois il l'est à sa manière, en ce qu'il n'est borné dans son être que par l'impossible, par le contradictoire, par le néant. L'espace et le temps, on l'a dit, ne peuvent être vus ni conçus du dehors.

Dira-t-on que, si Dieu n'a conscience de soi qu'en s'affirmant et ne s'affirme qu'en posant le monde, il n'a pleine conscience de soi que quand le monde entier est posé, à l'extrémité des siècles ? Dieu qui devient, mais qui n'est pas ? qui, devenant toujours, ne sera jamais ? Non. L'acte par lequel Dieu pose le monde, c'est l'acte par lequel Dieu pense l'intelligible, et le réalise : le monde est posé tout entier dans la pensée de Dieu, dès que l'intelligible est pensé ; et tout entier réalisé dans son propre être, dès que l'intelligible est voulu. Dieu, pour s'affirmer, pense l'intelligible, et l'affirme ; et, en l'affirmant, y acquiesce, le reconnaît

bon, le veut. *Et vidit quia erant valde bona* (Vulgat).
Les choses ne sont pas bonnes parce qu'il les fait
telles, ni même parce qu'il les fait être : il les fait
être parce qu'elles sont bonnes, et c'est aussi parce
qu'elles sont bonnes qu'il les reconnaît telles : mais
sa volonté les reconnaît non moins que son intelligence : un seul acte d'acquiescement accepte l'intelligible, en affirme le bien, et le réalise. Il faut que l'Être
s'unisse à l'intelligible, pour prendre intelligence et
conscience de soi, pour se comprendre soi-même,
pour pouvoir affirmer son être : mais qu'est-ce que
l'intelligible, sinon le possible, le concevable, le
rationnel ? Et s'unir au rationnel, n'est-ce pas le
vouloir ? Le vouloir, n'est-ce pas réaliser le monde ?

Le monde est réalisé en Dieu, dès qu'il est voulu.
S'il ne l'est pas encore en lui-même, c'est à notre
regard, non au regard de Dieu : on peut dire qu'il est
réalisé en lui-même, dès qu'il l'est en Dieu, principe
et fond des êtres, substance des substances du monde.
Et d'ailleurs, la durée n'étant, dans l'absolu, que la
déduction ou la succession logique des choses, Dieu
n'a-t-il pas le temps tout entier présent devant lui ?
N'est-il pas dès l'origine à l'extrémité des siècles ?

Ainsi s'explique le temps en présence de l'éternité.
Ce qui n'a pas en soi le principe de son être, ce qui n'est
point par soi, mais par autrui, commence : Dieu précède toutes choses, étant le principe de toutes choses.
Dès que Dieu est, les êtres sont ; tous les effets sont
donnés dans les causes : et comme le premier effet en
cause un autre, qui en cause un troisième, sans fin,
tout ce que l'expérience, faute de le voir en sa déduction, place dans une succession chronologique, est
toujours : tout ce qui a été, tout ce qui sera, est. Tous
les effets sont déjà dans leurs causes, toutes les causes

sont encore dans leurs effets. Le monde existe de tout temps, et il n'est pas éternel : de tout temps, car le temps commence avec lui, et avec lui, si jamais il cesse d'être, finira le temps ; sans être éternel, parce qu'il se déduit dans la multiplicité des êtres et des phénomènes ; et parce qu'il relève d'un principe supérieur, pour une raison plus haute que soi. Il a son commencement et il a sa fin dans l'Éternel.

XV

Le temps n'est pas infini, non plus que l'espace, car l'espace et le temps ne sont point des êtres. L'infini est l'être sans bornes ; l'absolu, l'être sans conditions ; le parfait, l'être achevé, l'être ayant la plénitude entière de l'être.

Les rapports, objets de la raison, lient deux termes dont l'un est l'être, l'autre la détermination de l'être : l'être, distingué mais non séparé de sa détermination, est absolu, substance, cause, nécessaire, un, simple et immuable, infini, en tant qu'être : il n'est point parfait, il n'est qu'une virtualité pure. Il n'est point achevé, n'étant pas même commencé tant qu'il n'est pas déterminé : être sans existence, non véritablement être, mais être possible : qu'il se réalise, qu'il se détermine, il est relatif, mode, phénomène, contingent, multiple, composé, variable, fini. Ces termes sont contraires et identiques deux à deux : l'un étant la raison et le principe, l'autre la forme et la réalité de l'être.

Le phénomène étant donné, il faut affirmer l'être qu'il exprime : c'est, en un sens, aller de l'un à l'autre, de ce qui est à sa raison d'être ; c'est, en un sens, aller du même au même, et conclure d'une idée à ce qu'elle contient. Voilà pourquoi l'on peut conclure, passer du subjectif à l'objectif, du phénomène au *noumène*, de l'être apparent à l'être vrai, de l'existence à l'essence, de la conscience à l'âme.

Nous ne tenons encore qu'une forme finie, multiple, changeante, contingente, effet et mode relatifs, et comme un non-être de l'être ; ou l'être que nous saisissons dans cette forme n'est encore que substance et cause seconde : il faut une substance et une cause première ; qu'un fini actuel : il faut un infini actuel : c'est l'être possédant la plénitude achevée de l'être, l'être parfait.

On a souvent identifié l'infini et le parfait. L'infini est un des caractères du parfait, — non de tout parfait concevable : un être fini, complet et achevé en soi, et remplissant tout son être, serait parfait, sans cesser d'être fini, — mais du parfait absolu, du premier être. Le premier être est infini, d'un infini réel, actuel. On conçoit un infini virtuel ; et le devenir de l'être fini, le passage de la puissance à l'acte, suppose précisément une virtualité supérieure à la réalité présente, et toujours supérieure, une virtualité infinie. Mais celle-ci ne s'explique à son tour que par l'infinie réalité de l'être éternellement et absolument en acte, de l'être parfait.

Quel sera l'être pur, sinon un tel être ? Où sera l'absolu vrai, la substance vraie, la cause vraie, le nécessaire vrai, le vrai immuable, le véritable un, le véritable infini ? Et il faut bien parvenir jusqu'à lui, il faut qu'il soit, s'il y a infini, s'il y a unité, s'il y a nécessité, s'il y a cause, s'il y a substance, si l'absolu est, si l'être est.

L'imparfait ne s'entend e par le parfait, et le

parfait par l'imparfait, comme le fini par l'infini et l'infini par le fini, comme le relatif par l'absolu et l'absolu par le relatif, comme, dans toutes ces intuitions de rapports nécessaires, l'un des deux termes par l'autre, d'où une sorte d'identité dans la contrariété des deux. Nous avons pu conclure de l'existence de l'un l'existence de l'autre, et du phénomène l'être : concluons de l'imparfait le parfait. « Le parfait, dit Bossuet, est le premier et en soi et dans nos idées, et l'imparfait en toute façon n'en est qu'une dégradation. Dis-moi, mon âme, comment entends-tu le néant, sinon par l'être ? Comment entends-tu la privation, sinon par la forme dont elle prive ? Comment l'imperfection, si ce n'est pas la perfection dont elle déchoît ? Mon âme, n'entends-tu pas que tu as une raison, mais imparfaite, puisqu'elle ignore, qu'elle doute, qu'elle erre et qu'elle se trompe ? Mais comment entends-tu l'erreur, si ce n'est comme privation de la vérité, et comment le doute et l'obscurité, si ce n'est comme privation de l'intelligence et de la lumière ? et comment enfin l'ignorance, si ce n'est comme privation du savoir parfait ; comment dans la volonté le dérèglement et le vice, si ce n'est comme privation de la règle, de la droiture et de la vertu ? Il y a donc primitivement une intelligence, une science certaine, une vérité, une fermeté, une inflexibilité dans le bien, une règle, un ordre, avant qu'il y ait une déchéance de toutes ces choses : en un mot, il y a une perfection avant qu'il y ait un défaut ; avant tout dérèglement il faut qu'il y ait une chose qui est à elle-même sa règle et qui, ne pouvant se quitter soi-même, ne peut non plus faillir et défaillir. Voilà donc un être parfait [1]. »

Oui, il faut que le parfait soit, pour que l'imparfait

___

1. — BOSSUET, *Élévations sur les Mystères*, 1re sem., 2e élév.

puisse être entendu. Et il faut que le parfait soit pour que l'imparfait s'élève au meilleur, pour que la puissance d'être passe à l'acte, pour que l'être se réalise. Comment se fera le passage de la puissance à l'acte, comment l'être se réalisera-t-il, s'il n'existe un être réel antérieur à tout être virtuel, un principe infini de tous les finis possibles ? L'être en puissance ne se réalisera pas de lui-même : cause de sa réalisation, qui est une expression de son être, il n'est point, lui, la cause première ni la dernière fin : sans quoi, il serait par lui-même, il serait éternellement, absolument, parfaitement : il serait ce parfait dont nous disons qu'il faut qu'il soit. Il se réalise donc, étant en puissance, par un autre qui est en acte, à la fois antérieur et ultérieur, principe et fin de son être imparfait : c'est le parfait qui le produit pour le parfait. Il descend du parfait, et il y remonte.

L'être, père des êtres, ne devient pas, il est. Je vois un progrès dans les choses relatives : ce progrès a son principe dans l'être absolu, infini et réel, qui est au fond de toutes choses. Ce qui devient, avant de devenir, est ; il est ceci, puis il est cela ; il passe de ceci à cela, et c'est là devenir : mais il est d'abord. Là donc est l'être, à l'origine. Où il y a être, il y a plénitude d'être. Un être fini, qui change, qui devient, passe-t-il d'un état inférieur à un état supérieur ? Si le second terme est supérieur au premier, où en est la cause ? Non pas dans le premier, qui est moindre : car encore faut-il que la cause contienne l'effet. C'est donc qu'au fond de l'être qui change il y a un principe et de cet être et de l'être supérieur et de tous les êtres de plus en plus relevés auxquels il parviendra : qu'il y a, en un mot, un être infini, principe d'une série indéfinie d'êtres finis.

Remplacer l'être qui est par la chimère de l'être qui devient, voilà une découverte dont il est juste de rendre l'honneur à Hegel. Hegel se fonde sur sa doctrine de la « synthèse des antinomies ». L'être, dit-il, pris en soi, à l'état indéterminé, pur, est identique au néant, car l'être indéterminé n'est rien : contradiction qui ne peut être résolue que par un troisième terme, lequel soit précisément l'identité des deux contraires, savoir, l'être qui n'est pas, le non-être qui est, le devenir. — On peut répondre que le devenir n'est point l'être qui n'est pas ou le non-être qui est, mais le passage d'un être à un être, d'un état positif à un état positif. On peut ajouter que l'être pris en soi n'est pas l'être pris à l'état indéterminé, c'est-à-dire à l'état de néant, mais à l'état infini, absolu, plein, à l'état d'être. L'être en soi est l'être infini, mais non pas indéfini, et encore moins indéterminé. Il n'est pas identique au néant : tant s'en faut, qu'il en est tout l'opposé. Mais il suppose le néant, parce que la condition de l'intelligibilité d'une idée est l'idée contraire. On ne peut donc entendre l'être sans entendre le néant, ni affirmer l'un sans affirmer l'autre : mais le néant comme néant, et l'être comme être. Car qu'est-ce qu'affirmer l'être ? Dire que ce qui est est. Et affirmer le néant ? Dire que ce qui n'est pas n'est pas. Et ne pouvoir affirmer l'un sans affirmer l'autre ? Dire que ce qui n'est pas n'est pas, précisément en vertu de la même loi que ce qui est est : là est l'identité des contraires, dans une raison commune qui fait que l'un entraîne l'autre, et par suite que, s'il y a être, il y a néant, et encore être-néant, être à qui manque une part d'être, être fini. S'il y a un être infini, incapable de ne pas être, qui est l'identique à soi, le nécessaire, il y a un néant infini, incapable d'être, qui est le contradictoire en soi, l'impossible, et il y a des êtres finis, capables d'être ou de ne pas être, possibles, contingents, éternellement vus dans l'infini pour être réalisés en leur lieu. Telle est la vraie synthèse des antinomies. Étant donné le fini, où s'unissent l'être pur et le néant, le néant est donné par là même comme n'étant pas, et l'être pur comme étant. Affirmer l'être du fini, c'est affirmer l'être de l'être pur, de l'infini. Si le fini existe à titre de réalité, l'infini, qui y est impliqué, existe au même titre.

*
* *

L'être indéterminé, considéré comme l'attribut fondamental des choses, est identique au néant, dit Hegel. L'erreur qui porte à voir Dieu dans l'être ainsi compris vient d'une tendance de la pensée moderne à laquelle on ne prend pas garde. L'induction expérimentale, qui n'a rien à faire avec Dieu, croit s'élever à mesure qu'elle généralise : elle envisage les êtres par leurs caractères communs, et les unit du dehors, perdant leur unité essentielle, qui réside dans l'individu, non dans l'espèce ni le genre. L'attribut n'est pas l'être, mais il caractérise l'être : l'être vaut d'autant plus qu'il est caractérisé par un plus grand nombre d'attributs ; qu'il est plus complexe, loin d'être plus simple ; qu'il embrasse plus, non comme le genre embrasse l'espèce ou l'espèce l'individu, mais par la concentration des qualités des genres inférieurs jointes à d'autres qui lui soient propres, par un mode, veux-je dire, selon lequel c'est l'animal qui est contenu dans l'homme et non l'homme dans l'animal : en sorte que l'excellence des êtres ne doit pas se mesurer à leur extension, mais à leur compréhension, et que le souverain être doit être d'extension nulle, de compréhension infinie.

Il concentre éminemment en soi toutes les espèces d'êtres avec leurs qualités, jointes à d'autres particulières ; par là, il est parfait, et il est unique. Il est, non le suprême genre, mais le suprême individu.

D'où il suit encore que la méthode communément employée pour déterminer les attributs de Dieu est la bonne. Dieu est, pour l'homme, l'idéal de l'homme. Pris en lui-même, il est encore l'idéal de l'homme, comme il est l'idéal de tous les êtres. C'est une grande faiblesse de craindre l'anthropomorphisme, et de réduire l'être aux qualités de la pierre inerte, aux propriétés les moins déterminées, les plus vagues, les plus nulles, de la matière aveugle, de peur de lui accorder les qualités de l'homme. L'anthropomorphisme consiste à se le représenter sous la forme de l'homme, au lieu de le concevoir comme l'idéal de l'homme ; ou encore à le borner à n'être que l'idéal de l'homme, quand il est aussi celui des plus sublimes êtres et des moindres, et qu'il possède en outre des attributs incommunicables, qui ne peuvent appartenir qu'à lui seul. Que Dieu soit ; que Dieu soit réel, avec la pleine conscience de son être ; que Dieu soit tout puissance, tout intelligence, tout amour, c'est ce dont ne doutera point quiconque entend qu'il est l'être : non l'être vide, attribut général des êtres, mais l'être plein, à qui ne saurait faire défaut aucun des possibles de l'être, l'être infini en acte, l'être parfait.

Cette idée de l'infini en acte, du parfait, n'est pas une idée de raison, puisqu'elle n'est pas idée de rapport, mais d'être. Elle est donc une perception, qui résulte, comme toute perception, d'une application de la raison à un sentiment qu'un sens de l'âme nous donne. Il y a des sens de l'âme, autres que les sens externes, autres que le sens intime : comme le sens intime donne des actes du moi et les sens externes des sensations, les sens *psychiques* donnent des sentiments, auxquels aussi la raison doit être appliquée pour en former des idées : le sens du beau, par exemple, le sens du bien, le sens de Dieu. L'affirmation de Dieu est une perception, c'est-à-dire une induction spontanée, comme l'affirmation du monde. Et comme l'affirmation du monde, parce qu'elle est spontanée, elle est d'abord un acte de foi. Foi légitime, parce qu'elle est naturelle. Où est-il, celui qui nie Dieu ? A moins qu'un sens de l'âme ne lui fasse défaut ! ou qu'il ne raisonne contre son propre sens, comme on raisonne contre le libre-arbitre, comme on a raisonné contre la réalité même des corps. Je crois à Dieu comme je crois aux corps qui m'environnent, comme je crois à mon propre être. « De toute éternité, Dieu est, Dieu est parfait, Dieu est heureux, Dieu est un. L'impie demande : Pourquoi Dieu est-il ? Je lui réponds : Pourquoi Dieu ne serait-il pas ? Est-ce à cause qu'il est parfait, et la perfection est-elle un obstacle à l'être ? Erreur insensée ! Au contraire, la perfection est la raison d'être. Pourquoi l'imparfait serait-il, et le parfait ne serait-il pas ? C'est-à-dire, pourquoi ce qui tient plus du néant serait-il, et que ce qui n'en tient rien du tout ne serait pas ? Qu'appelle-t-on parfait ? Un être à qui rien ne manque. Qu'appelle-t-on imparfait ? Un être à qui quelque chose manque. Pourquoi l'être à qui rien ne manque ne serait-il pas plutôt que l'être à qui quelque chose manque ? D'où vient que quelque chose est, et qu'il ne se peut pas faire que le rien soit, si ce n'est parce que l'être vaut mieux que le rien, et que le rien ne peut pas prévaloir sur l'être, ni empêcher l'être d'être ? Qui peut donc empêcher que Dieu ne soit, et pourquoi le néant de

Dieu, que l'impie veut imaginer dans son cœur insensé, pourquoi, dis-je, ce néant de Dieu l'emporterait-il sur l'être de Dieu ? Et vaut-il mieux que Dieu ne soit pas que d'être ? O Dieu ! On se perd dans un si grand aveuglement. L'impie se perd dans le néant de Dieu, qu'il veut préférer à l'être de Dieu ; et lui-même, cet impie, ne songe pas à se demander à lui-même : pourquoi il est ? Mon âme, âme raisonnable, mais dont la raison est si faible, pourquoi veux-tu être, ce que Dieu ne soit pas ? Hélas ! vaux-tu mieux que Dieu ? Ame faible, âme ignorante, âme dévoyée, pleine d'erreur et d'incertitude dans ton intelligence, pleine dans ta volonté de faiblesse, d'égarement, de corruption, de mauvais désirs, faut-il que tu sois, et que la certitude, la compréhension, la pleine connaissance de la vérité et l'amour immuable de la justice et de la droiture ne soit pas [1] ? »

Voilà Dieu ! Le voilà sans preuve régulière, mais avec une fusion de toutes les preuves ensemble. Le voilà dans un cri de l'âme, tel que l'homme l'affirme, tel que le chante, emporté par son enthousiasme et devenu poète, l'orateur chrétien.

XVI

En résumé, penser, c'est appliquer des idées, données primordiales de la raison, principes et du connaître et de l'être, à des phénomènes, données de l'expérience ; savoir, c'est interpréter des signes : l'expérience nous donne les signes, et la raison les rapports qui nous permettent de les interpréter. L'expérience nous

---

[1]. — BOSSUET, *Élévations sur les Mystères*, 1re semaine, 1re élév.

donne l'un des deux termes de chacun de ces rapports ; ni l'expérience ni la raison ne nous donnent l'autre : mais la raison nous donne les rapports qui nous livrent le passage de l'un à l'autre. L'un des deux termes est expérimental, c'est le phénomène ; l'autre, qui est l'être, n'est point expérimental ni rationnel, il ne nous est point donné en soi, mais dans le terme expérimental en vertu d'un rapport des deux, et c'est ce rapport que la raison nous donne. Dans la sensation, acte commun du sentant et du sensible, phénomène à double face, intérieur et extérieur à la fois, le moi et le non-moi sont pensés ensemble, en vertu du rapport qui dans le phénomène fait entendre l'être, et, en vertu du même rapport, dans l'être fini du moi et du non-moi, l'être infini.

*
* *

On objecte que les origines et les fins nous échappent, qu'il n'y a point de première cause pour nous, qui ne pouvons concevoir que des séries sans premier ni dernier terme ; que, quelque terme que nous considérions, nous le plaçons toujours à la suite d'un autre, et toujours lui donnons une suite ; que nous n'apercevons que des milieux, infiniment éloignés des extrêmes ; que, dans l'inaccessible infini où ils résident, les principes se dérobent à nos prises, et jusqu'à nos regards.

Il est vrai que l'infini, les principes, les origines et les fins, qu'une première cause, ne sont point choses représentables : en sont-elles moins intelligibles ? Elles sont ce qu'il y a de plus intelligible, ce qui fait l'intelligibilité du reste. Nous ne voyons que le fini, et ne l'entendons que par l'infini. Nous ne voyons que des milieux, et ne les entendons que par leurs extrêmes : car il faut deux extrêmes pour faire un milieu. Nous ne voyons que des séries, et ne les entendons que par un premier terme, comme une chaîne par un premier anneau, comme un nombre par l'unité. Mais y a-t-il une seule idée dont l'objet soit représentable ? Un certain cheval, un certain arbre, un certain triangle, est représentable ; mais le cheval, mais l'arbre, mais le triangle en soi, l'est-il ? Si nous nous représentons un peuplier, nous ne nous représentons pas un tilleul, qui est aussi un arbre ; et si nous nous représentons un certain tilleul, nous ne nous représentons pas un autre tilleul, qui est aussi un tilleul : nous ne nous représentons donc pas l'arbre, ni même le tilleul, ni aucun genre. Généralisons les idées, elles seront de moins en moins représentables. Quelle image se faire de la plante ? quelle du règne organique, du vivant ? quelle de l'être ? Mais quelle image de l'âme ? quelle image de la justice ? ou de l'amour ? Les représentations ne sont que des sensations, actuelles ou reproduites : nous n'avons pas de sensations qui correspondent aux objets de ces dernières idées, ni aux vrais objets d'aucune idée. Les idées ne sont point des images, et leurs objets ne sont pas représentables, mais intelligibles : confondre l'intelligible avec le représentable, ou ne tenir pour intelligible que ce qui est représentable et n'entendre qu'à la condition d'imaginer, est le fait d'esprits, de tout degré, du plus humble au plus élevé, mais chez qui la raison n'est pas assez dégagée de la sensibilité qui l'enveloppe.

*
* *

Il y a, selon M. H. Spencer, un principe des choses, inaccessible à notre intelligence : force nous est de l'affirmer, mais nous ne pouvons le concevoir.

M. H. Spencer distingue deux sortes de conception : la conception proprement dite, et ce qu'il appelle une conception symbolique : ainsi nous concevons un bloc de rocher, mais nous ne concevons pas réellement la terre, « nous nous formons de la terre non pas une » conception proprement dite, mais seulement une » conception symbolique ». Or nous ne saurions nous former du principe des choses, de la cause première, ni l'une ni l'autre de ces deux sortes de conception. — Soit. Mais ce que M. H. Spencer appelle concevoir, n'est-ce pas plutôt se représenter ? n'est-ce pas imaginer ?

Il s'attache à montrer que toutes les hypothèses qu'on peut faire sur le principe des choses sont également inconcevables, d'où il suit qu'il est impossible d'en rien dire ni d'en rien penser, d'en rien connaître ; c'est ainsi que nous voyons tant de savants rayer la métaphysique du nombre des sciences. Mais il estime inconcevable ce qui n'est pas représentable. « Nous » nous trouvons d'une part obligés de faire certaines » suppositions, et d'autre part nous trouvons que ces » suppositions ne peuvent être représentées, » dit-il expressément. En effet, le premier principe des choses, quel qu'il puisse être et quelque supposition qu'on puisse faire à son égard, on ne se le représente pas : est-ce à dire qu'on ne le conçoive pas, et qu'il soit inconnaissable ? « Ce qui fait, dit excellemment Descartes, qu'il y en a plusieurs qui se persuadent qu'il y a de la difficulté à le connaître, et même aussi à connaître ce que c'est que leur âme, c'est qu'ils n'élèvent jamais leur esprit au-delà des choses sensibles, et qu'ils sont tellement accoutumés à ne rien considérer qu'en l'imaginant, qui est une façon de penser particulière pour les choses matérielles, que tout ce qui n'est pas imaginable leur semble n'être pas intelligible. Ce qui est assez manifeste de ce que même les philosophes tiennent pour maxime dans les écoles qu'il n'y a rien dans l'entendement qui n'ait premièrement été dans le sens, où toutefois il est certain que les idées de Dieu et de l'âme n'ont jamais été : et il me semble que ceux qui veulent user de leur imagination pour les comprendre font tout de même que si, pour ouïr les sons, ou sentir les odeurs, ils voulaient se servir de leurs yeux ; sinon qu'il y a encore cette différence que le sens de la vue ne nous assure pas moins de la vérité de ses objets que font ceux de l'odorat ou de l'ouïe, au lieu que ni notre imagination ni nos sens ne nous sauraient jamais assurer d'aucune chose si notre entendement n'y intervient. »

Il n'y a, selon M. H. Spencer, que trois hypothèses concevables sur l'origine du monde, et aucune des trois ne l'est véritablement : elles ne sont que verbalement concevables. Ou le monde est par lui-même, ou il s'est fait lui-même, ou il a été fait par quelqu'un qu'il faut admettre en dehors de lui, autre que lui, au-dessus de lui, par un créateur. C'est ou l'athéisme, ou le panthéisme, ou l'affirmation de Dieu. Nulle autre hypothèse n'est concevable ; mais chacune de ces trois hypothèses, les seules possibles, est contradictoire. Que le monde soit par lui-même, il sera éternel, et présentera la contradiction d'un infini écoulé, réalisé dans le temps, d'un nombre d'instants passés infini, d'une série infinie sans premier terme. Qu'il se fasse lui-même, ou il se fait éternellement, et nous avons encore un nombre d'instants passés infini, une série infinie sans premier terme ; ou il se précède comme cause, et la *nature naturante* précédant la *nature naturée* (Spinoza) ne signifie rien, à moins qu'elle ne soit Dieu précédant le monde : c'est la troisième hypothèse, celle du créateur. Mais le créateur, à son tour, mais Dieu, ou est par lui-même, ou se fait lui-même, ou est fait par un autre : ainsi la seconde hypothèse rentre dans la première ou dans la troisième, la troisième dans l'une des deux premières, toutes les trois se ramènent donc à la première, qui est contradictoire : toute série est un nombre fini d'unités à partir d'un premier terme ; il n'y a d'infini que le possible : le réel est toujours fini.

— Oui, sans doute, dans l'ordre de la quantité ; et c'est pourquoi le monde, en effet, ne saurait être par lui-même. Il faut bien qu'il y ait quelque chose existant par soi-même, ou le monde, ou un auteur du monde : si l'être existe (et il existe, puisque nous sommes), si, dis-je, l'être existe, c'est qu'il existe un être par soi. C'est peut-être le monde, c'est peut-être une cause autre que le monde, distincte du monde et supérieure : M. H. Spencer a raison. Que la cause du monde lui soit immanente ou supérieure, s'il en a une, elle est un être par soi ; s'il n'en a pas, il est lui-même un être par soi. Comment échapper à cette alternative ? Il pleut ou il ne pleut pas, c'est l'un ou l'autre ; le monde a une cause ou n'en a pas, choisissez : s'il n'en a pas, il est par lui-même ; s'il en a, il est par un autre qui est par lui-même. Or il présente une succession de phénomènes, une suite d'instants, une série qui ne saurait être sans un commencement ; donc il n'est point par soi, mais par un autre : et comme il faut que cet autre soit par lui-même, ou, s'il est encore par un autre, ce nouvel autre, jusqu'à ce qu'on arrive à un autre qui soit par lui-même, celui-ci n'est pas une série, une succession, mais un indivisible éternel.

Il faut qu'un être par soi existe : un tel être est un être sans succession, un être supérieur à la durée, étranger au temps, éternel : il ne se déroule pas dans la suite de ses phénomènes ou de ses modes, il est toujours tout ce qu'il est, toujours tout entier et absolument lui-même, infini, non par l'extension d'un être répandu dans le temps et dans l'espace, mais par la perfection de l'être : un indivisible infini, donc un indivisible éternel. L'être par soi est nécessairement, et sous peine de contradiction, un éternel indivisible. L'éternel est indivisible nécessairement, sous peine de la contradiction d'un nombre actuel infini. Le monde est-il éternel? Il n'est pas indivisible, il se divise dans la suite des instants, dans la succession des phénomènes : donc il n'est pas éternel, il n'est point par lui-même, il est par Dieu.

*
* *

Là est l'erreur de M. H. Spencer : il a fort bien compris que l'éternité d'un monde se divisant dans la suite des instants et des phénomènes est une contradiction; mais il n'a pas conçu l'indivisible éternité de Dieu. Et il ne l'a pas conçue, parce qu'il ne se l'est pas représentée. Mais pourquoi ne se l'est-il pas représentée ? C'est qu'en effet elle n'est pas représentable. Notre pensée l'affirme sans la comprendre : je veux dire, la connaît sans la voir. Nous ne la voyons pas, nous savons qu'elle est; nous la concevons, nous l'entendons, non en elle-même, mais parce que nous entendons clairement qu'elle doit être, et qu'il est impossible qu'elle ne soit pas. L'idée en est-elle contradictoire ? Non, certes ; c'est l'idée opposée qui est contradictoire. Et c'est ce contradictoire d'un éternel divisible qu'il faut subir, si l'on admet le monde éternel : telle est la contradiction de l'athéisme. Mais la même contradiction se retrouve dans toutes les hypothèses, et M. H. Spencer la retrouve justement dans l'hypothèse même de Dieu, s'il n'y a d'affirmable que le concevable, s'il n'y a de concevable que le représentable, si l'intelligible n'est pas irréductible à la figure et l'idée à l'image, si l'empirisme a raison.

Un empirisme conséquent écarte *a priori* toute métaphysique, le non-représentable étant pour lui l'inconnaissable ; et l'on sait combien la pensée moderne répugne à la métaphysique, science de ce qu'elle juge inconnaissable, science, à l'en croire, de ce qui ne peut être objet de science ! Il n'y a point de métaphysique pour l'empirisme : le mérite du positivisme est d'avoir su le reconnaître. Mais il a beau faire, il ne saurait échapper au grand problème de la métaphysique, ni le résoudre autrement que par une contradiction. On a beau se refuser à le résoudre, l'esprit humain le pose inéluctablement : deux solutions contradictoires l'une de l'autre se présentent, l'une des deux nécessairement fausse, mais l'une des deux nécessairement vraie : l'une des deux est contradictoire en soi, donc elle est fausse ; l'autre tue l'empirisme. L'empirisme ne veut pas mourir : il ne veut donc pas que la solution qui le tue soit vraie, et il ne peut faire qu'elle soit fausse. Que fera-t-il ? Il récusera la métaphysique ; mais il n'y échappera pas. Il fermera les yeux, mais ce qu'il ne veut pas voir n'en sera pas moins devant lui ; il en détournera l'attention de ses fidèles, et ceux-ci, tant qu'ils ne verront pas, le croiront : mais ils verront un jour, et il sera confondu. L'empirisme est la grande erreur philosophique du siècle ; il tombera comme il faut que tombe toute erreur, car il n'appartient pas au faux de prévaloir contre le vrai.

XVII

On objecte que les idées de la raison ne sont peut-être que des formes ou des lois de la pensée sans valeur objective, et qui peut-être ne servent qu'à rendre la connaissance expérimentale possible, sans qu'elles fassent rien connaître elles-mêmes.

Ceux qui émettent ce doute veulent-ils dire que, de ce que la raison est constituée pour penser d'une certaine manière, il ne s'ensuit point que cette manière de penser soit conforme à la vérité des choses ? ou veulent-ils dire qu'elle règle seulement la pensée sans affirmer rien, et ne contient que des principes directeurs de l'intelligence, conditions de la pensée ? Leur doute, en un mot, tombe-t-il sur la légitimité ou sur la portée de la raison ?

La légitimité de la raison ne semble pas pouvoir être en cause : elle est celle de l'intelligence même. Sans la raison, point de connaissance ni de pensée possible : point de connaissance ni de pensée légitime si la raison ne l'est pas. Admettre une vérité scientifique, par exemple (et qui n'admet de telles vérités ?), c'est admettre la légitimité de l'intelligence, qui enveloppe celle de la raison. Les idées de la raison pure, ne fussent-elles que les lois de la pensée, sont les lois de toute connaissance, et de la science même, qui ne saurait valoir au-delà de ce que vaut la connaissance, de ce que vaut la pensée, de ce que vaut la raison.

Quant à la portée de la raison, il faut la limiter ou du moins la préciser avec plus de sévérité qu'on n'a fait, ce semble. La raison ne donne pas l'être. Elle ne donne pas non plus le phénomène. Elle donne le rapport qui fait connaître l'être dans le phénomène. Mais elle donne ce rapport comme objectivement et absolument vrai : c'est-à-dire, non qu'il y a être, mais que, s'il y a phénomène, il y a être, et dans la mesure où le phénomène l'exprime. La pensée est objective par essence. Le jugement, qui est la forme de la pensée, qui est la pensée même, affirme par essence l'existence effective du rapport dont il unit les termes. De quoi y a-t-il intelligence ? De l'intelligible. Mais qu'est-ce qui est intelligible, sinon l'être ?

*
* *

On infirme la raison, ou on la réduit à n'être que la régulatrice de l'intelligence, en la montrant divisée contre elle-même et contradictoire en elle-même dès qu'elle sort de ce rôle *subjectif,* comme on dit, tout intérieur, tout domestique.

On veut que l'absolu soit inconnaissable par nature, sur ce que, toute connaissance étant une relation, un absolu connu serait un absolu relatif. — Il s'ensuivrait que l'absolu ne peut se connaître soi-même sans introduire en soi une relation ; qu'un absolu qui se connaîtrait serait relatif ; que l'absolu ne se connaît point, que l'absolu est inconscient, impersonnel : et, s'il en est ainsi, voilà que nous savons quelque chose de l'absolu. — Il s'ensuivrait qu'au regard du relatif l'absolu, sous peine d'être lui-même relatif, n'est pas ; que l'absolu, s'il est, est relatif au relatif ; que le relatif se suffit, car, s'il requiert l'absolu, il met entre soi et l'absolu une relation, ne fût-ce que sa dépendance ; que non-seulement l'absolu n'est pas pour nous, mais n'est pas en lui-même, et que, quand nous en parlons, c'est un autre nom du non-être : or, ce n'est pas assez, pour le nier, de nier l'objectivité de la raison, il faut nier la raison même subjective, qui l'affirme, et n'entend le relatif que par l'absolu. Dire, avec Hamilton, que l'absolu n'est pas, parce que, étant donné comme cause première, il est donné comme relatif à ses effets, il est donné contradictoirement, c'est dire aussi que la cause première n'est pas, étant donnée comme un absolu contradictoire ; mais c'est dire qu'il n'y a point de cause : c'est nier, avec la causalité, la raison.

Mais un absolu relatif est-il contradictoire ? Ne peut-il être absolu en un sens, relatif en un autre ? Une même chose est et n'est pas, suivant le côté par où on la considère. L'absolu est ce qui est absolument, c'est-à-dire sans condition ni cause, ce qui est par soi : or, il faut bien qu'il y ait un être par soi : le créateur, s'il y a des êtres créés ; et s'il n'y en a point, tous les êtres. Ce qui existe par un autre existe, de près ou de loin, directement ou d'autre en autre, par quelque chose qui existe par soi. Ceci donc est absolu, en tant qu'il existe ; il sera, si l'on veut, relatif en tant qu'il fait exister autre chose. La relation de l'effet à la cause sera, si l'on veut, une relation de la cause à l'effet : qu'importe ? Toute théologie étudie en Dieu des attributs métaphysiques et des attributs moraux : Dieu en lui-même, Dieu dans ses rapports avec le monde et avec l'homme ; Dieu absolument, Dieu relativement à nous : il n'y a point là de contradiction, dès qu'il y a distinction entre l'absolu et le relatif dans le même être. Et nous savons, par ce que nous avons dit de la raison, qu'il y a toujours du relatif et de l'absolu dans l'être.

Kant, après avoir profondément distingué de l'expérience la raison, lui retire toute portée au-delà de l'expérience, et lui refuse d'atteindre ni l'âme ni le monde ni Dieu. Il attaque les démonstrations de l'âme et de Dieu ; il oppose à toute entreprise spéculative sur le monde ce qu'il nomme les *antinomies* de la raison.

Qu'il ait bien ou mal réfuté telle démonstration de l'âme, telle de Dieu, là n'est point l'affaire : car que prouvent contre la raison de mauvaises démonstrations, tant qu'on n'a pas prouvé que les bonnes sont impossibles ? A-t-il bien établi ces *antinomies* nécessaires, où il montre la raison, dès qu'elle veut conclure au-delà de l'expérience, en lutte avec elle-même ? Voilà qui serait grave. Examinons donc ces antinomies. Il s'agit du monde. Non du monde visible, expérimental, mais de l'univers.

Kant le considère selon ses quatre catégories de la quantité, de la qualité, de la relation et de la modalité. Selon la quantité, la raison prouve que, dans l'espace et dans le temps, l'univers est limité, et qu'il est sans limites. Selon la qualité, la raison prouve que la matière se compose d'éléments simples, forces ou monades, et qu'elle est divisible à l'infini. Selon la relation, la raison prouve qu'il y a des causes libres, et qu'il n'y en a pas. Selon la modalité, la raison prouve qu'il existe, soit dans le monde, soit hors du monde, un être nécessaire qui le cause, et que, ni dans le monde ni hors du monde, il n'existe un tel être. La raison prouve également, dans chacun de ces grands problèmes, la thèse et l'antithèse.

Cela est-il vrai ? Voyons donc cette argumentation en partie double.

Première thèse. — Le monde est limité dans l'espace et dans le temps, car il se compose de parties : le nombre en est donc fini, comme tout nombre. Si le nombre en était infini, il faudrait qu'il se fût écoulé, pour le former, un temps infini : mais un temps infini écoulé est une contradiction. Le monde a une étendue limitée, et il a commencé : l'univers est fini, dans le temps comme dans l'espace. Telle est la thèse. Elle est vraie.

Première antithèse. — Le monde est illimité dans l'espace et dans le temps. Sinon, il y aurait, par delà ses limites dans l'espace, un espace infini ; avant son commencement dans le temps, un temps infini : une éternité avant sa durée, une immensité autour de son étendue : éternité vide, immensité vide. Mais quel rapport est concevable entre le non-être et l'être ? *Ex nihilo nihil.* — Aussi le monde ne vient-il point d'un néant infini d'existence qui l'aurait précédé, mais du principe de l'être, de l'être absolu ; et ne se rattache-t-il pas à un néant infini d'existence qui l'entourerait, mais au principe de l'être, à l'être absolu. Si l'espace est le possible de l'étendue et le temps le possible de la durée à l'infini, l'espace et le temps sont des indéfinis dont la réalisation ne saurait être que finie, et il en résulte la vérité de la thèse. L'antithèse est fausse.

Deuxième thèse. — La matière se compose d'éléments simples. Car, si elle se composait de parties composées elles-mêmes de parties composées, elle serait un composé sans composants. C'est ce que nous avons déjà eu lieu d'établir. La thèse est vraie.

Deuxième antithèse. — La matière est divisible à l'infini : car les éléments, s'ils ne sont pas étendus, ne sont pas matière, et s'ils sont étendus, sont divisibles. — Ils ne sont pas étendus, en vertu de la thèse, qui est vraie. Mettons qu'ils ne soient pas matière : les éléments de la matière ne seront pas matière, et on les appellera du nom qu'on voudra, forces, monades. C'est assez, pour qu'il n'y ait point lieu à contradiction, que l'étendue soit un rapport : l'ordre des coexistants, disait Leibniz. L'antithèse est fausse.

Troisième thèse. — Il y a des causes libres. Car, supposez un enchaînement nécessaire et fatal de toutes choses, ce sera une chaîne sans premier anneau : le premier anneau ne sera tel que pour nous, non en soi : en soi il ne sera, comme les autres, qu'un chaînon dans la chaîne infinie. Dans cette chaîne infinie, tout sera causé sans qu'il y ait jamais eu la condition première ni en conséquence la véritable cause de rien. Si donc chacun des termes de la série est causé, le premier du moins ne l'est pas : il est libre. Telle est la thèse. Elle est vraie.

Troisième antithèse. — Il n'y a qu'un enchaînement nécessaire et fatal de toutes choses, et point de cause libre. Car supposez une cause libre : elle préexiste à ses effets, et différente avant de ce qu'elle est après l'effet : vierge d'abord, ensuite mère ; voici donc en elle deux états successifs, sans lien de causalité, contrairement au principe qui exige pour tout phénomène une cause. Où est, dans la cause, la cause de l'état de cause ayant causé qui suit l'état de cause n'ayant pas causé ? — Où elle est ? Dans l'enfantement, par où la cause passe de l'état de vierge à l'état de mère ; dans la puissance causatrice dont l'effet est l'acte. Il semble que pour Kant (et pour combien de philosophes après lui ! c'est une erreur devenue trop commune), la causalité ne soit qu'un rapport de connexion nécessaire entre un antécédent et un conséquent : c'est ainsi qu'il ne la voit pas dans la cause libre, où les deux états successifs qu'il y remarque ne sont pas liés par une connexion nécessaire, puisqu'elle est libre en son passage de l'un à l'autre. Mais telle n'est point la causalité. Elle est un rapport, non de connexion nécessaire entre un antécédent et un conséquent, mais de production, nécessaire ou libre, même plutôt libre que nécessaire, du conséquent par l'antécédent. La cause vierge produit en soi sa propre maternité : non que le second état soit un effet du premier, ce qui, accordons-le, serait absurde ; mais il est l'effet d'une action qui est entre les deux états et qui est l'acte même de la cause, l'enfantement. L'antithèse n'est pas prouvée : contraire à la thèse, qui est vraie, elle est fausse.

Quatrième thèse. — Il existe, soit dans le monde, soit hors du monde, un être nécessaire qui le cause. On l'a prouvé quand on a prouvé qu'il y a une première cause libre : celle-ci, étant première, est par soi, absolument, éternellement, nécessairement. La thèse est vraie.

Quatrième antithèse. — Une telle cause n'existe pas, ni dans le monde, ni hors du monde. Car, supposez-la dans le monde : elle est la totalité des phénomènes du monde, ou elle en est l'origine. La totalité ? Non. Un tout, c'est-à-dire une somme de choses contingentes et relatives, ne saurait constituer un être nécessaire et absolu, non plus qu'un million de sots ne saurait faire un homme d'esprit. Sera-t-elle donc l'origine des choses ? Mais elle serait un premier terme, et l'on a montré qu'il n'y en a pas, que l'univers est illimité dans le temps. Supposez-la hors du monde : elle sera hors du temps, qui est un infini ; hors de l'espace, qui est un infini ; hors de l'être même : elle ne sera pas. Elle est d'ailleurs, par définition hypothétique, le principe et le commencement des choses, donc le premier moment du temps, et dans le temps à ce titre : l'hypothèse d'une cause qui serait première et qui serait hors du temps est contradictoire : elle n'est donc pas plus hors du temps, hors du monde, qu'elle n'est dans le monde. Elle n'est pas. — Kant confond le commencement avec le principe : le commencement est dans le temps, le principe est ce qui le fait être. Kant en outre, suppose à tort l'infinité réelle de l'espace et du temps, qui sont des indéfinis ; il s'appuie sur ce qu'il croit avoir démontré, que l'univers est illimité dans le temps et dans l'espace. Nous avons vu qu'il n'en est rien, et l'antithèse est fausse.

Des deux thèses contraires que, sur chacun de ces quatre points, Kant cherche à établir pour mettre la raison en contradiction avec elle-même, nous avons montré la solidité de l'une, la fragilité de l'autre : la raison, qu'on la considère objectivement ou subjectivement, et qu'on regarde les idées qui la constituent comme principes d'existence ou comme principes de connaissance, est une.

XVIII

Je lis, dans une très intéressante étude sur l'*inconnaissable*, de M. Fonsegrive[1], ces mots, que je m'étonne de trouver sous sa plume : « On l'a bien souvent objecté à Descartes, et Zabarello l'avait déjà dit aux platoniciens de son temps : Que peut être une idée innée avant la conscience ? Sans doute une idée qui n'est pas idée, une pensée qui n'est pas pensée,

---

1. — *Revue philosophique.*

une représentation qui n'est pas représentée. On voudrait donner une formule de l'absurde qu'on n'en trouverait pas une meilleure. » En effet ; et c'est pourquoi telle n'est point la doctrine qu'il ridiculise de la sorte. L'idée innée n'est pas une représentation, mais rend la représentation, ou plutôt la connaissance, possible. L'idée innée n'est pas « une idée qui n'est pas idée, une pensée qui n'est pas pensée » ; il y a là des mots de trop ; il faut dire : « une idée qui n'est pas pensée ». Idée et pensée, dans cette doctrine, ne sont point synonymes. L'idée est l'objet de la pensée, non pas la pensée même ; elle est l'intelligible, non l'intelligence, ni surtout l'intelligence en acte ; et je dis l'intelligible, non le représentable : deux notions si différentes, que précisément l'intelligible n'est pas représentable, ni, à vrai dire, le représentable (comme tel) intelligible.

Ce n'est là, du reste, qu'un malentendu, qui porte, comme c'est l'ordinaire, sur les mots. M. Fonsegrive comprend très bien une *constitution mentale a priori.* « Il y aurait des lois d'après lesquelles nous pensons, comme il y a des lois d'après lesquelles nous marchons ou nous digérons. » C'est Leibniz disant « que les principes entrent dans toutes nos pensées, et qu'ils sont nécessaires pour penser comme les muscles et les tendons le sont pour marcher, quoiqu'on n'y pense point ». M. Fonsegrive ajoute : « Et ces lois mentales s'imposant aux données expérimentales construiraient avec elles l'expérience, la connaissance, tout le cours intérieur de nos pensées. » Et plus loin : « Pour concevoir l'existence de ces lois antérieures à l'expérience, constitutives de l'esprit, il faut en même temps concevoir un sujet mental. Si l'esprit n'est rien, que sont ces lois ? Cette âme qu'on arrive à la fin à déclarer problématique est posée au début comme le support nécessaire des lois qui serviront ensuite à l'éliminer. »

Et sur ce motif M. Fonsegrive écarte la thèse d'une *constitution mentale a priori*, comme impliquant contradiction.

Il aurait raison, s'il fallait donner raison à Kant ne voyant dans les principes que des formes de la pensée, toutes subjectives, propres à l'esprit, sans valeur hors de l'esprit, sans portée sur la réalité des choses ; s'il était légitime de conclure des lois de la pensée, avec le caractère problématique des êtres, celui de l'âme qui en est le support.

Mais en quoi la subjectivité des formes de la pensée rendrait-elle problématique la réalité de ses objets ? — Nous avons, me dit-on, des lunettes vertes, nous ne pouvons en conclure que les objets soient verts... — Soit. Aussi ne les voyons-nous pas verts, même à travers des lunettes vertes : mais, sur un fond vert, dû à nos lunettes, et que nous n'apercevrions pas ou que nous ne reconnaîtrions pas si nos lunettes ne quittaient jamais nos yeux, les diverses couleurs, avec leurs aspects variés, modifiées sans être dénaturées, conservant, dans la tonalité verte où nous les voyons, leurs proportions et leurs rapports. La vue est faite pour voir, et l'esprit pour connaître. Pourquoi les conditions de la connaissance ne seraient-elles point celles de l'existence ? Pourquoi les formes de la pensée ne répondraient-elles pas aux formes de l'être ? Pourquoi la nature et l'esprit ne seraient-ils pas conformes ? Il va de soi, au contraire, qu'ils le sont : à moins de mettre en doute la valeur de l'intelligence, que dis-je, la valeur ? l'existence de l'intelligence même, dont l'objet est le vrai ; et de nier qu'il y ait une vérité quelque part.

Nous avons l'idée du vrai ; et nous appelons vrai le terme où aboutit l'intelligence opérant suivant ses lois. S'il n'y a point de vrai, d'où nous en vient l'idée? Et s'il y en a, qu'est-il autre que l'objet de l'intelligence ?

Il n'y a pas à établir la valeur de l'intelligence par quelque raisonnement, qui, la supposant pour être valable, ne pourrait être qu'une pétition de principe ; moins encore à la nier ou à la mettre en doute par quelque raisonnement, qui, la supposant pour être valable, serait une contradiction ; mais à en étudier les conditions, et à recevoir ce qu'elles donnent, ou ce qu'elles supposent, ou ce qu'elles enveloppent.

Si l'esprit et la nature sont conformes, ce n'est point que la nature façonne l'esprit, constitué, par hypothèse, antérieurement et supérieurement à toute expérience ; mais il ne s'ensuit pas que l'esprit façonne la nature. Kant aime à dire qu'il a fait une révolution philosophique analogue, en sens inverse, à la révolution astronomique faite par Copernick et Galilée : comme, grâce à eux, ce n'est plus le soleil qui tourne autour de la terre, mais la terre autour du soleil, de même, grâce à Kant, ce n'est plus l'esprit qui tourne autour de la nature, mais la nature autour de l'esprit. Il était étrange, en effet, pour qui eût connu les dimensions des astres, que le soleil tournât autour de la terre ; l'est-il moins que ce soit la nature qui tourne autour de l'esprit ? Non, la pensée ne conforme pas les choses à elle-même, et elle-même ne se conforme pas aux choses : leur conformité vient de plus haut. Elle est préétablie. Avertie de leur présence par le sentiment ou la sensation qui la met en communication avec elles, l'âme les connaît, ou les reconnaît et les affirme, par des idées qui la constituent, qui sont la raison, qui sont l'intelligence même. La conformité de la nature et de l'esprit ne résulte (on a déjà eu lieu de le dire plus haut) ni de la nature façonnant l'esprit ni de l'esprit façonnant la nature, mais de l'être dont les lois s'imposent et à la nature qui le réalise et à l'esprit qui le comprend, mais du principe commun et de la nature et de l'esprit, de Celui qui est la souveraine intelligence comme il est le souverain être : s'il faut aux lois de l'esprit un support, qui est l'âme, il faut à la conformité de l'esprit et de la nature un principe, qui est Dieu.

Ne disons donc pas : l'hypothèse d'une constitution mentale *a priori* est contradictoire, car elle rend problématique l'âme qu'elle suppose ; disons qu'il est contradictoire de réduire une constitution mentale *a priori* à n'être qu'une pure forme de l'esprit, toute subjective, sans valeur objective et absolue certaine, car ce serait, en effet, rendre problématique l'âme qu'elle suppose. Comme elle suppose l'âme, support de ses lois, elle enveloppe l'existence d'un objet, elle n'est donc pas toute subjective.

L'esprit connaît ce qui est, ou ne connaît pas.

L'intelligence et l'être s'unissent dans l'intelligible.

L'intelligence est faite pour le vrai, qui est un caractère de l'être : l'être même, en tant qu'intelligible.

L'être est l'intelligible. L'intelligence pense l'intelligible, donc elle pense l'être.

A moins que, croyant penser, elle ne pense pas ! Point de milieu entre le scepticisme absolu, néant de la pensée, et l'objectivité de la pensée. On ne peut échapper à l'un ou à l'autre. Mais le scepticisme absolu est intenable ; et nul ne s'y tient.

Quelle sera donc la vraie théorie de la connaissance ? Si l'empirisme, qui explique toutes nos idées par l'expérience, est une erreur ; si le rationalisme, qui pose en avant et au-dessus de l'expérience, et pour la rendre possible, des idées innées, constitutives de l'esprit, en est une autre, que reste-t-il ? Nous avons écarté l'empirisme ; nous avons écarté ce demi-rationalisme, qui accorde à l'expérience l'origine des idées contingentes, ne lui refusant que celle des idées nécessaires ; on nous conteste une constitution mentale *a priori,* sans être d'ailleurs empiriste : qu'est-on donc ? et, encore une fois, que reste-t-il ?

XIX

Il s'est fait depuis quelques années un singulier retour à la philosophie de saint Thomas. Nous l'avons déjà rencontrée sur notre chemin ; nous la rencontrons encore, et nous ne saurions passer outre sans discuter sa théorie de la connaissance, très importante, non-seulement par l'importance du nom d'un grand philosophe dont l'autorité l'impose à de nouveaux disciples, nombreux et considérables, mais pour sa valeur propre, pour son caractère synthétique : n'étant ni un empirisme, ni un rationalisme *aprioristique,* mais, à ce qu'il semble, l'un et l'autre à la fois.

La connaissance, d'après saint Thomas, est la représentation d'un objet dans notre esprit. Il faut, pour que cette représentation s'y produise, un concours de l'objet connu et du sujet connaissant : c'est le connaissant qui, passif en cela, reçoit d'abord l'impression de l'objet, et, actif ensuite, produit l'image. Cette opération est une modification du sujet connaissant, dite *espèce, impresse* en tant qu'elle est subjective, *expresse* en tant qu'elle est connaissance. C'est par l'*espèce* que l'intelligence passe de la puissance à l'acte ; l'*espèce* est ce par quoi l'objet est connu. De même nature que le sujet connaissant : car, si le connu est dans le sujet connaissant ou dans l'âme, il n'y peut être que d'une manière conforme à la nature de l'âme, dont l'action concourt avec la sienne à en produire l'image. Le sujet donne sa forme à la connaissance, dont l'objet fournit la matière.

Quelle matière ? Et de quoi y a-t-il connaissance ? Du sensible, qui est le particulier, et c'est le sens qui le connaît ; du suprasensible, qui est l'universel, et c'est l'intelligence qui le saisit dans le particulier, dans le sensible. L'homme étant par nature une âme unie à un corps, il n'y a point pour lui de connaissance intellectuelle possible sans représentation sensible préalable : le sens perçoit les objets d'après leurs formes sensibles et leurs qualités accidentelles, l'intelligence pénètre à travers ces apparences jusqu'à l'essence des choses. L'objet propre, direct et immédiat, du travail de l'esprit, est donc l'essence des êtres corporels, l'intelligible caché dans le sensible.

L'intelligence connaît d'abord le sensible, l'extérieur ; puis elle revient sur elle-même, et se connaît dans son acte ; puis dans son principe, en réfléchissant sur les manifestations de sa vie suprasensible, et elle en conclut la nature de ce principe, qui est l'âme. Quant à Dieu, elle n'en a qu'une connaissance indirecte, médiate, tirée des créatures : c'est de la connaissance de l'essence des choses corporelles et de l'âme elle-même qu'elle s'élève à la connaissance de Dieu.

Si elle saisit dans le sensible le suprasensible, dans l'image des choses leur essence, et l'universel dans le particulier, c'est en vertu d'une activité spontanée de l'*intellect agent*. L'intelligible est en puissance dans les données des sens ; l'intellect agent le rend intelligible en acte. Par le travail de l'intellect agent, les données des sens deviennent intelligibles et passent dans l'*intellect possible*, lieu où s'opère cette production de l'espèce intelligible, laquelle, une fois qu'elle y a été produite, le met en acte, et il en résulte la connaissance.

La connaissance exprime la réalité des choses, puisqu'elle y a son point de départ. Distinguons la notion et l'idée : l'idée d'un objet préexiste à l'objet dans l'intelligence créatrice ; dans l'intelligence créée, la notion reproduit l'objet existant. Elle exprime tout ce qui constitue l'essence de l'objet ; elle comprend non seulement les lois de la réalité extérieure, mais encore celles de la perfection idéale des êtres : notre science a pour règle et pour mesure, premièrement l'être que les choses tiennent de Dieu, puis l'idée même, l'idée divine, à laquelle Dieu a conformé les êtres.

La connaissance intellectuelle est donc une participation à la lumière divine. La raison humaine est une participation de la raison divine, selon que l'être de l'homme, ainsi que l'être de toute créature, est une participation de l'être divin.

*
* *

Cette théorie de la connaissance a de nombreux partisans. Elle doit son succès à ce qu'elle a de vrai, et à ce qu'elle a de superficiel : le second de ces deux caractères en fait la clarté apparente, le premier en fait le mérite, les deux lui ouvrent les esprits, amis de la vérité, et qui la sentent, mais généralement peu profonds.

Elle reconnaît ce qui est, elle ne l'explique pas.

Elle consiste essentiellement en une distinction

entre la connaissance sensible et la connaissance intellectuelle. La connaissance intellectuelle est celle de l'universel dans le particulier, œuvre de l'*intellect agent ;* la connaissance sensible est celle du particulier, *espèce impresse* et *expresse* à la fois, parce que, en même temps qu'elle est une modification de l'âme, de même nature que l'âme, qui, à la suite de l'impression reçue, la produit en elle-même, elle est représentative de l'objet. — Et il est vrai que l'âme reçoit une impression ; que l'âme, réagissant sur l'impression reçue, produit en elle-même un phénomène qui résulte de son action propre à la suite d'une action exercée sur elle ; il est vrai que le phénomène qui résulte de ce concours est objectif quant à sa matière, subjectif quant à sa forme : ce phénomène est-il connaissance, même sensible ? Non : nous n'avons encore que la sensation, pure modification du moi, pur état de conscience, qu'il reste à rapporter au dehors comme un signe à ce qu'il signifie : mais comment et par quoi se fera l'interprétation du signe ?

L'*espèce* est *impresse* : oui, imprimée dans l'âme, subjective ; et *expresse*, en tant que représentative du dehors... — Qu'en sait-on ? et de quel droit l'affirme-t-on ? Cela ressemble fort à la perception directe, à la sensation-perception, que nous avons dû écarter. Il n'y a pas encore ici de connaissance, parce qu'il n'y a pas d'idée ; et il n'y a pas d'idée parce qu'il n'y a pas d'universel.

Mais intervient l'*intellect agent,* qui saisit l'universel dans le particulier, le suprasensible dans le sensible. Y avait-il connaissance, avant cette intervention de l'*intellect agent ?* Il n'y avait encore que matière à connaissance. La connaissance purement sensible n'existe pas ; il n'y a de véritable connaissance que la connaissance intellectuelle. C'est l'intellect agent qui la produit. Mais qu'est-ce que l'intellect agent ? et comment la produit-il ? Qu'est ce suprasensible qu'il saisit dans le sensible, cet universel qu'il trouve, ou qu'il retrouve, qu'il reconnaît dans le particulier ? C'est l'idée, qui ne lui vient pas du particulier, qu'il ne reçoit pas du dehors avec l'impression, qu'il apporte, lui, dans la connaissance : d'où la tire-t-il ? Est-ce de lui-même ? Soit ; mais de lui seul ? Elle sera donc toute subjective, pure forme de l'esprit ; et nous aurons quatre siècles à l'avance le subjectivisme Kantien, ce même subjectivisme auquel on cherche à se dérober en lui opposant la philosophie de saint Thomas. Ou bien la trouve-t-il en lui comme constitutive d'une raison qui n'est pas notre raison, mais la raison même ? Aussi saint Thomas fait-il de la raison humaine une participation de la raison divine, comme de l'être humain, et de l'être créé, quel qu'il soit, une participation de l'être créateur. Mais comment l'entendre, cette participation ? Une intuition des idées divines, du Verbe de Dieu ? Nous aurons la vision en Dieu, de Malebranche, contre laquelle nos modernes Thomistes s'élèvent énergiquement. Une constitution *a priori* de l'esprit humain, conforme à la raison divine pour l'être à la nature des choses ? C'est la constitution mentale *a priori*, c'est l'innéité des idées, ou du moins des principes directeurs de la connaissance, dont on ne veut pas plus, semble-t-il, que de la vision en Dieu. Mais alors que veut-on ? et comment explique-t-on la connaissance ?

On ne l'explique pas, on la décrit. C'est, dans la théorie de saint Thomas, la part que j'ai cru pouvoir faire de ce qu'elle a de vrai et de ce qu'elle a de superficiel.

Les données des sens sont les sensations, qui ne sont pas encore la connaissance, mais qui en sont la condition préalable ; en appliquant à ces données les données d'une raison irréductible à toute expérience, *a priori*, divine dans son origine et sa nature essentielle, objective et absolue, nous formons les idées dites d'expérience : celles-ci donc formées par nous-mêmes, par l'application que nous faisons des données de la raison à celles des sens : mais ces données de la raison, qui nous rendent possible la connaissance expérimentale, nous permettent la formation des idées d'expérience, et sont aussi des idées, que nous ne formons pas, des principes qui sont l'intelligence même, qui sont la raison humaine, la raison divine, la raison absolue.

XX

Notre raison n'est pas une intuition de la raison divine, je veux dire qu'elle n'est pas une vision de la raison divine en Dieu, mais en nous-mêmes, à l'occasion et à la condition des modifications de notre propre être. Nous ne pensons que des rapports, étant donné l'un de leurs deux termes ; et c'est la sensation ou le sentiment qui nous le donne : la sensation pour les caractères physiques des choses, qui nous sont extérieurs, le sentiment pour leurs caractères spirituels et moraux, qui sont de nous et pour nous. Toutes nos sensations, tous nos sentiments, sont le développement et comme l'épanouissement d'un sentiment unique, celui de notre être ; toutes nos idées, d'une idée unique, celle de notre être, et, dans l'idée de notre être, l'idée de l'être, avec les idées qu'elle contient.

Nous y avons trouvé les idées d'absolu, de substance, de cause, de nécessité, d'unité, d'infinité, de perfection, avec leurs contraires. C'est ici la loi fondamentale de l'association, non accidentelle, mais logique, des idées, qu'elles s'entendent par leurs contraires ; et si les contraires s'unissent dans l'intelligible, ils s'unissent dans l'être même. Point d'être qui ne soit néant à quelque égard, et qui ne nie dans la mesure où il affirme : *omnis determinatio negatio*, et plus un être sera déterminé, plus l'être en lui sera nié, ou plus il sera nié de cet être. Point d'absolu qui ne le soit relativement, ou ne le soit d'un rapport dont les termes sont relatifs ; point de substance qui ne se manifeste par des modes, point de cause qui ne se produise par des effets, effets et modes qui sont les *phénomènes*, τὰ φαινόμενα, les *apparitions* de la cause et de la substance, qui sont la cause et la substance même affirmées et niées en des formes successives, exclusives les unes des autres ; point de nécessité sans des contingences qui en soient les occasions ; point d'unité qui ne se multiplie comme en des images où elle se reflète sans fin ; point d'infinité dont la réalisation n'ait des limites qu'elle ne cesse de franchir pour un au-delà qu'elle franchira encore ; point de perfection qui ne soit conçue dans un imparfait toujours inégal, toujours inférieur. Tout se lie, tout s'enchaîne, contraire à contraire, thèse et antithèse, dans une synthèse qui les embrasse ; tout jugement est une synthèse du sujet et de l'attribut unifiés dans leur identité profonde, l'extension de l'attribut contenant le sujet, et la compréhension du sujet l'attribut : si, parmi nos jugements, les uns sont analytiques pour notre raison, capable d'y reconnaître, par la seule analyse du sujet, l'attribut dans le sujet, d'autres synthétiques pour notre raison qui, incapable de l'y reconnaître sans le secours de l'expérience, l'y ajoute comme du dehors, tous, en eux-mêmes, et pour une raison qui serait parfaite, sont analytiques, étant des synthèses de termes qui se contiennent l'un l'autre ; la conscience est une synthèse, étant l'affirmation du non-moi dans celle du moi et l'union des deux identifiés dans la sensation, où l'acte du moi et l'acte du non-moi se confondent en un seul acte.

L'être est la puissance, la manifestation de l'être est l'acte. L'être, absolu, substance, cause, nécessaire, un, infini, parfait, est l'être virtuel, considéré non dans sa virtualité présente, mais dans sa virtualité pure, essentielle, éternelle ; le néant, relatif (être qui n'est pas, non-être qui est, être limité et sans consistance propre, ce mélange d'être et de néant qu'on appelle quelquefois le *devenir*), mode, effet, contingent, fini, est l'être réel. L'être virtuel est cependant le véritable être, et l'être réel n'en est la réalisation qu'en ce qu'il en est l'expression : l'être virtuel se réalise par ses actes, s'exprime par ses effets qui sont ses modes, se manifeste par ses phénomènes : infini en soi, il est puissance prochaine ou éloignée de tout le possible, mais il n'est puissance prochaine que d'un possible déterminé et limité selon qu'il s'est déjà réalisé plus ou moins, et, à cet égard, lui-même il est plus ou moins, il est fini : en sorte que l'être virtuel, infini dans son essence absolue, est fini dans le degré de son être, il est plus ou moins, et il est plus ou moins parfait selon qu'il est plus ou moins, selon qu'il a plus ou moins d'être.

Un être virtuel qui serait infini dans le degré même de son être, serait une puissance prochaine, immédiate et sans condition, de tout le possible. Il ne le réaliserait pas, car il est contradictoire que le possible soit réalisé tout entier ; mais il pourrait le réaliser, et il en réaliserait ce qu'il voudrait. Ceci mérite de nous arrêter un moment.

*
* *

Considérons la série des termes contraires et identiques deux à deux, être-néant, absolu-relatif, substance-mode, cause-effet, nécessité-contingente, unité-multiple, infini-fini : tels sont les êtres, finis en acte, infinis en puissance. Au-delà des extrémités de la série, au-dessus et au-dessous, il faut concevoir l'être pur et le pur néant : le pur néant n'est pas seulement le non-être capable d'être, source du devenir, l'être qui n'est pas encore mais qui sera, le possible, c'est l'impossible, le non-être qui n'est ni ne sera parce qu'il ne saurait être, le contradictoire ; l'être pur est l'être incapable de n'être pas, existant nécessairement et absolument par lui-même, substance où n'entre aucun mode particulier, cause où n'entre aucun effet, unité sans aucune multiplicité qui la divise, l'Un absolu, l'Un infini, le parfait Un. Puissance absolument, infiniment, parfaitement en acte, parce qu'elle est toute en acte : donc ici plus de puissance, mais acte pur. Cause qui se réalise éternellement tout entière, être achevé dès qu'il est, parfait dès l'origine, c'est-à-dire éternellement.

Et cependant on doit le dire puissance, non selon qu'il est, mais selon qu'il peut faire être ; non selon qu'il se réalise, mais selon qu'il peut réaliser les virtualités contenues dans sa virtualité, dont l'unité embrasse tout. Ces virtualités multiples, contenues dans sa virtualité suprême à l'infini, sont infinies en puissance, mais non pas en puissance prochaine :

elles ne sont d'abord que des êtres possibles, puissances de tout sans l'être de rien ; puis acquièrent quelque degré d'être par un acte de l'être qui les fait passer de la puissance à l'acte, et, à mesure qu'elles sont en acte, sont puissances prochaines de possibles toujours plus grands, grandissent, par leur progressive réalisation, en être virtuel, c'est-à-dire en puissance de réalisation prochaine : toute réalisation faite leur est acquise, tout acte modifie la puissance qui constitue leur être ; et ils ont plus ou moins d'être, ils sont plus ou moins, selon que, passant de la puissance à l'acte, et celui-ci conforme ou non à la loi de leur être, ils ont modifié leur être même, leur propre nature : disons, suivant qu'ils ont bien ou mal agi : car voici que se pose déjà la question du bien et du mal. Elle sera traitée en son lieu.

Tels sont donc les êtres : acquérant plus ou moins d'être, se réalisant plus ou moins, inachevés, imparfaits ; plus parfaits et meilleurs, à mesure qu'ils ont plus d'être. Car il y a des degrés de perfection comme d'imperfection : ce sont les degrés d'être et de néant dans un même être : plus un être tient du néant, plus il est imparfait ; aussi est-il d'autant plus parfait qu'il tient plus de l'être, ou qu'il a plus d'être. On distingue souvent et l'on oppose entre eux les deux ordres de perfection et de grandeur, la qualité et la quantité : pour nous, la quantité est des êtres, la qualité est de l'être. La qualité se ramène à la quantité d'être. Car qu'est-ce qu'avoir plus ou moins d'être, être plus ou moins, sinon être puissance plus ou moins prochaine du possible, être plus ou moins capable de comprendre, d'aimer, d'agir ? La quantité, qui est des êtres, s'exprime par le nombre, toujours et nécessairement fini ; la qualité, qui est de l'être, peut être infinie : c'est quand elle est la toute-puissance, c'est-à-dire la puissance prochaine, immédiate, de tout le possible : non pas de l'impossible, du contradictoire, du pur et absolu néant, mais de tout le possible, et au temps, au lieu, en la manière qu'il est possible.

C'est ainsi que le souverain être, acte pur, ne laisse pas d'être puissance : au regard de ce qu'il fait être, du possible qu'il réalise.

Réalisé tout entier en lui-même, il est toujours tout entier et absolument lui-même, infini, non par l'extension d'un être répandu dans le temps et dans l'espace, mais par la perfection de l'être. Comme il est par lui-même, il se suffit à lui-même, et il suffit à tout : il est absolument, infiniment, parfaitement : parfait parce qu'il est infini, infini parce qu'il est absolu, absolu par l'essence de son être, qui est d'être. Il est tout le possible de l'être, en réalise tout l'idéal, en épuise l'idée entière, en résume toutes les puissances, intelligence, force, amour : il est donc toute raison comme toute sagesse, et toute justice, et encore toute bonté : une force infinie à la disposition d'un parfait vouloir de tout ce qui est bien.

Que l'être parfait existe, et distinct du monde qui est par lui, qui est en lui, mais qui n'est pas lui, cela résulte de sa perfection même et de sa nécessité d'être. Il faut, puisqu'il y a de l'être, qu'il y ait un être existant absolument, sans commencement, sans limite, sans dépendance d'aucune sorte, sans aucune détermination reçue, libre d'une liberté première et souveraine : nous l'adorons sous le nom de Dieu. Le monde est-il par lui-même ? La réponse est forcée : Oui, ou non. Non ? Il est par Dieu. Oui ? Il est Dieu. — Est-il donc par lui-même, ou par un Auteur de son être ? S'il est par lui-même, il est absolu, infini, parfait, il est une parfaite Volonté, toute-puissante, mais toute sage et toute bonne, du Bien : il est Dieu. Tels ne sont pas les êtres apparents du monde visible ; tels ne sont pas les êtres finis et particuliers dont il se compose. Tel est-il dans son ensemble, dans sa totalité, dans l'unité de son être ? Mais cette unité est une totalité, un ensemble, un assemblage ou une collection, disons, si on le préfère, un système d'êtres ; le monde n'est pas un être : il n'est donc pas le parfait être, tout puissant, tout sage, tout bon, l'être absolu.

Mettrons-nous cet être dans le monde et le monde en lui, comme une âme du monde, à la fois présente et supérieure au monde : présente, parce que nous ne devrons pas le séparer du monde dont il fait l'être ; supérieure, parce qu'il en fait l'être, et qu'il est lui-même un être que le monde n'est pas, l'être parfait, l'être absolu ? Oui, âme du monde, supérieure à la nature qu'elle anime, surnaturelle : âme dont le monde est le corps, mais corps créé par l'âme qu'il manifeste et rend visible ; « nature naturante », existant dans la « nature naturée », qui existe par lui ; cause efficiente et finale des effets à l'infini où elle se produit dans l'immensité de l'espace et du temps sans limites ; puissance dont l'acte, réalisation adéquate de son être, est l'univers. Adéquate, mais dans l'éternel : car les instants qui divisent le temps ne comptent pas pour l'être infini, et il est toujours à l'extrémité des siècles. On ne peut dire qu'il a été, qu'il est, et qu'il sera : il est ; qu'il a été moins, qu'il est plus, qu'il sera de plus en plus jusqu'à ce qu'il parvienne à la plénitude entière de son être (plénitude inaccessible à qui ne l'a pas d'abord, et jamais il n'y pourrait parvenir) : il ne devient pas, il est. Dès le commencement des temps, il est à la fin des temps : il est lui-même le commencement et la fin des temps, étant la première cause et la fin dernière ; tout commence à lui et finit à lui, tout part de lui et revient à lui, par une série d'instants dont le premier est l'existence reçue et le dernier la perfection atteinte. L'univers est éternellement, infiniment, par lui l'infini, par lui l'éternel ; il y passe tout entier, il y est tout en acte, et il a dans son acte, dans cet acte qui pose l'univers, la conscience adéquate de lui-même : conscience de la puissance qu'il est, et de l'univers qui en est l'acte.

Acte multiple en son unité, par lequel Dieu réalise la multiplicité indéfinie des possibles qu'il renferme en son sein, des puissances qui sont comme les divers aspects de son être. Concevons une série indéfinie de puissances enveloppées les unes dans les autres, et dont le développement continu sera le monde, toutes dans une première puissance qui se réalise d'elle-même, qui d'elle-même, immédiatement, sans obstacle et sans limite, sans rien qui la détermine et la borne, passe toute en acte : celle-ci actualisée est l'être premier-né de l'être, être par lui-même, Dieu, le Dieu personnel et conscient, le Dieu vivant. Il vit dans l'univers, dont il fait la vie et l'être. Puissance de tous les possibles : parfaite réalisation, absolue, infinie, de la première puissance qui enveloppe toutes les autres, toutes virtuellement infinies, mais finies à chaque degré de leur être ; réalisation de ces puissances par l'acte qui les fait être, c'est-à-dire qui les appelle du néant relatif, du non-être capable d'être, de l'être possible à l'être actuel. C'est là créer ; et c'est ainsi que, tout acte en lui-même, il est puissance à l'égard de ses créatures.

Or, il choisit entre les possibles. Tous les possibles ne sauraient être réalisés, car la réalisation des uns est un empêchement à celle des autres. Ou du moins ils ne peuvent l'être en même temps et dans les mêmes conditions ; et si tous les êtres peuvent être appelés à l'existence (cela se peut-il ? n'y a-t-il qu'un nombre déterminé, limité, d'êtres possibles ?) mais enfin, si tous les êtres en puissance peuvent, plus tôt ou plus tard, recevoir l'être actuel, il n'en est pas ainsi de tous les phénomènes, de toutes les formes, de toutes les destinées. Une action, une manifestation d'être ou de force quelconque, une condition posée par une volonté ou par le hasard, a des conséquences exclusives à tout jamais d'autres conséquences qui se seraient produites ou qui auraient pu se produire : celles-ci étaient possibles, et ne le sont plus. Certes, si rien n'est sans une raison d'être, la première des raisons qui expliquent une chose est qu'elle soit possible : ce qui ne suffit pas à l'expliquer, et ne la fait pas être, mais lui permet d'être. Rien ne se produit que le possible : mais, en admettant même que tous les possibles, au lieu, à l'heure et dans les conditions où ils sont possibles, se produisent, est-ce le hasard qui a déterminé ces conditions ? ou est-ce un choix ?

Ce n'est point le hasard. Le hasard n'est qu'un mot, un son vide ; ou, si ce mot a quelque signification, il signifie non l'absence mais l'ignorance de la cause. Une cause première est une cause qui se détermine elle-même : car, si elle était déterminée, elle serait effet en tant que déterminée et pour ce qui la déterminerait, elle ne serait pas première, toute première. Une cause première est donc libre, une cause libre est consciente, sait ce qu'elle fait : toute cause inconsciente, aveugle, est seconde, mue par une autre, ou par d'autres, jusqu'à ce qu'on arrive à la vraie cause, première, libre, consciente, intelligente, et qui a choisi.

Tout ce qui se passe dans l'univers se fait par l'action, directe ou indirecte, immédiate ou transmise, soit de forces libres, d'une infinité de volontés particulières, soit d'une Volonté souveraine qui ordonne tout, soit d'un concours des volontés particulières avec la Volonté souveraine. Ce que fait la nature, c'est Dieu qui le fait. Le naturel est surnaturel dans son fond : ce que nous ne pouvons imputer à des causes particulières, conscientes et libres, ce que nous imputons à la nature, imputons-le donc à Celui qui l'a faite, et qui l'anime.

*
* *

Il suit de là que, en dehors de ce qui est par des volontés particulières, rien n'est qui ne doive être : tout ce qui est du fait de la nature est ce qu'il doit être, est juste, est bon. Car qu'est-ce que le bien, sinon ce qui doit être ? et, en tant qu'il dépend d'une volonté libre, ce qui doit être voulu ? Tel est le bien moral : la bonne volonté, la volonté du bien, c'est-à-dire de ce que l'on conçoit ou l'on croit être le bien, et pour ce motif qu'il est le bien, avec l'effort pour l'accomplir ; et tel est le bien en lui-même : ce qui doit être. Mais ce qui doit être est l'être selon la raison, l'être intelligible. Vouloir le bien est donc vouloir l'être ; et faire le bien, c'est réaliser l'être, c'est coopérer à l'œuvre de Dieu.

L'être objet de l'intelligence, conçu et compris dans sa loi, est le vrai ; l'être objet de la sensibilité, goûté dans une forme qui, le représentant, nous attire et nous élève, est le beau ; l'être objet de la volonté, poursuivi par l'effort personnel, est le bien : l'être réalisé et possédé par un être particulier est, dans la mesure de cette réalisation même et de cette possession, la félicité de cet être. C'est le bonheur, dont le vrai, le beau et le bien sont des éléments essentiels pour cet être intelligent, sensible et libre qui est l'homme.

En attendant les développements nécessaires de ces idées, qui viendront à leur place, qu'il nous suffise de reconnaître ici la nature et l'objet propre de l'intelligence : elle est la raison, intuition de l'être dans un être qui est nous. Le propre de notre être, si ce n'est de tout être à un degré quelconque, mais du moins de l'être humain, est d'être conscient de soi : conscient de ses actes ; dans ses actes, de son être, qui est lui-même ; dans son être, de l'être : il connaît, dans son être fini et relatif, l'être infini, l'être absolu, l'être. Cette connaissance est-elle une conscience ? Directe, non : le moi n'a conscience directe que de ses actes, des faits où il se produit, des phénomènes qui le manifestent à lui-même, sans lesquels il ne se connaîtrait pas : mais il s'y connaît un être, et il y connaît l'être. Cette conscience qu'il a de ses phénomènes enveloppe celle d'un être, qui enveloppe celle de l'être : avec l'être, Dieu et le monde, et l'action de Dieu dans le monde, qui est la Providence. Où Dieu agit, tout est ce qu'il doit être ; mais s'il existe des êtres doués de volontés libres, il y a d'autres actions dans le monde que l'action divine, et le mal peut s'y produire. Dès lors se pose le problème du mal. Le moment n'est pas encore venu d'en risquer une solution ; nous l'essaierons dans la suite.

XXI

L'âme peut être comparée à un miroir qui serait conscient de soi. Il ne sortirait pas de lui-même pour atteindre au dehors d'autres objets : il ne connaîtrait que soi, mais il trouverait en soi des images de choses du dehors, qu'il connaîtrait ainsi elles-mêmes par leurs images. Telle est la perception extérieure. Les choses que nous connaissons hors de nous, nous ne sortons pas de nous pour les atteindre où elles sont, nous ne nous transportons pas hors de nous en elles, et elles ne se transportent pas hors d'elles en nous : quelques-unes (et combien peu ! Nous ignorons les autres) nous affectent par leur présence ; je veux dire que certains mouvements partent d'elles, saisissent notre organisme, excitent nos nerfs, notre cerveau, et nous sentons. Nous n'avons conscience ni de ces choses, ni des mouvements qui en partent, ni de leur action sur l'organisme, ni de l'excitation des nerfs, ni même de l'excitation du cerveau, mais de la sensation à la suite : seulement de cette sensation, et elle résulte pour autant de notre nature que de la nature de l'objet senti.

La sensation est un phénomène de l'âme, elle est la conscience d'une réaction sur l'action du dehors : un dehors qui agit, un moi qui réagit. Le moi y met du sien ; et nous avons remarqué (Étude I, 4) que voir, entendre, et le reste, sont des actes propres à l'âme, atteinte par des mouvements dont elle est l'aboutissement et le terme ; qu'il n'y a hors d'elle, et même dans le cerveau, que des mouvements, et que ses diverses manières de sentir à la suite et en conséquence de ces mouvements sont développements et manifestations de son propre être : affectée d'une manière, elle voit ; d'une autre, elle entend ; d'une autre, elle odore, elle goûte, elle touche, elle éprouve du chaud, du froid, du plaisir, de la douleur : douleur, plaisir, froid, chaud, toucher, goûter, odorer, entendre, voir, sont comme des éclosions de l'âme venant au jour, se produisant elle-même dans ses rencontres avec le dehors ; et quelles que soient jamais, quelles que puissent jamais être ces rencontres, selon que telle sorte d'organisme, telle forme d'existence, la mettrait en rapport avec le dehors, et avec tel dehors ou tel autre, toujours elle verra, elle entendra, elle aura les mêmes sensations ou des sensations de même nature à l'occasion des objets quelconques dont l'entourage lui serait accessible. Elle les aura, si elle a les organes qui les lui permettent. Ce qui manque à l'aveugle-né, ce n'est pas le sens de la vue, c'est l'organe du sens de la vue : que l'organe lui soit donné, il verra. Nous aurions des sens que nous n'avons pas, si les organes nous en étaient donnés ; et ceux mêmes que nous avons, si les organes nous en étaient ôtés, nous ne les aurions plus. Les sens ? Non. Toute âme les a tous. Mais les sensations qui en sont les actes. Les sens n'entreront pas en exercice, s'ils ne sont pas mis en rapport avec leurs objets. Nous ne verrons pas, nous n'entendrons pas, si des organes de la vue et de l'ouïe, c'est-à-dire si des moyens de communication avec des objets qui nous sollicitent sous l'un ou l'autre de ces deux modes, nous manquent ; s'ils se transforment, s'ils disparaissent pour être remplacés par d'autres, nous verrons, nous entendrons dans d'autres conditions, et d'autres objets, qui nous deviendraient accessibles, qui nous apparaîtraient, à notre grande surprise, dans le vide apparent ; et si de nouveaux organes venaient à leur être ajoutés, nous aurions des sensations nouvelles, dont toute représentation, toute imagination, nous échappe.

Les sens sont de l'âme, et leurs organes du corps. Les sens appartiennent à cet être virtuel qui est l'âme, et ils entrent en jeu suivant que tels organes les mettent en rapport avec tels objets à l'exclusion des autres : changement de corps, changement d'organes, changement d'objets des sensations, mais non de la nature des sensations elles-mêmes. Un savant physiologiste, subtil et profond, M. Durand de Gros, a fort bien montré, dans ses très curieux *Essais de physiologie philosophique*, que les organes de nos sens sont des appareils d'isolement, ne permettant qu'à certains agents, à l'exclusion de tout autre, leur impression sur nous ; et que, si le nerf optique, par exemple, était ouvert aux vibrations de l'air, au lieu de leur être fermé, et de même le nerf acoustique aux ondulations de l'éther, nous verrions ce que nous entendons, et nous entendrions ce que nous voyons.

*
* *

On a dit que les yeux n'ont pas été faits pour la vue, mais qu'on voit parce qu'on a des yeux : la vue serait un résultat, non une cause ; le résultat d'un heureux hasard. On a dit aussi que « le besoin crée l'organe » : que les êtres, par une lente évolution, se sont peu à peu façonné ou fabriqué des instruments de tact, d'odorat, de goût, d'ouïe, de vue, à mesure qu'il leur a été nécessaire de toucher, d'odorer, de goûter, d'entendre, de voir. Comment a pu se faire cette lente fabrication de leurs organes, on l'explique mal, ou on ne l'explique pas : mais s'il en est ainsi, — et d'ailleurs que les êtres se soient créé leurs organes, ou qu'ils les aient reçus, — c'est donc qu'ils avaient la vue, l'ouïe, ils avaient les sens ; et ce qui leur manquait, ce n'était pas les sens, c'était les organes. Comment auraient-ils vu, même avec des yeux ? ou entendu, même avec des oreilles ? Car il ne suffit point d'avoir des oreilles pour entendre ; et ce ne sont ni les oreilles qui entendent, ni les yeux qui voient.

Partout où il y a sensibilité, il y a conscience : où est une conscience, est un conscient, un moi, une âme : être virtuel qui préexiste à ses organes, quoiqu'il ne se manifeste que par ses organes, en des actes qui lui seraient impossibles sans eux. Il leur préexiste, soit qu'il les reçoive, soit, et à plus forte raison, si lui-même les crée : car, si « le besoin crée l'organe », encore faut-il que le besoin préexiste à l'organe, en un être latent, virtuel, mais qui est, — puissance distincte de ses actes et des organes qui les lui permettent, prête à se produire dès qu'elle trouvera la condition d'une production d'elle-même par elle-même. L'univers est plein d'êtres virtuels, invisibles puisqu'ils sont virtuels, puissances éloignées de l'être infini, puissances prochaines d'un être fini.

Et quant à ces savants, ou à ces philosophes, qui disent que, si l'on voit, c'est parce qu'on a des yeux, assurément on ne verra pas sans yeux, mais les yeux y suffiront-ils sans la faculté de voir, le sens de la vue ? Si quelque Vaucanson venait à construire un jour un admirable mécanisme imitant point par point ce mécanisme vivant qui est le corps vivant d'un animal ou d'un homme, si même il parvenait à le construire vivant, ou comme vivant, d'une matière changeante qui se renouvellerait particule à particule, pièce à pièce, qui peut-être (jusqu'où ne peut-on pousser la mécanique ?) se reproduirait, sentirait-il, ce merveilleux mécanisme ? Il aurait des oreilles, entendrait-il ? Il aurait des yeux, verrait-il ? Il serait comme les sourds et les aveugles de l'Écriture : *oculos habent, et non videbunt ; aures habent, et non audient.* Ceux qui disent que la vue est un résultat, non une cause, confondent la vue avec la vision, le sens avec son acte : la vision résulte des yeux, mais chez un être capable de voir ; la faculté de voir, la vue, préexiste, latente, prête à paraître quand l'organe lui sera donné : l'aveugle-né n'attendait que des yeux.

*
* *

Les appareils de la vue, de l'ouïe, du goût, etc., les organes de nos sens, nous mettent en rapport avec certaines conditions déterminées de mouvements extérieurs : avec une certaine vitesse des ondulations de l'éther, des mouvements de l'air, etc., et, par ces mouvements de l'air, de l'éther, avec les corps qui en sont l'origine. Ceux d'où partent, s'il en est de tels, des mouvements plus lents ou plus rapides, nous échappent, ils sont pour nous comme s'ils n'étaient pas. Présents, s'ils impriment à l'éther vibrant une vitesse trop grande ou trop petite, nous ne les voyons pas ; s'ils impriment à l'air vibrant une vitesse trop grande ou trop petite, nous ne les entendons pas ; s'ils n'offrent aucune résistance à notre main, à notre corps qui les traverse, soit par leur trop faible densité, soit parce qu'ils se laissent pénétrer et, s'ouvrant sans être heurtés, se referment à mesure, ou pour toute autre cause, nous ne les touchons pas : ils sont là, devant nous, et nous les nions. Et en effet ils n'existent pas pour nous. Il n'y a là pour notre main, pour nos oreilles, pour nos yeux, que le vide. Supposons les organes de nos sens modifiés, l'invisible nous devient visible, et le vide se remplit. Supposons d'autres organes qui nous mettent en rapport avec d'autres agents, électricité, fluide nerveux, que sais-je ? Nous aurons d'autres sensations, des sens que nous ignorons se produiront en nous, se révèleront à notre conscience, un autre monde nous apparaîtra, ou le même sous d'autres aspects : ce serait toujours, pour nous, un autre monde. Il semble qu'il se passe quelque chose de semblable à cette modification des organes du corps humain, ou peut-être à cette apparition de nouveaux organes, chez les somnambules, qui voient ce que nous ne voyons pas, entendent ce que nous n'entendons pas, sentent d'une manière qu'ils ne peuvent nous faire comprendre. S'il arrive qu'à la mort, de ce corps qui aura cessé de vivre se dégage un autre corps qui lui était étroitement uni, mais invisible, de matière subtile, fluide nerveux, électrique, éthéré (peu importe, puisque ce ne sont là que des noms d'objets ou d'agents dont la nature nous est inconnue), ce corps nous met en rapport, par des organes appropriés, modifiés ou nouveaux, avec la sorte de matière dont il est fait lui-même : il nous devient visible, et nous rend visible l'autre monde.

Pure hypothèse, du moins jusqu'ici, mais qui sert à faire distinguer la sensation de la matière qu'elle donne et du sens dont elle est l'acte : le sens est l'âme elle-même, être virtuel capable de se réaliser en des sensations qui sont elle-même en acte, qui sont une forme de sa conscience d'elle-même, qui sont la conscience qu'elle prend d'elle-même par ses rencontres avec le dehors : et le dehors, ce sont les corps, c'est la matière, c'est le monde.

*
* *

La sensation ainsi distinguée et du sens, ou du moi, de l'âme, qui préexiste, et de la matière qui la provoque dans l'âme, ne donnera plus lieu à des questions étrangères, et d'ordre physiologique, où on l'engage mal à propos. On ne parlera plus de mesure des sensations, et de la vitesse qu'elles mettent à se produire : car il ne s'agit ici que de l'impression, non de la sensation qu'elle provoque ; il ne s'agit que d'un fonctionnement de l'organisme, d'un mouvement des nerfs, mesurable, comme tout mouvement, et comportant des degrés de vitesse : mais ce n'est là qu'une des conditions de la sensation, avec laquelle on a le tort de la confondre. On ne parlera plus de sensations inconscientes, et d'une infinité de ces sensations dont se composerait la sensation consciente : celle-ci est la sensation même, et les autres non, mais des impressions, des mouvements, qui n'arrivent pas jusqu'à l'âme. Ainsi le bruit d'une vague, dit-on, se compose d'une infinité de petits bruits produits par une infinité d'éléments de la vague : non : chacun de ces éléments produit son mouvement, mais insuffisant pour qu'il en résulte un bruit. Un mouvement peut s'arrêter avant d'atteindre le nerf ; il peut s'arrêter encore, le nerf atteint, avant d'atteindre le centre nerveux ; et, même le centre nerveux atteint, l'âme inattentive ou occupée ailleurs, l'âme absente, peut n'y pas répondre, ne pas sentir. Sentez-vous la dureté du banc sur lequel vous êtes assis, vos pieds froids et votre tête chaude, tout le désagrément d'un amphithéâtre mal commode, pendant que vous êtes tout entiers à un discours qui vous intéresse ? Que l'orateur s'interrompe, que votre attention se relâche, elle se reportera sur des impressions qui étaient dans votre organisme, dans votre cerveau, et vous sentirez le voisin gênant, le banc dur : est-ce que les mouvements des nerfs provocateurs de telles sensations se seront produits tout d'un coup, ou, arrêtés en route, se seront remis en marche tout d'un coup pour parvenir au cerveau ? Ils y étaient parvenus, votre cerveau était affecté, mais vous étiez absent. Vous ne sentiez pas, et vous sentez : direz-vous que vous prenez conscience d'une sensation inconsciente ? Vous le direz peut-être, puisqu'on le dit ; mais en vérité il n'y avait pas sensation, il y avait impression. Il y avait la condition de la sensation, non la sensation elle-même. Et je dis la condition extérieure : il y manquait la condition intérieure, la liberté de l'âme, dont l'activité était prise par le discours. La sensation est un acte de l'âme sollicitée par le dehors : il n'y manquait pas, à cet acte de l'âme, la sollicitation du dehors, mais l'âme elle-même. Une vague se compose d'une infinité de gouttes d'eau : le mouvement d'une vague se compose d'une infinité de petits mouvements, il n'en résulte pas que le bruit d'une vague se compose d'une infinité de petits bruits : s'ils ne sont pas entendus, ce ne sont pas des bruits. Ne confondons pas le bruit avec le mouvement, ni la sensation avec ses conditions extérieures, avec le jeu des organes, avec le dehors.

XXII

Ce dehors existe-t-il ? Et comment le connaissons-nous, puisqu'il ne nous est pas donné en lui-même, mais en des sensations qui sont des manières d'être de nous-mêmes, des actes du moi ? Et qu'est-ce que nous en connaissons, si nous en connaissons quelque chose ? Qu'est-ce que nous connaissons, à vrai dire ? Quel objet ? De quelle nature ? Que faut-il entendre sous ces mots de corps, de matière, de monde ?

La réponse à ces diverses questions, ou à cette multiple question, qui est celle de la perception extérieure, a été faite, et plutôt mille fois qu'une, dans ce qui précède. Mais on ne saurait trop répéter ce qu'on ne peut faire comprendre qu'en le faisant voir, ce qu'on ne peut faire voir qu'en le présentant et le représentant sans cesse tantôt sous une forme tantôt sous une autre, et le faisant pour ainsi dire tourner sous les yeux.

J'ai conscience d'une modification dont je ne suis pas l'auteur ; produite en moi non sans moi, mais non par moi : j'y mets du mien, elle me manifeste à moi-même, elle est moi-même en acte, acte de la puissance que je suis, mais aussi d'une autre puissance. Et comment sais-je que je n'en suis pas l'auteur ? Parce que, ayant, par essence, conscience de mon agir, j'ai conscience de la forme de mon agir : d'agir quand j'agis, et de réagir quand je réagis ; j'aurais eu conscience de l'acte par lequel je l'aurais produite, comme j'ai conscience de l'acte par lequel je l'éprouve. Mais comment sais-je que, n'ayant pas moi pour cause, elle a une autre cause ? Parce qu'il faut qu'elle ait une cause, ou moi, ou autre que moi : point de phénomène sans cause. Mais comment sais-je cela même, qu'il n'y a point de phénomène sans cause ? Parce que l'idée de la causalité nécessaire est une des idées innées enveloppées dans celle de l'être, enveloppée elle-même dans celle de mon être : avec le sentiment de mon être m'est donnée l'idée de mon être, et dans cette idée l'idée de l'être, qui ne va pas sans les idées de ses caractères essentiels : j'affirme donc la cause extérieure à moi de ce qui est en moi sans que je l'y aie causé ; et, affirmant la cause, j'affirme la substance, l'être, le monde extérieur. Ma sensation est un phénomène où se manifestent, en un acte commun du sentant et du senti, et l'être que je suis et un autre être ; phénomène de moi et phénomène du monde : mais comme je suis l'être de ce phénomène en tant qu'il est de moi, le monde aussi, en tant qu'il est du monde, en est l'être, — un être, ou un composé d'êtres. Je la rapporte, au-dedans de moi, à un être qui est moi ; au dehors de moi, à un phénomène qui la cause ou la suscite en moi, et ce phénomène à un être.

*
* *

Cet être, que j'affirme extérieur, m'est-il véritablement extérieur ? Ne se peut-il qu'il soit mon propre corps, mon organisme nerveux, mon cerveau, comme dans l'hallucination, comme dans l'imagination et le rêve ?

C'est d'abord mon corps, en effet, mon organisme nerveux, mon cerveau, intermédiaire entre le monde extérieur et moi : mais déjà mon cerveau, ce premier intermédiaire, s'il n'est pas extérieur à l'homme dont je suis l'âme, l'est à l'âme que je suis. « Mon corps et moi nous sommes deux. » (Étude I, 5.)

Ce qui me fait sentir, ne fût-il que mon corps, ne fût-il que mon cerveau, est donc autre que moi, extérieur à moi. Est-il extérieur à mon cerveau, à mon corps ? Et comment le sais-je ?

Ce n'est pas un objet qui me fait sentir, ce sont des milliers d'objets mobiles, changeants, et qui se détachent de mon corps, tandis que mon corps ne se détache pas de moi. Si, à l'origine, je place les objets de mes sensations visuelles dans mes yeux ou de mes sensations auditives dans mes oreilles, je ne tarde pas à m'apercevoir qu'ils disparaissent de mes oreilles, de mes yeux, tantôt selon les mouvements de mon corps, tantôt selon leurs mouvements indépendants des siens : ils ne font pas corps avec ce corps qui m'est uni si étroitement que j'ai besoin de la réflexion philosophique pour le distinguer de moi. Au milieu d'une prodigieuse diversité d'objets variant indéfiniment mes sensations visuelles, auditives, etc., mon corps va et vient ; et je le sens toujours, inséparable de moi, non de ces objets, dont il me sépare ou me rapproche, selon que lui-même se mouvant me sépare ou me rapproche des uns immobiles, ou que d'autres mobiles se séparent ou se rapprochent de lui.

Mais ne se peut-il que tout cela ne soit qu'une fantasmagorie, l'illusion d'un rêve ? — Les sensations même du rêve, tout illusoires, n'en sont pas moins causées par quelque chose d'extérieur à l'âme, n'en sont pas moins provoquées dans le moi par une force autre que mon propre être : je suis passif dans le rêve, et plus que dans la veille, où je me possède moi-même. La réalité du dehors est donc hors de doute ; même dans le rêve, surtout dans le rêve, dirai-je, c'est le dehors qui agit sur moi : mon cerveau, mes nerfs, le dehors. Dès lors, la question n'est plus si le dehors existe, mais quel il est ; et, — mes sensations étant pour moi des signes de quelque chose d'extérieur à moi, d'autres que moi, — si j'interprète bien ces signes, si j'affirme un véritable être de ces autres, de cet extérieur.

*
* *

Ici intervient le jugement, et avec le jugement la raison. C'est la raison qui perçoit, non le sens : parce que c'est la raison qui juge.

Les sensations du rêve ressemblent à celles de la veille, parce qu'elles en sont des reproductions, des images ; ce sont les mêmes signes, et nous les lisons comme nous avons coutume de les lire. Je viens d'écrire divers mots, le mot *coutume*, par exemple : si je rencontre quelque part les sept lettres dont il se compose, et dans leur ordre, je lirai *coutume* ; si je les rencontre en désordre, je ne lirai pas moins les lettres, mais dans leur désordre, j'aurai, au lieu du mot, un anagramme : si elles forment un autre mot, je comprendrai ce qu'il signifie ; ou l'apparence d'un autre mot, d'un mot inconnu, peut-être les prendrai-je pour les lettres d'un mot d'une langue étrangère, bizarre, mais ce ne sera pas les comprendre ; et si elles s'y suivent pour une prononciation impossible, c t u e m o u, m u t c u o e, je reconnaîtrai, au désordre des lettres, la non-valeur du signe. Les lettres que je vois forment-elles un mot, une phrase intelligible ? Les sensations, les représentations et images de toute sorte qui se produisent en moi, soit dans la veille, soit dans le sommeil, forment-elles une suite, un ordre, et comme une parole qui ait un sens ? Tout est là.

Pascal dit quelque part qu'entre la vie d'un berger qui rêverait chaque jour douze heures durant qu'il est roi et celle d'un roi qui rêverait chaque jour douze heures durant qu'il est berger, il n'y aurait aucune différence. Cela n'est pas seulement ingénieux, cela est vrai. Le roi ne serait roi, et le berger berger, que pour leur entourage, non pour eux-mêmes. Le berger serait roi, pour autant qu'il est berger, et le roi serait berger, pour autant qu'il est roi : chacun d'eux serait, de son côté, berger et roi tour à tour. Pascal suppose que les rêves du berger, roi quand il dort, comme ceux du roi, berger quand il dort, se suivent et se continuent : que le berger se rêvant roi se retrouve le même roi qu'il croyait être dans ses rêves antérieurs, et que le roi se rêvant berger se retrouve le même berger : quand il s'endort comme roi, il croit se réveiller berger. Car si ses rêves ne se continuent pas, s'il se rêve tantôt un berger tantôt un autre tandis que dans sa veille il est toujours le même roi, il ne se confondra pas avec le berger qu'il rêve, il distinguera sans peine ses rêves et sa veille, il se saura roi.

Les représentations du rêve sont incohérentes, désordonnées ; celles de la veille sont ordonnées, liées, logiques : nous retrouvons, quand nous nous réveillons, les sensations du jour précédent, ou leur suite régulière, telle qu'elle s'est présentée chaque jour, telle que l'habitude nous la fait attendre : même lit, même chambre, mêmes visages, même entourage d'objets et d'êtres. Et précisément si quelque accident imprévu trompe cette attente, si l'on se réveille en un milieu tout changé, on s'étonne, et l'on s'inquiète si l'on est bien éveillé, si l'on dort encore, si l'on rêve. Au désordre nous reconnaissons le rêve et l'erreur, à l'ordre la vérité.

Ici l'on demande comment il se fait que nous ne reconnaissons point ce désordre caractéristique du rêve dans le rêve même, et n'en jugeons qu'au réveil : c'est demander pourquoi nous rêvons, pourquoi nous dormons. Il est certain que l'âme est alors dans un état particulier d'activité suspendue, où elle n'a plus la possession de soi, où sa raison lui fait défaut, avec son libre arbitre. Mais nous n'avons pas à traiter ici la question du sommeil, qui relève la question générale des rapports du corps et de l'âme. Qu'il nous suffise que l'âme juge éveillée de ce dont elle ne peut juger endormie ; et si l'expérience donne, comme on ne cesse de le dire, le monde extérieur, elle n'en donne que des signes : c'est la raison qui le connaît, ou le reconnaît.

Elle affirme, à propos de telle sensation, tel phénomène ; à propos de tel phénomène, tel objet, tel être ; à propos de tel être, telle sorte d'êtres, une espèce, un genre. Elle va de la sensation au phénomène comme de l'effet à la cause ; du phénomène à l'être particulier comme du mode à la substance ; de l'être particulier à l'être général comme du fait à l'idée. Elle affirme le particulier à l'occasion de la sensation, expression commune et de l'objet qu'elle manifeste à l'âme et de l'âme qu'elle manifeste à elle-même : c'est percevoir ; dans ce particulier qu'elle affirme, elle pense le général, l'idée d'un genre, qu'elle portait en elle avec toutes les idées enveloppées dans l'idée de l'être. Et tout cela sans division : la perception est un acte unique, synthèse de tous ces éléments que distingue l'analyse qui le décompose. Je perçois un objet : en l'acte unique par lequel je le perçois, je sens et je pense : je sens un objet particulier, dont j'affirme l'être, et je pense une idée générale : et, le sentant, je me sens, je prends conscience de moi dans ma sensation, qui est une manifestation et comme une éclosion ou un développement de moi-même sous l'action excitatrice d'une force autre que moi ; le pensant, je me pense moi-même, l'idée de mon être, l'idée de l'être, et dans cette idée, qui enveloppe toutes les idées, celle du genre dont j'affirme un des objets qu'il embrasse : je la découvre en moi : je prends conscience de ma raison, où elle était latente, en prenant conscience de moi dans la sensation provoquée par le dehors.

Rien de plus faux que ce qu'on dit et répète sans cesse par ce temps d'inintelligent empirisme, que l'enfant va du particulier au général : il généralise, au contraire, dès l'abord ; il applique à tout objet ce qu'il connaît d'un premier objet tant soit peu semblable, le nom dont on lui désigne son père éveille en lui une idée applicable à tout homme, tout homme lui est « papa », et c'est plus tard qu'il distinguera, particularisera ; ainsi font les esprits simples, ainsi fait le peuple, dont les erreurs, pour la plupart, sont des généralisations précipitées.

Rien de plus faux que la théorie qui fait dériver les idées générales des idées particulières : celles-ci, premières dans l'intelligence, correspondraient à des objets réels, au lieu que les idées générales, résultant d'une opération dite généralisation, ne seraient que des fictions de l'intelligence. Nous avons vu qu'il n'y a pas d'idée particulière ni d'idée concrète, que toute idée est abstraite et générale essentiellement. Nous pouvons ajouter ici que, si l'idée générale n'était qu'une fiction, une pure production ou une forme de l'intelligence, la science même du naturaliste, si attaché à son positivisme, qu'il croit philosophique, serait nulle.

*
* *

Les sciences naturelles recherchent surtout, dans la nature, l'ordre ; elles classent les êtres.

Les classifications peuvent-elles avoir une autre valeur que d'être un soulagement pour l'esprit ? Y en a-t-il qui aient une valeur propre ? Sont-elles toutes artificielles, ou y en a-t-il de naturelles ? La distribution hiérarchique des êtres en leurs espèces et en leurs genres, n'est-ce qu'une méthode à notre usage, ou est-ce une vérité ? Les vertébrés, par exemple, sont-ils reptiles, poissons, oiseaux, mammifères, absolument, ou relativement à nous ? Un chat et un chat, sont-ce deux êtres de même espèce, ou ne le disons-nous qu'autant qu'ils se ressemblent en effet et ne savons-nous qu'ils se ressemblent qu'autant que nous avons pu les disséquer pour les observer tous deux ? Ou encore ne le disons-nous que pour avoir des mots convenus et nous entendre entre nous, sans qu'il en soit rien ? Que sont les genres ? Des noms ? Des conceptions de l'esprit ? Des réalités ? Et, réalités, ne sont-ils que des collections d'êtres semblables pour l'expérience positive, effective, qui les observe tels ? ou sont-ils autre chose ?

Ce fut le grand débat de la philosophie, de la métaphysique, au moyen âge. Les philosophes, on le sait, se divisèrent, sur cette question dite des *universaux*, en nominalistes, conceptualistes, réalistes. La question des universaux n'est plus agitée, ce semble. Elle ne l'est plus sous la même forme, mais l'est toujours dans son fond : ce n'est plus la question des universaux, c'est la question des idées. Question grave, fondamentale, éternelle. C'est la même : car les genres sont objets d'idées, et les idées sont générales par essence. Les idées sont-elles de purs noms, ou des conceptions de l'esprit, ou quelque chose d'autre, savoir, un intelligible, indépendant en soi de l'esprit qui le pense ? Cette dernière solution du problème des idées, qui est un idéalisme objectif, fut celle que donna du problème des universaux le réalisme. L'empirisme est forcément nominaliste. La plupart, empiristes ou non, et sans plus de réflexion sur une question pour ainsi dire démodée, sont conceptualistes : conceptualistes, nominalistes, ils se trompent tous, si l'histoire naturelle ne se trompe pas, si les sciences naturelles sont légitimes. L'histoire naturelle est réaliste ; les sciences naturelles impliquent un réalisme, qui est l'idéalisme objectif.

S'il y a une classification naturelle, c'est que dans la nature il y a une hiérarchie d'espèces et de genres. Et quand la hiérarchie des espèces et des genres serait fictive et relative à nous, quand elle serait sans fondement dans la nature, si un chat et un chat sont de même espèce, c'est qu'il y a des espèces, c'est qu'il y a des genres. Et si les genres, les espèces ne sont que des collections de semblables observés, on sait pour deux chats observés qu'ils sont de même espèce : on ne le sait pas pour un troisième chat, tant qu'on ne l'a pas encore ouvert. Le malade consulte en vain le médecin : comment le médecin pourra-t-il me dire de quoi mon estomac souffre, ou mon cœur, puisqu'il ne sait pas si j'ai un estomac et un cœur ? Car comment le saura-t-il, ne m'ayant pas encore ouvert pour me voir ? Il sait que certains êtres, qu'il a disséqués à l'amphithéâtre, ont de tels organes : ces êtres forment, avec d'autres disséqués par d'autres savants, un genre auquel nous lui accorderons licence d'octroyer le nom d'hommes ; mais c'est tout. Nous, qu'il n'a pas disséqués, nous ne pouvons être pour lui des hommes certains, mais seulement des hommes possibles. Il nous tient pourtant, avec la parfaite sécurité d'une certitude entière, pour de vrais hommes : c'est que le genre ne se borne pas à n'être qu'une collection donnée à l'expérience d'individus semblables. Nous savons que les caractères des êtres sont liés de telle sorte que la présence des uns est inséparable de la présence des autres, et que d'informes débris d'animaux disparus ont pu permettre à un Cuvier de reconstituer, de recréer, dirai-je, dans leur vérité ignorée jusqu'à lui, des monstres antédiluviens. Mais d'où la connaissons-nous, cette liaison de caractères ? Il ne faut pas répondre que nous l'avons observée :

car nous n'en avons observé que la coïncidence chez quelques êtres, et c'est la liaison que nous en connaissons, comme une condition de l'être même, pour tous.

Il y a des genres. Les genres ne sont pas des collections d'individus semblables : car on ne pourrait les affirmer que des individus qu'on aurait vérifiés semblables, sans rien dire des autres, sans savoir ni s'ils appartiennent aux mêmes genres, ni s'il y a encore des genres chez eux. D'ailleurs il n'est point de nombre qui constitue un genre, ni de nombre qui l'épuise : l'humanité est toute dans un homme, comme dans mille, comme dans la multitude innombrable de ceux qui vivent, de ceux qui ont vécu, de ceux qui vivront. L'humanité n'est donc point la multitude des hommes, ni le genre la multitude des semblables : qu'est-il donc, sinon une idée, mais une idée vraie objectivement ? Les genres sont les idées inhérentes à la raison, les idéaux que réalisent, les types qu'expriment plus ou moins parfaitement les êtres particuliers : la tâche de ceux d'entre ces êtres, s'il en est de tels, qui sont libres, est d'exprimer de plus en plus leur type en eux-mêmes, de réaliser de plus en plus leur idéal.

Nous voilà voguant en pleine métaphysique. Sommes-nous sortis des sciences naturelles ? Nous nous sommes élevés à ce qu'elles supposent, à ce que, le sachant ou l'ignorant, elles croient. Elles croient à une distribution hiérarchique des espèces et des genres : c'est croire à l'ordre ; elles croient d'abord et avant tout qu'il y a des genres : c'est croire qu'il y a des types, des idéaux.

J'entends dire qu'il se pourrait qu'il n'y eût point de genres ; j'entends parler de la variabilité des espèces comme d'une vérité prête à s'imposer à la science ; le transformisme darwiniste, s'il était la vérité (et il l'est, ou il va l'être) serait la négation de ces idéaux, de ces types... — En quoi, s'il vous plaît ? Et d'abord, s'il en était ainsi, ce serait tant pis peut-être pour le transformisme, qui n'est qu'une hypothèse, après tout, laquelle ne sera jamais vraie qu'autant que s'en accommodera la raison. Mais en quoi serait-il donc la négation d'idéaux, de types, qui ne se produisent, qui ne se réalisent dans le monde qu'à des conditions déterminées, sans doute ? Il est la négation d'une création directe et successive des espèces, sans l'être d'une création première, ni d'une création continue sous forme d'évolution ou de développement spontané des êtres ; il ne porte que sur l'origine des espèces et des genres, non sur leur existence, ni sur leur nature.

La science croit à l'ordre. Elle n'est, elle ne peut être qu'autant qu'elle y croit. L'observation lui donne des êtres disséminés ; elle en étudie quelques-uns, non pour savoir s'il y a des genres, et s'il y a hiérarchie de genres, mais pour savoir quels sont les genres, quelle en est la hiérarchie, comment la nature les classe : dans ces multitudes que lui présente le hasard expérimental, elle introduit l'ordre, et le leur impose, l'affirmant réel, le déclarant vrai. Elle affirme un réalisme, c'est-à-dire un idéalisme objectif, dont elle n'a pas discuté le problème ; elle déclare comme d'autorité la vérité d'une métaphysique.

Cette métaphysique est la nôtre. Les idées sont les intelligibles, les possibles de l'être, les types éternellement compris dans l'idée de l'être, dans la raison souveraine, dans le Verbe divin ; et ce Verbe est en nous, nous participons de la raison souveraine, partiellement, conditionnellement, dans la mesure où il est permis à notre intelligence de se manifester à elle-même, de se produire. Leibniz disait que chaque monade est un miroir de l'univers, mais sans fenêtres sur le dehors, en sorte qu'elle tire d'elle-même toutes ses perceptions, devenues aperceptions, toutes ses connaissances, toutes ses idées, mais par un développement spontané ; pour nous aussi, l'âme tire d'elle-même toutes ses sensations, toutes ses idées, mais par un développement provoqué : être virtuel que réalise un acte commun de lui-même et d'un autre que lui.

XXIII

Quel autre ? et quelle conception peut-on se faire de la matière, de l'univers extérieur, du monde ?

La matière est ce que nous voyons, entendons, touchons, etc., ou ce qui est de telle nature que nous le verrions, l'entendrions, le toucherions, s'il était mis à notre portée. La matière est l'objet, actuel ou possible, de nos sens : c'est-à-dire, la cause de nos sensations ; c'est-à-dire, ce qui agit sur nous. C'est-à-dire encore, la force ou l'ensemble des forces dont l'action sur la force que nous sommes nous-mêmes, en concours avec notre action propre, la modifie.

La force ? ou les forces ? Une, ou plusieurs ? Si elle était une, elle serait une autre que nous, et nous serions deux. L'hypothèse d'une force unique de l'univers est ainsi écartée. Ce n'est déjà plus l'universelle unité ; et pourquoi, dès lors, ne serions-nous que deux ? Et en effet cette force qui s'oppose à moi se divise elle-même : elle me présente mon corps en conflit avec moi ; dans mon corps, trop souvent malade, des forces en conflit entre elles ; des forces en conflit avec mon corps ; des forces étrangères en conflit les unes avec les autres : telles elles m'apparaissent dans la variété et la contrariété de mes sensations.

Mais qu'y a-t-il derrière ces forces ? De quoi sont-elles forces ? De quels agents ? Faut-il admettre des atomes, particules infinitésimales de matière étendue et figurée, qu'elles mettraient en mouvement ? ou auxquelles elles seraient jointes ? Ou sont-elles elles-mêmes les agents que nous cherchons, et faut-il substituer à la conception mécanique du monde la conception dynamique, faire de la nature un jeu de forces ? Et de forces fatales ? ou de forces libres ? ou des unes et des autres, soit en concours, soit en conflit ?

*
* *

L'école cartésienne voyait dans l'étendue l'essence de la matière ; le vulgaire, même des savants, même des philosophes, sans aller jusqu'à identifier, comme cette école, la matière avec l'étendue, voit aussi dans l'étendue, sinon l'essence, du moins une propriété essentielle de la matière. La matière, pour eux, est le corps en général : tout corps se compose d'autres corps, de corpuscules, de molécules de plus en plus réduites, sans fin. Si l'étendue est l'essence de la matière, ou une propriété essentielle de la matière, la matière est, comme l'étendue qui la constitue ou seule ou pour sa part, divisible à l'infini. La conclusion est forcée ; si bien, qu'un des exemples de syllogismes qui se lisent dans la *Logique de Port-Royal* est celui-ci : La divisibilité de la matière à l'infini est incompréhensible ; la divisibilité de la matière à l'infini est une vérité très certaine ; donc il y a des vérités incompréhensibles qui n'en sont pas moins très certaines ; ou encore, il y a des vérités très certaines qui sont incompréhensibles. — Mais y en a-t-il qui soient contradictoires ? Or ce n'est pas incompréhensible qu'est la divisibilité de la matière à l'infini, c'est contradictoire. Nous l'avons montré plus haut. Elle supposerait tout corps formé d'un nombre infini de parties, et de parties plus ou moins grandes selon que le corps serait plus ou moins grand : des parties plus ou moins grandes, dont la plus grande, divisible à l'infini, vient à égaler la plus petite ! Cela ne se peut. Ou bien d'un nombre plus ou moins grand de parties, qui seraient infinitésimales, et égales : et nous aurions des nombres différents de parties infinitésimales pour les corps de différentes grandeurs. Des nombres différents, qui seraient tous également infinis, qui seraient tous le nombre infini, c'est-à-dire le nombre contraire à sa propre essence, puisqu'il est de l'essence du nombre de pouvoir toujours être augmenté ou diminué, puisque le nombre est fini par essence ! De sorte qu'on aurait, en tout corps, grand ou petit, avec un nombre de parties infini, d'abord un nombre infini, première contradiction ; puis autant de différents nombres infinis que de corps de différentes grandeurs, tous nombres plus grands les uns que les autres, tous différents, et cependant tous infinis... Quelle logomachie ! Quel tissu de contradictions ! Et il faut que cela soit, il faut (comme la *Logique de Port-Royal* en doute si peu qu'elle en fait un de ses exemples) que la divisibilité de la matière à l'infini soit « une vérité très certaine », si c'est une vérité que l'étendue est l'essence de la matière, ou lui est essentielle.

On parle couramment de l'infiniment grand, de l'infiniment petit. Le calcul de l'infini est une puissante méthode en mathématiques, et qui atteint où nulle autre ne saurait atteindre. Le Père Gratry a cru pouvoir établir sur la considération de l'infini mathématique une preuve solide (était-elle aussi solide qu'originale?) de l'existence de Dieu. Il semble vraiment qu'il existe un infiniment grand, un infiniment petit : on ne voit pas que ces termes ne désignent rien de réel, mais un possible, savoir, une quantité plus grande que toute quantité donnée, ou plus petite que toute quantité donnée. Quelle que soit la quantité donnée, elle est déterminée, elle est finie : si grande soit-elle, on en peut toujours concevoir une plus grande, puisque toute quantité peut être augmentée, tout nombre accru d'une unité, ce qui forme un nouveau nombre, et celui-ci de même, et sans fin ; si petite soit-elle, on en peut concevoir une plus petite : exprimons cette conception du plus petit, toujours possible, ou du plus grand, toujours possible, que toute quantité donnée, quel nom lui appliquerons-nous? L'infini. Car ce qui est plus petit que toute quantité donnée est un infini de petitesse, un infiniment petit ; et ce qui est plus grand que toute quantité donnée, un infini de grandeur, un infiniment grand : si petite que soit la quantité, ou si grande, il est toujours au delà : mais déterminez cette quantité, nous aurons encore une quantité finie : elle n'est l'infini qu'autant qu'elle est conçue au delà, toujours au delà, sans être jamais déterminée, destinée à devenir finie dès qu'on la détermine. Elle n'est pas une quantité infinie, chose contradictoire, mais le concevable de la quantité au delà de toute quantité finie. Elle n'est rien de réel, ni rien qui se puisse réaliser sans cesser d'être : elle est le possible à l'infini dans l'ordre de la quantité, comme le temps est le possible à l'infini dans l'ordre de la durée, comme l'espace est le possible à l'infini dans l'ordre de l'étendue.

Χρὴ στῆναι, il faut s'arrêter dans la série des termes, comme Aristote le disait pour la série des causes. De petitesse en petitesse, de corpuscule en corpuscule, on s'arrête à l'atome : le plus petit possible, et tel qu'un plus petit ne puisse être ; indivisible. — Dites insécable, peut-être, mais non indivisible, s'il est étendu : car, s'il est étendu, il est figuré, il a une forme dont les contours le dessinent, non pour nos yeux, mais pour de plus puissants yeux, et pour notre imagination ; il a des parties. Un plus petit possible n'a pas de sens : un plus petit que ce plus petit peut toujours être ; l'idée d'un si petit qu'un plus petit ne puisse être est une de ces idées qui sont des erreurs en elles-mêmes, parce qu'elles sont contradictoires. Rejetons l'explication atomistique du monde : si les atomes sont les éléments des molécules, éléments des corps, ils se ramènent eux-mêmes à d'autres éléments, dont l'étendue n'est plus le caractère intrinsèque, mais la coordination.

*
* *

L'atome, conçu comme une étendue indivisible, ultime élément du corps, n'est pas seulement contradictoire ; il est inutile. L'hypothèse n'en est pas seulement radicalement fausse, elle est vaine. Elle n'explique rien, elle ne peut rien expliquer.

On suppose ou l'atome uni à la force, ou lui-même actif. Force et matière, nous dit-on ; premier cas. Matière essentiellement active dans les atomes qui la constituent, deuxième cas. Examinons ces deux cas.

Premier cas. La force, unie à la matière, s'en distingue. D'où vient-elle ? Et que fait ici la matière ? Elle reçoit l'impulsion de la force, elle est mue ; mais le mouvement n'est qu'un déplacement, un changement des situations respectives de plusieurs corps ou de plusieurs parties d'un corps. Ces corps, ou ces parties d'un corps, qui sont des corps, sont quelque chose avant le mouvement : quoi ? Des points d'appui pour les forces ? Points d'appui sont points de résistance, et par conséquent forces. Nous aurons un concours ou un conflit de forces : non plus matière et force, mais force et force. Et d'où vient la force ? Se suffit-elle ? Faut-il chercher derrière elle un agent dont elle soit la manifestation ? Quel sera cet agent, autre que la force elle-même ? La force, principe actif, se manifestera par son action. Elle trouvera son point d'appui dans la résistance d'autres forces. Qu'est-il besoin de matière, autre que l'agent dont l'activité se manifeste par la résistance comme par l'action ; ni de substance, autre que la puissance d'actes qui sont des manifestations de forces ? On ne se représente pas l'agent, la puissance, la force, l'être virtuel, sans forme, sans figure, inétendu, invisible, intangible ; on lui veut, au moins, un point d'appui matériel : c'est l'imagination qui le veut, non la raison.

Deuxième cas. L'atome, actif, est lui-même force : que lui faut-il de plus ? et que lui sert l'étendue, la forme, la figure ? Tout cela est vain, et n'est que pour la représentation. Le fond des choses échappe à la représentation. La matière, comme substance, appartient, aussi bien que l'esprit considéré aussi comme substance, à l'ordre des essences, des puissances, des forces, des êtres virtuels : il ne faut pas se les représenter, il faut les concevoir.

Nous savons qu'ils sont les véritables êtres, se produisant en des actes qui les réalisent, et en tels ou tels actes selon qu'ils sont des êtres de tel ou tel degré, selon qu'ils sont puissances prochaines de telles formes d'être déterminées, et n'étant pour autrui qu'autant qu'ils agissent sur autrui, n'étant pour eux-mêmes qu'autant qu'ils sont conscients d'eux-mêmes, devenant conscients d'eux-mêmes dans leur action sur autrui, soit qu'ils agissent ou réagissent.

*
* *

Les corps, objets de nos sens, ne sont pas des êtres, mais des groupes d'êtres diversement coordonnés ou systématisés : coordonnés, les corps bruts ; systématisés, les corps organisés. Ils sont des fourmilières, les êtres sont les fourmis. Ils se ramènent à des forces, à des puissances, êtres virtuels réalisés dans leurs actes, c'est-à-dire dans leurs actions réciproques, et, pour nous, dans leurs actions sur nous : actions d'où résultent nos sensations, qui nous manifestent à nous-mêmes sous des caractères propres à nous et correspondants aux leurs : car il faut bien qu'il y ait en eux quelque chose qui provoque en nous tel mode déterminé de sentir, et, si nos sensations nous sont des apparitions de nous-mêmes, elles nous sont apparitions d'autres que nous ; si elles nous font devenir ce que nous étions virtuellement, elles résultent d'actions d'autres êtres qui deviennent aussi en elles ce qu'ils étaient virtuellement. Le mouvement ne suffit ni à expliquer en nous des sensations différentes par leur nature, ni hors de nous des différences correspondantes aux différences de nos sensations.

Mais, la remarque en a été faite, des forces, des activités, comme elles peuvent être des principes d'actions, peuvent n'être aussi que des agents de transmission d'actions venues de plus haut : d'activités, forces, causes premières, celles-ci libres pour être premières, intelligentes pour être libres. On les nomme volontés. Les forces qui agissent sur nous et suscitent nos sensations, visions, auditions, contacts sous mille formes de corps en mouvement, sont des volontés, ou des conductrices de volontés, soit volontés particulières d'êtres nos semblables, égaux, inférieurs, supérieurs, soit la Volonté générale, souveraine, divine, qui anime la nature, et qui la meut.

Ainsi s'explique le rapport de nos sensations à leurs causes extérieures. Comme nous nous produisons dans nos sensations, comme les causes extérieures n'en sont que les causes conditionnelles et occasionnelles, ces causes, qui nous manifestent à nous-mêmes, se manifestent aussi en nous ; elles se produisent en nous en même temps qu'elles nous excitent à nous produire. Elles nous développent, nous l'avons dit, en des qualités qui étaient latentes, mais qui étaient, et en elles comme en nous ; qui étaient nôtres, et qui étaient leurs. Elles ne sont donc pas irréductibles à l'esprit, non plus que nous ne le sommes à la matière : nous avons déjà dit qu'on est matière pour autrui, esprit pour soi-même. L'opposition entre les deux est celle du moi et du non-moi, de l'un et de l'autre, à ce double point de vue que l'autre n'est pas seulement un autre être, mais d'un autre caractère : un contraire dans un identique, parce que c'est un différent dans un semblable, qui nous complète, et que nous complétons. Non seulement les vies, mais les consciences mêmes, sont solidaires et connexes. Les éléments des corps sont des forces, l'âme est une force. La matière, si l'on entend par ce mot le corps en général, un corps, disons-nous, est une *masse*, inconsciente parce qu'elle est une masse et une multitude ; le corps est un agrégat, un groupe coordonné de forces qui, chacune prise à part, peuvent être conscientes, l'esprit est une force consciente de son agir. Or, l'action qu'il reçoit, dans l'homme, est celle de cellules cérébrales, réductibles à des forces constitutives du cerveau, et qui reçoivent elles-mêmes, par divers intermédiaires, l'action du dehors : rien ne nous défend de concevoir ces forces comme conscientes ; et même les forces du dehors dont l'action suscite la leur.

*
* *

Hypothèse, mais non gratuite. Car enfin un être n'est réel et en acte qu'autant qu'il est manifeste, visible : visible à autrui, il est pour autrui ; visible à soi, il est pour soi. En soi, il n'est que puissance ; pour être réel, pour exister, il faut qu'il apparaisse. S'il n'apparaît qu'à autrui, il n'a de réalité que relative à autrui : il n'en a pas en soi, n'étant en soi que puissance ; ni pour soi, ne se connaissant pas. Quand il se connaît, quand il s'apparaît ou se manifeste à lui-même, quand il prend conscience de soi, alors seulement il a une réalité vraie, absolue, alors il existe. Inconscient, ou il n'existe pas, ou il existe pour qui le voit, relativement à lui, subjectivement en lui, non autrement que s'il était rêvé, pure apparence, pur fantôme : il existe enfin, d'un véritable être et pour soi-même, quand il est conscient.

La conscience peut n'être qu'un sentiment de soi, ou de son action, sans réflexion sur son action ni sur soi-même. Il suffit, pour qu'il existe dans la réalité de soi-même, qu'un être se sente ; mais encore faut-il qu'il se sente, et, passant de la puissance à l'acte, passe de la substance au phénomène : phénomène pour autrui, il est pour autrui ; phénomène pour soi, il est pour soi.

Les forces constitutives de notre cerveau, de notre corps, des corps qui nous environnent, n'existent-elles que pour nous ? Si elles sont des êtres qui existent pour eux-mêmes, ces êtres sont conscients, au moins dans une certaine mesure ; ils se sentent : les monades composantes de l'univers sont des êtres sourdement sensibles régis par des instincts qui sont leurs attractions et leurs affinités, sous l'empire de la loi du plus fort.

Nous avons dit que matérialisme et spiritualisme sont deux solutions contradictoires d'un problème qui nous paraissait mal posé ; nous avons comparé, dans notre distinction de l'âme et du corps, le corps à une armée composée de soldats qui, pris à part, sont des hommes comme le général, l'âme au général qui la commande. L'âme n'est pas une substance dite spirituelle en un inconcevable, incompréhensible, impossible rapport avec une substance dite matérielle essentiellement distincte et opposée, mais une force intelligente, consciente d'elle-même, — de son agir, car le propre d'une force est d'agir, — en un rapport d'action et de réaction avec des forces, conscientes aussi à leur manière et dans la mesure du degré de leur être, constitutives de l'organisme vivant ; par ces forces, avec d'autres, qui, conscientes à quelque degré, ont leurs qualités sensibles, correspondantes à nos sensations : sensibles pour elles-mêmes, sensibles pour nous. Ce n'est point dans la matière, dans un inconnu, qu'il faut voir l'unité de l'être, mais dans l'esprit, le premier connu, le seul connu, tel que le donne cette conscience qui est l'être pour soi, et qui explique la matière même.

XXIV

L'être conscient est lui-même : si semblable qu'il puisse être à un autre, il ne se confond avec nul autre ; uni à un autre, à d'autres, à une infinité d'autres, par l'acte qui résulte de son rapport au non-moi, il est moi dans ce rapport, et pour toujours ; comme en s'affirmant il affirme le non-moi qu'il enveloppe, en affirmant le non-moi il s'affirme à jamais irréductible à ce non-moi qu'il enveloppe et qu'il trouve en lui-même : en lui, mais autre, et toujours autre, et lui toujours lui.

Ainsi se reconnaît-il dans sa mémoire, qui est une forme de sa conscience. Il a pu changer : il s'est modifié, transformé peut-être, il se reconnaît, il est toujours lui : un même pensant de pensées changeantes, un même sentant de sentiments changeants, de sensations indéfiniment variables, un même voulant de volitions diverses et quelquefois contraires, un même conscient d'actes dont la multiplicité se ramène à l'unité fondamentale, essentielle, d'un être qui est lui-même, intemporel comme il est inétendu.

Cette unité est l'identité du moi. Le moi se sait identique, dans le souvenir ; et il place l'objet de son souvenir en arrière, il le recule dans le temps : comme il a conscience de l'acte présent, et de soi dans cet acte, il a souvenir d'un acte passé, et de soi dans cet acte. La conscience est connaissance de soi dans l'acte présent, le souvenir est connaissance de soi dans un acte passé, que lui donne le souvenir même à ce double titre, comme étant passé, et comme étant de soi : durée, identité.

On objecte qu'il n'a pas, qu'il ne peut avoir conscience de son identité ; qu'une conscience de l'identité serait contradictoire, parce que, pour avoir conscience qu'on est le même au présent qu'au passé, il faudrait avoir conscience de ce passé, où l'on était le même, dans la conscience qu'on a du présent : mais on n'a conscience que du présent, non du passé.

L'objection est spécieuse : logique et irréfutable, en apparence, au point de vue de ceux qui n'aperçoivent que l'être réel, non l'être virtuel : ils ne voient pas le véritable être.

On peut, à leur point de vue, dire que, si le moi n'a pas conscience de son identité, il en a une connaissance qui, pour n'être pas directe, immédiate, comme la conscience de ses actes, n'en est pas moins certaine. Et, par exemple, il n'a pas conscience de son intelligence, il n'a conscience que de sa pensée : mais dans sa pensée, par sa pensée, dont il a conscience, grâce à la plus naturelle, à la plus invincible des inductions, il se connait intelligent ; de même il n'aura pas conscience de son identité, il n'aura conscience que de son souvenir : mais dans son souvenir, par son souvenir, dont il a conscience, il se connaîtra, grâce à la plus naturelle, à la plus invincible des inductions, identique sous la série changeante de ses phénomènes.

On peut dire encore que la conscience n'est pas seulement connaissance immédiate, directe, intuitive ; ou que la connaissance du moi par le moi n'est pas seulement conscience, qu'elle est aussi souvenir ; que, si la conscience proprement dite n'est que du présent, une autre sorte de conscience, plus étendue, le souvenir, est du passé dans son lien avec le présent : un peu plus que de l'acte, un peu de l'être même dans l'acte.

Et en effet l'être est là, toujours présent. Mais qu'est-ce que le présent, sinon, on l'a vu, un passé qui finit dans un avenir qui commence ? Si donc le présent est encore passé et déjà futur, il n'y a point de présent, à vrai dire, et la conscience du présent l'est du passé dans un futur ; ou plutôt, il n'y a qu'un présent, comprenant le futur, qui est à faire, et le passé, qui est fait, qui ne peut plus être défait, que nulle force, humaine ou divine, que nul pouvoir au monde, ni hors du monde, ne peut empêcher d'être ce qu'il est, qui est acquis, et pour toujours. Le passé n'est point passé, il demeure indélébile, éternel, dans l'éternel présent de l'être. L'acte est passé, non la puissance, ni la modification imprimée par l'acte à la puissance, la forme qu'il a donnée à l'être virtuel. Celui-ci, dans sa conscience de soi, se connaît tel qu'il est, c'est le présent ; mais tel qu'il est, il résulte d'actes qui ne sont passés qu'en ce qu'ils sont antérieurs (au sens logique du mot), en ce qu'ils sont ce dont il résulte : on a vu que le temps n'est que l'enchaînement et la suite des actes multiples de la puissance, soit, en nous, des actes de la puissance qui est notre être, soit, hors de nous, de ceux des puissances qui sont les êtres, — la suite logique des choses. L'acte du moi, objet de conscience, est acte d'une puissance, d'un être virtuel : la conscience que l'être virtuel a de son acte est conscience de l'acte, mais, dans l'acte, de l'être, identique parce qu'il est un, parce qu'il est hors du temps comme hors de l'espace, parce que, dans son fond, il est absolu.

*
* *

Voilà ce qu'il faut comprendre pour comprendre la mémoire. On l'explique par l'association des idées.

Il est vrai qu'on explique aussi l'association des idées par la mémoire ; ou encore soit l'une, soit l'autre, soit les deux, par l'habitude. Deux idées s'étant trouvées présentes à l'esprit ensemble, quand l'une des deux se représente, l'autre, dit-on, se représente avec elle ; avec cette autre, une autre qui s'est trouvée présente en même temps qu'elle, avec cette autre une autre encore : c'est une chaîne dont le commencement est où on la prend et la fin où on la laisse, et dont les anneaux ont été reliés par le hasard des circonstances. Il s'est rencontré qu'une idée en a, dans une circonstance fortuite, accompagné ou suivi une autre ; cette autre, dans une autre circonstance, en a accompagné ou suivi une autre ; et d'idée en idée, une multitude d'idées ont formé ainsi dans l'esprit des couples : l'esprit, ayant vu dans chacun de ces couples deux idées associées, se rappelle toujours l'une à l'occasion de l'autre, conçoit entre elles des rapports...

Ce rappel suppose la mémoire, et ne l'explique pas. A moins qu'il ne se produise de lui-même : une idée rappelle dans le cerveau (si l'on veut mettre des idées en un cerveau !) une autre idée qui s'y est trouvée en même temps... L'esprit les reconnaît-il ? Sait-il que la seconde s'est déjà présentée avec la première ? A-t-il conscience de les avoir eues ensemble ? Mais cela, c'est déjà se souvenir, et se reconnaître au passé comme on se reconnaît au présent : c'est la mémoire, cela, non une explication de la mémoire.

Il n'y a point d'idées dans le cerveau : il y a des mouvements, et il peut y avoir des images. Les mouvements modifient le mécanisme cérébral ; les fibres ou les cellules (il n'y a guère en tout ceci que des conjectures, et c'est par des conjectures, c'est par des inductions toujours problématiques, toujours plus ou moins hasardées, qu'on prétend remplacer, pour en faire une science positive, l'étude intuitive d'un être conscient de soi !), les éléments du cerveau mus ensemble se sont reliés entre eux de telle sorte que désormais le mouvement des uns entraîne celui des autres : il en résulte des images cérébrales peut-être, en tout cas des images ou représentations mentales, signes d'idées ; et des associations de mouvements cérébraux provoquent dans l'âme des associations d'images, qui suscitent en l'intelligence des associations d'idées.

Mais associations accidentelles, fortuites ; il en est de logiques, indépendantes du cerveau. L'implication mutuelle d'idées inintelligibles les unes sans les autres, telles que les idées d'imparfait et de parfait, de fini et d'infini, de relatif et d'absolu, et en général les idées de ces rapports nécessaires qui sont l'objet de la raison, c'est là une association d'une tout autre nature que celle des idées associées par suite d'une association d'images.

*
* *

Les images ne jouent pas moins dans l'intelligence, ou dans la vie de l'âme, un rôle considérable, nécessaire, et dont l'importance prête quelque excuse à la confusion qui les a fait prendre pour des idées : elles sont la condition de la pensée, et d'abord de la mémoire : elles ne l'expliquent pas, mais la permettent, et en déterminent l'exercice.

Il y a de la mémoire en toute pensée : la pensée étant jugement, le jugement joignant l'une à l'autre deux idées pour en affirmer la convenance, l'esprit passe de l'une à l'autre, retient l'une dans l'autre, se souvient de l'une dans l'autre qu'il lui rapporte ; mais la mémoire, conscience de la présence immanente de l'être à toutes ses pensées, à tous ses actes, à toutes ses manières d'être, ne s'éveille que sous une excitation du dehors. Nous savons que l'être virtuel n'est point conscient de soi être en puissance, mais de soi être en acte, et qu'il ne passe à l'acte que sous une excitation. L'excitation lui vient du jeu de l'organisme vivant; c'est l'action du cerveau qui provoque la sienne, dont il a conscience : il n'a conscience que de la sienne, qui est souvenir, pensée, volonté, sentiment, ou tout autre fait du moi, il n'a conscience que de son action propre, mais celle-ci consécutive, d'abord, à une action du cerveau. Le cerveau le met en branle; l'esprit agit ensuite selon sa nature, pense, veut, provoque à son tour dans le cerveau une action consécutive à la sienne : mais d'abord il a reçu du cerveau la première « chiquenaude ».

De même qu'à l'occasion de l'impression cérébrale il sent, et, à l'occasion de la sensation, pense, de même, à l'occasion d'une reproduction d'impression cérébrale et d'une reproduction de sensation ou d'image à la suite, il sent comme il a senti, pense comme il a pensé, se reconnaît, étant le même. Il se reconnaît comme il se connaît : puissance d'actes conscients, il est puissance de conscience en tant qu'activité, et de souvenir en tant qu'être. Mais, comme il ne peut voir, entendre, sentir, qu'à la condition d'organes de sens, il ne se souvient aussi qu'à la condition d'organes de mémoire. Et comme les organes de sens ne donnent pas les sens, mais en permettent seulement la manifestation, les organes de mémoire ne font aussi que permettre le souvenir.

Qu'un aveugle, quittant cette vie où les conditions de la vue lui manquent, en trouve dans une autre d'autres conditions, il verra ; et si nous y trouvons d'autres conditions de mémoire, elles réveilleront en nous mille souvenirs endormis qui nous semblaient à jamais éteints. Si l'homme est immortel, le vieillard qui a perdu la mémoire ne l'a pas perdue pour toujours. Dans cette vie même, on a, sous des influences nerveuses particulières, les plus extraordinaires souvenirs. Une maladie ôte la mémoire, que rend la guérison. Les personnalités alternantes en un même sujet sont constituées par des alternances de mémoires. Le somnambule voit à sa manière, entend, répond, parle, il a conscience de ses actes : on l'éveille, il les oublie ; on le rendort, il s'en souvient, il se souvient et de ses sommeils antérieurs et de ses veilles, de ses deux états, de ses deux vies successives. Si notre vie présente n'est pas notre première vie, si nous avons vécu, si notre destinée humaine est pour chacun de nous la conséquence d'une existence précédente, si elle est déjà celle que nous nous sommes faite, il n'y a pas lieu d'opposer à cette hypothèse l'absence ou la perte du souvenir : nous pouvons le retrouver à notre réveil dans la mort. Nous nous souvenons à des conditions organiques, cérébrales, qui ne nous permettent pas d'autres souvenirs que des souvenirs de notre vie terrestre ; mais, toujours présents à nous-mêmes, êtres virtuels constitués par nos actes antérieurs quand nous venons à la vie terrestre, par nos actes humains quand nous en sortons, nous portons avec nous notre mémoire comme notre conscience, c'est-à-dire notre puissance de conscience et de mémoire, puissance dont l'acte sera toujours ce que permettront des conditions d'exercice qui peuvent être fort différentes de celles que nous impose notre corps.

*
* *

J'ai parlé d'organes de la mémoire. Elle en a plusieurs : d'où la diversité de ses manifestations ; et selon qu'elle se manifeste sous une forme ou sous une autre, on la caractérise et on la nomme différemment. On dit ainsi qu'il y a plusieurs mémoires. Selon que telle région du cerveau est plus développée ou entre plus facilement en jeu, il en résulte dans l'âme telle sorte de sensations, d'images, de souvenirs, telle sorte d'idées à la suite : cette variété des mémoires explique la variété des aptitudes intellectuelles. L'intelligence est une, la mémoire est une ; mais elles se manifestent diversement, l'intelligence selon la diversité des manifestations de la mémoire, la mémoire selon la diversité de ses organes, c'est-à-dire des groupes de cellules ou de fibres cérébrales dont le mouvement la suscite.

C'est que, si distincte que l'idée puisse être de l'image, il n'y a point d'idée consciente sans image, point de pensée sans parole. Si la pensée ne s'éveille qu'à l'occasion de l'expérience, elle ne s'éveille aussi qu'à l'occasion de la parole. Les idées dorment dans l'esprit, latentes, inaperçues, et prêtes à lui apparaître lorsqu'un choc les dégagera des profondeurs qui les recèlent. Tant que l'esprit ne les pense pas, elles sont pour lui comme si elles n'étaient point. Elles n'existent dans l'être conscient que par la pensée. Mais la pensée n'est pensée que si l'esprit a présentement conscience de sa pensée actuelle, s'il s'en rend compte, s'il la distingue de ce qui n'est pas cette pensée même, si donc elle lui apparaît déterminée, limitée, figurée dans son contour par une forme saisissable : cette forme est la parole.

Penser, c'est juger. L'un des deux termes, au moins, du jugement, doit être général : un terme général implique l'abstraction, qui détache d'un objet particulier, pour les considérer à part, ses divers prédicats, et la comparaison, qui prononce que, des divers prédicats d'un objet, les uns n'appartiennent qu'à l'objet, les autres appartiennent aussi à d'autres objets, ce qui réunit plusieurs objets sous leurs prédicats communs pour en faire une espèce. Supposons que l'être pensant n'ait encore aucun mot qui désigne aucune espèce déjà formée pour lui, qu'il ne doive en avoir que lorsqu'il aura formé des espèces, et qu'il travaille à les former : que fait-il pour cela ? Il abstrait, c'est dire qu'il juge et qu'il pense ; il compare, c'est dire qu'il juge et qu'il pense, pour arriver à se former des espèces, à juger, à penser ! Car, si la généralisation implique la comparaison et l'abstraction, la comparaison aussi, et même l'abstraction, impliquent la généralisation, puisque tout cela est pensée, puisque l'idée implique le jugement. Le propre de la raison, c'est d'apercevoir l'unité dans la variété, l'identité dans la contrariété des choses ; elle ne comprend point hors de là : ni sans cela, ni outre cela ; ni au-dessous, ni au-dessus. Détacher une qualité seule d'un seul objet, elle ne le peut, qu'elle ne la conçoive applicable à d'autres objets, qu'elle ne l'entende commune. Or, qu'on ôte le signe de l'espèce, l'idée de ce qui est commun à une foule d'êtres se dissipe et s'évanouit dans la foule de ces êtres divers : l'idée d'une espèce, sans être le signe de l'espèce, en est inséparable : point d'idée générale, point de jugement ; penser, c'est juger : donc il faut parler pour penser. C'est pourquoi il n'est point d'homme qui ne pense dans une langue, point d'homme qui ne se parle sa pensée, plus nette à mesure qu'il se la parle plus complètement ; vague, s'il se la formule peu ; s'il oublie ou néglige de se la formuler, il n'a pas la conscience de ce qu'il pense, il ne pense pas, il rêve et il ne sait ce qu'il rêve, il dort.

Donc point de pensée sans parole ; et aussi point de parole sans pensée, cela est évident.

La parole n'est pas seulement la manifestation que fait de sa pensée l'être qui pense à un autre être, mais celle qu'il s'en fait à lui-même : sans quoi il n'en aurait point conscience, il ne penserait point.

Il s'ensuit que la parole semble devoir être involontaire, et simultanée avec la pensée. Je pense, et tout aussitôt, simultanément, ma pensée se révèle à moi par quelque signe involontaire de mon corps : je souffre et je pleure. C'est le langage naturel.

Ce langage naturel, par cela même qu'il est involontaire, exprime ce qu'il y a de passif en nous, le sentiment, et la conscience du sentiment, l'intelligence sensible : faible réaction sur la cause extérieure qui la provoque. Mais cette cause extérieure rencontre déjà dans le moi, ne fût-ce que pour produire le sentiment, une réaction : la réaction est l'action du moi. L'action du moi, devenue plus forte, cherche dans le sentiment le sentant et le senti ; le moi travaille à connaître, abstrait, compare, généralise, juge, — pense : et voilà l'intelligence raisonnable. Elle a besoin d'un nouveau langage : analytique, au lieu d'être synthétique, comme l'autre, qui n'exprime que le sentiment concret ; et volontaire, parce qu'il résulte de l'intervention du moi libre dans la sensibilité : non plus le langage de la nature qui parle en moi, mais de moi qui parle. On l'a donc appelé *artificiel*, et toutefois il est naturel aussi, puisqu'il est nécessaire à la raison.

*
* *

Ces considérations donnent lieu à une difficulté qui a beaucoup tourmenté les philosophes du dernier siècle et ceux du commencement de ce siècle-ci. Ceux qui ont fait voir qu'il est impossible à l'homme d'inventer la parole, et ceux qui ont fait voir que, s'il lui est impossible de l'inventer, il n'a pu l'accepter d'aucun maître faute de la comprendre (car on est allé jusqu'à imaginer une révélation divine, toute expresse, de la parole... Pourquoi pas de l'écriture ? Il en est aussi qui l'ont imaginée !), se contredisent en apparence : les uns et les autres disent vrai. Cette apparente contrariété dans le vrai a quelque chose qui étonne. Elle a son principe dans l'intelligence même, passive par la sensibilité où elle s'éveille et qui dérive de l'organisme, active par le moi dont toute pensée est un acte qui le manifeste.

D'une part, la pensée ne pouvant être sans la parole, l'homme a dû parler pour penser : mais il a dû, pour parler, imposer à telle idée tel signe, avoir donc déjà l'idée, ou penser et parler déjà, penser avant de penser, parler avant de parler, chose absurde. Donc il n'a point créé sa parole.

D'autre part, elle ne lui est pas organiquement donnée : car, si cela était, chacun recevrait de sa nature, d'un organisme qu'il ne tient pas de lui-même, un langage fatal, qu'il n'apprendrait pas, qu'il parlerait dès sa naissance, que tous parleraient comme lui sans l'avoir appris plus que lui, l'ayant reçu comme lui d'une nature semblable ; et c'est ce qui a lieu pour le langage naturel. Loin de là, les langues diffèrent, elles changent selon les pays, selon les temps, l'homme impose des signes de convention aux idées : donc il crée sa parole.

Mais, alors, comment plusieurs hommes se fussent-ils entendus, lorsqu'ils ne pouvaient s'entendre parce que leur parole n'était pas créée, pour créer un système de signes universel et suivi ? Ou comment un seul homme l'eût-il pu créer ? Et, l'eût-il créé, expliquer aux autres ? Et, le leur eût-il expliqué, le leur imposer, pour en faire la langue de tout un peuple ? Donc l'homme n'a point créé sa parole.

Il serait aisé de pousser la difficulté du problème. A quoi bon ? et que veut dire tout cela ? Que l'homme est passif et actif dans la parole, comme dans l'intelligence qu'elle exprime : qu'il la reçoit d'abord, puis s'en sert volontairement, la modifiant par le libre usage qu'il en fait, et la transmettant modifiée à de libres héritiers qui la modifieront à leur tour.

L'homme, sous l'influence de ce qui l'environne, de l'organisme qui lui mesure l'être, sent ; et il exprime ce qu'il sent par un signe. Signe involontaire, pour un sentiment que nulle pensée ne précède : langage naturel : n'importe : comme il y a une pensée dans ce premier sentiment, le signe qui l'exprime exprime une pensée. L'enfant a faim, et il crie : son cri est la parole dans laquelle il connaît qu'il a faim, dans laquelle, si je peux le dire, il pense sa faim. Son cri est donc une parole signifiant une pensée : voilà une pensée qu'éveille en lui la parole, et qui lui permettra de parler à son tour. Le signe involontaire d'une pensée instinctive encore sera volontairement répété pour répéter cette pensée, et la répétition volontaire du signe naturel en fera un signe artificiel. Et comme ce signe artificiel était d'abord naturel, comme il est employé artificiellement dans le sens qu'il avait naturel, il sera compris de tous, et tous s'en serviront sans que personne le leur impose, par la même loi. La première fois que l'enfant pleure, ce n'est pas lui qui parle, c'est la nature en lui ; lorsqu'il pleure plus tard, c'est lui qui parle : il s'est fait de ses larmes une langue à son usage, aussi bien entendue la seconde fois que la première. Qu'un seul signe artificiel puisse être créé par l'homme, tous peuvent l'être : ce n'est plus qu'affaire de temps. Les signes conduisent à de nouveaux signes : ainsi se forme la parole, ainsi peu à peu les diverses langues ; et de là nous vient la nécessité d'apprendre chacun la nôtre, pour n'avoir pas à refaire le travail des siècles.

Mais cette solution du problème est loin de suffire. On explique bien que l'homme s'approprie les signes qui lui viennent de la nature, qu'il les soumette à sa volonté, que ce soit lui qui parle par eux. On explique bien comment il passe du langage naturel à un langage artificiel, qui sera d'abord le même, puis s'accroîtra par de nouveaux signes : on n'explique pas comment il passe du langage synthétique à un langage analytique et abstrait ; de l'expression du sentiment, ou de cette pensée concrète qui n'est que la conscience du sentiment, à l'expression de la véritable pensée, qui juge. Or, le premier jugement, si simple qu'on l'imagine, contient déjà un terme général, un nom commun : un signe de langage naturel, synthétique en soi et nom propre, sera-t-il devenu nom commun ? Celui qui l'aura transformé en nom commun aura eu sans doute l'idée exprimée par ce nom commun, et l'aura pu communiquer aux autres ? Aurait-il pensé l'abstrait dans le signe du concret ? Aurait-il employé le signe du concret pour faire entendre un abstrait inintelligible sans langage ?

Rien de plus malaisé que de se rendre compte des origines, parce qu'on ne se les représente pas. Nous concevons, du moins, la possibilité de parler pour un être qui pense, mais non sans parole, en sorte que pour lui la possibilité de la parole se confond avec la possibilité de la pensée même.

Nous avons établi que les idées lui sont innées, mais latentes, et qu'elles se manifestent à l'occasion de la sensation, soit qu'elle se produise en présence de l'objet, soit qu'en l'absence de l'objet elle se reproduise : la sensation devient image. Que l'objet soit présent ou absent, qu'il y ait dans l'esprit sensation ou image, cette sensation ou cette image qui suscite l'idée en est le signe : il pense à l'occasion de ces images, il pense à la suite, et naturellement il s'exprime à lui-même ce qu'il pense à la suite par les images devenues pour lui signes d'idées. Cette expression n'est d'abord que pour lui-même. S'il peut les produire hors de lui, les présenter à d'autres qu'à lui-même, elles seront pour eux ce qu'elles sont pour lui, signes d'idées. Mais quelles sensations pourra-t-il produire hors de lui, de manière à les présenter à d'autres ? Des sensations auditives. Les sensations visuelles ne sont pas communicables, ou le sont peu, et malaisément. Il faut bien y recourir pour ceux à qui manque l'organe du sens de l'ouïe, et employer, à l'usage des sourds-muets, la mimique, l'écriture ; comme il faudrait recourir à d'autres sensations, à des sensations tactiles, par exemple, pour ceux à qui manqueraient et l'organe de l'ouïe et l'organe de la vue : la communication entre les malheureux à qui manquent un ou plusieurs organes des sens et les autres hommes en est singulièrement entravée. Pour la généralité des hommes, pour l'homme normal, les sensations communicables sont les sensations auditives. Les idées éveillées en l'homme par ses sensations de toute nature, lui sont acquises ; il les a, les pense à l'occasion de ses sensations, les exprime, et en pense d'autres à la suite à l'occasion de ces mêmes sensations renouvelées sous forme d'images, remplace ces images par d'autres que les mouvements du cerveau leur associent. Ainsi l'on s'occupe aujourd'hui du problème curieux de l'*audition colorée* ; et il est de fait que pour certaines personnes (l'auteur de ce livre est du nombre de ces personnes) les sons s'accompagnent de sensations de couleurs, et se qualifient volontiers de violets, rouges, blancs : dès lors les couleurs peuvent s'accompagner de sensations de son, et les sensations visuelles faire place à des sensations auditives : celles-ci, se substituant aux autres sensations de toute nature, expriment pour nous les idées éveillées ou provoquées et suscitées, soit directement, soit indirectement et symboliquement, par elles, en deviendront les signes, et, comme nous avons le pouvoir d'émettre des sons très variés, surtout des sons articulés, qui comportent la variété la plus nuancée et la plus riche, nous aurons dans ces sons articulés des signes de nos idées pour autrui, et dans les images de ces sons des signes de nos idées pour nous-mêmes : nous parlerons notre pensée, en sons articulés pour la communiquer à nos semblables, en images de sons articulés pour nous la manifester à nous-mêmes, pour penser notre pensée, si je peux dire ainsi, et pour nous exciter à penser au-delà.

Car il n'est qu'à peu près vrai, et non absolument, que nous ne pensons pas sans parole. Si la parole exprime la pensée, il faut bien que la pensée lui soit antérieure ; et lorsqu'on en cherche l'expression, qu'on la tourne et retourne, qu'on la reprend, qu'on la corrige, qu'on travaille à la rendre de plus en plus conforme et, s'il se peut, adéquate à la pensée, il faut bien qu'on ait la pensée indépendamment de la parole qu'on lui compare. Pour moi, quand j'ai lu un livre, quand je médite un ouvrage à écrire, j'en ai l'idée entière vue (c'est une véritable vision intellectuelle) dans une sorte de raccourci devant mes yeux clos : elle me paraît concentrée en une petite ligne très courte, presque un point, sans forme ni couleur, non visible, tout idéal, où se trouvent en leur place et en leur ordre les idées accessoires ramassées dans ce point prêt à se développer et à s'étendre ; il me semble que ce sera l'affaire de quelques mots, j'en ai pour un volume. C'est une pensée intense, très claire, très nette, précise quoique synthétique et toute d'ensemble, sans un mot qui l'exprime pour moi non plus que pour autrui, et il m'en faut des milliers pour l'exprimer, ou pour essayer de l'exprimer sans y parvenir : elle est inépuisable. Quand je parle en public, je songe sans cesse à l'ensemble de mon discours, calculant, d'après l'attitude des auditeurs, ce que je dois dire ou taire, abréger ou développer, ajouter ou omettre, modifiant le plan, et en même temps me livrant au mouvement de ma parole : ma parole exprime des pensées qu'elle accompagne, qu'elle suit, ou même qu'elle excite et fait naître, loin de la suivre ; mais quelle parole accompagne en mon esprit cet ensemble de mon discours dont la pensée ne me quitte pas ? Pensée aussi très claire et très nette sans une parole qui l'exprime : quel embarras pour moi, si, pendant que je pense à la fois ce que je dois dire et ce que je dis, les mots, sans lesquels on assure qu'il est impossible de penser, les mots qui seraient l'expression de la pensée intérieure et secrète dont je gouverne mon discours venaient se jeter au travers de ma parole !

Le vrai est que, de même que c'est l'organisme vivant, l'action du cerveau, de même aussi, et par suite, c'est l'image, image de sensations, image de sons articulés, c'est la parole, qui met l'esprit en branle : la pensée, une fois suscitée, se continue sans parole : l'intelligence, mise en éveil, fait son œuvre.

XXV

On voit quelle condition extérieure est nécessaire à cette œuvre. N'oublions pas la condition intérieure sans laquelle nulle œuvre de l'esprit n'est possible : l'activité du moi. Ce n'est pas assez dire, l'activité du moi est dans tous ses actes : l'acte de l'intelligence a pour condition intrinsèque et proprement psychologique un autre acte, un acte de volonté.

L'âme est toujours, dans chacun de ses actes, tout ce qu'elle est : qu'elle sente, qu'elle veuille, qu'elle pense, elle est toujours, quand elle pense, intelligence, mais à la fois sensibilité et volonté ; quand elle sent, puisqu'elle est consciente, puisque en un sens tout acte de l'âme est pensée, elle est intelligence, et, s'il y a de la volonté dans toute pensée, volonté ; quand elle veut, elle est intelligence, et, s'il y a de la sensibilité dans toute pensée, sensibilité : sensible même dans le vouloir, comme intelligence finie ; volontaire et libre même dans le sentir, comme intelligence : l'intelligence est le centre. Elle a pour élément propre l'idée : mais l'idée n'est point la pensée, et ce n'est point la seule intelligence qui pense, c'est l'âme entière. La pensée n'est pas un acte purement intellectuel, elle est un acte du moi : je dis du moi tout entier, intelligent, sensible et libre. Nous verrons la part de l'intelligence et, par suite, de la volonté, dans la sensibilité ; la part de l'intelligence et, par suite, de la sensibilité, dans la volonté ; nous venons de voir celle de la sensibilité (et combien considérable!) dans l'intelligence ; voyons maintenant celle de la volonté libre.

Si l'on nous a bien compris, il n'y a qu'une intelligence, qui est la raison ; il n'y a qu'une raison, unique et absolue, pour tous les esprits quels qu'ils puissent être : elle est en nous comme elle est dans tous les esprits, mais elle y est latente : nous l'y trouvons, nous y dégageons les idées, objets de nos pensées, nous pensons, en un mot, à une double condition, externe et interne : que notre activité intellectuelle soit mise en jeu, du dehors et du dedans, d'un côté par notre sensibilité, de l'autre par notre volonté libre.

La pensée n'est pas idée, mais reconnaissance et affirmation d'un rapport d'idées. L'intelligence contient l'idée enveloppée dans la raison latente qui est son essence même : le moi, l'âme, l'esprit, la dégage, comme intelligence la connaît dans ses rapports avec d'autres, et comme volonté l'affirme.

Il faut regarder pour bien voir. Une première volonté dirige et applique l'intelligence. N'insistons pas sur le rôle de l'attention : nul ne le conteste. Rappelons seulement qu'elle est nécessaire, au moins sous le mode spontané, à la plus simple connaissance: l'âme inattentive est absente. C'est vainement qu'on a des objets devant les yeux, et dans les yeux leurs images : des yeux occupés ailleurs ne les voient pas.

L'attention spontanée est la réponse naturelle de l'âme à ce qui la sollicite ; l'attention réfléchie est l'emploi volontaire de son activité, dont elle dispose librement, qu'elle applique à tout objet qui lui convient, qu'elle concentre sur un point choisi par elle, qu'elle y arrête et y fixe, qu'elle en détache et en retire. Il arrive que l'âme ne peut se retirer d'un objet qui la possède, la captive, dont elle est comme prisonnière : plusieurs philosophes confondent cet état avec l'attention, ils en font une sorte d'attention fatale : à tort, car c'est précisément le contraire : l'âme n'y est plus maîtresse d'elle-même, elle y est prise et dominée, sujette d'un empire qui la tient sous le joug, la mène où elle ne veut pas être conduite, et l'achemine à la folie.

*
* *

Il y a une première volonté dans le fait de regarder pour voir et pour connaître : de diriger, d'appliquer, de gouverner l'intelligence. Il y en a une seconde dans le fait d'affirmer.

La pensée est jugement, et le jugement affirmation : l'affirmation n'est pas une simple connaissance, mais une reconnaissance de la vérité, une adhésion, un acquiescement. On aime la vérité, on la cherche, on la veut : l'intelligence la voit, et la connaît ; l'âme la reconnaît, et la salue. Qui n'a pas un amour désintéressé de la vérité la manque : elle aura beau lui apparaître, il ne la verra pas, ou ne la reconnaîtra pas, parce qu'il ne la regardera pas des yeux dont elle veut être regardée, en elle-même et pour elle-même, mais avec des yeux prévenus, avec une secrète répugnance à la voir telle qu'elle se montre, un secret désir qu'elle soit autre. Il faut se mettre en face de la vérité avec le pur amour de la vérité : il suffit qu'un intérêt étranger, une répugnance, un désir, s'y mêle, pour que la bonne foi ne soit pas entière, et l'erreur innocente. On a la bonne foi extérieure, on ne trompe pas, on ne ment pas ; on n'a point la bonne foi intérieure : on se ment, on se trompe. Même si l'on a rencontré la vérité : car il se peut faire qu'on l'ait rencontrée, dans cette recherche intéressée, et que dans une recherche désintéressée on la manque, — il y a de ces hasards : mais c'est alors ou une possession matérielle de la vérité sans valeur morale, ou une erreur qui n'est pas une faute ; c'est, ayant manqué la vérité, la posséder, ou, l'ayant rencontrée, la manquer, au sens élevé, au sens moral du mot.

Descartes avait su voir cette part de la volonté dans le jugement, et c'est par là qu'il expliquait l'erreur. Bossuet l'expliquait par la précipitation du jugement : l'explication, au fond, est la même. On juge trop vite, on affirme au-delà de ce qu'on a vu, c'est le plus ordinaire : la volonté, indéterminée et libre, dépasse l'intelligence, qui a ses lois ; quelquefois aussi on ne veut pas avoir vu ce qu'on a vu comme on l'a vu, on ne se rend pas, ou l'on n'y va pas voir, et l'on nie ou l'on affirme *a priori*, de parti-pris : la volonté se refuse. Dans l'affirmation de l'erreur, l'intelligence présente les idées, entre lesquelles c'est la volonté qui établit des rapports arbitraires ; dans l'affirmation de la vérité, l'intelligence présente des idées et leurs rapports : la volonté se prête à leur autorité, leur accorde son acquiescement et comme son consentement, ne les crée pas, les reconnaît et les fait siens : telle est l'affirmation, qui est le jugement, qui est la pensée, œuvre de l'intelligence, acte de l'âme opérant comme intelligence, acte de l'âme intelligente, mais libre, comme elle est sensible, dans l'intelligence même.

TROISIÈME ÉTUDE

La Sensibilité.

I

Nous ne pensons, nous ne prenons conscience de nous-mêmes, nous ne réalisons la puissance d'être qui est notre être, qu'autant que nous sommes en contact avec le monde extérieur. Avertis par ce contact de la présence des choses, nous saisissons leur action dans les sensations qu'elles provoquent en nous, nous les connaissons, nous les affirmons ; les sensations qui nous les font ainsi connaître et affirmer, on dit qu'elles nous *représentent* ces choses auxquelles nous les rapportons comme à leur origine, et on les appelle *représentatives*. Elles sont d'abord *affectives*, c'est-à-dire qu'avant de nous représenter rien, et telles qu'elles sont elles-mêmes, dans la conscience de notre être, elles nous sont *plaisirs* ou *douleurs*.

L'âme, affectée et modifiée par ce qui la touche, a conscience de l'affection produite ou provoquée en elle, de la modification imprimée à son être, d'où elle reçoit comme une forme nouvelle : elle a conscience de cette forme, ou plutôt de l'acte par lequel elle répond à la sollicitation de l'objet, de sa réaction sur l'action du dehors. Tel est le fait sensible, distinct du fait intellectuel, comme du fait volontaire, par des caractères propres.

Il y a, en effet, dans le fait sensible, trois éléments qui le constituent : la modification imprimée au moi, la conscience qu'il en a, le plaisir ou la douleur qui l'accompagne. La conscience qu'il en a n'est pas un fait sensible, mais intellectuel : elle est l'intelligence dans la sensibilité, et la constituant pour sa part, en raison de la solidarité des facultés de l'âme : il n'est pas un seul de ses actes où l'âme ne se trouve tout entière dans sa complexe et riche unité. Ce qui est propre au fait sensible, c'est qu'il résulte d'une action exercée du dehors sur l'âme, et qu'il est toujours ou douleur ou plaisir.

Si nous considérons le premier de ces deux caractères, nous y reconnaîtrons l'âme passive, bien qu'elle y soit en acte : mais son acte y est une réaction. La psychologie élémentaire distingue le fait sensible du fait intellectuel comme étant personnel, variable et tout subjectif, par opposition à la connaissance, objective, invariable, impersonnelle : la connaissance est ou n'est pas, mais, déterminée et fixée par son objet, ne peut être que ce qu'elle est, et la même chez tous ceux qui l'ont : on connaît, ou l'on ignore ; si l'on connaît, il n'y a pas deux manières de connaître, il y en a mille de sentir.

La sensibilité, distinguée par sa subjectivité de l'intelligence objective, l'est par sa passivité de la volonté libre. Nous avons étudié l'objectivité de l'intelligence ; nous étudierons la liberté de la volonté. Il est un autre caractère de la sensibilité qui doit nous arrêter, parce qu'il est spécifique : c'est que tout fait sensible, — disons plutôt tout acte de l'âme consistant dans sa réaction sur une action du dehors, — est plaisir ou douleur. La pensée est plus ou moins claire ou obscure ; la volition, plus ou moins énergique ou molle : la sensation, le sentiment, le sentir, en un mot, est plus ou moins agréable ou pénible.

Plus ou moins, mais toujours. Il n'y a [poi]nt de sensations indifférentes. Celles qui nous [sem]blent l'être, c'est ou que d'autres les dominent [et] les effacent ainsi que des lueurs éclipsées, ou qu'elles nous sont devenues trop familières : dans l'un comme dans l'autre cas, l'attention est détournée de la sensation, dès lors indifférente, dit-on : non, mais plus encore : elle disparaît, ou peu s'en faut, elle-même. L'enfant jouit du bruit, de la lumière : notre attention ne se porte plus sur la lumière, mais sur ce qu'elle éclaire ; ou sur le bruit, mais sur ce qu'il annonce. Et encore, si elle se reporte sur la lumière ou sur le bruit, nous jouissons ou nous souffrons d'un feu d'artifice, d'une lueur brillante, d'un éclat éblouissant, d'une clarté qui nous enchante ou nous blesse ; nous jouissons d'une ravissante harmonie, nous souffrons d'une cacophonie, d'un cri discordant, d'une fausse note.

Fuyez des mauvais sons le concours odieux (BOILEAU).

Tout ce qui agit sur nous, tout ce qui imprime à notre être une forme, tout ce qui nous façonne, provoque en nous un acte d'une conscience ayant ce caractère particulier qu'elle est agréable ou pénible, qu'elle est plaisir ou douleur. Sentir, c'est jouir ou souffrir, être heureux ou malheureux.

II

Pourquoi cela ?
C'est que, si l'on trouve, comme il a été dit, l'idée de l'être dans l'idée de son être, et cette idée dans le

sentiment de son être, on trouve dans ce sentiment l'amour de l'être même, et une joie d'être, par laquelle s'expliquent toutes nos joies, toutes nos douleurs.

C'est que ce qui imprime à notre être une modification l'imprime favorable ou contraire à nos tendances.

Nous tendons, en effet, vers certains objets, qu'il faut atteindre, et qui sont les fins de notre être, qui sont notre être même développé en son essence, et comme l'actualité future de notre être virtuel, comme la réalité future de notre être idéal.

L'activité que nous sommes n'est pas sans direction. Voyez ce livre sur cette table. Le croyez-vous en repos ? La table le soutient, c'est-à-dire, en vérité, le retient, l'arrête dans son mouvement vers le centre de la terre ; il se dirige vers la terre, bien qu'il paraisse immobile ; la pression qu'il exerce sur la table est un mouvement arrêté dans son commencement même. C'est une direction de mouvement, une tendance. Ainsi de notre être : des mouvements lui sont imprimés vers certaines fins, ce sont des tendances ; on les appelle aussi des penchants, des inclinations, l'être étant comme un objet que la pesanteur fait pencher ou incliner.

On dit que le plaisir est d'agir : cela est vrai, mais d'agir dans la direction naturelle de l'activité qui est notre être, et dans sa mesure. Le plaisir est d'aller où l'on tend, de posséder ce qu'on aime.

L'amour d'une chose produit le désir de s'unir à cette chose. On aime aussi ce qui en rapproche, on hait ce qui en éloigne, on est porté à s'en détourner : c'est l'aversion, qui est l'opposé du désir.

Le plaisir est donc la conscience qu'a l'âme d'être unie à ce qu'elle aime. Étudier la sensibilité, c'est étudier l'amour.

Il y a une attraction naturelle entre les objets nécessaires aux fins de notre être et nous : attraction dont nous avons conscience, et que nous pouvons soit aider, soit combattre. De là des besoins, de là un ensemble d'instincts, de tendances, de penchants, d'inclinations, de passions, dont la satisfaction est plaisir, ou joie, ou bonheur, et le contraire peine, ou douleur, ou malheur. Les inclinations sont bonnes, puisqu'elles sont les directions diverses du mouvement qui porte l'âme vers son bien : mais l'âme peut sacrifier le meilleur au moins bon, et c'est alors qu'elle agit mal. On doit toujours gouverner ses inclinations, pour ne se laisser emporter à aucune d'elles. Une inclination est excessive, non quand elle est grande ou forte, fût-elle extrême, mais quand elle domine l'âme, qui doit la dominer ; et c'est ce que le langage ordinaire nomme passion : la corruption de l'inclination insubordonnée, maîtrisant l'âme qui lui a laissé prendre l'empire :

> Ce n'était pas Rolla qui gouvernait son âme,
> C'étaient ses passions (A. DE MUSSET).

La passion est condamnable, non comme inclination de l'âme, mais comme inclination maîtresse de l'âme.

* *

Le plaisir et la douleur, correspondant à l'accomplissement ou au non-accomplissement des fonctions de la vie, ont donc pour cause une augmentation ou une diminution de vie et d'être, pour principe, l'amour de l'être, la tendance de tout être à conserver son propre être, et à l'accroître. Ils éveillent l'intelligence, la concentrent, et quelquefois la suppléent. Ils provoquent dans l'activité une réaction de l'être sensible, où ils engendrent la joie et la tristesse, l'amour et la haine, le désir et l'aversion. L'amour ajoute à la joie l'idée de la cause qui l'a produite : on peut éprouver la joie sans savoir d'où elle vient, on sait ce que l'on aime, et l'on tend à s'en approprier l'objet, ce qui est le désir. Dans le désir, plus visiblement peut-être que partout ailleurs, sensibilité, intelligence, activité s'unissent : on veut naturellement ce qu'on désire, avec cette différence immense, infinie, entre la volonté et le désir, qu'on n'est pas maître de son désir, on l'est de son vouloir.

Je parle du désir au moment où l'on désire, du vouloir au moment où l'on veut : car on peut disposer de circonstances d'où naîtra le désir, et se rendre ainsi, indirectement mais réellement et très utilement pour la conduite de la vie, maître par avance des désirs futurs ; et si le vouloir, pris en soi, est libre, si l'on veut soi-même ce qu'on veut, on est incité à le vouloir, engagé par des motifs, poussé par des mobiles, dont on a préparé par sa conduite passée la présence ou l'influence, mais dont on ne dispose plus. Le nécessaire est partout, même dans le libre ; et le libre partout, même dans le nécessaire : partout où est l'âme, elle est tout entière : active et passive à la fois, elle est toujours dans tous ses actes tout ce qu'elle est.

*
* *

Quand on dit que le plaisir et la douleur engendrent la joie, l'amour et le désir, entendons par là diverses modifications du fait sensible en tant que sensible, ou plutôt de la manière dont l'âme en a conscience : car le plaisir en lui-même est bien une sorte de joie, et, ayant pour cause une inclination, une tendance, il a bien pour cause un amour, un désir : mais un désir, un amour primitif, inconscient, dont l'âme ne se rend compte qu'après avoir joui ou souffert. Ainsi le plaisir, en même temps qu'il engendre joie, amour et désir, est lui-même une joie, engendrée par un désir inné, par un amour antérieur à la conscience.

Deux ignorants assistent pour la première fois à la lecture d'une belle poésie ; l'un s'ennuie, l'autre est ravi : celui-ci aimait la poésie sans le savoir. Il l'aimera, mais il l'aimait. Il l'aimera, sachant qu'il l'aime : non qu'il se prenne à l'aimer dès ce moment, car comment en aurait-il eu du plaisir ? Il recherchera ce plaisir, parce que, l'ayant éprouvé, il aime ce qui le cause ; mais il ne l'a éprouvé que parce qu'il en aimait à son insu la cause inconnue pour lui : sans quoi il eût été comme l'autre, qui s'est ennuyé : ce qu'il y a de nouveau chez lui, ce n'est pas l'attrait des beaux vers, mais la conscience de cet attrait.

III

C'est ce qui échappe aux philosophes, tels que Jouffroy, Ad. Garnier, les Ecossais, qui expliquent les inclinations, et les passions à la suite, par le plaisir ; mais ils n'expliquent pas le plaisir. Le plaisir est, pour eux, un fait primitif, irréductible. En quoi ils n'ont tort qu'à moitié : il est premier, en effet, dans la conscience, mais il présuppose une disposition inconsciente, latente, qui appartient à l'être virtuel, c'est-à-dire à l'être même de l'âme.

Pour eux, il y a d'abord plaisir ou douleur ; on fuit la douleur, on recherche le plaisir : d'où le désir de ce qui le procure, l'aversion pour ce qui en éloigne : on se détourne de ce qui cause la douleur, on s'attache à ce qui cause le plaisir. Ils ne veulent pas se mettre hors de la conscience, en quoi ils ont raison : mais ils ne savent apercevoir que la conscience en acte, et, comme ils n'y trouvent rien avant le fait de jouir ou de souffrir, ils font de ce fait primitif, passif à l'origine, le propre de la sensibilité, sans recours à aucun antécédent qui, précédant la conscience, échapperait donc à la conscience et ne serait donc pas de l'âme. Ainsi font-ils naître les inclinations de cette recherche du plaisir, de cette fuite de la douleur : mais cela même ne suppose-t-il pas un antécédent, antérieur à la conscience, une tendance fondamentale qu'il faut bien ajouter au plaisir : l'amour du plaisir ?

Ils diront, ou ils sous-entendent, que l'amour du plaisir et le plaisir ne se distinguent pas ; que le plaisir ne serait pas plaisir s'il était indifférent. Soit : mais d'où vient qu'il n'est pas indifférent, si ce n'est que les objets qui le causent ne le sont pas ? On ne le savait pas, on l'apprend à l'occasion du plaisir qu'ils causent. Mais c'est donc qu'on les aime avant de savoir qu'on les aime ; si l'on aime naturellement le plaisir, c'est que naturellement, et avant tout, on aime certains objets dont la possession ou la privation est plaisir ou douleur ; et si l'on n'a pas, avant le plaisir dû à la satisfaction des inclinations naturelles qui nous portent vers ces objets, conscience de ces inclinations, c'est que l'âme n'est pas, comme on le croit trop aisément, une conscience, mais une puissance de conscience, consciente de ses actes, inconsciente de son être.

Une mère perd son fils unique ; elle souffre amèrement. Elle aime ce fils ; elle l'aime en proportion de sa douleur... ne dirons-nous pas plutôt qu'elle souffre en proportion de son amour ? L'aime-t-elle parce qu'elle souffre ? ou souffre-t-elle parce qu'elle l'aime ? Et si, au lieu de le perdre, elle a eu la joie de le voir sauvé, est-ce de sa joie que naît son amour pour lui, ou de son amour que naît sa joie ? Elle l'a aimé dès qu'elle l'a porté dans son sein, et elle ne s'est pas dit qu'elle l'aimait ; mais elle l'a bien connu à la joie et à la peine qu'elle a ressentie des premiers sourires, des premières larmes de l'enfant.

Il faut admettre des tendances, que nous ramènerons à une fondamentale. Laquelle ? L'amour du plaisir ? Non. A l'amour du plaisir, qui s'expliquera, si l'on veut, par le plaisir, mais qui n'expliquera pas le plaisir lui-même, substituons l'amour de l'être : nous expliquerons le plaisir, et nous serons en bonne voie pour la solution des problèmes que soulève la sensibilité, sur la destinée de l'homme, sur le beau et le bien : car de la sensibilité relèvent et la religion, et l'esthétique, et la morale.

Mais faisons d'abord pour la sensibilité ce que nous avons fait pour l'intelligence ; commençons par en retracer à grands traits la théorie, telle que la psychologie élémentaire nous la donne.

IV

La sensibilité est la faculté de jouir ou de souffrir. Jouir ou souffrir, c'est être affecté conformément ou contrairement aux inclinations qui nous portent vers certains objets : ces objets sont les fins de notre être.

Entre les fins de notre être, il en est qui le sont de notre corps : ainsi la nourriture, l'air, les objets sans lesquels il ne peut vivre. Le corps ne se suffit pas, il a des besoins : mais ce n'est pas lui qui les sent, c'est l'âme. C'est le violoniste qui sent les besoins de son violon : à lui d'y pourvoir ; à nous de pourvoir aux besoins de notre corps. Nous les sentons, ces besoins ; nous aimons les objets nécessaires ou utiles à la vie corporelle : ce sont les *appétits*.

Les appétits s'accompagnent d'un sentiment de privation, qui, à l'état normal, n'a rien de pénible. Ils s'apaisent et disparaissent, puis reparaissent ; ils sont périodiques, ou du moins intermittents, comme les besoins d'un corps dont la vie est une décomposition incessante, une incessante recomposition ; à mesure qu'il se défait pour se refaire, le besoin qui avait cessé recommence, et avec le besoin l'appétit. Certains semblent permanents, celui de la respiration, par exemple ; c'est que les périodes en sont à la fois très fréquentes et très courtes ; mais il est périodique : à chaque instant le besoin s'apaise, et il reprend tout aussitôt : on le sent bien vite, pour peu qu'on suspende un moment la respiration.

Les appétits peuvent se ramener à deux groupes principaux : ceux de la nourriture, de la respiration, du sommeil, de l'activité musculaire, etc. se rapportant aux fonctions de nutrition, à la conservation de l'individu ; d'autres aux fonctions de reproduction, à la conservation de l'espèce. Ils poussent l'âme à la satisfaction des besoins du corps : d'où résulte un plaisir, qui peut devenir à son tour le but poursuivi. On se propose alors comme une fin ce qui n'est qu'une conséquence de la fin atteinte ; on ne recherche pas la satisfaction normale et réglée du besoin, mais le plaisir, sans règle et sans frein : car où serait ici le frein, où est la règle, où est la mesure, quand la considération du bien, qui a sa mesure, qui a, dans sa limite naturelle, sa règle et son frein, ne gouverne p... conduite? Les appétits se transforment ; d'intermittents ils deviennent permanents et continus ; ils ne sont plus l'amour essentiellement limité de ce qu'exige la vie, mais l'amour insatiable du plaisir.

*
* *

Notre être a d'autres fins que celles du corps, et nous sommes affectés par d'autres objets que les objets extérieurs qui atteignent notre âme à travers nos organes ; nous sommes affectés par des objets intellectuels et moraux, sans que le jeu des organes y soit pour quelque chose : être affecté des uns est le fait de la sensibilité physique ; être affecté des autres, est le fait de la sensibilité morale. Un soldat blessé meurt dans une victoire : il souffre de sa blessure et de sa mort, il est heureux de l'honneur du drapeau : sa souffrance est physique, son bonheur moral. Le broiement des chairs, le trouble des nerfs, le désordre des impressions portées au cerveau, provoquent en lui une horrible douleur, qu'il sent à peine dans la joie et l'extase du triomphe. Cette douleur en lui résulte d'un désordre de l'organisme, d'un mouvement du cerveau, d'une impression : d'où résulte en lui cette joie, sinon d'une disposition propre de son âme ? Cette joie est un sentiment ; et cette disposition de son âme est aussi un sentiment : le sentiment s'oppose à l'appétit comme il s'oppose à la sensation.

*
* *

On divise les dispositions propres de l'âme, ou les inclinations de la sensibilité morale avec les sentiments qui s'y rapportent, en trois groupes : inclinations personnelles, inclinations sociales, inclinations idéales ou supérieures.

Les inclinations personnelles sont les sortes ou les formes diverses de l'amour de nous-mêmes : amour de notre propre excellence, amour de la puissance, et de l'argent qui la donne, amour de la domination. Nous aimons à ne relever que de nous, à être par nous-mêmes tout ce dont nous sommes capables, tout ce que nous pouvons être, à être parfaits ; à ces sentiments, aspects multiples d'un même sentiment, l'amour-propre ou l'amour de soi, se rattachent l'estime de soi, la présomption, l'ambition, l'amour de la gloire, la cupidité ; et s'opposent l'humilité, la modestie, la défiance de ses forces, le désintéressement. Et nous aimons à faire relever les autres de nous, à leur commander, à les régenter, à exercer l'empire.

Les inclinations sociales sont les sortes ou les formes diverses de l'amour d'autrui. Nous aimons naturellement nos semblables, et voulons leur bien, quand il ne contrarie pas le nôtre. Entre le bien d'autrui et le nôtre, c'est le nôtre, s'il faut choisir, que nous préférons généralement (encore nous arrive-t-il, dans l'affection qui nous attache à une personne, de préférer le sien, jusqu'à nous sacrifier pour son bien) ; mais quand ils ne sont pas contraires, nous aimons le nôtre, sans doute, nous aimons aussi le leur.

Nous aimons l'humanité. Nous aimons plus étroitement, dans cette grande société des hommes, des sociétés particulières, notre patrie, notre famille ; nous aimons des sociétés plus particulières encore ; quelquefois un ami choisi entre tous les hommes.

L'amour de l'humanité est d'abord l'instinct de sociabilité, qui groupe les hommes ; c'est ensuite la philanthropie, la sympathie, la pitié, la bienveillance. N'est-il pas vrai que nous ne pouvons voir souffrir un homme sans être ému de sa douleur ? Et notre pitié s'étend jusqu'à la douleur des animaux. N'est-il pas vrai que nous nous mettons à la place d'autrui, pour jouir de plaisirs ou souffrir de peines qui ne sont pas les nôtres ? Mais la sympathie les rend nôtres. Quand nous lisons un roman, quand nous assistons à un drame, nous revivons la vie du héros, nous ressentons ce qu'il sent, heureux de son bonheur, malheureux de son malheur, épris de ses amours, de ses haines, de ses colères, de ses vengeances, de ses héroïsmes ; de là l'intérêt que nous y prenons : de là l'influence prodigieuse de telles œuvres et la responsabilité qu'elles encourent : car, salutaires ou funestes, elles relèvent ou rabaissent les âmes selon que la vie qu'elles donnent à revivre est une haute et noble vie, ou vile, grossière et basse.

La sympathie engendre la bienveillance : on veut du bien à ceux dont on ne peut voir le mal sans en souffrir soi-même.

Cependant les sentiments contraires existent : il y a des malveillants, il y a des jaloux qui sont malheureux du bonheur des autres, heureux de leur malheur ; ces misérables (car comment qualifier de tels hommes ? et comment comprendre l'existence même d'une telle perversion de cœur ?) ne veulent pas le bien d'autrui, mais le mal. Pourquoi faut-il qu'ils ne soient pas rares ? L'homme tel que l'expérience commune le présente à Lafontaine voit un double avantage là où il trouve

> Son bien premièrement et puis le mal d'autrui.

L'homme est ainsi fait qu'il réunit souvent les sentiments les plus contradictoires, et que dans une même âme on en rencontre, à côté des plus vils, de nobles et généreux. De ce nombre est le patriotisme qui fait battre tant de cœurs, des plus vulgaires comme des plus relevés. De ce nombre est encore, non moins répandu, l'amour de la famille : en premier lieu ce sentiment qu'on nomme plus particulièrement l'amour, le plus vif, mais aussi le plus riche et le plus complet de tous les sentiments quand, joignant les corps *(et erunt duo in carne una)*, il joint avec eux les âmes : amour du mari pour la femme et de la femme pour le mari, amour du père et de la mère pour les enfants, amour filial, amour fraternel. Ces sentiments débordent l'enceinte de la famille étroite, et s'étendent au-delà, des enfants aux petits-enfants et aux neveux, des parents aux aïeux et aux oncles, des frères aux cousins. Ils embrassent des étrangers, dont on se fait une famille de choix, non moins chère pour beaucoup que la famille naturelle, et qui pour quelques-uns la supplée : le régiment, l'Église, un corps dont on est membre ; et l'esprit de famille devient l'esprit de corps.

L'amitié enfin est une forme, et des plus touchantes, de l'amour d'autrui : un ami est un frère d'élection, plus cher, bien souvent, qu'un vrai frère.

> Un frère est un ami donné par la nature,

c'est un beau vers, et l'on aime un frère ; mais un ami est un frère qu'on s'est donné soi-même. Je ne parle pas de l'amitié d'intérêt, simple société d'utilité réciproque, commune chez les hommes, et qui a son principe dans l'amour de soi, non dans l'amour d'autrui ; ni de cette amitié de plaisir commune chez les jeunes gens : mais de cette amitié dont le fabuliste nous entretient avec tant de charme :

> Qu'un ami véritable est une douce chose !
> Il cherche vos besoins au fond de votre cœur...

et le poète nous en peint deux vrais, qui « vivaient, dit-il, au Monomotapa ». Il n'a pu les trouver plus près pour nous les peindre.

Les inclinations idéales, dites supérieures, ne se rapportent ni à nous-mêmes ni aux autres hommes, mais à ce qui est au-dessus de l'homme : c'est l'amour du vrai, auquel se rattachent le plaisir de l'étude, le goût des sciences, l'ardeur des recherches, la philosophie ; c'est l'amour du beau, auquel se rattachent l'admiration des grands spectacles, le goût des arts, la poésie ; l'amour du bien, auquel se rattachent l'estime de la bonne conduite et le mépris de la mauvaise, le respect du juste, l'indignation contre l'injuste, le contentement de la conscience pure, le remords ; l'amour de Dieu, où tous les sentiments supérieurs se ramènent et se résument dans l'adoration. L'amour de Dieu est le sentiment religieux ; l'amour du bien, le sentiment moral ; l'amour du beau, le sentiment esthétique. L'amour du vrai pourrait être dit le sentiment logique ; il n'a pas de nom.

La sensibilité est amour : à la base, amour de soi ; amour de Dieu au faîte : amour qui part de notre propre être, actuel et fini, pour s'épanouir dans l'être idéal, dans l'infini, dans le parfait, dans le suprême bien.

V

On a essayé de ramener à l'unité ces diverses inclinations de l'âme humaine. Et, sans doute, si elles sont les tendances de l'homme vers des objets qui sont leurs fins, ou qui répondent à leurs fins, ces fins différentes convergent vers une même fin : car on entend la fin d'un être, mais on n'entend pas ses fins, cela n'a pas de sens : l'homme n'a pas plusieurs fins : ou il n'en a pas, ou il en a une. Ces fins multiples ne peuvent être que des aspects ou des conditions et des moyens d'une même fin unique et dernière, à laquelle toutes se subordonnent ; et ses inclinations, des formes variées d'une inclination fondamentale.

On a donc essayé de les réduire à une seule. Une des plus célèbres de ces tentatives de réduction à l'unité est celle qui les ramène toutes, même les plus hautes, les plus généreuses, et qui semblent désintéressées, à l'intérêt personnel ; toutes à l'amour de soi. Mais cette réduction est impossible, ce système est réfuté par le fait : c'est un fait que nous jouissons des joies d'autrui, que nous souffrons des souffrances d'autrui. Un ami est heureux du bonheur de son ami, une mère de celui de ses enfants ; et quel malheur pour elle que leur malheur !

Ici l'on raffine : ce n'est pas les autres que nous aimons, me dit-on, c'est nous en eux : la mère malheureuse du malheur de ses enfants, heureuse de leur bonheur, s'aime dans ses enfants, et, travaillant à leur épargner des peines, à leur procurer des joies, travaille à se les procurer, ces joies, qui ne sont pas seulement les leurs, mais les siennes ; à se les épargner, ces peines, qui sont les siennes comme elles sont les leurs. — Pure subtilité. Ne dites pas : Elles sont les siennes *comme* elles sont les leurs ; ce n'est pas assez dire : mais, Elles sont les siennes *parce qu*'elles sont les leurs ; et si leurs joies ne sont pas seulement les leurs, mais les siennes, elles ne sont aussi les siennes que parce qu'elles sont les leurs : c'est de leurs joies qu'elle jouit, et de leurs peines qu'elle souffre. Et n'est-ce point les aimer, cela ? Se faire un bonheur de leur bonheur, un malheur de leur malheur, identifier leur bien au sien propre : veut-on qu'elle soit indifférente, et ne travaille à leur bien que froidement, sans le ressentir, sans en jouir avec eux, sans vivre en eux ? C'est alors qu'elle ne les aimera pas, parce qu'elle n'aimera pas : elle agira par devoir peut-être, non par amour. Elle s'aime en eux ? Eh ! sans doute, comme c'est en soi qu'elle les aime : peut-elle se séparer de soi ? sortir de soi ? sinon précisément par l'amour, qui la fait éprouver ce qu'ils éprouvent, jouir ou souffrir en eux, vivre en eux comme eux en elle, vivre leur vie : s'aimer en eux, c'est les aimer.

On peut s'aimer sans aimer autrui, on ne peut pas aimer autrui sans s'aimer en autrui. L'amour d'autrui ne supprime point l'amour de soi, mais s'y ajoute, et alors les deux se confondent. D'où l'illusion de ceux qui ont cru pouvoir tout ramener à l'amour de soi : il est la base, mais sur cette base d'autres s'élèvent ; il est la racine, mais il n'est que la racine. Je leur accorderai, en un sens, que tout s'y ramène, s'ils consentent à n'en faire qu'un point de départ, à le suivre dans tous les autres amours, et à les reconnaître, unis mais distincts : comme on ne se sépare pas de soi-même, on s'aime dans tous ses amours, puisque dans tous on jouit et l'on souffre. On aime son plaisir, c'est amour de soi ; mais c'est amour de l'objet dont la possession cause le plaisir.

C'est qu'en effet toutes les inclinations se ramènent à une inclination fondamentale, tous les amours à un amour : l'amour de l'être. D'où la tendance qu'a tout être à persévérer dans son être, et à l'accroître : désir d'être, volonté d'être, jouissance et félicité d'être. Je dis d'être selon ce qu'on est, selon la nature de l'être virtuel qu'on est, de ses facultés, de sa puissance prochaine : mère, d'être comme mère, ou ami, comme ami ; homme, d'être comme homme, et tel, non tel autre ; animal aussi, d'être comme animal, et tel animal, non tel autre ; plante, comme plante, et chaque être selon l'être qu'il est, selon tout son être, pour l'agrandir jusqu'à l'infini : nous avons vu que la substance est puissance, et la puissance cause productrice d'elle-même.

VI

Rien de plus faux, en même temps qu'il est singulièrement paradoxal, que cet étrange pessimisme qui met la douleur et le mal dans l'être même, ou dans le désir qui l'appelle : à en croire nos nouveaux boudhistes, le désir est souffrance, étant privation, et la satisfaction du désir ne le fait cesser que pour le remplacer aussitôt par un autre qui sera une autre souffrance ; et la vie n'est ainsi qu'une succession de souffrances, parce qu'elle est une succession de désirs.

Mais si le désir est souffrance parce qu'il est privation, c'est d'un bien qu'il est privation : sinon comment souffrirait-on d'en être privé ? Si cela même est souffrir que d'en être privé, le posséder est jouir : l'un ne va pas sans l'autre. Ces pessimistes s'abusent, quand ils ne voient que la souffrance, et ne voient pas la jouissance corrélative : ils ne comprennent pas leur propre idée, faute d'en apercevoir les deux faces. Leur thèse est illogique : ou la privation n'est pas une peine, ni le désir, en tant que privation ; ou la possession est un plaisir, et la satisfaction du désir à ce titre. Si le désir est pour eux la douleur, la satisfaction du désir doit être pour eux la joie ; et si la vie est pour eux une succession de désirs, renaissant les mêmes ou se remplaçant les uns les autres, ils doivent la concevoir non point comme une simple succession de douleurs, mais comme une succession alternative de douleurs et de joies.

*
* *

En quoi ils exagèrent, et faussent tout. Le désir n'est pas nécessairement douleur. Oui, il est des biens dont la privation est une peine (on peut le leur accorder jusqu'à un certain point), et sans que la possession en soit une joie ; mais il en est aussi dont la possession est une joie sans que la privation en soit une peine.

Il est des biens qui sont comme le nécessaire de la vie, et il en est qui en sont comme le superflu. Des premiers on ne saurait être privé sans périr : la privation en est donc souffrance, en attendant que, trop prolongée, elle soit la mort, sans que la possession en soit joie ni bonheur, mais seulement condition de bonheur : ainsi la santé, ainsi une fortune suffisante, non celle du riche, mais de l'homme à son aise : on ne jouit pas de l'aisance, à vrai dire, ni de la santé ; elles ne sont pas la joie, mais la permettent : on souffre de la misère et de la maladie, qui ne la permettent pas, qui ne permettent pas la vie même. Les désirs de cette sorte de biens sont plutôt des besoins : non satisfaits, on souffre ; satisfaits, on ne jouit guère de ces biens, on peut jouir des autres. Il semble que nos pessimistes ne connaissent que cette sorte de désirs ; voilà ceux, en effet, dont ils peuvent dire qu'ils sont des peines sans que leur satisfaction soit plaisir.

Encore vont-ils trop loin, et allons-nous trop loin avec eux. Nous exagérons quand nous disons que la satisfaction n'en est pas plaisir : elle est plaisir au moment où elle se produit. Le malade qui recouvre la santé, l'affamé qui mange et qui boit, le naufragé qui se sauve du naufrage, le misérable qui sort de la misère, le père ou la mère ou l'ami qui retrouve un cher absent, goûtent des joies très vives : disons seulement que l'état de santé, la facilité de manger et de boire à sa faim et à sa soif, la tranquillité de celui qui n'a pas de naufrage ou de catastrophe à craindre, la fortune suffisante, la présence habituelle de ceux que nous aimons, sont des biens nécessaires, que nous ne sentons pas, parce qu'ils ne provoquent pas notre puissance de conscience à l'acte conscient, parce qu'ils sont comme incorporés à notre être virtuel, parce qu'ils sont des habitudes ; la privation de ces biens nécessaires est douleur, sans que la possession en soit joie, mais condition d'autres joies, dues à la possession d'autres biens.

*
* *

Car il est d'autres biens, dont, tout au contraire de ceux-là, on ne souffre pas à être privé, tandis qu'on jouit à les posséder : tels, par exemple, les beaux spectacles, les grandes œuvres de l'art, les traits de vertu qui nous touchent ou d'héroïsme dont le récit nous transporte, les profondes analyses, les puissantes synthèses, Dieu présent à notre âme, tout ce qui excite en nous l'admiration ou la contemplation et l'extase ; tous ces objets d'un amour supérieur, en avons-nous le désir ? Je parle d'un désir conscient. Oui, quand nous les connaissons, et dans la mesure où nous les connaissons : car combien y a-t-il d'êtres de par le monde, qui sont même des hommes, et qui n'en ont pas l'idée ! Ces biens ne sont pas le nécessaire ; on peut vivre, on vit sans eux : ils sont le superflu, le surcroît, un avant-goût de l'au-delà : on ne souffre pas à ne pas les avoir, mais, à les avoir, quelle jouissance ! Et le désir en est moins une privation, qu'une aspiration, une espérance, une attente. Voyez cet amateur de musique dans un concert, ou ce religieux dans un temple (je prends à dessein des exemples de nature très différente), ils attendent un plaisir, un charme pour l'un, pour l'autre un ravissement : ils ne l'ont pas encore, ils en sont donc privés, mais ils ne souffrent pas à le désirer, ils se préparent à le goûter, et cette préparation est déjà un premier plaisir, avant-goût du plaisir qu'ils attendent. Même dans les plaisirs d'ordre inférieur, le désir, loin d'être une souffrance, est souvent, notamment dans l'attente d'une satisfaction sûre et prochaine, un premier plaisir, avant-goût du plaisir attendu. Le gourmand se réjouit, dès qu'il est assis à une bonne table. Tantale souffre de voir des fruits qu'il ne peut toucher : s'il pouvait les toucher, il jouirait de les voir. Le paradis de Mahomet comporte des désirs qui sont déjà des préparations à goûter les plaisirs promis, et des anticipations de ces plaisirs. S'il est vrai, pour parler avec le poète, que

medio de fonte leporum
Surgit amari aliquid quod in ipsis floribus angat (Lucrèce),

« du milieu de la source des plaisirs s'élève je ne sais quelle amertume, et jusque parmi les fleurs est une secrète angoisse », ce n'est pas qu'il ne puisse y avoir plaisir sans douleur : toutes les fleurs ne sont pas, comme les roses, accompagnées d'épines, et l'on comprend, après ce qui précède, la possibilité d'une vie tout heureuse ; mais c'est que les plaisirs sensuels dont parle ici Lucrèce, n'étant pas, on le voit, purs et sans mélange, ne sont donc pas ceux où se termine la destinée de l'homme, parce qu'ils ne sont pas ceux qui répondent à sa véritable fin.

*
* *

Car (il faut y revenir) l'homme a une fin, qui lui est marquée par sa sensibilité même : ses tendances ne sont autre chose que les directions de l'activité qui le constitue, qui est son être, vers la fin de son être : poursuivie, cette fin est son bien ; atteinte et réalisée, elle est son bonheur.

Tel est le rapport du bonheur et du bien. Le bien est la fin ; le bonheur n'est pas la fin, il n'est pas lui-même un but, mais la conséquence du but une fois atteint. Le bonheur n'existe pas hors de nous-mêmes, il n'est qu'en nous ; le bonheur n'est pas, mais le bien : le bonheur est le retentissement du bien dans notre sensibilité. Si donc le bien est, et que le bonheur ne soit autre que le bien senti en nous, que cherchons-nous pour trouver le bonheur ? Le bien.

Or quel sera le bien, si ce n'est, pour nous, l'accomplissement, mais harmonieux, des destinations de notre être ? Quelles sont ces destinations, sinon les fins qui nous attirent, et dont les attraits sont nos tendances ? Et quelle en sera l'harmonie, sinon la hiérarchie de ces tendances, subordonnées les unes aux autres, les inférieures aux supérieures, toutes à une principale, dans un système où elles s'unissent pour une seule fin ?

Il s'agit de construire ce système, de reconnaître l'ordre hiérarchique de nos tendances, de déterminer la sensibilité normale.

Nous avons distingué deux sensibilités, la sensibilité physique et la sensibilité morale ; deux sortes d'inclinations, selon qu'elles se rapportent à la vie organique ou à la vie spirituelle.

A la base, des inclinations qui se rapportent à la vie organique et à ses besoins, des penchants qu'on nomme des *appétits :* cette vie organique est le support de l'autre, et comme le terrain où l'autre se déploie ; elle est la condition de la vie spirituelle. *Primo vivere, deinde philosophari,* dit le proverbe ; mais c'est pour philosopher qu'il faut vivre. « L'homme ne vit pas seulement de pain » : si la vie corporelle est la condition de la vie spirituelle, c'est qu'elle est avec cette vie dans le rapport du moyen à la fin ; et ne songer qu'à la vie organique, n'avoir souci que de son corps, c'est négliger la fin pour le moyen ; c'est, selon le mot du poète, « perdre pour vivre, ce qui est la raison de vivre »,

propter vitan vivendi perdere causas (Juvénal).

Subordonner la fin au moyen est un contre-sens de conduite, un renversement de tout ordre, une insulte à la raison ; et la sacrifier, l'anéantir en quelque sorte par la négligence ou l'oubli, est le crime d'un être qui, étant de sa nature une âme servie par un corps, abdique sa nature pour se réduire à n'être lui-même que l'esclave de son serviteur, un corps servi par une âme !

*
* *

Si l'âme a besoin du corps, le corps à son tour a des besoins qui exigent des appropriations d'objets extérieurs, nécessaires à l'entretien de sa vie : ici la vie du corps, qui était moyen pour la vie de l'âme, devient une fin ; l'argent est le moyen.

Il est aussi le moyen pour des fins supérieures à la vie corporelle, et la vie spirituelle ne peut s'en passer plus que l'autre ; il est le « nerf de la guerre », il sert, — mais, et à beaucoup près, sans leur suffire, — aux besoins de l'esprit, du cœur, de l'imagination, aux affections comme aux études, aux ambitions comme aux travaux utiles, à la science, à l'industrie, à l'art. Il sert à tout, il ne suffit à rien. Santé, gloire, amour, l'argent ne donne rien, mais on ne peut rien sans lui.

Aussi n'avons-nous pas compris l'amour de l'argent dans la sensibilité physique : l'animal en est dépourvu ; mais dans la sensibilité morale, comme une des formes de l'amour de soi. Il se subordonne à tous les amours, tant de l'âme que du corps, par cela même que, sans suffire à rien, il sert à tout. Nous ne dirons donc pas, dans notre système hiérarchique des inclinations : l'argent pour la vie corporelle et cette vie pour la vie spirituelle ; nous le mettrons à part, la possession de l'argent ne pouvant, à aucun point de vue, être une fin, mais étant un moyen pour toutes les fins.

Si c'est un grand désordre et un grand renversement de toute hiérarchie normale que d'aimer le corps pour lui-même, c'en est un plus grand d'aimer l'argent pour lui-même ; et même aux yeux des gens de peu de vertu, il n'est pas de passion plus vile que cette passion, sous l'une ou l'autre de ses deux formes, avarice, cupidité : rien de plus méprisé que le cupide, si ce n'est l'avare.

L'argent sert, et ne suffit pas ; il n'est qu'utile, et à la vie de l'âme comme à celle du corps : mais directement à celle du corps, indirectement à celle de l'âme, et seulement en tant que liée au corps. S'il sert aux affections, et, par exemple, au rapprochement de personnes chères, c'est par le transport de nos corps si lourds, pour qui l'espace est un si grand obstacle ; à la science, à l'art, c'est pour des recherches qui nécessitent des voyages, pour des livres, des tableaux, des statues, des monuments, pour des instruments de musique, pour mille objets liés à nos oreilles, à nos yeux, à nos corps. Si donc nous ne pouvons pas dire et si nous ne disons pas : L'argent pour la vie corporelle, nous pouvons dire : L'argent pour le corps, soit pour la vie corporelle, soit pour la vie spirituelle en tant que liée au corps : toujours donc, d'une façon générale : L'argent pour le corps, le corps pour l'âme.

La plus basse des inclinations, non dans l'ordre de l'utilité, car quoi de plus utile que le nécessaire ? mais dans l'ordre de la dignité, celle que, selon la juste dépendance des moyens à l'égard des fins, il convient de subordonner à toutes les autres, est l'amour de l'argent. Non que cet amour ne soit très légitime, à sa place, et pour la recherche du moyen des fins qu'on se propose : aussi peut-on se livrer à une ardente poursuite de ce moyen d'un emploi si général sans être un cupide, un amoureux d'argent, mais de la fin en vue de laquelle on le poursuit : celui qui veut gagner de quoi vivre et faire vivre les siens n'aime pas l'argent, mais sa vie et la vie des siens, rien de plus estimable ; celui qui veut gagner de quoi servir la science ou l'art, de quoi conquérir la gloire, n'aime pas l'argent, mais la science ou l'art ou la gloire ; et celui qui veut gagner de quoi se payer de bons soupers ou de belles maîtresses, de quoi « faire la fête », comme on parle en un certain monde, n'est pas un cupide, mais un gourmand ou un voluptueux, un *jouisseur*, qui, loin d'être un avare, est souvent un prodigue. L'avare aime l'argent pour l'argent, non pour s'en servir, mais pour le garder ; le cupide aime l'argent pour l'argent, non pour s'en servir, mais pour l'avoir, et pour en avoir plus encore, toujours plus, de plus en plus, sans autre but que celui-là.

Après l'amour de l'argent, en montant les degrés, viennent les appétits, soit qu'ils se rapportent à la vie de l'individu ou à la vie de l'espèce. Tout cela est de la vie corporelle, tout cela est nécessaire : l'individu ne vit pas si l'espèce ne vit, et l'espèce ne vit aussi que dans l'individu. L'individu est l'être, non l'espèce, qui n'est qu'une condition de son existence, — la porte d'entrée : c'est par l'espèce que l'individu vient en ce monde. L'individu est le réel vivant : il est donc la fin, et l'espèce le moyen : c'est pour lui comme c'est en lui que vit l'espèce. Aussi est-ce en lui que nous trouvons la sensibilité : au-dessus de la sensibilité physique, la sensibilité morale.

VII

De même que les tendances de la sensibilité physique, qui sont les besoins et les appétits, répondent aux fins de l'organisme, à la vie corporelle, et que les émotions qui s'y rapportent sont déterminées par les organes du corps, de même les tendances de la sensibilité morale répondent à d'autres fins, étrangères aux fins de l'organisme ; à une autre vie, celle-ci toute spirituelle : les émotions qui s'y rapportent déterminent le jeu des organes, et leur impriment des mouvements en vue de leurs propres fins : les désirs meuvent le corps, si l'âme n'y prend garde. Nous verrons ailleurs que, si le corps et l'âme agissent l'un sur l'autre, le lien des deux n'est pas directement du corps avec l'âme entière, mais avec la sensibilité seule, dite physique ou morale selon que, dans cette action réciproque, elle est mue ou elle meut : que le corps n'atteint l'intelligence qu'à travers la sensibilité, et que ce n'est aussi qu'à travers la sensibilité que la volonté meut le corps.

La vie corporelle n'est point pour elle-même, elle est pour la vie spirituelle : c'est donc à la vie spirituelle, c'est aux inclinations de l'âme qu'il faut demander la fin de l'homme. Je dis la fin, non les fins : là encore, subordination et hiérarchie. Les inclinations personnelles, les inclinations sociales, se rapportent à des fins qui ne sont encore que des moyens pour une fin plus haute. L'amour de soi se retrouve dans tous les amours, et prend divers caractères selon la diversité de ces amours : ainsi l'amour de notre propre excellence changera de forme selon que nous aurons différemment aimé comme différemment conçu telle sorte d'excellence ou telle autre ; l'amour d'autrui se lie à l'amour de soi chez un être sociable par essence et dont l'existence n'est possible qu'en des conditions de famille, de cité, de solidarité humaine. L'amour de soi, l'amour d'autrui, et les inclinations qui se rattachent à ces deux amours, ne vont qu'à la conservation de l'être fini, non au développement, à l'agrandissement d'un être fait pour l'infini ; elles ne vont qu'à ce nécessaire dont la privation est souffrance, dont la possession est la condition du bonheur, mais n'est pas le bonheur. Le bonheur est un surplus, un déploiement désintéressé des facultés, une prise de possession de leurs objets pour l'amour de ces objets : du vrai pour l'amour du vrai, du beau pour l'amour du beau, du juste pour l'amour du juste, du bien supérieur où s'unissent en leur principe le vrai, le beau, le juste, pour l'amour de ce suprême bien ; une action sans fatigue parce qu'elle serait sans effort et comme un repos dans le mouvement, un mouvement aisé d'une activité sans limites en marche vers l'infini ; la jouissance d'un idéal qui, sans être jamais réalisé, se réalise toujours : la perfection d'un être dont le propre est de se produire et, pour ainsi dire, de se faire être selon son essence.

Il y a un exercice de l'intelligence, de la sensibilité, de la volonté, pour le gouvernement de la vie humaine : on étudie, on cherche à connaître, on connaît ce qu'on a besoin de savoir : on s'attache à ce qu'on a besoin d'aimer ; on veut ce qu'on a besoin de faire : c'est le nécessaire, tout cela ; c'est l'exercice intéressé des facultés en vue des besoins : ce n'est pas encore ce superflu qui est le bonheur.

Le superflu, chose si nécessaire !

disait Voltaire, en un tout autre sens ; mais il est vrai qu'il n'y a de bonheur que dans le superflu, qu'il n'y a de joie que dans l'au-delà, et dans un au-delà sans limites ; que ceux mêmes qui ne s'élèvent point à cette vie supérieure de l'âme cherchent leur joie, mettent leur bonheur dans une sorte de transformation perverse des appétits naturellement limités de leur corps en désirs de l'âme naturellement infinis : ils ne se contentent pas, dans leurs festins, dans leurs amours, de la satisfaction nécessaire, ou utile, ou du moins inoffensive et modérée ; leurs appétits ne sont plus des appétits, mais gourmandise, luxure, insatiables désirs : non plus des besoins de leur corps, mais des inclinations de leur âme, d'une âme qui, faite pour l'infini, le met où il ne saurait être, l'y cherche sans pouvoir l'y trouver, s'épuise à l'y poursuivre en vain : ils y périssent, et c'est leur châtiment.

Mais cet infini, cet au-delà sans limites, qui ouvre

à une poursuite sans arrêt une route dont le terme est en Dieu seul, on le trouve dans les inclinations supérieures de l'âme, dans l'amour du vrai, du beau, du juste, dans l'amour du souverain bien.

Il y a un exercice désintéressé de l'intelligence : c'est quand elle cherche à comprendre, à jouir d'elle-même, par une libre contemplation de vérités étrangères et supérieures à celles qui suffisent aux besoins de la vie ; il y a un exercice désintéressé de la sensibilité : c'est quand elle cherche à s'émouvoir, à jouir d'elle-même, par une libre représentation de sentiments étrangers et supérieurs à ses propres sentiments, à ses affections particulières telles que les a faites la vie ; il y a un exercice désintéressé de la volonté, c'est quand elle cherche à agir, à jouir d'elle-même, par une pratique libre de justice en quelque sorte gratuite, étrangère et supérieure aux devoirs comme aux exigences de la vie ; il y a un exercice désintéressé de cette activité triple et une qui est l'âme : c'est quand elle cherche à s'élever, à jouir d'elle-même, par un élan vers ce souverain bien qui est le souverain être, mouvement étranger et supérieur à tous les mouvements de la vie : au-dessus de la vie est la philosophie, l'art, la sainteté, l'adoration. Et ce surplus, ce surcroît, cet au-delà, c'est le bonheur : le bonheur parce que c'est le bien, le bien parce que c'est pour l'homme l'accomplissement de sa fin, l'action propre de son être agissant et jouissant d'agir selon sa propre nature.

VIII

La fin d'un être est dans un rapport nécessaire avec sa nature. C'est donc par la nature de l'homme, c'est par l'étude des éléments qui le constituent, des penchants et des inclinations qui le poussent vers certains objets, de ses facultés, de ses énergies, qu'on déterminera sa fin.

Qu'est-ce donc que l'homme ? Une âme servie par un corps : une âme intelligente et libre, ayant par conséquent sur le corps un empire au profit de son propre être. Car il convient que l'inintelligent soit gouverné par l'intelligent et pour l'intelligent, le corps par l'âme et pour l'âme. L'âme ne doit donc point chercher la fin du corps, mais sa propre fin ; et il ne convient pas non plus que l'âme cherche sa fin et le corps la sienne, mais il faut que le corps serve à la fin de l'âme. C'est donc la nature de l'âme qui seule détermine la fin de l'homme. Nous savons qu'elle est le véritable homme, elle est le moi : mon corps et moi nous sommes deux, mon âme et moi ne sommes qu'un. Or l'âme tend, par toutes les puissances de son être, à la vérité, la beauté, la justice infinies, au bien parfait. L'homme a donc pour fin le bien parfait, Dieu même : donc une vie divine, qui est, on le verra, une vie éternelle.

Et d'abord elle n'est point la vie humaine telle que l'expérience nous la donne, la vie terrestre. Non que cette vie ne comporte une part de bonheur, et de véritable bonheur, parce qu'elle a sa part de bien véritable : sans quoi, et si nous n'avions aucune expérience et de l'un et de l'autre, comment en aurions-nous l'idée ?

C'est déjà un grand bien, et c'est un grand bonheur, que de sortir du mal : avoir souffert et ne plus souffrir n'est point seulement ne plus souffrir, c'est jouir. Joie négative, dira-t-on. Et l'on se trompera. Car on la sent vivement, cette joie ; elle est très positive pour celui qui l'éprouve : et qu'est-ce qu'une joie ou une douleur, sinon une manière d'être, et pour celui qui l'éprouve? On souffrait, on ne souffre plus : on est heureux. Une mère a pleuré son fils, qu'elle avait cru mort, et il est vivant; après qu'elle avait perdu toute espérance de le revoir, elle le revoit, le voilà dans ses bras, elle le couvre de ses baisers, le garde et le retient dans le transport de ses caresses : est-il un bonheur comparable à celui de cette mère? Fénelon en présente l'image dans le chapitre de son *Télémaque* où il veut nous donner l'idée de la félicité céleste; et c'est le sujet d'une de nos belles œuvres dramatiques[1] que l'intensité d'une telle joie, dont on peut mourir, tant il semble qu'elle dépasse les forces humaines! On jouit donc, non point à ne pas souffrir, mais à ne plus souffrir quand on a souffert.

C'est la réponse aux philosophes qui refusent de voir le bien, et le plaisir à la suite, dans l'être même; plusieurs vont jusqu'à voir dans l'essence de l'être la douleur et le mal, — le mal de vivre, — le mal d'être!

C'est aussi ce qu'a de vrai la doctrine de ceux qui font consister le plaisir dans l'absence de la douleur. Cela ne suffit pas : il faut qu'il y ait eu douleur pour qu'on sente le prix d'en être délivré; et il faut qu'il y ait plaisir à être, que la conscience d'être soit en elle-même un bonheur, pour qu'à ne plus souffrir on se sente heureux. Otez ce bonheur d'être : à ne plus souffrir, on ne se sentira plus malheureux, mais on ne se sentira pas heureux : on ne sentira pas. On sera dans un état neutre succédant à un état de souffrance, tandis que ce qui succède à la souffrance, ce n'est pas l'indifférence, mais la jouissance : non point négative,

---

1. — *La joie fait peur*, par Mad. Em. de Girardin.

ce qui ne serait encore qu'un état neutre, mais positive, et d'autant plus vive qu'on a plus souffert, — jusqu'à ce que l'habitude, c'est-à-dire ici la durée, la fasse rentrer dans l'être virtuel.

A cette forme de bonheur qui n'est encore que la délivrance du mal s'en ajoute une autre : le déploiement libre de notre activité, le jeu désintéressé des facultés et des puissances de notre être, l'*amusement,* dans le sens large du mot. Quand nous agissons, quelle que soit la sphère de notre action, si c'est pour la satisfaction d'un besoin, en vue de quelque nécessité, ou seulement de quelque utilité, et par intérêt, c'est travail ; si c'est pour agir, pour nous produire selon notre propre nature, pour être ce que nous devons être, ce que nous sommes dans le fond et dans l'essence de notre être, c'est amusement. On agit pour assurer sa vie et celle d'une famille dont on a la charge, pour gagner l'aliment, le logement, le vêtement, pour gagner l'argent qui procure ces biens, conditions nécessaires de biens supérieurs ; et l'on agit aussi pour le plaisir. On fait de la musique ou de la poésie, de la philososophie ou de la science, pour l'amour de la science et de la philosophie, de la poésie et de la musique. On aime pour aimer, et, si l'on est payé de retour, si l'on est aimé comme on aime, il n'est point de plus grande joie sur la terre.

La fourmi travaille, la cigale s'amuse : elle chante. La travailleuse méprise la chanteuse, et la repousse ; on lui donne raison : il semble voir un *bourgeois,* un *philistin,* un *épicier* (on leur a donné tous ces noms), qui méprise et repousse un poète. Cependant c'est le poète qui a l'âme noble, haute, généreuse ; et Jésus ne prenait-il pas la défense de la cigale quand il préférait à Marthe l'affairée la tendre et contemplative Marie ?

La morale, en apparence, nous donne tort. Mais ce n'est qu'une apparence. L'amusement n'est jamais que facultatif, le travail est souvent obligatoire. *Primo vivere, deinde philosophari*, dit un proverbe que nous avons déjà rappelé : et l'on ne saurait trop le rappeler, quand on est tenté de s'envoler ou de s'égarer dans un idéal qui n'est encore pour nous que le rêve d'une vie supérieure à la vie humaine.

Il y a une morale du plaisir, comme il y a une morale de l'intérêt, une autre du sentiment, une autre du devoir : il n'est pas dit que chacune de ces morales n'ait sa part de vérité, qu'elles ne soient conciliables, et, au fond, à les bien entendre, ne soient la même. Le devoir est l'obligation de ne pas faire le mal, de faire le bien : si le bien n'est pas le bonheur, il en est le principe ; et le bonheur est-il sans rapport avec l'intérêt, qui en est la poursuite, avec le sentiment, qui en est la forme, avec le plaisir, qui en est un aspect ? Loin qu'il faille voir dans le plaisir, avec quelques rigoristes, un mal en soi, tout plaisir est un bien, ou la conséquence d'un bien ; et quand on oppose au plaisir le devoir, on oppose, non au plaisir, mais à un plaisir dont le sacrifice est pénible, l'obligation de le sacrifier ; et pourquoi ? Non parce qu'il est plaisir, mais parce qu'il est contraire à la justice, ou parce qu'il est nuisible, parce que, dans le conflit de nos fins encore mal harmonisées, il favorise une inférieure aux dépens d'une supérieure, et, au lieu de nous pousser vers notre suprême fin, nous en détourne, nous en éloigne, nous perd ; et aussi parce qu'il fortifie l'inclination qu'il satisfait, et la rend usurpatrice de l'infinité qui ne lui appartient pas. Nous avons vu ce qu'il y a d'impossible et de contradictoire dans cette tentative d'usurpation ; quelle perversion d'inclination en résulte, et, pour qui cherchait le plaisir, quelle souffrance !

*
* *

Si donc il est vrai de dire que la vie humaine comporte une part de bonheur, elle n'en comporte aussi qu'une part, et plutôt l'image avec l'idée que la réalité même, à laquelle s'opposent les conditions de cette vie. Elle est assujettie à trop de besoins, trop de nécessités pèsent sur elle, qui exigent un travail toujours pénible et toujours vain : car même quand il suffit à la vie et à l'aisance de la vie, — et que de malheureux, hélas ! pour lesquels il est loin d'y suffire ! — mais quand il y suffit, il ne peut exempter ni de la maladie et de la mort, ni des séparations, de l'absence, « le plus grand des maux », de cette dernière et définitive absence, de cette rupture des liens les plus sacrés comme les plus chers, la mort de ceux qu'on aime ! Si le bien est le parfait être, si le parfait être, pour l'homme, est le parfait homme, et si le parfait homme est l'homme exerçant aisément, sans besoin qui l'y contraigne, sans fatigue, et pour le plaisir, dans une facile vie et dans la compagnie des êtres nécessaires à son propre être, des êtres dont le bonheur est une part du sien, toute son activité, intellectuelle, sensible, libre, toute son âme, en communion intime avec le suprême Principe de l'être, il faut concevoir une forme d'existence humaine autre que la terrestre, et qui en sorte naturellement, qui en soit l'aboutissement final : une existence où nous n'aurons plus à peiner pour vivre, où nous vivrons comme nous respirons, où nous ne serons plus séparés par des distances infranchissables à la pesanteur de nos corps, où nous n'aurons plus à pleurer des morts ni à mourir, où nous sera permis enfin ce divin exercice de philosophie, de poésie, d'amour et d'active bonté, de contemplation, d'adoration, d'extase. Il faut concevoir ce bien tout spirituel, qui est le nôtre puisqu'il est notre fin, notre destination marquée par nos inclinations les plus hautes ; il faut concevoir le bonheur tout spirituel qui en est la suite : mais il faut s'en rendre digne, et, pour cela, se rendre capable de le goûter. Il sera goûté de quiconque aura dans son âme ces hautes inclinations dont il est le contentement et le plaisir, de quiconque aura développé son être selon sa direction spéciale et se sera comme produit lui-même conformément à son essence. Il y a une éducation de la sensibilité, comme il y en a une de la volonté, de l'intelligence, de tout notre être : elle demande une culture de nos inclinations, selon leur subordination et leur hiérarchie.

*
* *

Les inclinations de l'âme humaine conduisent l'homme, on le voit, bien loin au-delà et au-dessus de sa vie terrestre : à une destinée dont l'accomplissement ne saurait être dans cette vie, ni dans une autre semblable, mais dans une vie toute spirituelle, éternelle, divine. Elles font de celle-ci une préparation à l'autre, une éducation en vue de l'autre, et comme un enfantement de l'autre, pour y naître tels que nous nous serons enfantés nous-mêmes. Si nous avons pour fin un bien principe d'un bonheur qui en sera la suite nécessaire, nous ne sommes point ici-bas pour y être heureux, mais pour y mériter de l'être ailleurs. Quel est cet ailleurs ? Quand y arrivons-nous, et comment ? Grave et délicat problème, que nous retrouverons en son lieu.

Considérons d'abord l'enseignement que nous donne la sensibilité.

IX

Les sensations nous instruisent, et l'on sait qu'elles présentent à l'esprit des images qui lui permettent la connaissance. Nous rapportons certaines de nos sensations à notre propre corps, et aux diverses parties de notre corps ; d'autres à d'autres corps : toutes à l'origine des nerfs dont l'ébranlement les provoque en nous, mais les unes à cette origine même, ainsi localisées dans notre corps, les autres au-delà de cette origine, à des distances connues par des inductions que l'habitude rend familières et comme inconscientes : nous distinguons les unes des autres comme nous distinguons de notre corps, qui ne nous quitte pas, les corps étrangers, qui changent autour de nous. C'est un point établi, sur lequel nous n'avons pas à revenir.

Mais si les sensations nous instruisent, les sentiments nous instruisent aussi. Si nous devons à nos sensations la connaissance du monde des corps, nous devons à nos sentiments une autre connaissance, d'un tout autre ordre, et non moins certaine. Il y a une autre connaissance que la connaissance expérimentale ; et si dans le sens est la condition de la connaissance du réel, si la sensibilité donne les termes dont la raison perçoit les rapports, il y a une autre sensibilité que celle qui est affectée par le contact des choses du dehors, il y a d'autres sens que ces sens extérieurs qui nous mettent en communication avec le monde et ce sens interne qui n'est que le sentiment présent de notre être en acte ; il y a d'autres sens, dis-je : ces sens, non plus physiques, mais *psychiques,* ces sentiments inhérents à notre nature et qui nous portent vers certaines fins, ces instincts fondamentaux de l'homme ou ces aspirations, qui ne seraient des illusions qu'autant que notre être même serait un être de mensonge. Ces sens *psychiques* nous parlent aussi, comme les sens physiques, de réalités qui nous intéressent, mais plus éloignées, que nous n'atteignons pas à titre de faits présents, que nous ne savons pas, que nous devons croire. Et savoir, est-ce autre chose, après tout, que croire à l'expérience ? Comme nous croyons à l'expérience bien conduite, il y a aussi des sentiments qui nous inspirent une légitime foi. La légitimité de la foi au langage des sens *psychiques* n'est pas plus à démontrer que la légitimité de la foi au langage des sens physiques. Les uns comme les autres, disons d'un seul mot les sentiments comme les sens, ont leurs objets : la foi aux sentiments, comme la foi aux sens, est légitime et leurs objets existent, si les sentiments qui nous en parlent sont légitimes ; et ils le sont, s'ils font partie intégrante, essentielle de la nature humaine. Il faut croire à la nature humaine, ou cesser de parler, cesser de penser, cesser d'agir, cesser de vivre. La nature humaine est fondée en vérité : chacun l'admet dès qu'il admet la véracité de la raison ou la véracité des sens ; la véracité des sentiments doit être admise au même titre : si la nature humaine est fondée en vérité, elle l'est dans tout ce qui la constitue. Les sentiments essentiels sont donc vrais, et leurs objets existent.

La question est de les reconnaître, ces instincts fondamentaux, ces sentiments inhérents à la nature humaine et constitutifs de cette nature, et de fixer ensuite la mesure où ils requièrent, pour être légitimes, l'existence de leurs objets. Car c'est en quoi diffèrent le langage des sens et le langage des sentiments, que l'un est un témoignage de ce qui est, l'autre une affirmation confiante de ce qui doit être, *rerum sperandarum argumentum fides* (St Paul). L'objet des sens est la donnée des sens, et il est tel que les sens le donnent ; l'objet des sentiments est le postulat des sentiments, qui l'affirment sans en déterminer la forme, et il n'y a lieu d'en admettre l'existence même que dans la mesure où il faut qu'ils existent pour que les sentiments qui les supposent soient vrais.

La connaissance de l'objet des sens fonde la science; celle de l'objet des sentiments fonde la foi. Celle-ci embrasse un ensemble de vérités peu déterminées, mais de souveraine importance : les grandes vérités de l'ordre moral, comme on dit, les dogmes de la religion naturelle, postulats de la foi spontanée du genre humain.

A quel signe les reconnaîtrons-nous, ces sentiments essentiels de l'homme ? A leur universalité. Et à quel signe leur universalité ? A l'expression unanime qu'en donne la conduite, — non la parole, car bien peu d'entre les hommes se rendent compte de leur propre être et savent témoigner d'eux-mêmes, — mais la conduite constante, la conduite instinctive des hommes ; à leur caractère irréductible : des sentiments irréductibles sont fondamentaux ; des sentiments fondamentaux, primordiaux, entrent dans l'essence de l'homme, ce sont des éléments de la nature humaine ; des éléments de la nature humaine sont universels, et, si la nature humaine est fondée en vérité, sont vrais.

Il y a des choses que nous voyons ; il y en a que nous affirmons invinciblement sans les voir. Ceux mêmes qui les nient les affirment à leur insu : ils les affirment par leur conduite, et d'action, sinon de parole ; ils ont le cœur meilleur que la bouche. De même qu'un sceptique en révolte contre le témoignage des sens se détourne du feu ou de l'eau plutôt que d'y périr, de même le négateur du libre arbitre l'affirme quand il serre la main à un généreux ami et le remercie d'un service rendu. Il y a des actes dont il est impossible de s'abstenir sans se mettre par là même hors de l'humanité ; aussi nul homme ne s'en abstient-il : un instinct, à défaut de connaissance, les impose à chacun de nous. Mais l'instinct est l'affirmation implicite d'une réalité inconnue. L'hirondelle qui bâtit son nid affirme, sans se comprendre elle-même, bien des choses qu'elle ignore. Le chêne sent le besoin de se creuser avec ses racines

> Des fondements comme une tour.
> Il sait quelle lutte s'apprête,
> Et qu'il doit contre la tempête
> Chercher sous la terre un appui ;
> Il sait que l'ouragan sonore
> L'attend au jour... ou, s'il l'ignore,
> Quelqu'un du moins le sait pour lui [1].

L'homme peut le savoir pour lui-même. Il peut se rendre compte des instincts de son âme, dégager les réalités supposées et affirmées implicitement par sa conduite nécessaire. De pareilles affirmations sont universelles, comme la conduite même ou comme l'instinct qui les implique. Elles sont donc vraies : à moins qu'il ne plaise d'admettre que l'humanité affirme le faux. C'est ce qu'on ne fera pas. Nul n'accordera qu'il puisse y avoir contradiction entre la raison

---

[1]. — LAMARTINE, *Harmonies*, II.

et la nature de l'homme, entre la connaissance et l'instinct. Que ce qu'affirme l'instinct échappe à la connaissance directe, soit : ce ne sera pas objet de connaissance, mais de croyance, et il y aura dans l'humanité des croyances universelles, dont l'ensemble constitue une religion universelle, nécessairement vraie.

Une foi invincible affirme qu'au vice est attaché le malheur, le bonheur à la vertu. Une foi invincible nous pousse à invoquer Dieu dans le péril. Une foi invincible a institué partout des cultes : partout, non par intelligence, mais par sentiment, ou même en dépit de son intelligence, mais en vertu d'un sentiment plus fort, partout l'homme adore, partout l'homme prie. Ainsi la nature de l'homme, en dehors de toute doctrine, de toute réflexion, de toute raison, croit à un Dieu juste, qui gouverne toutes choses par une Providence immédiate, qui veille sur la destinée du moindre des êtres sortis de ses mains, qui « sonde les reins » et juge les œuvres, à un Dieu vivant. De là un ensemble de vérités, qui forment la religion naturelle de l'homme.

Quelles vérités ? Quels sont les dogmes de cette religion ?

Et qui donc les ignore ? On peut les contester, les nier ; on peut les méconnaître, on ne peut pas ne pas les connaître.

Le devoir, la responsabilité, l'âme raisonnable et libre, la vie éternelle, Dieu, forment un faisceau qu'on ne saurait rompre : religion universelle du genre humain, obscurcie et comme couverte de nuage des fausses religions, mais reconnaissable sous toutes les superstitions, et toujours visible sous le nuage.

X

Précisons, autant que nous le pourrons, ces postulats de nos sentiments essentiels, de nos inclinations supérieures.

Ces sentiments sont, nous l'avons vu, l'amour du vrai, l'amour du beau, l'amour du juste, l'amour du souverain bien, suprême intelligible et suprême désirable, de l'être principe de tout être, de Dieu.

On s'attache au vrai, on le recherche pour lui-même. Cette recherche vise plus ou moins haut, depuis la simple connaissance, en traversant la science, jusqu'à la philosophie ; elle a ses degrés : mais à tous ses degrés elle suppose l'être connaissable, la certitude légitime. Ce sentiment est la foi ; et le postulat de ce sentiment est la vérité de la vérité, pour ainsi parler : je veux dire que ce qui est vrai pour l'homme est vrai en soi-même ; que ce que l'homme affirme spontanément, ce que l'homme, universellement et par nature, tient pour vrai, est vrai. Ces affirmations ne portent pas sur les choses : quelles peuvent être des affirmations spontanées et naturelles de l'homme sur les choses extérieures, étrangères à son être ? mais sur lui-même, sur son propre être, sur le gouvernement de sa vie, sur son devoir et sa destinée, sur le caractère propre de son âme, libre, raisonnable, responsable de ses actes et de leurs suites éternelles.

Certitude morale, fondement de toute certitude : car comment se reconnaître certain, dans quelque sphère que ce soit, comment se fier à l'expérience ou à la raison ou à une opération quelconque de l'esprit, si d'abord on ne se fie à ce sentiment du vrai ? Sentiment qui est tel, et qui est si bien un *sens du vrai*, qu'on peut, sans être un fort habile raisonneur ni un observateur très sagace, l'avoir très sûr : il est des esprits simples qui sont droits, et de puissants esprits qui sont faux. On trouve des gens *de bon sens* (c'est le mot juste) qui, incapables de démontrer la vérité, de réfuter l'erreur, sentent l'erreur qu'ils ne peuvent réfuter, la vérité qu'ils ne démontrent pas.

Comme il y a un sens du vrai, il y a un sens du beau, un sens du juste, un sens du divin ; et les objets de ces sens, ou les postulats des sentiments qu'ils éveillent, des inclinations qui s'y rapportent, sont semblables au postulat de l'amour du vrai : c'est la vérité du beau, la vérité du juste, la vérité du divin ; c'est-à-dire que, comme il y a des affirmations vraies, il y a aussi des représentations belles, des actions justes, un être divin.

Ces objets, en effet, ne sont pas des substances, mais des attributs, des qualités, des caractères. Le vrai est le caractère de certaines affirmations, ou de certaines choses en tant qu'objets de l'intelligence bien ordonnée ; le beau est le caractère de certaines représentations, ou de certaines choses en tant qu'objets de la sensibilité bien ordonnée ; le juste est le caractère de certaines actions, ou de certaines choses en tant qu'objets de la volonté bien ordonnée ; le divin est le caractère de l'être même en tant que l'âme bien ordonnée cherche à identifier son propre être au parfait être, à l'être infini.

XI

De même que le vrai est l'objet de l'intelligence désintéressée, aimant à s'exercer comme telle, le beau est l'objet de la sensibilité désintéressée, indépendante des affections particulières. Nos sentiments sont plaisirs ou peines, joies ou douleurs, selon que notre sensibilité est favorisée ou contrariée, caressée ou froissée, par son contact avec les choses du dehors, par ses rencontres ou ses heurts avec ce que lui présente la vie; en eux-mêmes, dès que nous n'y sommes plus en cause, et qu'ils ne sont plus qu'un jeu de notre sensibilité, un exercice de notre faculté de jouir et de souffrir, il n'est point jusqu'aux plus douloureux qui, à ce titre, ne nous soient agréables. Nous aimons à rire, mais nous aimons à pleurer, quand ce n'est pas sur nous ou sur les nôtres; nous aimons à être touchés de pitié, frappés de terreur, nous aimons à être émus pour le plaisir d'être émus. Mais il ne suffit point d'être ému, ce n'est pas assez que la sensibilité soit remuée : il faut qu'elle le soit selon sa nature, c'est-à-dire selon la hiérarchie de ses inclinations, de telle sorte que le jeu qui, en les exerçant, les développe, développe les supérieures, exalte l'amour de l'idéal, rende l'être sensible digne et capable à la fois de cette félicité toute spirituelle, véritable fin de l'homme. Le beau n'est pas seulement ce qui émeut, mais ce qui élève ; il émeut, sans doute, car il s'adresse à la sensibilité : mais il émeut pour élever, non pour émouvoir.

Si tel est l'effet du beau, d'émouvoir pour élever, s'il est par essence, et comme par définition, ce qui affecte la sensibilité désintéressée d'une émotion qui l'élève, qu'est-il, considéré non plus dans le sentiment qu'il inspire, mais dans la cause de ce sentiment ? qu'est-il hors de nous, en lui-même ? qu'est-ce qui donne à un objet ce caractère que nous appelons le beau ? C'est qu'il présente, non à l'intelligence pour être conçu, non à la volonté pour être accompli, mais à la sensibilité pour être goûté, pour être aimé, un idéal : un idéal fait sensible, une idée dans une forme qui touche l'âme, et la charme, c'est le joli, ou l'élève, c'est proprement le beau, ou parfois, et c'est alors le sublime, la transporte.

Le beau est la représentation d'une forme sensible qui exprime un idéal : l'idéal réalisé par la forme, l'idée par l'image. L'artiste, le poète, dans l'acception la plus étendue de ce mot, est l'homme qui réalise par une forme sensible un idéal de l'âme humaine.

Toute chose naturelle est belle en tant qu'elle est image, c'est-à-dire signe ou symbole d'idée.

C'est en quoi consiste le sens du beau, le sens poétique : à lire, pour ainsi parler, l'idée divine dans l'âme humaine, et l'âme humaine dans le corps humain, dans les corps du monde qui nous environne, dans les formes sensibles, dans la nature.

Et c'est en quoi consiste la puissance poétique ou la faculté de produire le beau : à exprimer, à réaliser, pour ainsi parler, une idée divine par un sentiment de l'âme humaine, et ce sentiment par des chants ou des attitudes, par des actes physiques, par des figures sonores ou visibles, en un mot par des formes sensibles ou corporelles, par des images.

Il y a des gens, dont plusieurs très intelligents, quelques-uns même très savants, qui ne voient dans un saule qu'un saule, dans un chêne qu'un chêne, dans un lion qu'un lion : le sens populaire de la poésie lit, pour ainsi dire, dans le saule qui s'enveloppe de ses longues branches tombantes comme des longs plis d'un vêtement flottant ou comme d'une longue chevelure dénouée, la tristesse éplorée ; dans le chêne, la force orgueilleuse et raide ; dans le lion, le courage magnanime et la majesté d'un roi.

Il y a des gens qui ne reconnaissent dans un visage humain qu'une certaine construction de traits, peut-être une race, un type : ils ne sauront pas le traduire. D'autres, beaucoup moins instruits, le traduiront : tel visage pour eux ne sera pas seulement une chose visible, mais une parole, un mot, signe d'un sentiment ou d'une pensée. Pour d'autres encore, il sera plus : il sera le signe d'une âme, l'expression d'un idéal fin et principe de cette âme comme cette âme en est la vie.

Il y a des gens pour qui un acte n'est qu'un acte, un fait de volonté, ou d'instinct, ou d'habitude, un pur phénomène moral ; beaucoup sentiront s'il mérite éloge, blâme, indifférence : quelques-uns y sauront voir l'indice d'un sentiment, le symbole d'un caractère, l'image d'une idée réalisée par ce fait sensible.

Il y en a pour qui toute la nature sensible est un langage qui exprime l'homme, ou même un idéal supérieur de l'homme ; et il y en a qui disposent de ce langage et le parlent, soit pour le plaisir de le parler, soit pour exprimer leur propre cœur, soit pour exprimer l'idéal supérieur dont ils portent en eux la conception ou le désir. Voilà les artistes ; et voilà trois degrés d'artistes, selon qu'ils ne possèdent que l'art ou qu'ils possèdent en outre le sentiment, ou enfin le génie.

L'artiste parle ce langage de la nature, dont il emprunte aux choses qui tombent sous les sens tous les éléments, couleurs, sons, actes de la vie humaine susceptibles d'arriver à l'âme par les oreilles ou par les yeux. Il imite, par les divers moyens dont on peut user, ces formes diverses, et les transporte dans son œuvre, mais en leur prenant seulement ce qu'elles ont d'expressif.

Je dis le véritable artiste : celui-là ne fait pas la reproduction pure d'une simple forme, mais la reproduction expressive d'une forme qui soit elle-même signe, symbole ou image d'un sentiment, d'une idée. Je donnerais donc raison aux idéalistes, en tant qu'ils ne demandent que les traits caractéristiques de la chose à reproduire, mais je leur donnerais tort en tant qu'ils se bornent à ces traits nécessairement généraux et sont portés à faire bon marché des traits significatifs ; et je donnerais tort aux réalistes en tant qu'ils demandent tous les traits de l'objet, mais je leur donnerais raison en tant qu'ils tiennent à la ressemblance. Les objets ne doivent pas être imités comme tels et pour eux-mêmes, ils doivent être employés comme des mots d'une langue : que les mots donc soient expressifs, mais reconnaissables ; que les objets signifient, c'est le but et la fin de l'art, mais d'abord qu'ils existent, c'en est le commencement. Je veux donc la ressemblance : je me contente, avec les idéalistes, qu'elle soit générale, pourvu qu'elle suffise à faire reconnaître l'objet, mais aux traits généraux j'exige qu'on ajoute certains traits particuliers : aux traits caractéristiques, les traits significatifs ; à ceux qui constituent, en quelque sorte, le mot, ceux qui sont l'expression et le sens du mot.

C'est en lui-même, et non pas en Dieu, ou c'est dans la réalisation qu'il est lui-même d'une idée de Dieu, que l'artiste puise l'idéal divin qui l'inspire. Il n'exprime pas les choses, mais le sentiment qu'il a des choses : il exprime donc son propre sentiment, mais idéalisé : il réalise, par un langage qui emprunte à la nature sa vertu significative, l'idéal de son propre être. Si le monde visible est le symbole de l'invisible divinité, il est d'abord le symbole de l'humanité pour l'homme : l'homme ne peut lire, dans les caractères que lui présente le monde, d'autre divinité que celle qu'il trouve en lui-même ; et voilà d'où vient que tant de choses manquent de beauté pour lui, parce qu'elles manquent de sens pour lui : il ne les goûte pas, faute de les comprendre. L'homme n'est pas le seul être qu'exprime la nature : elle exprime tous les êtres, et le principe de tous les êtres, *gloriam Dei*. L'homme exprime sa propre âme par un langage dont la nature lui prête les mots vivants ; et, quand c'est l'idéal de son âme qu'il exprime de la sorte, il raconte, lui aussi, la gloire de Dieu. De là l'originalité, et de là l'élévation, deux caractères essentiels, sans lesquels il n'est point de grand artiste. Qu'il se dise lui-même, il sera original ; qu'il dise le meilleur de lui-même, réalisant ainsi, par une image sensible et naturelle, une divine idée, il sera élevé, il sera grand. Il sera debout sur une hauteur où pourront se porter les regards des siècles. Dans l'œuvre du poète le genre humain se reconnaîtra, mais en se haussant et se rendant meilleur pour se reconnaître mieux.

Le sens du beau est universel chez les hommes, comme les sens du vrai, du juste, du divin ; et il a ses degrés, il se manifeste par bien des signes, depuis la raillerie jusqu'à l'admiration et l'enthousiasme : qu'est-ce que le rire du railleur, même le sot rire du railleur le plus vulgaire, si ce n'est le signe spontané, l'instinctive expression d'une émotion toute particulière produite par ce qui est ou qui paraît laid ? Il échappe d'abord, et l'on rit ou l'on raille, ou, au contraire, l'on admire, avant toute réflexion : qu'il s'agisse du laid ou du beau, on le sent avant de le juger. Et nul jugement n'en donnerait le sentiment, je dirai presque la sensation, — on dit *le goût*, — à celui qui ne l'a pas. On sent le ridicule, on sent l'admirable ; on goûte le joli, le beau, le sublime, suivant l'idéal, et ce que j'appellerais le degré d'idéal, qu'on a dans l'âme. Nous l'avons dit : le joli charme, le beau élève, le sublime transporte.

XII

Et comme on sent le beau, comme on sent le vrai, on sent le juste ; il y a un sens moral, comme il y a un sens intellectuel, un sens esthétique. C'est le sentiment de l'obligation morale, qui est en même temps le sentiment du libre arbitre, de la responsabilité, de l'immortalité : l'homme, soumis à des commandements qui l'obligent sans le contraindre, agit bien ou mal, est juste ou injuste, selon qu'il s'y conforme ou s'y dérobe : responsable de sa conduite, il est donc libre, c'est la condition de sa responsabilité ; et il est immortel, c'en est la conséquence.

Le sens moral est ce qu'on appelle communément la *conscience :* non cette conscience qui est la connaissance de soi, mais celle qui est à la fois connaissance du bien et amour du bien, sentiment de l'obligation et de la responsabilité, contentement ou douleur intime selon qu'on a bien ou mal fait ; celle dont on parle quand on dit d'un homme qu'il a ou qu'il n'a pas « de conscience », quand le chef du Jury déclare « sur son honneur et sa conscience » ; celle dont parle J.-J. Rousseau quand il s'écrie, dans une célèbre apostrophe : « Conscience ! Conscience ! Instinct divin ! Immortelle
» et céleste voix ; guide assuré d'un être ignorant et
» borné, mais intelligent et libre ; juge infaillible du
» bien et du mal, qui rends l'homme semblable à Dieu !
» C'est toi qui fais l'excellence de sa nature et la mora-
» lité de ses actions ; sans toi je ne sens rien en moi
» qui m'élève au-dessus des bêtes, que le triste privi-

» lège de m'égarer d'erreurs en erreurs à l'aide d'un
» entendement sans règle et d'une raison sans prin-
» cipes ! »

L'être libre a toujours quelque motif de son action. Il peut se proposer l'*agréable,* cédant aux penchants qui le sollicitent, ou agissant en vue du plaisir qui résultera pour lui de son action. Il peut se proposer l'*utile,* agissant en vue de l'avantage qui résultera pour lui de son action, et auquel il sacrifie ou subordonne le plaisir.

Il peut aussi se proposer autre chose. Il peut ne voir dans l'acte qu'il accomplira rien d'agréable ni d'utile ; cet acte même lui sera pénible, lui sera funeste ; et cependant il l'accomplit. Quel caractère voit-il donc en cet acte pénible ou funeste, et qu'il se propose néanmoins, qu'il veut faire, qu'il veut accomplir, sous peine d'encourir un reproche intérieur ?

N'a-t-il d'autre motif, en le faisant, que d'éviter la peine de ce reproche intérieur, et se propose-t-il, dans un acte nuisible ou douloureux, l'agréable ou l'utile sous une autre forme ? On l'a dit. Mais, en vérité, s'il n'agit que pour éviter une peine, il s'abuse grandement : la peine qu'il évite est moindre que celle qu'il s'inflige ; elle ne lui est qu'un faible inconvénient au regard de ce qu'il y aura de fâcheux pour lui dans l'acte même, ou dans ses conséquences. Entre deux peines, d'ailleurs, il n'aurait qu'à préférer la moindre : qui éprouve plus de douleur à mal faire qu'à souffrir souffrira plutôt que de mal faire ; et qui éprouve moins de douleur à mal faire fera mal plutôt que de souffrir : mais, faisant mal, il fera bien ; il ne sera pas moins sage.

Et quand il serait vrai qu'il ne fait que s'épargner une peine en faisant le bien, d'où vient cette peine de mal faire ? D'où vient ce reproche intérieur pour s'être refusé à une action douloureuse ou nuisible, un reproche pour en avoir accompli une autre agréable ou utile, si l'être libre n'a point à se proposer d'autre but que l'agréable ou l'utile ? si le plaisir, qui est l'intérêt du jour, ou l'intérêt, qui est le plaisir du lendemain, est la seule fin qu'il ait à poursuivre ?

C'est qu'un acte, en outre de l'agrément ou du désagrément, de l'utilité ou du désavantage qu'il peut offrir, peut offrir encore un autre caractère qui motive le choix du libre arbitre : il peut être *obligatoire*.

On le sent obligatoire, et on le juge obligatoire ; et on le juge tel, parce qu'on le sent tel. Il est clair qu'un acte senti obligatoire doit s'imposer à la volonté de l'être libre qui l'a perçu tel, alors même que cette perception serait une illusion de cet être.

Mais elle n'est pas une illusion. Car d'où tirerait-il, s'il ne la devait pas au sens qui la suscite en lui, cette idée de l'obligatoire, absolument distincte de l'idée de l'utile et de l'idée de l'agréable ? Vous me dites : C'est la loi qui nous la donne ; ou encore : c'est l'éducation ; c'est l'habitude. Non : la législation, l'éducation, l'habitude, ne peuvent jamais que développer ce qui existe déjà dans les âmes.

La loi écrite peut créer telle obligation particulière ; elle ne peut donner l'idée de l'obligation à qui ne l'aurait point. Est-il obligatoire d'obéir à la loi ? Si l'obéissance à la loi n'est pas obligatoire, ou il n'y a rien d'obligatoire, ou il existe un obligatoire supérieur à la loi même ; si elle est obligatoire, c'est d'une obligation qui ne peut venir que de plus haut. Qu'est-ce que la loi obligeant d'obéir à la loi ? Faudra-t-il obéir à celle qui commande l'obéissance ? S'il le faut, c'est qu'à cela il y a une raison, qui fonde l'obligation ; et c'est, en effet, la raison provoquée par un sentiment de nature spéciale, c'est une perception *sui generis*, qui la fonde, non la loi. La loi écrite emprunte son autorité à une loi antérieure, écrite dans nos âmes avant de l'être dans nos codes : loi universelle, inébranlable, qui nous dirige même dans le silence de la législation.

L'éducation développe en nous l'idée de l'obligatoire; l'habitude la fortifie; tout la suppose, rien du dehors ne la fait naître. Au-dedans de nous, point d'autre idée d'où celle-là dérive : elle ne se ramène, on l'a vu, ni à celle de l'agréable, ni à celle de l'utile, ni à aucune autre; elle n'est expliquée par aucune autre, et elle en explique beaucoup d'autres ; elle est irréductible et première : donc elle est vraie, c'est-à-dire que l'objet en existe, et qu'il y a des actions obligatoires.

Cette obligation de certains actes, positive ou négative, suivant que le devoir est de les faire ou de ne pas les faire, n'est pas une contrainte, une force physique, d'où résulterait l'accomplissement inévitable, nécessaire, de ce qui est dû : elle est une force toute de raison, qui laisse à l'être libre le pouvoir de l'accomplir ou de ne l'accomplir pas, mais s'impose à lui comme un principe au nom duquel il sera jugé vertueux ou coupable, méritant ou déméritant, ayant bien ou mal agi.

On est obligé au bien. Est-il bien parce qu'on y est obligé? Mais quelle serait alors la raison de l'obligation? On y est obligé, parce qu'il est le bien. Qu'est-ce donc que le bien?

On a dit qu'il est ce que Dieu veut, et, pour l'homme, d'obéir à Dieu. Sans doute, Dieu veut le bien, et il ne peut vouloir que le bien, sa volonté étant parfaite : il faut donc lui obéir. Il faut faire ce que Dieu veut, non point parce qu'il le veut, mais parce que c'est le bien. Ceux qui fondent le bien sur la volonté de Dieu, le fondent-ils sur sa pure et arbitraire volonté, ou sur sa volonté sage ? S'ils le fondent sur sa volonté sage, ils ne le fondent pas sur la volonté, mais sur la sagesse de Dieu, sur la raison.

Le bien n'est point ce qui lui plaît : mais le bien lui plaît, parce que c'est le bien ; et c'est pourquoi il le veut. Nous le connaissons aussi, ou nous connaissons notre bien, tel que le comporte notre nature ; et nous devons le vouloir comme Dieu le veut, parce que c'est le bien. Le vouloir comme un moyen au lieu de le vouloir comme une fin, ce n'est pas vouloir le bien, mais le bonheur ou les avantages qu'il procure : égoïsme, et non pas vertu. Il faut faire le bien, non parce qu'il mène au bonheur, mais parce qu'il rend digne du bonheur. La première condition pour obtenir une récompense est de l'avoir méritée ; et pour l'avoir méritée, il faut ne l'avoir pas cherchée, mais le bien. Qui spécule sur le ciel risque de gagner l'enfer. Obéir, pour lui complaire, à des ordres arbitraires d'un maître aussi terrible que généreux est le fait de l'esclave flattant le tyran qu'il n'aime pas, mais dont il aime la faveur, et dont il redoute le courroux.

Le bien est ce que la raison propose à la volonté, l'être même tel que le comprend la raison, la perfection de l'être, l'ordre, la loi : il est ce qui doit être. *Et vidit quia erant valde bone :* Dieu, créant les choses, les veut, parce qu'elles sont ce qu'elles doivent être, parce que, en Dieu même, la raison les propose à la volonté. Le bien est la loi, au sens philosophique non moins qu'au sens moral : ordre, et commandement. Commandement, parce qu'il est ordre. Les êtres sans volonté réalisent leur loi fatalement ; les êtres doués de volonté sont appelés à réaliser leur loi. Le bien, pour un être, est donc la loi de cet être, en rapport, dans l'harmonie universelle des choses, avec les lois de tous les êtres ; c'est la fin ou la perfection de son être : une fin à atteindre, un être supérieur à réaliser, la loi même de l'être ou l'ordre des choses à accomplir dans la mesure de sa puissance. Toutes les fins se rapportent à une fin suprême, qui est Dieu.

Tel est le bien en soi. Le bien, pour l'homme, sera donc la perfection ou l'idéal de l'homme ; et son devoir, de réaliser l'idée de l'homme, d'être homme autant qu'il peut l'être, d'accomplir en soi l'être humain.

Et qu'est-ce que cela, sinon « vivre conformément à la nature » ? C'est là une autre définition du bien, très célèbre dans l'antiquité, et différente. Mais si différentes que soient ou paraissent être les conceptions qu'on s'est faites du bien, ce sont différences d'aspect : sous l'apparente diversité est l'unité profonde. Obéir à Dieu, s'unir à Dieu, agir par amour de Dieu, agir par amour du bien, tendre à sa fin, suivre la nature, s'attacher à la recherche du bonheur, négliger le bonheur pour le devoir, toutes ces doctrines, qui semblent diverses, convergent vers cette unique mais compréhensive doctrine : qu'il y a une loi morale, une règle de nos actes, un bien, dont le sentiment suscite la notion dans la raison, qui l'impose à la volonté libre, l'éternelle sagesse nous confiant l'accomplissement de notre nature, la réalisation de notre destinée, la perfection de notre être, l'union avec Dieu.

Autre chose est le bien pris absolument, le bien naturel ou essentiel, autre le bien moral. Le bien moral est la conformité de nos actes libres au bien tel que nous le concevons. C'est la bonne intention, le bon vouloir, l'effort pour bien faire.

Être bon, intelligent et fort, est un bien. Ce n'est pas un bien moral pour celui qui est tout cela par nature ; mais le travail pour conserver et augmenter encore, et s'approprier en quelque sorte, par sa propre coopération à l'œuvre divine, ces formes du bien, quand on les tient comme un prêt de la nature, ou pour les acquérir, quand on ne les a point, par un développement volontaire du peu qu'on a reçu, est un bien moral.

C'est une erreur grave de confondre l'un avec l'autre.

Le bien moral, n'existant que chez un être libre, est moins étendu que le bien : s'il n'y avait plus d'être libre dans le monde, il n'y aurait plus de bien moral ; et il y aurait encore du bien.

Il peut y avoir opposition entre les deux : un acte mauvais en lui-même peut être moralement bon, si l'intention a été bonne ; et réciproquement. On peut, par ignorance ou par erreur, commettre le mal, croyant bien faire ; et alors même, si l'on est innocent de son ignorance ou de son erreur, on fait le bien qu'on croit faire. On fait aussi le mal qu'on croit faire, si l'on fait ce qu'on croit être mal ; et l'on est criminel, si l'on fait le bien en vue d'un crime : un bienfait, par exemple, dont on achètera un complice pour quelque entreprise coupable.

Le bien moral est dans la volonté du bien. Il existe dès qu'il est voulu en qualité de bien ; dès qu'on a fait effort pour l'accomplir, il est accompli comme acte moral. Le mal, également.

Nam scelus intrà se tacitum qui cogitat ullum
Facti crimen habet (Juv.).

Qui a moralement bien agi, a bien agi. Qui a bien agi a mérité ; qui a mal agi a démérité. Le *mérite* est l'accord nécessaire, senti par la conscience et conçu par la raison, du bien moral avec le bonheur ; le *démérite*, l'accord nécessaire du mal moral avec le malheur. En d'autres termes, le mérite, c'est le bien en tant que digne de récompense ; le démérite, c'est le mal en tant que digne de punition ou de peine.

L'expiation est le retour à l'ordre par la peine librement acceptée. La peine est donc réellement un bien, quoiqu'elle soit un mal sensible : elle est justice.

Le *souverain bien* ne consiste ni dans le bonheur seul, ni dans la vertu seule, mais dans l'accord de la vertu et du bonheur. La vertu conserve le premier rang, le bonheur n'a que le second ; et il ne convient pas qu'il suive immédiatement ni visiblement la vertu : car où serait le mérite ?

La raison de cette subordination du bonheur à la vertu dans l'accord de l'une avec l'autre est que l'une et l'autre sont également, quoique diversement, l'ordre : l'une est la fin de l'être, le but à poursuivre ; l'autre, la conséquence du but une fois atteint, et comme le retentissement du bien dans la sensibilité.

Avons-nous bien agi ? Nous en sommes heureux : d'autant plus que nous comptons sur un bonheur qui en sera la suite naturelle et la récompense : c'est l'espérance, qui, s'ajoutant à la satisfaction intérieure, la redouble. Le remords, au contraire, se complique de la crainte. N'est-il pas vrai, si nous l'avons jamais éprouvé, qu'il y a dans le remords, avec un sentiment d'humiliation et de dégradation, une appréhension instinctive, une sorte de terreur étrange, invincible ? Telle est l'harmonie de la sensibilité et de la raison : si la raison, avertie d'ailleurs par le sens moral, affirme le mérite et le démérite, la sensibilité anticipe sur la récompense ou la peine qu'elle attend, qu'elle ne sent pas encore, mais qu'elle sent venir, qui viendra comme elle doit venir.

C'est la sanction de la loi morale. La sanction n'est pas la loi, mais la garantie de la loi, dont elle assure le respect, et qu'elle fait toujours, quoi qu'il arrive, prévaloir. La loi est-elle violée, le violateur est puni. Mal en prend à qui la viole ! Bien à qui l'exécute ! Elle a toujours raison, et toujours le dernier mot.

La conduite libre a des conséquences inévitables, et d'une gravité terrible : elle enfante en nous des habitudes qui nous rendent singulièrement difficile désormais ou, si elles sont bonnes, le vice, ou, si elles sont mauvaises, la vertu ; elle nous fixe dans une sorte de fatalité morale, heureuse ou malheureuse, qui est notre œuvre. L'homme, une fois créé, devient comme un créateur de soi-même : il crée incessamment son être futur, il se fait une seconde nature qui le récompense ou qui le punit. Il faut que les exigences du sens moral soient satisfaites, que l'accord de la vertu et du bonheur se réalise : il existe une Sagesse toute puissante qui proportionne le bonheur à la vertu.

XIII

Déjà nous la voyons à l'œuvre dès ce monde. Quand l'âme s'abaisse jusqu'à s'asservir au corps, qui doit être son serviteur, quand elle met sa fin et sa joie dans les satisfactions corporelles, ce renversement lui est un châtiment, en ce qu'elle n'y trouve pas sa propre fin, l'infini, qu'elle y cherche : dirai-je le caractère insatiable, et par conséquent misérable, des passions, telles que la gourmandise, la débauche, la cupidité ? De plus, elle y perd sa liberté, partant sa puissance, et son être même : elle est punie par la folie. Néglige-t-elle d'agir ? elle est punie par l'ennui : la vie de l'oisif riche et blasé est plus malheureuse encore peut-être, et je n'en doute pas, que celle du pauvre à qui la sueur de son front ne donne pas le pain de ses enfants... En vérité, quelle joie y a-t-il pour l'homme à ne pas connaître la faim ni la soif, ni la sueur du front, au prix de laquelle il a été condamné à gagner son pain ? Ce n'est point là jouir, c'est ne souffrir pas. Le travail, l'action est la condition de la joie ; et qui ne fait rien parce qu'il croit n'avoir rien à faire, l'ennui le prend : cet « inexorable ennui » dont parle Bossuet, et que Lamartine appelle si justement « le supplice des âmes vides ». Ils ne veulent, ces malheureux qu'on dit heureux, ils ne recherchent que les joies du corps, qui ne coûtent point de travail : il est vrai qu'elles coûtent la santé ; mais c'est le mal du lendemain : *à demain les affaires sérieuses*. Voyez-les, en attendant, qui raffinent sur la nourriture, sur la parure, sur toutes les délices de la vie, qui prolongent des repas, où la fatigue de leur estomac châtie leur oubli de la faim des pauvres, et de là transportent languissamment leur loisir stérile en des lieux de réunion où ils ne savent plus que boire et jouer ; ils boivent et ils jouent, ils s'amusent, ils font la fête, d'abord pour complaire à leur gourmandise, pour chatouiller leur avarice, pour s'égayer, pour jouir, mais bientôt pour tuer le temps qui les tue ; pendant qu'ils poursuivent la jouissance et ne l'atteignent pas, l'ennui les poursuit et les atteint : et ils recourent en vain, comme à un souverain remède contre le fléau qui les frappe sourdement, lentement, inexorablement, à je ne sais quels étourdissements de leur âme dans l'excitation d'une vie frivole ou mauvaise : ils l'étourdissent en effet, et l'endorment d'une torpeur qui est déjà la mort. Quelques-uns pris de spleen, se tuent.

L'expérience nous montre ici-bas d'autres sanctions de la loi morale, toutes insuffisantes, mais qui sont des commencements, et préparent des suites.

Il faut, quand on a été coupable, qu'on expie. Il faut qu'on répare, ce qu'on ne peut faire qu'à trois conditions : d'abord, qu'on se repente, c'est-à-dire qu'on retire sa volonté de son péché, que, de mauvaise qu'on l'a eue, on la rende bonne ; car tant qu'on ne se repent pas d'avoir mal fait, on ne cesse pas de mal faire. Le mal n'est pas dans l'acte, mais dans la volonté de l'acte : l'acte exécuté, s'il n'est pas voulu, n'est pas coupable ; l'acte non exécuté, s'il est voulu, est coupable. Un crime, exécuté ou non, est accompli dès qu'il est voulu, et, tout le temps qu'il est voulu, dure : vingt ans après qu'il a été fait ou qu'il a été tenté, cent ans après, mille ans après, s'il est voulu encore, il dure encore. Un homme a tué par vengeance ; voilà trente ans que cet homme a commis le crime, et il ne s'en repent pas, il le commettrait s'il ne l'avait commis : croyez-vous que son crime accompli ait eu sa mesure, et que le criminel ne mérite qu'une peine limitée comme le crime ? Le meurtre est accompli, mais non le crime. Le meurtre fut l'œuvre d'un jour, d'une heure, d'un moment : voilà trente ans que le crime dure, et il durera tant qu'en sera la volonté. Il y a une mesure du mal qui a été fait, non de la malice ; et c'est pourquoi la peine due à la malice n'a point de mesure. On veut encore le mal, ou l'on cesse de le vouloir : tant qu'on le veut, on le fait, et l'on en mérite le châtiment. Alors seulement qu'on cesse de le vouloir, on cesse de le faire ; la malice a pris fin, elle a désormais sa mesure, et désormais comporte une peine mesurée, proportionnée, limitée, finie.

On n'y échappera pas, car voici les deux autres conditions de la réparation due : qu'on accepte de cœur une épreuve nouvelle, toute pareille à celle où l'on a failli ; enfin, qu'on souffre un malheur proportionné à celui qu'on a voulu s'épargner ou qu'on a causé par sa faute : quel homme, hélas ! calculera jamais ces effroyables suites du mal qu'il a pu faire ?

La loi morale n'a point sur la terre la sanction que, nécessairement, elle doit avoir, et la vie présente fait contracter en quelque sorte à la Providence la dette d'une vie à venir. Elle existe, cette sanction : si elle n'existe pas sur la terre, elle existe ailleurs ; si elle commence à peine sur la terre, elle s'achève ailleurs. L'âme est immortelle. Elle l'est en son être ; elle l'est en sa personne même, avec son caractère propre et sa mémoire.

La raison commande la vertu, la sensibilité aspire au bonheur ; le bonheur et la vertu sont donc, l'un et l'autre, la fin de l'homme : donc, l'un par l'autre. La vertu est obligatoire ; le bonheur, non : donc, en cas de conflit, c'est le bonheur qu'il faut sacrifier. Il doit se retrouver pourtant, puisqu'il est, à sa manière, la fin de l'âme : donc il se retrouvera par la vertu. Qui cherche la vertu trouve, au bout de sa route, le bonheur. Il ne le trouve pas dans cette vie : donc cette vie est une préparation à une autre. Cette vie nous enfante à une autre ; nous nous enfantons nous-mêmes à la véritable vie.

Véritable, en effet. C'est ce corps terrestre qui met en lutte nos inclinations, en même temps qu'il établit entre nos aspirations et notre puissance un immense désaccord ; c'est ce corps qui empêche l'harmonie et la perfection de notre être, en même temps qu'il constitue notre épreuve. Qu'il disparaisse donc, et saluons notre mort comme notre vraie naissance ! Nous avons pour fin l'infini : nous vivrons donc éternellement, dans l'union, sans absorption ni confusion, avec Dieu.

L'âme peut atteindre sa fin, ou la manquer. Elle peut se sauver, ou se perdre. Nous vivons suspendus entre une magnifique espérance et une terreur. Nous n'aurons rien à perdre si nous savons bien agir, c'est-à-dire faire à la vertu les sacrifices qu'elle nous demande.

Qui se perd se retrouve, et qui se sacrifie se sauve. Est-ce donc là un sacrifice ? Oui, car le bonheur qui couronnera un jour notre bonne conduite en est une conséquence éloignée, et que nous apercevons d'autant moins qu'elle n'est point de ce monde. Tout acte de vertu est un acte de foi : foi dans le bien, foi dans le suprême principe du bien, en qui nous espérons, que nous aimons : foi, espérance, amour ou charité. Cette foi ne nous trompera point.

Le Dieu qui nous a fait être, la Sagesse toute-puissante qui gouverne le monde, qui assure le règne de la justice, le triomphe du bien, nous a donné la liberté, un pouvoir de faire le bien, qui est un pouvoir de faire le mal, pour que nous soyons nous-mêmes les auteurs de notre bien ; pour que, destinés à la félicité, nous en soyons dignes : et c'est alors que nous la possèderons. Nous ne sommes point ici-bas pour être heureux, mais pour mériter de l'être. Notre loi n'est pas de recevoir le bonheur, mais de le conquérir. Quand nous l'aurons conquis, il sera nôtre. Nous serons heureux d'un bonheur qui sera notre œuvre. Nous jouirons d'un être dont nous avons reçu le fond, dont nous créons la forme, dont nous aurons fait nôtre tout le bien, par le constant effort d'une volonté, libre coopératrice de Dieu.

On va disant que la sanction de la loi morale fait de la conduite humaine une conduite intéressée, et détruit ainsi le caractère absolu de l'obligation, le principe qui est à la base de la morale même : en sorte que la conséquence détruirait le principe. Il n'en est rien. Le juste ne cherche pas son avantage : il fait son devoir. Il consent à souffrir et à mourir pour la justice ; mais il n'est pas juste que le juste souffre et meure. Il consent à être dupe de sa vertu, et, la vertu ne fût-elle qu'un nom, il serait vertueux : mais il n'est pas juste que le juste soit dupe de sa vertu, il n'est pas juste que la vertu ne soit qu'un nom. La justice, à laquelle il se sacrifie, est violée en même temps que respectée, s'il est victime de son respect par elle. S'il n'agit qu'en vue de la récompense, il n'en est pas digne ; mais s'il agit pour le bien, il est digne de la récompense, digne de la félicité, qu'il ne demande pas. Il ne la demande pas, mais la justice et la raison la demandent pour lui.

Nous savons que toute chose tend à un but, que tout être a une fin. Non-seulement donc l'homme a une fin ; mais, à la différence des êtres inférieurs qui vont à leur fin sans en avoir l'idée, il en a l'idée, et il s'inquiète de la connaître, de l'atteindre. Sa vie résulte d'une suite d'actions qui la produisent ou l'entretiennent, ayant pour fin sa vie même. Et lui, ne vit-il que pour vivre ? et, tandis qu'une foule d'actions se rapportent à sa vie, sa vie ne se rapporte-t-elle à rien ?

Il s'ensuivrait qu'il n'a point de fin, ni d'autre bien à chercher au-delà de son être actuel : comment se fait-il, s'il en est ainsi, que les joies de la vie ne le contentent pas, et qu'il ne trouve dans les satisfactions terrestres que lassitude, dégoût, tristesse ? Le propre des vrais biens est de rassasier l'âme, qui, parvenue à sa destination, ne désire ou même ne conçoit plus rien au-delà.

Il s'ensuivrait en outre que l'homme a le droit de faire tout ce qui peut servir à son bien-être : mais c'est le renversement de la morale, et le sens moral se révolte. Voici un homme qui ne travaille que pour vivre. Le croyez-vous ? C'est un honnête homme. Il se condamne à un travail pénible et peu profitable. Il pourrait, par des falsifications, des fraudes, ou par quelque autre métier lucratif mais vilain, bref, s'il voulait mal faire, satisfaire mieux ses appétits : mais non, il se contente de ce qu'il gagne honnêtement, il se prive par vertu ; il ne voudrait pas jouir de la vie au prix du mal. Travaille-t-il donc pour vivre ? Il travaille, en vérité, pour une autre fin, puisqu'il subordonne le bien-être de la vie, la vie même, à quelque chose de supérieur. Tout honnête homme agit ainsi. Tout honnête homme affirme ainsi, par sa conduite, et souvent à son insu, une autre fin de sa conduite que sa vie, une vie supérieure à sa vie présente, un être éternel.

C'est le propre caractère de l'activité humaine d'être libre, et soumise à des lois qui la dirigent sans la contraindre. Il lui appartient de choisir une action à l'exclusion de toute autre, et c'est en quoi elle est libre ; mais c'est en quoi elle est assujettie à des règles de conduite. Car, si elle peut choisir à son gré, il en résulte qu'elle doit choisir conformément à un motif. La liberté est un pouvoir, qui suppose un devoir, parce qu'elle est une force, qui suppose une loi, une lumière, une raison ; parce qu'elle est une puissance, qu'il suppose une sagesse ; parce qu'elle est, non le souffle dans la voile du vaisseau, mais le gouvernail, qui suppose le pilote. Le devoir implique ce pouvoir à son tour : mais par cela même qu'il faut être libre pour avoir des devoirs à remplir, on a des devoirs à remplir quand on est libre, et dans la mesure où l'on est libre. Qui dit obligé, dit responsable, et qui dit responsable dit libre ; réciproquement, qui dit libre dit responsable, qui dit responsable dit obligé. Ce sont termes qui s'impliquent et s'expliquent l'un l'autre, ce sont anneaux d'une indissoluble chaîne : par quelque bout ou par quelque anneau qu'on la prenne, la chaîne suit.

Quiconque est libre a des devoirs ; mais quiconque a des devoirs a des droits. Car s'il doit, il lui est dû. Nul n'est obligé envers moi que je ne le sois envers lui : si l'homme l'est envers la nature ou envers Dieu, la nature, Dieu même, l'est envers l'homme. Mes enfants me doivent-ils l'obéissance ? Je leur dois le commandement sage, la bonne direction, la raison, qu'ils n'ont pas encore, mais que je suis tenu d'avoir pour eux. Devons-nous à Dieu de nous conformer à ses lois ? Il nous doit qu'elles soient justes, et il nous doit d'être juste. Le créateur de l'homme, en le faisant libre, lui impose par là même des devoirs envers lui, mais par là même aussi s'impose des devoirs envers l'homme. Il s'oblige envers un être libre, en le créant libre. Il s'oblige librement ; l'être que nous accorde son amour est un don de sa grâce, la liberté que sa bonté ajoute à notre être est un don d'une grâce plus généreuse encore : tout est grâce jusqu'ici, mais ici commence le règne de la justice. Dieu peut ne pas créer la liberté ; mais, en la créant, il s'oblige : en créant un débiteur, il se crée en quelque sorte lui-même débiteur envers son débiteur. Cette réciprocité du devoir est un rapport nécessaire, éternel, absolu. Il ne tient qu'à Dieu qu'il n'existe aucun corps ayant figure de triangle ou de sphère : mais dès qu'il existe de pareils corps, il ne tient plus à Dieu que les trois angles de l'un n'égalent deux droits, ou que tous les rayons de l'autre ne soient égaux et tous les diamètres égaux. La créature libre ne lui demande point grâce ni pardon, mais justice : si elle n'a pas voulu le bien, privation, manque, souffrance ; si elle l'a voulu, ce qui est dû à sa bonne volonté : non à son succès, mais à son effort pour le bien.

L'idée du devoir est en nous, comme toutes les idées ; elle est éveillée en nous, elle est suscitée dans la virtualité de notre être, qui les contient toutes, par le sentiment du devoir ou de l'obligation morale, par le sens moral. Nous nous sentons, et par là nous reconnaissons, nous jugeons, nous percevons obligés : à quoi ? Au bien.

Le bien est-il absolu, comme le devoir ? Car il faut distinguer entre le bien et l'obligation du bien ou le devoir.

Le bien est absolu, en ce sens qu'il est tel, soit que cela nous plaise ou non, soit que nous le voulions ou non : s'il nous déplaît, il n'importe, nous devons le vouloir ; et si nous ne le voulons pas, nous ne voulons pas ce que nous devons vouloir. Il ne se soumet pas à nous, et nous avons à nous soumettre à lui. C'est en ce sens qu'il est absolu, non en cet autre sens qu'il serait en soi-même, bon par essence, indépendamment de toute relation avec les êtres. Il nous est relatif, au contraire, et il dépend de notre nature, mais non de notre liberté.

Plusieurs philosophes le ramènent au désirable, à ce qui est pour nous principe ou source d'accroissement d'être, et, par suite, de joie. Oui, il est le désirable, objet de la sensibilité, mais aussi l'intelligible, objet de l'intelligence ; il est le développement harmonieux de tout notre être, et, par là, notre bonheur, mais, par là encore, notre perfection : désirable à ce titre, et il doit être voulu. C'est comme devant être voulu, comme règle de la volonté, qu'il est le bien, ou plus particulièrement, mais au sens large de ce mot, le juste. Le même être, comme objet normal de l'intelligence, est le bien de l'intelligence, l'intelligible, ou le vrai ; comme objet normal de la sensibilité et de l'amour, le bien de la sensibilité, le désirable, ou le beau, ou le bon ; comme objet normal de la volonté libre, le juste, qu'on appelle excellement le bien. A cette hauteur, les termes s'échangent : l'intelligible est désirable, car il est le bien de l'intelligence, et il faut l'aimer à ce titre, mais à ce titre aussi le vouloir ; le désirable est intelligible, car l'intelligence le conçoit comme le bien de l'homme sensible, et à ce titre il faut le vouloir : l'un et l'autre sont bons, l'un et l'autre doivent être proposés à la volonté libre, ils sont le bien. Et même la santé, la force, la grâce, tout ce qui est utile, tout ce qui répond à nos besoins ou sert à l'épanouissement de notre être, tout cela doit être voulu, et, en tant que cela doit être voulu, c'est le bien. Mais c'est aussi l'intelligible, car la raison l'entend ; et le désirable, car il en résulte, avec la perfection de notre être, notre félicité.

Voilà pour l'absolu du bien : absolu au regard de notre liberté, non au regard de notre nature ; non au regard de l'être qui nous a été donné, et qui ne dépend pas de nous, mais au regard de celui que nous sommes appelés à nous donner à nous-mêmes : nous devons nous le donner tel, et non autre : parce qu'il est tel et non autre, et que, si nous le voulons autre, nous le manquons, nous périssons. Faire le bien, c'est réaliser l'être, c'est produire en soi l'être et la vie. Et vouloir le bien, s'efforcer de faire le bien, c'est travailler à réaliser l'être, c'est mériter de le réaliser, c'est acquérir le droit de vivre et se rendre immortel.

Quant à l'absolu du devoir, il n'est point le devoir en soi, le devoir pur, le devoir pour le devoir : il est le devoir du bien. Il est d'agir pour le bien. De quelque manière que l'on conçoive le bien, et l'on peut errer en cela ; le bien même peut varier selon les circonstances, il est relatif, nous avons dit en quel sens il est absolu : mais quel qu'il soit ou qu'on le comprenne, le devoir de le faire est absolu.

XIV

Nous n'avons pas plus à retracer ici les règles de la morale que nous n'avions à retracer, dans notre étude sur l'intelligence, celles de la logique.

Le bien n'est point l'agréable ni l'utile ; ni le plaisir, ni l'intérêt, qui se ramène au plaisir. Et cependant, il est l'objet de la sensibilité, et, comme on a dit plus haut, le désirable ; mais l'objet de la sensibilité n'est pas le plaisir. Le plaisir en est la satisfaction, non l'objet. Il faut pousser l'idée même du plaisir à une autre qu'elle suppose, mais distincte : le plaisir n'est pas un but, il est le résultat sensible d'un but atteint, d'une fin réalisée. Nos penchants, avant tout sentiment de plaisir, nous portent à leurs objets ; et c'est la convenance de ces objets à notre être qui fait le plaisir que nous procure la satisfaction de nos penchants. Ces objets sont des fins pour nous : il y a donc lieu de nous les proposer, et non le plaisir. Toutes fins particulières, qui se rapportent à une fin générale de l'homme ; elles forment un système, où elles ont plus d'importance les unes que les autres, plus de valeur au regard de cette fin générale : de la satisfaction donnée aux plus importantes ne résulte pas toujours le plus grand plaisir, et cependant elles devront avoir la préférence : car, s'il n'y a pas lieu de chercher le plaisir, mais la fin, il y a lieu de chercher, entre plusieurs fins, la plus importante. Ainsi le bien sera la fin, raison du plaisir ; il sera distinct du plaisir, mais lié au plaisir par un étroit rapport : la distinction expliquera l'opposition que si souvent la vie présente entre les deux, et commandera, dans ce cas, le choix de ce qui est précisément le bien ; le rapport expliquera l'accord profond dont témoigne une confusion trop naturelle pour être une erreur absolue, et que, sous le nom de sanction de la loi, la morale même affirme ou réclame.

Le bien, principe du bonheur, est révélé à l'homme par ses inclinations : mais à la condition qu'il les gouverne et qu'elles lui obéissent. Si elles viennent à prévaloir, si elles se révoltent contre son empire, elles changent de nom, elles ne sont plus inclinations, bonnes par nature, elles sont passions, toujours mauvaises, non par leur force ou leur ardeur, mais par leur dérèglement : l'excès n'est point dans la grandeur, mais dans l'insubordination des inclinations. Elles peuvent pousser le dérèglement jusqu'à la perversion : c'est quand elles s'emparent de l'âme, qui, faite pour l'infini, le cherche en elles ; et c'est quand elles se tournent, comme dans l'âme de l'envieux, à haïr ce qui doit être aimé.

L'homme se doit à soi-même, être sensible, d'exercer sur ses propres inclinations l'empire du maître, de les gouverner, de les diriger, de les régler sans les détruire, de faire effort pour amoindrir en son cœur les basses et pour y accroître, par tous les moyens dont il dispose, par les pénétrantes influences de la musique, de la peinture, de la poésie, de l'art, celles qui, généreuses et hautes, le portent vers l'idéal. Il se doit à soi-même, être intelligent, de cultiver son intelligence, d'éviter l'ignorance et l'erreur, de croître en droiture et en élévation de raison. Il se doit de soutenir sa dignité d'être libre. Il se doit de conserver, de développer, d'orner et de parer son corps, d'entretenir et d'embellir cette demeure ou plutôt ce temple de son âme, de croître en force et en grâce comme en sagesse. Et si l'homme ne vit pas seul, si l'être de l'homme ne saurait être réalisé ni dans l'humanité hors des individus par lesquels elle-même se réalise, ni dans les individus hors de l'humanité par laquelle ils sont tout ce qu'ils sont, étant par elle comme elle est en eux, si l'individu et l'humanité sont termes solidaires, l'homme se devra non seulement de ne pas mettre obstacle à la réalisation de l'être humain chez autrui, mais de travailler avec autrui et pour autrui à cette réalisation : il devra la justice, et il devra la bonté, la charité, l'amour. Et si, de même que l'homme n'est pas sans l'humanité, l'humanité n'est pas sans la nature, ni la nature sans Dieu, on voit où porte et jusqu'où mène cette unique règle du bien : « Homme, sois homme. Agis de manière à réaliser en toi, homme, le parfait homme, l'idéal de l'être humain ».

Le bien est l'objet de la sensibilité réglée et normale : il faut la juger pour la régler, et la gouverner selon la raison. C'est la condamnation de la morale du plaisir, comme de la morale de l'intérêt, sans que le plaisir ni l'intérêt soient éliminés, mais subordonnés. L'homme qui sait subordonner en soi l'être sensible à l'être raisonnable, et soumettre le particulier à l'universel, le relatif à l'absolu, dans l'économie de son âme, s'élève sans cesse, par l'acte d'une volonté libre que la raison éclaire, de son être imparfait à un être supérieur ; il va vers Dieu, qu'il ne cherche pas seulement en lui-même, mais au-dessus de lui, comme le centre d'une sphère dont il parcourt lui-même un rayon. L'égoïste, l'homme qui ne cherche que son agrément ou son utilité propre, se fait lui-même centre des choses, et s'adore comme le Dieu de l'univers : plus il se cherche lui-même, plus il s'enfonce dans son propre être, c'est-à-dire dans son propre néant, et il descend dans la sphère infinie le rayon que remonte l'homme de bien.

* * *

Au triple sens intellectuel, esthétique, moral, s'ajoute un sens divin, une affirmation et comme une perception de Dieu (toute perception par un sens est indirecte) dans un sentiment, couronnement de notre vie supérieure, qui s'exprime par la prière, si bien définie « une élévation de l'âme à Dieu », et par cette sorte d'amour qu'on appelle adoration. C'est spontanément, c'est par un sentiment naturel, par un instinct de son âme religieuse, que l'homme prie, que l'homme adore : mais prier, adorer, n'est-ce pas affirmer un Dieu vivant, qui entend l'homme, et entre en commerce avec lui ?

Faire le bien, c'est faire ce qui est bon, c'est vouloir ce qui est bon : vouloir l'être, et le principe de l'être ; vouloir Dieu. Prier Dieu, c'est s'élever à Dieu ; aimer et adorer Dieu, c'est aimer et adorer l'idéal suprême, idéal de notre idéal comme de tout idéal, premier principe et fin dernière de notre être comme de tout être.

On dira que c'est devoir envers soi-même, non envers Dieu. — On se doit la perfection de son être, et on la doit à Dieu. Le devoir envers soi-même est un devoir envers l'idéal, donc envers Dieu.

Si tous les devoirs de l'homme sont envers Dieu, il en est un qui est directement, et par essence, le devoir même de l'homme envers Dieu : c'est de l'aimer. L'amour de Dieu est d'abord le sentiment de l'infini, le besoin et le désir de l'absolu, de l'éternel, de l'immuable, du véritable être. « Oh ! que nous ne sommes rien ! » s'écrie Bossuet. D'où se tire une vertu religieuse, l'humilité : l'humble est celui qui s'anéantit devant Dieu, si fier qu'il soit et si haut qu'il se tienne devant les hommes.

Mais Dieu n'est pas loin de nous : il est près de nous, il est en nous, et de l'amour dont nous devons l'aimer, dont nous ne savons pas l'aimer, d'un parfait amour, il nous aime. S'il est le maître, il est aussi l'ami. Il est le Père.

Qui fait le bien croit au bien ; qui croit au bien croit en Dieu, et l'aime, de cet amour mêlé d'un respect infini qu'on nomme l'adoration. Il obéit à Dieu dans tout ce qu'il fait ; c'est-à-dire qu'il fait religieusement toutes choses. Il obéit à Dieu dans tout ce qu'il sent : actif encore dans ce qu'il sent, dans ce qu'il souffre, il accepte, il veut lui-même ses propres maux comme l'épreuve de sa vertu, comme la condition d'un bien supérieur à tout : non qu'il se résigne à des maux qu'il pourrait conjurer : il sait qu'il doit user de sa liberté pour son bien ; mais il reconnaît dans ce qu'il n'a pu éviter la volonté de Dieu, et le veut à ce titre. Il obéit à Dieu dans tout ce qu'il pense : il s'efforce de ne penser que le vrai ou le beau ou le bien. Il aime dans les hommes les membres d'une famille ayant

Dieu pour père : il les aime en Dieu, et c'est Dieu qu'il aime en eux. Il aime en Dieu tout ce qu'il aime, et dans tout ce qu'il aime il aime Dieu : l'amour de Dieu transfigure la vie.

XV

C'est sur le témoignage des sensations que nous croyons aux réalités du monde visible : croyons de même aux réalités du monde invisible sur le témoignage des sentiments. Nous ne sommes pas plus les auteurs des uns que des autres, et nous devons les uns comme les autres les rapporter à des objets qui leur correspondent : objets d'ordre spirituel pour les uns, comme, pour les autres, d'ordre corporel : ici des corps périssables, là une âme immortelle, appelée à s'unir à Dieu par une libre réalisation de son idéal, par une perfection qui sera tout à la fois et son œuvre et son bonheur.

Car il nous appartient d'être heureux. Nous cherchons le bonheur : inquiétude éternelle ! Nous le cherchons loin de nous, nous le cherchons où il n'est pas : c'est en nous qu'il faut le chercher. Nous le demandons à la fortune, au hasard d'un sort prospère : nous ne l'y trouverons pas. Il n'est pas là, il est en nous-mêmes. Non qu'il dépende tout entier de nous seuls : il comporte un élément extérieur : des circonstances de naissance, de fortune, de tempérament, tout un sort, conforme ou non à notre désir ; il est l'accord entre notre sort et notre désir. Si notre sort ne dépend pas de nous, cet accord de notre sort à notre désir en dépend pour une large part : il nous est donné de déterminer ce qui ne vient pas de nous en déterminant ce qui vient de nous, et, en agissant sur nousmêmes, d'agir sur notre fortune.

Quelle que soit notre liberté, — et nous verrons qu'elle est infinie, — notre pouvoir a des limites : il résulte, dans sa borne comme dans son étendue, d'une nature que nous n'avons pas faite, mais que nous avons modifiée : d'une seconde nature qui est notre œuvre, manière d'être, non d'agir, et non un moment, mais toujours. Par là les circonstances même extérieures prennent un autre cours que celui qu'une autre conduite leur eût fait prendre, dès l'origine, de proche en proche, et pour jamais : toute la vie s'en ressent, et qui a manqué une occasion de bien ou de bonheur ne la retrouvera jamais plus,

fugit irreparabile tempus.

Irréparable, en effet : car la réparation ne peut qu'amener une meilleure suite que celle qui serait sortie du manquement non réparé, mais non la même que s'il n'y avait pas eu manquement : il faut agir, veiller sans cesse, pour dominer son sort. Voilà pour le dehors. L'effet de la volonté est encore plus sensible au-dedans : d'une même fortune on jouit ou l'on souffre diversement selon qu'on est diversement disposé, et cette disposition dépend de sentiments et d'idées qui dépendent de notre nature, laquelle dépend beaucoup de l'habitude : nous modifions jusqu'à notre organisme, en modifiant la sensibilité, étroitement liée au jeu des organes ; ou par des moyens directs qui, modifiant les organes, modifient la sensibilité.

Ceci mène plus haut. L'homme doit arriver au bonheur, il ne doit pas y tendre : il doit tendre au bien. Mais le bien doit produire le bonheur. Celui qui cherche le bonheur sans s'inquiéter de la vertu, souvent, se laissant prendre aux apparences de bonheur, manque le bonheur même avec la vertu : vient le remords, ou, s'il n'en est pas capable, un malaise, un vide, un secret mécontentement de soi ; puis, le mépris des hommes, qu'il peut braver, mais dont il souffre ; puis encore, un des éléments du bonheur extérieur atteint aux dépens du bien, l'est aussi aux dépens d'autres éléments du bonheur : la richesse, par exemple, ou une satisfaction d'amour-propre, au prix d'un trouble dans ses affections, dont l'orgueilleux ou le cupide, malgré sa cupidité ou son orgueil, gémira : on le croit heureux, lui-même se proclame heureux et porte haut la tête, on l'envie, et il est misérable. L'homme de bien, qui a su faire un sacrifice, y trouve une joie qu'il n'a pas cherchée ; s'il souffre d'ailleurs, c'est qu'il faut de longs efforts pour atteindre le bonheur par la route du bien : longue route, qui semble indirecte et détournée. Mais c'est la droite voie ; l'autre semblait droite, elle était fausse. Certes, le bonheur n'est pas en rapport avec la vertu ici-bas ; il ne peut l'être : c'est le temps de l'épreuve. Mais l'homme n'est pas borné à l'homme présent, vivant sur terre. Plus on me dira que le soleil luit pour les méchants comme pour les bons, injuste égalité, ou, plus injuste inégalité, que le bon est opprimé pendant que le méchant triomphe, plus on m'exagérera l'expression de ce lieu commun qui n'est qu'à moitié vrai, plus on me forcera de reconnaître que l'homme ne meurt pas à la mort.

Et qui ne voit qu'il sera donné à chacun selon qu'il aura fait, et que le plein bonheur, pur et sans mélange, suivra la pleine vertu, pure et sans mélange ? Ne nous plaignons donc pas, même les meilleurs, de souffrir : notre vertu est-elle pleine ? Mais le mal que nous retirons de la moindre négligence du bien nous sollicite à un effort plus énergique, ou plus soutenu : notre volonté, exercée et fortifiée, opère plus de bien qu'elle ne ferait, que peut-être elle ne s'en croirait capable, endormie dans un bonheur facile ; elle devient plus vertueuse et plus capable de vertu, jusqu'au jour où elle est enfin capable de la vertu pure et digne du pur bonheur, où l'âme, pour prix de ses efforts dans la voie du bien, obtient enfin, avec l'impeccabilité céleste, la céleste félicité.

S'il m'était permis de faire parler, à la manière de Platon, des personnages abstraits, il me semble que la Fortune, cette dispensatrice des sorts parmi les hommes, pourrait tenir ce langage :

« Pourquoi, mortels injurieux, m'appellez-vous Fortune, déesse du hasard, et me représentez-vous sous l'image d'une aveugle et capricieuse divinité laissant tomber ses faveurs comme une pluie indifférente aux terres qu'elle arrose, en sorte que la bonne terre manque d'eau pendant que la mauvaise, arrosée, n'est féconde qu'en ronces ou en herbes funestes ? Je ne suis pas la Fortune, mais la Providence ; et je ne suis pas hors des choses ni hors de vous, mais partout, en toutes choses pour ce qui les concerne, et, pour ce qui vous concerne, en vous-mêmes. J'aime chacun de vous, mais je veux être conquise. Je veux être pour chacun ce que chacun veut que je sois pour lui : non d'une volonté stérile, qui se perd dans le vain désir, mais d'une volonté active, efficace, qui se montre par l'effort. Que chacun veuille son bien, il l'aura ; je ne suis en lui que la joie de son bien obtenu. N'en jugez pas à des dehors trompeurs. Quiconque ne me cherche pas dans son propre bien ne me cherche pas moi-même : quoi d'étonnant qu'il ne me trouve pas ? Et quiconque me cherche dans son bien me trouve selon qu'il me cherche : peu, parce qu'il me cherche peu. S'il suffisait pour être heureux de travailler au bonheur sans souci de la vertu, que deviendrait la vertu, et, avec elle, l'ordre des choses? Et si la pratique de la vertu donnait aussitôt le bonheur avant la perfection laborieusement et lentement gagnée par le long effort, l'âme trop faible encore pour la vertu soutenue la négligerait dès qu'elle serait heureuse, et, perdant sa vertu, perdrait son bonheur. Il faut donc, vous le voyez, que l'homme de bien commence par souffrir, et souffre longtemps, pour qu'il s'élève à la vertu parfaite qui lui assure, par l'impossibilité de pécher désormais acquise, l'impossibilité de déchoir de sa joie. Courage donc, il vous sera donné selon que vous aurez agi : ce n'est pas moi qui vous fais la diversité de vos destinées, c'est vous-mêmes. »

Comme les sens nous donnent la connaissance des vérités de l'ordre physique, ainsi les sentiments inhérents à la nature humaine, toujours et partout, quelque variés qu'ils puissent être dans leurs formes, semblables dans leur fond, et universels, parce qu'ils sont constitutifs de l'homme, nous donnent la connaissance des vérités morales. Mais connaissance n'est pas intelligence : les difficultés à lever, les problèmes à résoudre, ne manquent pas ; et c'est à la suite de ces études qu'il appartient d'éclaircir, en l'établissant pour la raison, ce qui n'est encore pour la sensibilité qu'un objet de foi.

QUATRIÈME ÉTUDE

La Volonté.

Intelligence, sensibilité, toute faculté est active ; et c'est pourquoi elle est faculté. Penser est agir, sentir même est agir : qu'on produise des actes en soi ou hors de soi, qu'on réponde par une réaction à une action du dehors, dès qu'on prend conscience de soi-même, on agit. L'âme est activité, nous l'avons reconnu dès l'abord. Nous avons considéré cette activité dans ses actes selon qu'elle pense ou qu'elle sent : considérons-la maintenant en elle-même, selon qu'elle est : non plus intelligente ou sensible, mais pure activité, c'est-à-dire activité libre.

Commençons, comme dans nos précédentes études, par établir sommairement le fait, tel que la psychologie expérimentale nous le présente.

I

Elle nous montre notre activité sous trois modes fort différents, dont un seul, à vrai dire, appartient à la conscience : l'instinct, la volonté, l'habitude.

Rappelons d'abord ce qui est apparent et visible, ce que donne l'expérience, non de l'âme à proprement parler, mais de l'homme, corps et âme, tel que nous le voyons ou croyons le voir, de l'homme vivant sa vie humaine.

Cette vie commence par l'instinct, se continue par la volonté, s'achève en habitude.

L'âme, dès qu'elle existe, sent et agit. Vivre, c'est agir ; être, c'est agir : car un être ne se manifeste qu'en agissant. L'âme se manifeste au-dehors par des mouvements corporels ; elle se manifeste à elle-même par des sensations. Comme sa première sensibilité, sa première activité est physique. Elle sent sous la dépendance des nerfs mus par ce qui les excite : ils en reçoivent une impression qu'à son tour elle reçoit d'eux, elle réagit, et c'est la sensation. Elle agit aussi, et produit dans les membres des mouvements qui signalent sa présence.

Parmi ces mouvements de nos membres, il en est que nous faisons, sachant ce que nous faisons et pourquoi ; il en est que nous faisons sans savoir pourquoi ; il en est que nous ne faisons pas, et qui se font dans notre corps sans notre âme : on pourrait dire, si l'on ne nous distinguait pas de nos corps, qu'ils se font en nous sans nous. Quand nous parlons avec vivacité, nous accompagnons nos paroles de gestes, qui sont des mouvements que nous ne faisons pas nous-mêmes, puisque nous ne les connaissons même pas : ils se font à notre insu, et, comme on dit, ils nous échappent. On les appelle *spontanés*. Ceux que nous faisons nous-mêmes, les sachant et les voulant, sont *volontaires*. D'autres encore se font à la suite d'excitations extérieures : un ébranlement imprimé à l'extrémité des nerfs dits *sensitifs* arrive au centre, s'y retourne, passe en d'autres nerfs dits *moteurs*, et il en résulte des mouvements qu'on appelle *réflexes* : c'est-à-dire que ces mouvements, venus du dehors, se retournent dans le centre nerveux. Nous n'en avons pas conscience ; ils nous sont étrangers : ils sont de notre corps, non de nous.

Les mouvements spontanés se passent aussi, pour la plupart, hors de notre conscience ; ils se font sans but ; ils résultent, comme les gestes qui accompagnent une parole animée, de l'état du corps. Il en est que nous sentons se faire, ou qui se font par une impulsion dont nous avons conscience, et pour un but : ce sont les mouvements *instinctifs*. Ils ne sont pas volontaires, et nous ne les faisons pas ; ils se rapportent à un but que nous ignorons ; ils sont des moyens ajustés, sans que nous les ayons calculés, à une fin que nous ne connaissons pas. L'être qui agit par instinct se sent poussé par une force mystérieuse, dirigée elle-même par une sagesse dont il n'a pas le secret, à l'emploi de moyens combinés et concertés pour une fin prévue, qui est sa conservation ou celle de son espèce. L'instinct est infaillible, dès qu'il existe ; il ne comporte pas de progrès : il est d'abord tout ce qu'il peut être, immuable et uniforme, le même dans tous les siècles et dans tous les êtres d'une même espèce, différent dans les différentes espèces : spécial selon l'espèce, et dans chaque espèce encore selon le but : chaque but particulier que poursuit la nature a son instinct propre. L'instinct est étranger à l'intelligence, et l'on conçoit des êtres inintelligents qui seraient doués des plus merveilleux instincts. L'intelligence cherche des moyens pour des buts qu'elle se propose, connaît donc ces buts, connaît ces moyens, les essaie, les change, tâtonne, perfectionne ou varie, opère différemment chez les différents êtres de la même espèce et pour les mêmes buts, s'applique à différents buts, dirige des volontés diverses pour toutes sortes de fins, bonnes ou mauvaises. L'instinct est tout le contraire : il remplace l'intelligence faillible et la volonté mobile de l'être par une sagesse infaillible, immuable, incapable de progrès, spéciale, uniforme, aveugle. — Est-elle aveugle ? Dans l'être qui agit, soit : mais non sans doute dans l'auteur de cet être. L'instinct est aveugle, mais il n'est point par soi-même : il est par une sagesse plus haute, par une intelligence et par une volonté qui sait, pour l'être qu'elle fait agir, ce que cet être ignore. Quand nous agissons par instinct, ce n'est pas nous qui agissons, c'est la nature en nous : mais c'est l'auteur de la nature.

L'instinct domine chez l'animal, chez l'enfant. A mesure que l'homme se forme et se développe, il agit moins par instinct, plus par intelligence et par volonté.

Un mouvement qui a d'abord été volontaire, quand il a été répété, se répète de lui-même, et devient peu à peu comme instinctif : ces mouvements devenus instinctifs de volontaires qu'ils étaient à l'origine sont dits habituels. Un homme qui ordinairement, quand il sort de chez lui, tourne à droite, doit un jour, pour quelque affaire, prendre à gauche ; mais s'il n'y songe pas, le voilà qui tourne encore à droite : c'est une *habitude*. Le cheval suit, sans y songer, un chemin accoutumé ; il faut un effort pour lui en faire suivre un autre. Les actes habituels se font, comme les actes instinctifs, machinalement : c'est, en effet, la machine qui va, une fois montée, sans que l'homme ou l'animal, sans que l'âme, y soit désormais pour quelque chose. Dans l'instinct, c'est la nature, c'est l'auteur de la nature, qui monte la machine ; dans l'habitude, c'est l'homme lui-même : mais, une fois montée, elle va toute seule.

Les mouvements habituels sont de tous les âges, et

de tous les êtres : ils sont chez l'homme ; ils sont chez les animaux. Les mouvements volontaires sont de l'homme, qui est déjà dans l'enfant. Les mouvements instinctifs sont moins de l'homme que de l'enfant, et moins de l'enfant que de l'animal : ils se ramènent de plus en plus, à mesure qu'on descend les degrés de l'animalité, à des mouvements réflexes. Les mouvements spontanés caractérisent d'une façon toute particulière l'enfance, dont ils déterminent les jeux.

Quand nous agissons par instinct, ce n'est pas nous qui agissons : c'est la nature en nous, ou par nous. Nous sommes comme des instruments d'une activité qui n'est pas nous et qui nous mène. Quand nous agissons par habitude, il en est à peu près de même, et il en serait de même si nous agissions par une parfaite habitude : de même, dis-je, sauf que la nature qui agit alors par nous, c'est nous qui nous la sommes faite.

*
* *

Nous agissons aussi de nous-mêmes, en vertu d'une activité dont le principe est en nous, dont nous sommes nous-mêmes le principe, par des actes que nous nous imputons, dont nous nous sentons responsables, actes nôtres, actes libres. Cette activité libre est la *volonté*.

Nous nous proposons une action à faire, pour un but que nous concevons, ainsi que les moyens de l'atteindre. Nous avons des motifs de nous la proposer ; nous avons d'autres motifs contraires à ceux-là ; nous avons encore des sentiments, des mobiles divers, qui nous y portent, qui nous en détournent. Nous délibérons si nous ferons l'action, ou non ; nous concluons que nous avons à la faire, ou à ne pas la faire, à la vouloir, ou à ne pas la vouloir : nous voulons, nous agissons ; et notre action aboutit ou n'aboutit pas.

Examinons tous ces points.

La conception d'une action à faire, du but et des moyens ; celle des motifs pour ou contre ; la délibération, la conclusion de la délibération : tout cela est de l'intelligence, non de la volonté. Les motifs sont dans l'intelligence, les mobiles dans la sensibilité. L'exécution extérieure, le succès de l'action, qui aboutit ou n'aboutit pas, dépend du pouvoir, non du vouloir. Mais après la conclusion de la délibération et avant l'exécution proprement dite, se place un acte singulier, d'un caractère unique, la résolution, la détermination que l'on prend, avec l'effort qui en est la suite : cet acte est le vouloir même. Le vouloir n'est que cela. Il n'est pas le faire, il a pour objet le faire ; il n'est pas la conception de ce qui est à faire, ni la délibération si on le fera, ni même la conclusion de la délibération ; il en est précédé sans qu'il en résulte : car, comme on peut vouloir conformément, on peut vouloir aussi contrairement à ce qu'on a conclu. Je délibère si je ferai un travail ennuyeux ou pénible ; je conclus que je le ferai puisqu'il est à faire : et je ne le fais pas. La paresse l'emporte. Un homme qui a subi un affront délibère s'il se vengera, conclut qu'il ne se vengera pas, se commande en quelque sorte le pardon de l'injure : et il se venge.

Le vouloir est l'acte de se déterminer, de se résoudre, de faire effort : il n'est que cela : mais, étant cela, il est de la plus grande conséquence. C'est sur le caractère de cet acte que repose, avec l'imputabilité de notre conduite, la morale tout entière.

Imaginez un gouvernement où un pouvoir fait la

loi, où un autre l'exécute. La Chambre pèse les motifs et les considérants d'une loi, favorables, contraires ; elle délibère, elle vote. Le pouvoir exécutif accomplit la loi dans la mesure de la force dont il dispose : le vote ne lui appartient pas, l'exécution du vote ne dépend pas toujours de lui : il dépend de lui de se conformer au vote, ou non. Il se peut qu'il s'y conforme, il se peut qu'il ne s'y conforme pas. Telle est la volonté : il se peut qu'elle se conforme au vote de l'intelligence, ou qu'elle s'y dérobe : elle est libre.

Le caractère du vouloir est d'être libre : c'est-à-dire que la volonté détermine elle-même en elle-même son vouloir. L'intelligence, la sensibilité sont déterminées : la volonté se détermine. Elle est maîtresse de son vouloir ; l'intelligence n'est point maîtresse de son intuition, ni la sensibilité de son désir. La volonté n'est point le désir, qu'elle peut combattre ; le désir, dont l'homme n'est pas maître, tandis qu'il est maître de son vouloir.

Elle ne se détermine pas sans motif ; mais les motifs ne la déterminent pas : c'est elle qui se détermine selon les motifs qui l'éclairent. La liberté est la puissance de se résoudre à une action à l'exclusion de toute autre à laquelle on pourrait également se résoudre ; la puissance de choisir, entre plusieurs actions à faire, celle qu'on fera : mais le choix suppose une raison de choix. Loin que le motif et la liberté soient incompatibles, loin qu'il y ait lieu d'anéantir la liberté au nom du motif qui, déterminant le vouloir, le rendrait nécessaire, le motif s'adresse à la liberté, qui le suppose. Otez la liberté, le motif ne sera pas une raison, une lumière, mais une force ; et ôtez le motif, la liberté, puissance de choisir, n'ayant plus de raison de choisir, n'aura plus de raison d'être.

Cette liberté tout intérieure, caractère de la volonté, et qui ne saurait se perdre qu'avec la volonté, avec l'âme elle-même, est la liberté morale, ou le libre arbitre.

On doute de cette liberté morale ? C'est douter de la morale. On la nie ? C'est nier la morale.

Mais sur quoi ceux qui nient fondent-ils leur négation ; ou ceux qui doutent, leur doute ?

Sur ce que nous ne faisons pas ce que nous voulons ? Nous sommes libres de vouloir ce que nous ne sommes pas en puissance de faire. Le faire n'est pas le vouloir, mais l'objet du vouloir ; et ce n'est pas le faire qui est libre, c'est le vouloir.

Sur ce que nos penchants, notre tempérament, mille influences déterminent à notre insu notre vouloir ? Ces influences le sollicitent, elles ne le déterminent pas. Encore une fois, la volonté ne se détermine pas sans motifs : elle se détermine d'après des motifs, mais elle-même.

Sur ce que les motifs sont des poids, dont le plus fort fait pencher le plateau de la balance ? Il n'y a là qu'une comparaison, qui serait ingénieuse, si elle était juste. Celui qui nie le libre arbitre en expliquera par cette comparaison l'apparence, qu'il ne peut nier : je lui demande sur quoi il se fonde pour nier le libre arbitre.

Sur ce que la prescience divine, ou la Providence, ou la loi suprême des choses, règle tout de toute éternité selon un ordre inflexible que le moindre dérangement, le moindre écart, mettrait en défaut ? Nous connaissons le libre arbitre avant de connaître la Providence ou la prescience divine, et la loi morale, qui le requiert, avant de connaître une prétendue loi des choses qui anéantirait l'une avec l'autre. Que diriez-vous d'un philosophe qui mettrait en question une vérité d'expérience et de science, de physique, par exemple, en s'appuyant sur quelque théorie de l'univers ou de Dieu ? Vous lui répondriez qu'il ignore l'univers, que la nature de Dieu est un grand mystère, que le rapport de Dieu au monde en est un autre, et qu'il éclaircira quand il pourra ce obscurs problèmes : qu'en attendant il doit tenir ferme ce que l'expérience lui donne. Répondez à celui qui nie le libre arbitre parce qu'il n'en trouve pas la place dans le déterminisme universel des choses, que ce déterminisme est une question, non le libre arbitre ; que ces deux termes ne sont peut-être pas incompatibles ; que s'ils sont incompatibles, si l'affirmation de l'un emporte la négation de l'autre, ce n'est point le libre arbitre qu'il faudrait nier. De même, s'il ne pouvait s'accorder avec la prescience divine : ou bien, en des profondeurs que nous n'atteignons pas, — mais que nous soupçonnons et que nous atteindrons peut-être, — cet accord existe, et l'objection tombe ; ou cet accord n'existe point, et nous nous trompons sur la prescience divine, mais non sur le libre arbitre.

Sur quoi se fonde-t-on encore pour le nier ? Sur ce que la pensée est un mouvement du cerveau, la volonté un produit de l'organisme ? produit nécessaire, mouvement qui résulte inévitablement de mouvements antérieurs ? Mais où a-t-on pris cela ? Cette doctrine, fort à la mode, n'est qu'une hypothèse, et la plus vaine des hypothèses ; bien loin qu'elle puisse être invoquée contre le libre arbitre, c'est le libre arbitre, dont la certitude est immédiate, qu'il convient d'invoquer contre une hypothèse qui le détruit.

L'acte libre est un fait : il n'y a point raisonnement

qui tienne contre un fait. On raisonne contre le libre arbitre : mais quel raisonnement peut en ébranler la certitude ? Car ce n'est pas le raisonnement, c'est un sentiment qui nous le donne. Nous nous sentons libres : il suffit. Nous nous imputons les actes de notre volonté : donc ils sont nôtres, et d'une volonté libre. En faut-il davantage ? Quand vous déclarez que voilà une table, quelle preuve en avez-vous, sinon que vous la touchez ? C'est une manière de sentir ; et vous en croyez vos sens. Pourquoi le sentiment du libre serait-il une illusion, plus que celui du tangible, ou tout autre ?

On compare l'âme humaine à une girouette qui, se sentant tourner, croirait se tourner elle-même. Toujours des comparaisons ! Celle-ci peut-être serait bonne, s'il s'agissait d'expliquer l'illusion d'une âme qui se croirait libre et ne le serait pas : c'est que, sentant son mouvement, elle ne sentirait pas l'impulsion qui la meut : comme la girouette, se sentant tourner, ne sentirait pas le vent qui la tourne. Mais que vaut la comparaison, si le sentiment du libre n'est pas illusoire ? Et pourquoi le serait-il ? L'image même n'est pas exacte : une girouette qui se sentirait tourner ne se sentirait pas se tourner : l'âme se sent se déterminer elle-même, agir elle-même en elle-même par elle-même, prendre l'initiative d'actes qu'elle s'impute, en les distinguant d'autres actes qu'elle fait, mais qu'elle ne s'impute pas : elle agit par instinct, par habitude, sous l'impulsion de causes qui ne sont pas elle, et elle agit par une activité dont le principe est en elle, dont elle est le principe, qui est elle-même. Il ne faut pas dire que ses actes libres sont ceux dont elle ignore la cause, et qu'elle s'attribue par une illusion due à cette ignorance : tout au contraire, c'est de ceux qu'elle ne s'attribue pas qu'elle ignore la cause étrangère, autre qu'elle-même : de ceux qu'elle s'attribue, elle se reconnaît, elle s'affirme, elle se déclare la cause.

II

Le libre arbitre n'est pas à démontrer : on ne démontre pas un fait, on le constate. Mais on le rattache à l'obligation morale, dont il est la condition ; et par là, à la constatation qu'il est, on ajoute une véritable démonstration qu'il doit être.

M. A. Fouillée la tient pour vaine, et la repousse. Elle consiste à remarquer qu'il serait inutile de dire : « Fais cela », à celui qui ne peut s'empêcher de le faire, et absurde à celui qui ne peut le faire. — Mauvaise raison, dit M. A. Fouillée : « On oublie que la loi promulguée, avec ses motifs influant sur l'intelligence et ses mobiles influant sur la sensibilité, peut devenir un des facteurs de sa propre réalisation ; un ordre, tout comme une menace, n'est donc ni inutile ni absurde dans l'hypothèse du déterminisme, puisque c'est un des ressorts possibles de « l'automate intelligent et sensible. » — L'ordre ne sera pas inutile, soit ; mais absurde, il le sera : car il n'a de sens qu'autant qu'il s'adresse à des êtres capables de se conduire eux-mêmes, non à des automates. M. A. Fouillée se fait répondre que les lois n'auraient pas un caractère moral, et il raille cette réponse. « Si l'on commence par définir la morale de manière à y impliquer la conception du libre arbitre, il ne sera pas étonnant qu'on l'y retrouve ! » On la définit la science du devoir : s'il y a devoir, il y a gouvernement de soi, libre arbitre ; s'il n'y a pas devoir, il n'y a point morale, ou ce que nous appelons morale; et s'il y a quelque chose encore, c'est autre chose. Il y aura loi physique, loi naturelle de la conduite humaine; loi morale, non. C'est donc l'idée du devoir, l'idée même de la morale ainsi définie, qu'il faut combattre pour détruire cette démonstration de la liberté.

Démonstration qui ne vaut, j'en conviens, que dans l'hypothèse du devoir : mais elle vaut par cela, pour la plupart des hommes. L'humanité croit au devoir : c'est à celui qui n'y croit pas à faire la preuve qu'elle se trompe.

Pourquoi, ô hommes de tous les pays et de tous les temps! pourquoi, si vous n'êtes point libres, si vous n'êtes point les maîtres, je ne dis pas d'exécuter ce que vous voulez, mais de le vouloir, je ne dis pas d'un agir externe, mais d'un agir interne qui est votre action propre, votre effort, vous imputez-vous des actes qui ne sont point véritablement vôtres? Ou pourquoi, si vous n'en êtes pas responsables, vous applaudissez-vous des uns, vous reprochez-vous les autres? Pourquoi ce contentement de vous-mêmes après que vous avez bien agi, ce remords après que vous avez mal agi, si, n'agissant point de vous-mêmes, vous n'agissez ni bien ni mal? Le bien et le mal, si vous n'êtes pas vous-mêmes le principe qui vous fait agir, ne sont pas de vous, mais de ce principe. Pourquoi l'estime et le mépris? Que signifient l'indignation et l'admiration? A qui donnez-vous des conseils que nul n'aura puissance de suivre, à qui adressez-vous des prières qui ne seront pas entendues? Les vaines promesses, que vous ne pourrez tenir, puisque votre conduite ne dépend pas de vous! Et les vaines menaces, à des automates qui ne disposent pas d'eux! Quoi! des lois et des contrats, une justice et des tribunaux, pour des êtres qui n'ont point le gouvernement d'eux-mêmes ? Des peines pour des crimes dont on est le fatal instrument, non le libre et responsable auteur ? Prenons-y garde ! C'est sur la responsabilité des actes, sur le sentiment du libre arbitre, que repose tout entière la vie morale du genre humain. Le genre humain a-t-il tort, et la vie morale, qui est la vie humaine, est-elle un rêve, une illusion, un délire ? N'y a-t-il que la vie inférieure de la bête qui soit légitime ? Entre le genre humain, et une poignée de systématiques, dont le sentiment, d'ailleurs, contraire à leur doctrine, est d'accord avec le genre humain, quel sera notre choix ? Lequel des deux penserons-nous, que le genre humain est insensé, ou que les systématiques se trompent ? Aurons-nous l'orgueil de les faire prévaloir sur l'humanité, décrétée de folie pour leur complaire ? Il en résulterait, si elle était raisonnable, qu'ils ne le sont pas ; et c'est ce qu'ils ne peuvent admettre. L'humanité d'un côté, eux de l'autre : de quel côté est la vérité ? Ils n'hésitent pas : c'est du leur.

Encore s'ils avaient quelque preuve contre le libre arbitre ! Ils n'en ont aucune autre, que la vérité présumée d'une hypothèse : soit déterminisme, soit matérialisme, ou d'autres : chacun a la sienne. Illusoire ou non, ils ont eux-mêmes le sentiment d'être libres : invincible, universel, donc légitime et vrai. Ne se demandent-ils pas sans cesse, à tout propos, quel parti prendre ? Quand ils s'interrogent ainsi, ils se croient alors le pouvoir de choisir entre plusieurs partis, ils se croient libres ; c'est que la réalité l'emporte dans leur vie, comme l'hypothèse dans leurs chaires et dans leurs livres. Leur propre sentiment, avec le genre humain, est contre eux : c'est le genre humain, c'est leur propre sentiment, qui aura tort, mais leur hypothèse, non ?

En présence d'un fait, comme tout raisonnement, toute hypothèse qui lui serait contraire, tombe. Comment se prouve un fait ? Il se voit, il se touche, il se sent. C'est un fait que nous sommes libres. Qu'en savons-nous ? et quelle preuve en avons-nous ? Nous nous imputons, dans la conscience que nous en avons, certains actes ; nous nous sentons responsables de notre conduite : nous nous sentons libres. Qu'en savons-nous, encore une fois ? Nous le voyons.

*
* *

Mais voici que ce témoignage de la conscience, qui nous déclare libres, on le récuse comme impossible. Impossible, répondrions-nous, soit : mais il est. On niait, en présence de Diogène, que le mouvement fût possible : Diogène marcha. On nie aussi que la connaissance du non-moi par le moi soit possible, et l'on nie encore, d'autre part, la possibilité de la connaissance du moi par le moi, de la conscience même : quelle vérité n'a-t-on pas niée, comme absurde, quoique évidente ? qu'on voit, qu'on touche du doigt, qu'on affirme invinciblement et malgré soi, mais qui n'est pas, parce qu'elle ne peut pas être ? Discutons donc les raisons qu'on oppose à l'évidence. Un de nos plus subtils philosophes, M. A. Fouillée, nous les présentera.

Nous n'avons pas, nous ne pouvons pas avoir conscience d'être libres. « L'affirmation de la liberté, dit-il, nous entraîne à la fois hors de nous-mêmes et dans le plus profond de nous-mêmes, car elle porte : 1º sur la relation fondamentale qui existe entre moi et les autres êtres, entre moi et l'univers ; 2º sur le fond même de mon existence, non plus sur une apparence ou une manière d'être de ma conscience. Je sors ici de ma pensée pour atteindre les êtres hors de moi et l'être en moi. La liberté a donc deux conditions, qui entrent dans sa définition même : sous son aspect négatif, elle est l'indépendance par rapport à toute autre cause et même par rapport à l'univers tout entier, car il faut que l'acte libre, en tant que libre, ne soit l'effet d'aucune des causes extérieures dont l'ensemble forme l'univers ; sous son aspect positif, elle est *spontanéité absolue,* activité se donnant à elle-même sa direction et sa loi. »

Tout cela est-il bien exact ? M. A. Fouillée ne force-t-il pas la note qu'il va juger fausse ? et ne l'aura-t-il pas faussée lui-même ? La liberté est l'activité se déterminant, se donnant sa direction, mais non sa loi ; et il se peut que, se déterminant à agir dans une certaine direction, elle n'y parvienne pas, et n'agisse pas, ou agisse en sens contraire : car il faut distinguer, dans l'acte libre, l'action et le vouloir de l'action : c'est le vouloir qui est libre, le vouloir de l'action, non l'action entière. Nous agissons, dans la mesure d'une force limitée et déterminée, sous l'influence d'idées, de sentiments, de mille causes qui ne dépendent pas de nous : il dépend de nous de consentir ou de résister, de les favoriser ou de les combattre.

Et alors, que venez-vous me dire que je ne puis avoir conscience de mon indépendance à l'égard de toute cause étrangère ? Je n'y prétends pas : mais si j'acquiesce ou non à ce qui me fait agir, je le sais bien ; et c'est en quoi je suis libre. Et si de plus je suis moi-même une force, j'aiderai par mon consentement, ou je contrarierai par ma résistance, la force qui me fait agir : je serai, pour ma petite part, une des composantes de la résultante qui est mon action. Ma résistance peut être impuissante, ma liberté n'est pas dans la puissance, mais dans la résistance même : la force que je suis est finie et relative ; ma liberté, qui est mon pouvoir d'en disposer, est absolue. Peut-être l'école spiritualiste n'a-t-elle pas suffisamment distingué, dans la volonté, qui est l'activité libre, la liberté de l'activité même, de la force dont elle est le caractère. Ce que nous voulons, souvent nous n'avons pas la force de le faire : il n'est pas moins vrai que nous le voulons ; et c'est en cela, en cela seul, que nous sommes libres.

***

Peut-être aussi l'École va-t-elle trop loin quand elle invoque en faveur du libre arbitre un témoignage direct de la conscience. La conscience directe du libre arbitre serait, dit M. A. Fouillée, la connaissance absolue de ce qu'il y a d'absolu en nous. « Par exemple, pour savoir que c'est bien moi qui suis l'auteur libre de ma résolution, il faut que je sois pour moi-même transparent jusque dans mes plus intimes profondeurs, et que je voie ma résolution sortir de mon fond propre comme un flot sortirait d'une source vive qui se sentirait créatrice de ses propres eaux. S'il restait quelque obscurité dans les arrière-fonds de mon être, je pourrais toujours me demander si l'action que je crois libre n'est pas l'effet nécessaire d'une certaine nature cachée et inconsciente que je ne me serais pas donnée moi-même, le résultat visible d'actions et de réactions invisibles, sorte de chimie dont les opérations profondes échapperaient à la lumière superficielle de la pensée. De plus, cette connaissance absolue de moi-même devrait être *a priori*, — point qu'on oublie encore, — car il faudrait que je visse d'avance les effets dans leur cause. Enfin, il faudrait que moi-même je fusse ma propre cause, mon propre créateur, non pas seulement l'auteur de mes actes, mais encore l'auteur de mon existence..... S'il y a en moi une nature toute faite que j'ai reçue, une existence dont je ne suis pas la cause, il y a par cela même en moi un fond déterminé, nécessité, impénétrable à ma conscience parce qu'il n'est pas le résultat de mon action consciente. Dès lors je pourrai toujours me demander si l'action qui paraît venir de ma conscience ne vient pas de ce fond inconscient, si je ne suis pas en réalité, comme dit Platon, « esclave de mon essence », c'est-à-dire de la nature propre et de l'existence que j'ai reçue de mon créateur. Par conséquent, pour être *certain* d'être libre, il faudrait que je fusse entièrement l'auteur de moi-même, de mon être comme de mes manières d'être, et que j'en eusse l'entière conscience. En d'autres termes, il faudrait que j'eusse l'existence absolue comme la conscience absolue, il faudrait que je fusse Dieu. » — Quand je serais « esclave de mon essence », il ne s'ensuivrait pas que je ne pusse accorder ou refuser mon libre acquiescement à cette essence dont je serais l'esclave : je ne pourrais pas ne pas agir comme j'agis, mais je pourrais le vouloir ou ne le vouloir pas. Et si j'ai quelque degré de force qui soit mienne, qui soit moi-même, si moi-même je suis une force dans la nature, je pourrais modifier, dans les conditions déterminées de la force que je suis, l'action qui résulte de mon essence : elle n'en résultera pas tout entière. Je ne puis vouloir ce que veulent, par exemple, les habitants d'une autre planète : mais c'est faute de le connaître, et faute de motifs ou de mobiles qui s'y rapportent : la limite ici est dans ma connaissance, dans ma nature d'homme avec les mobiles que j'y trouve et les motifs qu'elle me présente, non dans ma volonté, libre d'une liberté absolue, libre de se déterminer pour l'impossible même et l'absurde. Elle ne se déterminera pas pour une fin ignorée ou jugée absurde, mais faute d'en avoir l'idée ou d'en avoir la raison suffisante, non faute d'en avoir la puissance, — je dis puissance de vouloir, je ne dis pas puissance de faire. L'action dépendra et de ma nature et, dans la mesure de la force que je suis, de moi-même : la volonté de l'action, l'effort pour la faire, ne dépendra que de moi. Je ne serai que fort peu, et relativement, l'auteur de mon action ; ma nature, l'univers, tout ce qui me détermine en mon être, en sera l'auteur plus que moi : mais du vouloir de mon action je serai l'auteur absolu.

Maintenant, ai-je la conscience directe de ma volonté, de mon activité libre ?

Nous avons établi ailleurs que la conscience n'est pas de la puissance ou de l'être du moi, mais de ses actes. Nous n'avons donc pas conscience du libre arbitre en lui-même, mais d'actes que nous distinguons d'autres actes par l'imputation que nous nous en faisons.

Ici encore s'opposent deux écoles, dont l'une prétend connaître par l'expérience, par la conscience directe, comme un fait qui se constate, le libre arbitre, que l'autre nie. Mais n'est-il pas étrange qu'on puisse nier ce qui serait fait de conscience ? Cette conscience prétendue aurait pour objet propre ceci : que nous pourrions prendre une autre résolution que celle que nous prenons réellement. Qu'est-ce qu'une conscience, qu'est-ce qu'une expérience de ce qui pourrait être, mais qui n'est pas ? On a la conscience de prendre une résolution à l'exclusion de toute autre que l'on conçoit possible, qu'il semble qu'on pourrait prendre, qu'on a la croyance, mais non la conscience, de pouvoir prendre : on n'a pas la conscience de la prendre, puisqu'on ne la prend pas, ni de pouvoir la prendre, puisqu'on ne la prend pas, puisqu'elle n'est pas en acte.

Le libre arbitre, qui n'est pas directement connaissable, en est-il moins certain ? Mais ni l'intelligence, ni la sensibilité, ni la volonté, ni aucun des caractères de notre être, n'est directement connaissable. Ai-je la conscience de mon intelligence, de ma sensibilité ? Non, mais de mon penser, de mon sentir. J'ai conscience de pensées miennes, par où je me sais intelligent ; de sentiments miens, par où je me sais sensible. De même, j'ai conscience d'actions, ou pour mieux dire, de résolutions, de volitions, de directions d'action, miennes, par où je me sais capable d'agir de moi-même, principe d'une activité propre et non pas seulement siège d'une activité d'emprunt, maître de mon vouloir, libre. Si je n'ai pas la conscience directe de ma liberté, l'ai-je directe de ma sensibilité, de mon intelligence ? Et puis-je douter de mon intelligence, quand je pense, de ma sensibilité, quand je sens ? De même, puis-je douter de ma liberté, quand je m'impute certaines actions, dont je m'affirme la cause, par opposition à d'autres actions, que j'impute à l'instinct, au jeu de l'organisme, à la nature ?

Nous avons conscience d'actes dont nous nous sentons ou nous croyons responsables, que nous nous imputons à nous-mêmes ; nous avons conscience de cette imputation : et c'est l'affirmation du libre arbitre. C'en est comme une conscience indirecte, semblable à celle que nous avons de nos facultés ; ou une perception, semblable à celle des faits extérieurs, que nous ne connaissons pas en eux-mêmes, mais dans les sensations qui nous les donnent : ainsi la liberté de nos volitions dans l'imputation qui nous les donne libres.

III

La volonté est l'activité libre. Deux éléments : activité, liberté. L'activité, c'est la puissance d'être, l'être virtuel, la force que nous sommes, qui est chacun de nous : force finie, la liberté est infinie. Un pouvoir de nous déterminer nous mêmes est un absolu. La liberté n'est pas la volonté, mais le pouvoir qu'elle a de choisir entre plusieurs actions à faire : il est clair qu'elle ne peut choisir qu'entre actions connues, dont on sait les effets et les moyens, qu'on a des motifs de vouloir, soit les unes soit les autres, avec des mobiles qui poussent aux unes, détournent des autres ; et il est clair que ces mobiles sont des sentiments, ces motifs des raisons, que ces actions, leurs effets et leurs moyens, ne peuvent être connus que par l'intelligence, finie, circonscrite : mais ces limites du pouvoir de choisir sont de l'intelligence ou de la sensibilité, non de ce pouvoir pris en soi. Présentez-lui d'autres connaissances d'actions possibles, d'autres mobiles, d'autres motifs, il s'exercera autrement, il sera le même : il est de choisir l'impossible, de choisir l'absurde, de choisir le mal comme le bien. D'où la responsabilité de l'agent libre, et le mérite de qui choisit le bien.

C'est faute d'avoir distingué dans la volonté l'activité et la liberté qui en est le caractère, qu'on a méconnu tantôt ce qu'il y a d'absolu et d'infini, tantôt ce qu'il y a, au contraire, de fini et de limité, dans la volonté de l'homme. On a dit la volonté infinie, et l'on a dit vrai, parlant de la liberté qui en est le caractère ; on l'a dite finie, et l'on a dit vrai, parlant de l'activité, de la force, de l'être virtuel, qui est l'être même. Cet être, on le sait, a ses degrés, et partant ses limites ; et si la liberté fait sa responsabilité, l'activité limitée la limite d'autant.

L'homme est un être fini touchant à l'infini, participant de l'infini, dirais-je, par une intelligence qui le conçoit, par une sensibilité qui l'aime, — ce n'est pas assez dire : il ne se borne pas à le concevoir, à l'aimer, il le possède, lui-même est infini en quelque manière dans un attribut de son être : le libre arbitre.

Par là il est dieu : non comme Dieu, qui est éternellement, mais un dieu qui devient. Car si la liberté est un absolu, si donc, étant libre, il l'est d'une liberté souveraine, il n'est pas tout liberté, il est activité limitée, soumise à des conditions de puissance, de connaissance, d'amour : libre, il est responsable, et, s'il était tout libre, le serait absolument ; s'il était tout libre, le moindre mauvais vouloir serait un choix absolu, souverain, du mal ; et chacun de nos actes, étant, comme il en aurait la responsabilité absolue, d'une portée infinie, lui créerait un mérite ou un démérite infini, pour un ciel éternel ou pour un enfer éternel : les religions qui ne mettent devant l'homme d'autre perspective que cette double éternité de la récompense ou de la peine ont bien compris cette effrayante grandeur de l'être libre. Mais c'est là une abstraction, et l'homme réel n'est pas tout libre : il ne peut vouloir que selon qu'il connaît et qu'il aime, et il ne peut réaliser son vouloir que selon qu'il a force pour agir. Ceux qui enseignent que sa liberté a été diminuée par le péché originel appliquent à la liberté ce qu'ils devraient dire de la volonté ; mais, liberté ou volonté, sa responsabilité a été diminuée d'autant.

Il ne peut pas ce qu'il veut, — et il ne veut pas de sa pleine liberté, mais d'une liberté sollicitée, pressée en divers sens, poussée et retenue, *déterminée à se déterminer* par un ensemble de circonstances, par tout un entourage d'idées et de sentiments dont le concours le fait vouloir. Jamais peut être il n'est entièrement irresponsable, peut-être la liberté ne se perd-elle jamais entièrement, et la folie elle-même en conserve-t-elle encore quelque reste ; mais jamais il n'est entièrement responsable, et il n'est aucun de ses actes, il n'est aucune conduite d'homme qui puisse mériter une éternité de récompense ou de peine.

*
* *

Aussi n'est-ce point, dit-on, par lui-même qu'il mérite, mais c'est par la grâce de Dieu, comme c'est par la faute d'Adam qu'il a démérité.

Qu'est-ce que mériter ou démériter par autrui ? Cela est contradictoire. Le vouloir seul, un libre vouloir, mérite ou démérite : le vouloir est essentiellement, absolument personnel. Si c'est Dieu qui veut le bien que je fais, ce n'est pas moi : de quoi me récompense-t-il ? Si c'est Adam qui a voulu la faute qu'il a commise, ce n'est pas moi : de quoi suis-je puni ? Si sa faute a corrompu la nature humaine, en suis-je coupable ? J'en suis victime. Et depuis quand fait-on expier à l'empoisonné le crime de l'empoisonneur ? Il en souffre : est-ce une punition ? La question même est odieuse, et révolte. C'est un malheur dont il faut le dédommager, bien loin de transporter sur lui la peine due au criminel. Coupera-t-on la tête à l'empoisonné parce que l'empoisonneur aura mérité la mort ? Et les enfants d'Adam seront-ils damnés parce qu'il aura mérité de l'être ? Que si leur volonté affaiblie est devenue moins capable ou même incapable de ce que Dieu leur demande, Dieu n'a plus à le leur demander : ils sont des malades, par hérédité ; des empoisonnés, dont la responsabilité se mesure, comme celle des malades, au degré de leur volonté libre.

Car il y a des degrés de volonté, comme des degrés d'activité, de force, des degrés d'être : et ce sont les mêmes. La liberté, étant un absolu, est une ; l'activité, constitutive des différents êtres, varie comme eux ; et la volonté, qui est l'activité libre, varie en conséquence. La grâce ajoute à une volonté faible la force qui lui manquera pour vouloir ce qu'elle doit vouloir : mais la volonté n'est responsable que selon sa force propre ; si la grâce ajoute à sa force, elle n'ajoute rien à son mérite, et il n'y a pas plus lieu de la récompenser qu'il n'y aurait eu lieu de la punir.

Nous ne discutons pas la foi, et ce n'est pas le dogme que nous écartons, mais une fausse interprétation du dogme. Le dogme en lui-même n'a pas à nous occuper ici. Nul n'ignore les interminables discussions que la question de la grâce a longtemps soulevées chez les théologiens. Nous n'avons à en dire ici que deux choses : l'une, — premier point, dont nous venons de parler, — que, prise comme une faveur accordée à l'homme pour le faire vouloir ce qu'il doit vouloir, elle ne modifie en rien son mérite ou son démérite propre, et il n'en est pas plus digne, ni de récompense pour l'avoir reçue, ni de peine pour ne l'avoir pas reçue : mais il peut mériter ou peine ou récompense pour la négligence qui ferme son âme à la grâce ou le travail intérieur qui la lui ouvre. La grâce ne lui est pas due, et c'est en quoi elle est grâce ; il ne saurait donc l'exiger ; moins encore, — ce serait la pire des injustices, — être puni de ne pas la recevoir, ni par suite, de ne pas vouloir ce qu'il ne peut vouloir sans elle : mais il lui appartient d'être plus ou moins capable de lui faire bon accueil, d'ouvrir aux fécondants rayons de ce soleil une terre bien ameublie. Ce qu'il ne peut vouloir sans elle, il ne le voudra pas si elle ne se présente pas, et il n'en sera pas punissable ; mais elle se présentera s'il a préparé sa maison pour la visite d'un tel hôte, et il sera punissable de ne l'avoir pas fait du mieux qu'il aura pu.

Le second point est qu'en effet la grâce nous fait vouloir ce que nous ne voudrions pas sans elle. Nous ne pouvons toujours vouloir ce que nous devons vouloir, je dirai presque ce que nous voulons vouloir. Combien de fois ne nous arrive-t-il pas que nous avons deux volontés contraires ! Nous voulons et nous ne voulons pas ; nous ne voulons pas faire, en vue d'un plaisir qui nous tente, une action, qui serait une faute : nous voulons le plaisir, et nous ne voulons pas la faute ; nous ne voulons pas ce plaisir coupable, et nous le voulons : l'action qui nous le procurerait, nous la voulons et ne la voulons pas. C'est que nous sommes des êtres complexes. Nous sommes sensibles en même temps que raisonnables, et bien souvent, où la raison dit non, la sensibilité dit oui ; l'une éclaire, l'autre pousse : et qui fera que nous voudrons contrairement à ce qui nous pousse, ou à ce qui nous éclaire ? Nous sommes en présence d'une idée et d'un sentiment : l'idée en elle-même n'est pas une force ; elle ne peut devenir une force qu'en devenant un sentiment, qui luttera contre celui que nous avions, mais celui-ci accompagné d'une image : cette image est déjà un commencement de mouvement, et voilà déjà commencée l'action même que nous ne devons pas vouloir. Nous voilà engagés, nous avons à nous dégager : non plus à choisir entre faire ou ne pas faire une action, mais à retenir une action qui se prépare, qui va se faire, qui a commencé, à lutter contre notre nature qui nous entraîne, à nous résister à nous-mêmes.

Un désir enveloppe une première volonté, qu'il faudra juger, et peut-être combattre ; un plaisir, si peu qu'on le goûte (et si on ne le goûtait pas, serait-ce un plaisir ?), est, dans la mesure même où on le goûte, un acquiescement. Nous avons reconnu, dans l'intelligence, qu'une affirmation est un acquiescement, un vouloir spontané de la vérité ; sachons reconnaître, dans la sensibilité, qu'un plaisir est un acquiescement, un vouloir spontané du bonheur.

On veut naturellement ce qu'on désire : ce n'est qu'avec effort, et comme par une reprise de soi-même sur soi, qu'on cesse de le vouloir, qu'on veut le contraire, qu'on se détourne de ce qui plaît pour s'attacher à ce qui répugne. C'est qu'on veut naturellement le bien. Le bien est la fin à laquelle tendent également toutes nos facultés : l'intelligence le reconnaît, la sensibilité l'aime, l'activité libre le veut.

IV

Comment donc se fait-il qu'on veuille le mal ? C'est qu'on se méprend : ou l'intelligence le juge bon, ou la sensibilité dévoyée le goûte comme bon : il est bon pour notre intelligence, parce qu'il est bon pour notre sensibilité, ce qui incline l'intelligence ; et il est bon pour notre sensibilité, parce qu'en effet il est bon, quoiqu'il soit un mal.

Car, qu'est-ce que le mal ? Nous arrivons à cette question, et nous ne l'éviterons pas. Nous en parlerons tout à l'heure, à propos de la prescience divine. Qu'il nous suffise de dire que, si le bien n'est pas absolu, mais relatif à nous, il en est ainsi du mal. Au moment où nous le voulons, nous voulons un mal relatif, qui est un bien relatif ; nous sommes touchés de ce bien relatif, qui nous est sensible, plus que nous ne le sommes de ce mal : ou nous ne voyons pas ce mal, et c'est l'erreur de notre intelligence, abusée par notre sensibilité ; ou nous le voyons, nous le reconnaissons, nous l'affirmons par un acte de raison ou de foi, mais nous ne le sentons pas. Il est un mal pour notre esprit, mais pour notre cœur un bien, puisque nous le désirons, puisque nous l'aimons : nous le voudrons donc, nous voudrons ce bien, objet d'un amour inférieur, à moins que notre sensibilité n'en soit détournée par un attrait qui la relève : cet attrait est la grâce.

Notre sensibilité, dont les inclinations doivent être ordonnées et harmonisées hiérarchiquement, est loin d'être normale : telle qu'elle est, il faut la gouverner, la diriger vers la vie supérieure, la combattre au besoin : quel secours aurons-nous pour la combattre ? La raison est une puissance d'une autre sorte, ou plutôt elle n'est pas une puissance, elle est une lumière : la sensibilité est une force. On ne peut agir sur une force que par une force, sur un sentiment que par un sentiment : qu'à notre imparfaite sensibilité s'ajoute donc un sentiment nouveau, comme un dégoût ou un mépris du faux bien qui nous tente, un désir, un attrait du vrai bien.

Quand on a péché, on a reculé, tandis qu'on devait avancer, et la volonté du mal devient plus facile et plus prompte ; plus on pèche, plus on se dégrade : si bien que, par cette incompréhensible loi, que nous sommes tentés de trouver injuste parce que le sens nous en échappe, et que nous ne devons pas nier, puisqu'elle est, mais essayer d'expliquer dans un ordre de justice[1], par cette loi qui fait naître le fils pire ou meilleur selon ce que vaut le père, le premier péché d'un seul est pour tous une profonde chute, et telle que notre devoir ne nous est plus possible. Il nous est possible cependant, sous peine de contradiction. Contradiction étrange, qui, pour disparaître, réclame impérieusement un élément nouveau, la grâce.

*
* *

On dit l'habitude une seconde nature. La nature primitive est bonne, portée au bien, mais sans valeur morale : moralement, elle est neutre. L'habitude est une nature acquise, pire ou meilleure que la première, selon que l'être libre a bien ou mal usé de sa liberté. L'individualité des enfants dépendant, par une loi que la physiologie constate, de celle des pères et des mères, la nature d'un être libre né d'un autre est déjà une nature acquise, une *habitude innée*, qu'il relèvera ou qu'il abaissera davantage par ses propres habitudes, pour transmettre à ceux qui naîtront de lui une nature plus modifiée encore et plus profondément différente de la nature primitive. La nature primitive n'appartient donc qu'au premier homme : les hommes nés du premier ne naissent plus moralement neutres, mais enclins au bien ou au mal, selon que leurs pères se sont bien ou mal conduits, et, en fait, enclins tout à la fois à certains vices et à certaines vertus. Ils ont à subir la suite heureuse ou

---

1. — V. *Infrà*, Étude VI.

funeste des vertus ou des vices de leurs pères ; on les
dirait récompensés d'un bien qui ne semble pas être
leur bien propre, ou punis d'un mal qui ne semble pas
être leur propre mal. Pourquoi ? Cela est. On a beau
nier le péché originel, incompréhensible, inconcevable,
injuste : il est un fait, ainsi que la grâce originelle :
deux faits qui se voient, qu'il faut donc accepter, et
non pas nier, et sur lesquels il n'y a rien à dire ni rien
à faire, qu'à en comprendre, si l'on peut, la justice.
C'est ce que nous essaierons dans l'Étude qui termine
ce livre.

La triste expérience de notre faiblesse ne le prouve
que trop : nous luttons contre la tentation, nous
voulons vaincre le mal, le mal plus fort triomphe, il
faut succomber. Nous sommes coupables, nous ne
pouvons pas ne pas être coupables. Et cependant nous
le pouvons. En vain une puissance irrésistible nous
a-t-elle dominés, nous sentons que, si nous le voulons
bien, nous pourrons résister, et il est nécessaire que
nous le puissions toujours, au nom du devoir : nous
ne le pourrons que par l'intervention d'une grâce qui,
si nous n'en sommes pas indignes, ne nous sera pas
refusée.

On reproche à Socrate, à Platon, d'avoir méconnu
le libre arbitre, parce qu'ils expliquent la conduite des
méchants par leur ignorance du bien : on veut voir
dans leur mauvaise conduite un libre choix d'une
volonté éclairée et sachant ce qu'elle fait. Mais quoi !
Qui choisira le mal de propos délibéré ? Encore faut-il
que l'être libre qui le choisit ait quelque raison de le
choisir, qu'il y trouve au moins son plaisir, et son
plaisir est un bien pour lui : il cherche donc son bien,
aux dépens du bien d'autrui, ou d'un bien supérieur,
je le veux, et c'est quoi il fait mal ; mais, ou il

méconnaît ce bien supérieur, il confond son bien avec le bien, et pèche par ignorance ; ou, connaissant le bien supérieur, il lui préfère l'inférieur, et pèche par bassesse ; ou encore il cherche son bien jusque dans le mal d'autrui, et manque à la charité, à la justice même, par excès d'égoïsme. La sensibilité ici est en cause ; avec l'intelligence, dans le premier cas ; mais, dans tous les cas, il doit sa faute à l'insuffisance ou au vice de la sensibilité d'une âme vulgaire et basse : la grâce lui a fait défaut.

*
* *

Est-ce à dire que la sensibilité soit seule en cause ? Et n'est-il pas lui-même en cause, si la grâce lui fait défaut ? Nous avons dit qu'il nous appartient de nous rendre capables de la grâce, de lui ouvrir notre âme toute prête à la recevoir. Quel que soit l'état présent de notre intelligence et de notre sensibilité, et que nous le devions à notre éducation, à notre nature, à un heureux ou funeste héritage, nous le devons, pour une bonne part, à nous-mêmes, et nous avons à répondre de cette part. Nous ne sommes pas seulement ce que nous avons été faits, mais ce que nous nous sommes faits, et nous formons chaque jour en nous un nouvel être, qui voudra selon qu'il sera.

D'après Kant, nos actions, nos volitions, phénomènes déterminés suivant la loi de la causalité (d'ailleurs mal entendue), n'en sont pas moins libres, comme résultant d'une nature libre en son essence, libre dans le monde supraphénoménal, *nouménal*, intelligible. D'après nous aussi, nos actions, nos volitions, résultent de notre nature, mais d'une nature dont, pour une large part (nous verrons plus loin si ce n'est point pour le tout), nous sommes les auteurs, et elles sont libres, parce qu'elles sont nôtres : non comme nos pensées ou nos sentiments sont nôtres, mais comme actions d'une activité, volitions d'une volonté, qui est notre être même.

Nous voulons ce qui, pour nous, dans le moment même où nous le voulons, est ou nous paraît être le meilleur. Il se peut que l'instant d'après ce meilleur nous paraisse le pire, et nous ne le voudrions plus si nous avions encore à le vouloir ou à ne le vouloir pas dans ce nouvel état de nous-mêmes : mais l'état de nous-mêmes a changé, et si nous revenions exactement au précédent, nous voudrions encore ce que nous avons voulu.

Rien de chimérique, et en un sens rien de puéril, comme la doctrine de la liberté dite *d'indifférence*. Les partisans de cette prétendue liberté en donnent des exemples bien petits et bien insignifiants, même s'ils étaient exacts ; mais ils ne le sont pas. On cite l'acte de celui qui, pour un paiement, prend au hasard, ou sans motif, une pièce de monnaie parmi beaucoup d'autres équivalentes. On se trompe, son action n'est pas une action libre : ce qui a été voulu, ce qui a été choisi, c'est de faire un paiement, non de prendre une pièce de monnaie plutôt qu'une autre. Ou, s'il en a choisi une, il a eu quelque motif, rapide et vite oublié peut-être vu le peu d'importance d'un tel choix : elle était plus brillante, ou plus en dehors, plus commode à prendre, bref une légère raison pour une action sans conséquence : mais un choix sans motif est une contradiction. L'agent libre se détermine : mais toujours quelque motif le détermine à se déterminer.

Il n'est point déterminé, il se détermine, c'est lui qui choisit. Le motif ne choisit pas pour lui : cela aussi serait une contradiction. Contradiction qu'il choisisse ou qu'il se détermine sans motif, contradiction que le motif le détermine ou choisisse pour lui : le motif le décide à choisir.

*
* *

A ceux qui disent que c'est le plus fort motif qui fait pencher la balance, on répond que, s'il est le plus fort, c'est précisément parce qu'il fait pencher la balance : mais pourquoi la fait-il pencher ? Qui lui donne force ? En lui-même il n'est plus fort ni plus faible : plus fort, ou plus faible, que quoi ? Une raison, qu'une autre raison ? La plus forte, en effet, s'il n'y a que cela, l'emportera. Mais le débat n'est pas là : il est entre une raison et un sentiment, entre un devoir et un intérêt ou un plaisir, entre un motif et un mobile ; et quelle commune mesure entre les deux ? Qu'est-ce qui est plus fort, tel motif, ou tel mobile ? Tel poids, ou tel volume ? Ce ne sont point quantités de même espèce. — On peut répondre à cette réponse qu'un motif engendre un sentiment, et par là devient un mobile ; qu'un mobile est un sentiment qui se rapporte à une fin, et par là devient un motif ; qu'à l'idée de l'intérêt se joint l'amour du plaisir ou du bien-être, à l'idée du devoir l'amour du bien, avec l'amour de la considération qui s'y attache, avec l'amour de l'estime et la crainte du mépris, l'amour aussi de la récompense et la crainte de la peine, temporaire ou éternelle, comme se joint au sentiment qui nous pousse la raison que nous pouvons avoir de le satisfaire ; qu'il n'y a point de sentiment non plus que d'image sans idée, et que toute idée enveloppe un sentiment, qui est une force, avec une image, qui par elle-même est déjà un moteur de l'organisme ; que motif et mobile s'échangent sans cesse l'un dans l'autre, se confondent pour beaucoup d'esprits, et peuvent en conséquence être comparés, être pesés. Et qu'est-ce que délibérer, sinon peser ensemble mobiles et motifs ?

Le tort que l'on a est de séparer dans l'être concret ce qui n'est séparable que par abstraction. L'homme ne peut vouloir sans le concours de l'intelligence et de la sensibilité, et même de la société qui l'entoure, de l'organisme vivant dans lequel et par lequel il se développe ; ce sont là conditions intellectuelles, sensibles, organiques, sociales, de son vouloir : mais ce qu'il veut, c'est lui qui le veut, et c'est librement.

V

L'homme a sa place dans le déterminisme universel. Ce déterminisme est accentué, bien loin d'être atténué, par la réponse communément faite à la difficulté tirée, contre la liberté des actes humains, de la prescience divine. Ce n'est pas prescience qu'il faut dire, s'écrie-t-on, mais science, omniscience, embrassant dans un éternel présent, avec le passé, l'avenir. Dieu connaît l'avenir comme il connaît le passé : il connaît des actes passés qui ont été nécessairement tels qu'il les connaît, puisqu'il est infaillible : mais cette nécessité de son infaillible connaissance est-elle la nécessité des actes ? les empêche-t-elle d'avoir été libres ? Ainsi connaît-il des actes futurs, qui seront nécessairement tels qu'il les connaît, et qui ne seront pas moins ce qu'ils seront, des actes libres : c'est qu'il les voit se produire devant lui ; c'est que, pour lui, les actes passés n'ont pas été, ils sont ; et les actes futurs ne seront pas, ils sont. Point d'avenir pour Dieu, non plus que de passé : le passé est encore, l'avenir est déjà, sous le regard éternel d'un être qui renferme tous les temps en un point indivisible, unique, infini.

— Mais comment cela peut-il être, si ce n'est que le présent retient le passé, contient l'avenir ? Pour voir l'avenir dans le présent, il faut qu'il y soit, comme le présent était déjà dans un passé dont il avait été l'avenir : il faut que le premier moment de l'existence en ait contenu toute la suite, et que le temps ne soit qu'un déroulement logique de toutes choses. Et c'est ce que nous avons dit. C'est aussi ce que reconnaissent les théologiens, qui ne veulent en Dieu rien de passif, aucune réceptivité, aucune connaissance autre qu'une connaissance directe, immédiate, intuitive en lui-même comme en l'unique et universelle cause de tout ce qui est : il ne connaît donc pas nos actes futurs pour les voir dans un présent où ils sont déjà, mais pour les produire en lui-même, cause universelle, éternelle, infinie. Il les veut, comme nous les voulons, il les fait, comme nous les faisons ; lui-même les veut et les fait en nous avec nous : il nous fait faisant, il nous fait voulant. Il concourt à toutes nos volontés, comme à toutes nos pensées, à tous nos sentiments, à tout notre être.

Voilà, certes, un déterminisme autrement profond et absolu que celui même de la science. Où est la liberté dans la nécessité de cette logique inflexible qui gouverne tout ?

*
* *

Ce problème si embarrassant en apparence comporte plusieurs solutions.

D'abord, qu'est-ce qui est libre en l'âme ? Est-ce l'acte qu'elle produit ? Non, c'est la résolution qu'elle prend. Elle veut : ceci la regarde seule. Quoi qu'elle veuille, tant que l'acte ne suit pas sa volonté, elle n'altère rien hors d'elle, elle ne change rien à l'ordre du monde. Mais agit-elle selon qu'elle veut ? Elle cherche à agir, elle s'efforce, action tout intérieure, et qui ne produit pas toujours son effet au dehors. L'effort n'aboutit pas toujours. Je veux mouvoir mon bras : mon bras est-il mû ? Oui, bien souvent ; bien souvent aussi il a été mû sans que je l'eusse voulu, et il ne l'a pas été après que je l'avais voulu.

Cette première solution du problème consiste à borner l'action du libre à l'intérieur de l'âme, à lui retirer toute efficacité réelle sur la nature : l'âme n'est pas responsable d'un agir externe, mais d'un agir interne qui est son vouloir.

La seconde résulterait d'une distinction très importante, et à vrai dire, capitale, entre l'être et l'intelligibilité de l'être : l'être n'est pas intelligible en soi ou dans sa substance, mais dans ses rapports ; ce n'est pas la substance, la puissance, la force en elle-même, que la raison a pour objet, ce n'est pas cette intime activité où la liberté réside, ce n'est pas l'être, c'est l'être intelligible : l'être est ou n'est pas, l'être est ceci ou cela, dans son intimité indéterminable qui ne comporte ni définition ni nom, qui n'est pas objet de raison, qui n'est pas intelligible, mais sensible : aussi le discours n'enveloppe-t-il que l'extérieur des êtres, leurs qualités, leurs caractères, leurs attributs, qui s'expriment par des termes généraux, impuissants à représenter à ceux qui n'en ont pas éprouvé l'impression directe ce je ne sais quoi tout particulier d'un être qui le constitue lui-même : quelle description, quelle détermination par le langage représentera une personne vivante à qui ne l'a pas vue, ne l'a pas entendue, n'a pas vécu avec elle ? L'être est ce qu'il est, dans son fond il échappe à la raison, il ne tombe pas sous la prise de l'intelligence ; mais dès qu'il existe, et tel qu'il existe à un moment donné, soit librement déterminé par lui-même, soit déterminé par une autre cause que lui-même, et celle-ci nécessaire ou libre, il entre en des rapports que la raison saisit, qui tombent sous la prise de l'intelligence, et nécessaires dans la mesure où ils sont intelligibles, où ils sont rationnels.

Troisième solution. Évitons la confusion, très généralement faite, de l'essence et de la substance. L'essence est l'ensemble des caractères sans lesquels un être ne saurait être conçu, la substance est l'être même. L'essence n'est pas l'existence, mais l'idée et la définition de l'être. S'il faut, comme il a été dit, que toutes les idées soient pensées et toutes les essences réalisées, est-ce à dire que les substances qui les réalisent soient déterminées dans leur être multiple ? Car il peut y avoir plusieurs substances pour une seule essence. Ou n'est-ce pas assez que tous les genres existent, sans que la raison qui les détermine fixe le nombre des individus qui les représentent ? Que l'homme soit, par exemple, avec toutes les variétés de caractères humains, sans qu'il s'ensuive un nombre défini d'êtres humains ? Il y aura là une large part pour le contingent et pour le libre.

Quatrième solution. Tous les résultats de toutes les volontés sont déterminés rationnellement et éternellement prévus, sans que nos volontés particulières puissent l'être. Comment ? C'est que toutes les volontés doivent se produire : la raison souveraine peut les prévoir, et calculer les conséquences ; mais sans qu'elle sache d'avance de quels êtres elles seront volontés. Ainsi le statisticien peut dire que, sous l'influence de tel régime social, il y aura tant de vols, tant d'homicides, tant de suicides, sans qu'il puisse jamais, lui ni personne, dire quels seront les suicides, les homicides, les voleurs. Si ce n'est Paul qui, dans un temps donné, voudra tel bien ou tel mal possible en ce temps, ce sera Jacques, mais ce sera quelqu'un. Chacun est libre : mais, dans le jeu de toutes les libertés, tous les effets possibles de la liberté auront leur tour. La loi qui veut que tous les possibles se réalisent gouverne la liberté, comme elle gouverne le monde : elle gouverne la liberté, mais non pour cela les libertés individuelles. Tous les possibles de la liberté seront réalisés en leur lieu, en leur heure : que ce soit par l'organe de tel être ou de tel autre, il importe infiniment à la vertu et au bonheur de l'être qui aura choisi le bon ou le mauvais vouloir ; mais il n'importe à l'ordre du monde.

*
* *

Et enfin, quand il serait que les actes libres se produisent nécessairement selon que, dans l'ordre prédéterminé du monde, il est nécessaire qu'ils se produisent, est-ce là une contradiction ? S'il est vrai que l'on veut conformément à des motifs de vouloir, et que l'influence des motifs dépend pour chacun de nous d'une nature personnelle qui, soit que nous en soyons ou non les auteurs, mais telle qu'elle est à l'heure précise où nous voulons, peut être connue, nos volontés ne seront-elles pas prévues par qui connaîtrait bien cette nature ? Ne prévoyons-nous pas, dans la plupart des cas, la conduite de nos amis ? A moins qu'une folie ne survienne, qui les trouble et les change : mais alors ils ne seront plus libres, leurs actes ne dépendront plus d'eux, mais de causes maladives dont les actes seront des effets que l'ignorance de ces causes nous empêche seule de prévoir. Tels que nous les connaissons, ne sommes-nous pas assurés qu'ils ne commettront pas telle sottise dont nous les savons incapables, tandis que d'autres les commettront ? Ne comptons-nous pas sur leurs engagements, et n'est-ce point une prévision de ce qu'ils feront dans un cas donné ? Les en estimons-nous moins libres, et leur marchandons-nous le mérite de leur sagesse ? Si nous les connaissions à fond, nous pourrions prévoir toute leur conduite, en y comprenant, en conséquence de leur travail intérieur, les modifications futures de leur nature même.

Si un être libre, si l'homme, devait un jour à un tel travail sur soi une perfection qui l'élèverait au-dessus de la tentation jusqu'à le rendre impeccable, aurait-il cessé d'être libre ? Et sa perfection serait-elle devenue une diminution de mérite et de dignité, une déchéance? Les anges, s'ils existent et s'ils sont impeccables, ne sont-ils pas libres ? Les saints ne le sont-ils plus ? Mais quoi ! Dieu n'est-il pas libre ? Et peut-il agir autrement qu'il n'agit ? La raison qui le fait vouloir comme il doit ne le détermine-t-elle pas, comme il se détermine d'après elle, — ne le détermine-t-elle pas à se déterminer ? Je répète cette formule, expression du double caractère d'actes que leur liberté ne soustrait pas à l'ordre des choses.

VI

Considérons plus à fond cette liberté, qui a trouvé, avec tant de partisans chez ceux qui en ont compris la nécessité morale, tant de contradicteurs chez ceux qui ont compris et qui lui opposent la nécessité logique du déterminisme universel. Considérons-la donc, non plus seulement en nous, mais en Dieu même, responsable du mal, dont nous allons avoir à parler, et chez qui l'on fait deux parts, l'une du libre, l'autre du nécessaire, pour le soustraire à cette responsabilité du mal.

La fameuse phrase où Bossuet déclare qu'on doit « tenir fortement les deux bouts de la chaîne, quoiqu'on n'aperçoive pas le milieu par où l'enchaînement se continue », n'a point trait à la difficulté d'accorder la prescience divine avec le libre arbitre de l'homme, mais bien à la contradiction apparente entre deux vérités, la liberté des actes humains et l'opération ou la coopération divine produisant nécessairement sans les nécessiter, ou faisant nécessairement se produire sans leur ôter leur liberté, ces mêmes actes. Toute la théologie chrétienne enseigne que Dieu nous donne le vouloir et le bon vouloir, qu'il nous fait faisant, qu'il nous fait faisant bien, et que nous sommes libres : il produit en nous, ou plutôt concourt à produire en nous, des actes nôtres ; nous agissons sous son action infaillible et toute-puissante ; nous choisissons par notre libre volonté ce qu'il nous fait choisir. Si l'on enseigne que, dans les actes humains, la liberté se peut concilier avec une secrète nécessité qui les amène, sans les contraindre, à se produire selon l'ordre éternel des choses, est-on bien venu à venir nous dire que la liberté et la nécessité sont incompatibles en Dieu, où il est plus aisé de les concilier, au contraire, puisque sa liberté ne reçoit la loi qui l'oblige, et, en un sens, la nécessite, que de lui-même, de lui seul ?

On résout ces sortes de contradictions en distinguant les points de vue. Une même chose ne peut point tout ensemble être et n'être pas, sous le même rapport, mais le peut sous des rapports différents. Concevez la liberté dans la volonté d'un être, et la nécessité dans sa raison : il veut ce qu'il doit vouloir. La perfection de la volonté en conforme les actes libres à la raison qui les nécessite : la raison les nécessite, et la volonté les produit librement. Il accorde son acquiescement à la raison qui est en lui : le pouvoir d'accorder est le pouvoir de refuser ; sa volonté, considérée en soi, peut donc refuser l'acquiescement qu'elle accorde, elle peut choisir entre le oui et le non, elle est libre : mais il est raison non moins que volonté, et il accorde au nom de sa raison, par une nécessité qui résulte de sa perfection même, ce que sa volonté peut refuser ; il choisit le mieux, — librement, puisque sa volonté, prise, non comme volonté parfaite, mais comme volonté pure, peut choisir le moindre bien, — et nécessairement, puisque sa volonté, prise comme volonté parfaite, se conforme toujours à la raison qui la règle. Pourquoi s'obstiner à isoler les uns des autres des attributs inséparables dans l'être indivisible ? Le concert de ces deux attributs imprime aux actes d'un être qui se détermine lui-même selon que sa perfection ou son imperfection, sa raison, s'il est Dieu, sa nature, s'il est homme, l'y détermine, la marque paradoxale d'une libre nécessité.

Faute de voir clair en ces difficultés, on a imaginé en Dieu deux sortes d'opérations, les unes, libres, dites *ad extra*, les autres, nécessaires, dites *ad intra*. Dieu, selon eux, est nécessité, et par conséquent non libre, dans l'ordre intérieur des essences ; et il est libre, par conséquent non nécessité, dans l'ordre extérieur des existences. Ils n'entendent point qu'il puisse être à la fois, dans le même ordre, libre et nécessité ; ils préfèrent le diviser, et, pour échapper à une apparente contradiction, admettre la contradiction réelle d'un double domaine dans l'indivisible.

Si la liberté n'est pas une perfection, pourquoi vouloir que Dieu soit libre ? Si elle est une perfection, pourquoi la limiter en Dieu et ne le faire libre que dans un ordre, non dans l'autre ? Je comprends du moins les philosophes (car il y en a, notre grand Descartes est du nombre) qui, pour le faire libre dans l'ordre même des essences, professent qu'il crée la vérité et la raison par la seule vertu de son bon plaisir, comme le monde. Il est libre, en effet, de même qu'il est nécessité, *ad intra*, dans l'ordre des essences : car il affirme la vérité qui est en lui, la parle éternellement, par conséquent l'accepte et la veut au lieu de la subir ; et il est nécessité, de même qu'il est libre, *ad extra*, dans l'ordre des existences : car il les veut selon que l'oblige à les vouloir, sans l'y contraindre, la vérité qui est en lui, le Verbe par lequel a été fait tout ce qui existe, l'éternelle sagesse, la parfaite raison.

*
* *

Dieu veut librement ce qu'il doit vouloir. L'homme veut librement ce qu'il est déterminé à vouloir ; et l'on peut prévoir, dans une circonstance donnée, si on le connaît bien, ce qu'il voudra.

Nous avons présenté l'exemple d'un engagement pris, qui sera tenu ou pourra ne pas l'être selon le caractère de l'homme, et on le sait. Voilà un homme sûr : vous comptez sur un engagement qu'il a pris. Que signifie cette confiance ? Ne peut-il y manquer ? Il le peut, s'il le veut : mais il ne le voudra pas. Vous le savez, vous en êtes certain. Ou, s'il y manque, c'est qu'il y aura eu force majeure, quelque chose de plus fort que lui sera survenu qui l'aura empêché de le tenir : vous n'êtes pas certain de son pouvoir, vous l'êtes de son vouloir. Certain pour tel homme, non pour tel autre : si vous êtes trompé dans votre prévision, c'est que vous vous êtes trompé sur l'homme. Vous savez de tel homme qu'il ne mérite pas foi, de tel autre qu'il tiendra sa promesse. Celui-ci la tiendra : n'est-il pas libre de ne la point tenir ? C'est parce qu'il est libre, parce qu'il dépend de lui de la tenir ou non, que vous savez, de science certaine, qu'il la tiendra ; et que savez-vous ainsi ? Qu'il voudra la tenir. Vous savez, quoi ? Ce qu'il fera ? Non, car peut-être ne pourra-t-il ce qu'il voudra. Vous savez moins et plus, vous savez mieux : ce qu'il voudra librement.

Il voudra, pouvant ne pas vouloir ; mais il voudra, et vous le savez. Une détermination future de sa volonté est prévue, et n'en sera pas moins libre ; vous en avez la prescience ; vous auriez celle de toutes ses déterminations futures, si vous le connaissiez pleinement dans tout son caractère, toute son âme intelligente et sensible, accessible à tels mobiles, à tels motifs, dans tout son être ; et vous connaîtriez toutes les déterminations futures de tous les êtres libres, si vous connaissiez pleinement, entièrement, adéquatement, l'être universel.

De même que l'intelligence entend la vérité, que la sensibilité désire le bonheur, la volonté veut le bien ; et il n'est pas un seul acte de volonté, une seule volition, qui ne soit volition d'un bien. Si, comme il a été dit, on veut naturellement ce qu'on désire, c'est que naturellement on désire ce que l'on conçoit bon ; et si l'on combat un désir, si l'on veut contre son désir, c'est que le bon que l'on conçoit le cède à un autre que l'on conçoit meilleur. Telle est la loi naturelle de la volonté : on veut naturellement ce qui, au moment où on le veut, paraît le meilleur.

Je ne dis pas *nécessairement,* la volonté étant libre ; je dis *naturellement :* et c'est assez pour la prévision.

Je ne dis pas la loi morale, je dis la loi naturelle : c'est-à-dire, non comment doit se comporter la volonté, mais comment elle se comporte.

Il arrive que ce qui, au moment où l'on veut, paraît le meilleur, paraît le pire au moment d'après, ou plus tard : on regrette de s'être trompé, on se reproche d'avoir failli, on se repent d'avoir mal agi, on revient sur son vouloir, de même qu'on revient sur un jugement reconnu faux, sur une joie reconnue vide ou productrice de douleur : le mal est une erreur de la volonté, comme l'erreur est un mal de l'intelligence ; nous pouvons le reconnaître, nous pouvons en être avertis par l'opinion qui juge nos pensées, qui juge notre conduite : nous ne pensons plus ce que nous avons pensé, et il nous semble que nous ne voudrions plus ce que nous avons voulu : mais les circonstances ne sont plus les mêmes. Quelque chose a changé en nous, ne fût-ce que notre jugement ou notre sentiment sur l'objet de notre vouloir. Si les circonstances redevenaient tout-à-fait les mêmes, même jugement et même sentiment, même appréciation des motifs, dont l'attrait fait des mobiles, même attrait des mobiles, dont l'appréciation fait des motifs, nous voudrions encore ce que nous avons voulu, non moins librement, puisque ce serait également nous qui voudrions, et non moins naturellement, puisque l'aspect du bien n'aurait pas changé pour nous, ou que, après avoir changé, il serait redevenu le même.

**
* **

Ne pouvons-nous donc rien ? Sommes-nous prédestinés au bien ou au mal suivant un concours de circonstances dont nous ne sommes pas les maîtres, et un caractère que chacun de nous a reçu de la nature, de l'éducation, de son entourage, d'un milieu dont il ne peut mais ?

Non. Car ce que nous voulons, c'est nous, — nous tels que nous sommes, — qui le voulons, et nous nous faisons sans cesse nous-mêmes ce que nous sommes : les circonstances dans lesquelles nous sommes placés sont toujours, quelles qu'elles soient, ce qu'elles doivent être, et nous en tirons le parti que nous pouvons, le meilleur à nos yeux, ou celui qui nous semble le meilleur : si c'est un mauvais parti, nous l'apprendrons à nos dépens, et nous en vaudrons mieux ensuite. L'être virtuel qui est la substance de notre être se façonne et se modifie et se développe sans cesse, et c'est nous qui sans cesse, par chacun de nos actes, le façonnons, le modifions, le développons, depuis le primitif inconscient, antérieur à tout acte, jusqu'à la perfection suprême ; et chacun de nos actes est ce qu'il peut être à chaque instant de notre être virtuel, selon le degré d'être, c'est-à-dire de puissance prochaine, où nous sommes parvenus.

Il résulte de ceci, et il faut concevoir, pour le comprendre, que ni la naissance à la vie terrestre n'est le commencement de notre être, ni la mort n'en est la fin. C'est ce que nous expliquerons plus loin, dans notre dernière Étude.

Et il faut comprendre que le mal n'est rien de réel, rien d'objectif, comme on dit, rien d'absolu ; il n'est pas en soi, mais relativement, et encore à telle phase, telle forme particulière de notre existence, à telle condition, utile au fond et profitable si fâcheuse qu'elle paraisse, mais essentiellement transitoire, de notre être. C'est ici le lieu de nous expliquer sur le problème du mal.

VII

Si jamais problème fut mal posé, c'est celui-là ; aussi n'a-t-il pas été résolu.

Si Dieu n'existe pas, l'existence du mal n'est pas un problème. Si Dieu existe, c'est le mal qui n'existe pas : le mal est une forme du bien, le mal se ramène au bien, et le problème est précisément de l'y ramener.

Si Dieu n'existe pas, les êtres sont en vertu de lois nécessaires qui les font être quand et comme ils peuvent, et ils sont toujours tout ce qu'ils peuvent être en vertu de ces mêmes lois, sans autre règle de conduite que de réaliser tout ce qu'ils peuvent d'être et de bonheur : point de morale, si ce n'est, pour certains êtres vivant en société, une morale sociale, dont les lois ne sont que les conditions de leur existence, et ne les obligent, ou plutôt ne les forcent (car est-ce encore une obligation ?), qu'autant qu'il faut bien qu'ils s'y conforment pour vivre : libre à eux de les transgresser, s'ils y trouvent leur profit, ou s'ils préfèrent mourir que vivre sous leur joug. Point de péché, mais plus ou moins de joie ou de douleur selon que la vie les favorise plus ou moins. Comme une plante naît et pousse où elle trouve la moindre possibilité d'être, prospère ou avortée selon que le milieu la seconde ou lui suffit à peine, un homme vit plus ou moins heureux selon le milieu que rencontre sa vie, luttant pour la vie, se débattant avec son milieu, — jouissant ou souffrant, vainqueur ou vaincu, sans vertu ni péché. Point de mal moral ; et pour le mal physique, point d'autre raison à chercher que le hasard qui l'a fait naître homme plutôt que bête ou plante, et lui a permis telle vie humaine plutôt que telle autre. Le problème du mal ne se pose pas.

Et si Dieu existe, tout est ce qu'il doit être, selon la parfaite Raison qui règle tout, Providence immanente au monde qu'elle gouverne. Ce qui ne doit pas être n'est pas. C'est dire que le mal n'est pas. Dieu agit dans tout ce qui agit ; mais quand il ne serait pas *coauteur* avec nous de nos volitions, *coauteur* de toutes les volitions libres, il n'en ferait pas moins l'efficacité : il en produit les effets. Vous n'y consentez point ? Du moins il ne les arrête pas, il les permet : ces effets, quels qu'ils puissent être, et quelque détestables ou abominables qu'ils nous paraissent, ne sont donc des maux que pour nous, non pour lui. Si réduite que l'on veuille concevoir son action ou son concours à la nôtre, et quand, pour l'innocenter, on n'y verrait qu'une omission, cette omission le rend complice. Mais elle n'est pas simple omission, elle est action souveraine, opérant, ou seule dans l'action des forces aveugles, ou en concours avec celle des forces conscientes et libres : elle assure ainsi l'unité du monde, l'ordre universel.

Si Deus non est, unde bonum ? dit un adage latin. *Si Deus est, unde malum ?* Il faut dire, non point : Si Dieu est, d'où vient le mal ? mais : Si Dieu est, le mal n'est pas. Il faut concevoir un mal qui soit un bien ; un ordre dont un certain désordre fasse partie, et doive, en effet, selon la raison même, faire partie sans l'altérer : difficile problème ! Mais c'est en ces termes que l'optimisme, ou la doctrine que tout est bien, puisque tout est ce qu'il doit être, pose le problème du mal. Nous ne l'esquiverons pas

*
* *

C'est l'esquiver que faire du mal, comme Leibniz, une condition de l'existence du monde, telle que « le meilleur des mondes possibles » ne saurait être exempt de mal. Bien et mal sont pour lui, ainsi que pour un très grand nombre de philosophes, contradictoires l'un de l'autre : le mal est le *non-bien*, ce qui n'est pas le bien : où donc n'est pas le bien parfait, où le bien manque pour une part, est une part de mal.

Ces philosophes identifient le bien à l'être ; le mal, pour eux, est le non-être. Aussi a-t-on dit : *Malum causam non efficientem, sed deficientem, habet ;* et Leibniz, distinguant plusieurs genres de mal, considère d'abord le mal qu'il appelle *métaphysique*, l'imperfection, non point cette sorte d'imperfection, qui serait un désordre, mais celle même qui serait une perfection relative, mais l'imperfection au regard de l'absolu, caractère nécessaire de la créature, de l'être fini. Et, en effet, si le mal est ce qui n'est pas le bien, la négation ou l'absence du bien, si bien et mal, contradictoires l'un de l'autre, s'opposent entre eux comme être et non-être, l'imperfection même est le mal en soi, et la création de l'imparfait mauvaise, l'œuvre de Dieu mauvaise.

Le mal n'est pas le contradictoire du bien, il en est le contraire : il ajoute à la négation du bien quelque chose qui n'est plus négatif, mais très positif, et qui le constitue mal. L'erreur, qui est le mal de l'intelligence, n'est pas l'ignorance, ou la connaissance moindre, mais le faux jugement, l'affirmation contraire à la vérité ; la douleur, qui est le mal de la sensibilité, n'est pas le plaisir moindre, ou la privation du plaisir, souffrir n'est pas seulement ne point jouir, mais plus et autre chose ; le péché, qui est le mal de la volonté, n'est pas la vertu moindre, mais l'acte d'une volonté qui veut ce qu'elle ne doit pas vouloir.

Le mal n'est donc pas le moindre bien ou le moindre être, mais l'amoindrissement et la destruction de l'être. Faire le mal n'est point même chose que ne pas faire le bien, ni commettre l'injustice que demeurer dans l'imperfection. Qui commet l'injustice viole une loi morale, et mérite une peine ; qui demeure dans l'imperfection manque à son idéal, et ne se rend pas digne de la félicité attachée à une perfection dont il n'a pas le courage.

L'action mauvaise est celle dont l'effet naturel, que d'ailleurs il se produise ou non, est de nuire, celle par laquelle on attente à l'être, chez soi ou chez autrui ; l'action bonne est l'action utile, au sens large du mot, en y comprenant l'utilité qui j'appellerai religieuse, pour l'élévation de l'âme et la vie supérieure ; l'action qui n'est en elle-même nuisible ni utile est indifférente. Hors de là, toute morale est de fantaisie. Le nuisible et l'utile varient selon les temps, les lieux, les circonstances, les personnes même : tel pourra boire sans préjudice une bouteille de vin, quand un seul verre enivrera tel autre, qui, le sachant, devra s'en abstenir : l'invariable de la loi morale n'est pas là, il est dans le devoir de s'abstenir d'une action que l'on sait ou que l'on croit mauvaise.

Y a-t-il un devoir de faire, comme de ne pas faire ? Un devoir d'agir, comme de s'abstenir ?

Entendons-nous, le mot agir est équivoque. Il est des cas où il faut agir pour s'abstenir, faire une action pour n'en pas faire une autre : payer un créancier, par exemple, pour ne pas le voler. Le respect d'un droit, l'obéissance à une autorité légitime, n'est pas action, à vrai dire, mais abstention, quoique souvent action dans la forme : action négative, pour ainsi parler, qui n'est point faire le bien, mais ne pas faire le mal.

Le devoir est-il de faire le bien, comme il est de ne pas faire le mal ?

Oui, d'abord, pour ne pas faire le mal : car, si l'on ne doit pas faire le mal, c'est par amour du bien. L'obligation morale est de ne pas faire le mal, parce qu'il est le mal, parce qu'il n'est pas le bien, qu'on doit faire : elle est donc aussi de faire le bien parce qu'il est le bien. Ce n'est pas simple justice, c'est déjà charité, c'est bonté, que d'aimer ses semblables : mais si l'on n'est pas bon, sera-t-on juste ? La simple justice exige souvent des renoncements, des immolations, que la raison commandera, que le cœur ne soutiendra pas, et il y aura défaillance.

Mais l'essentiel du devoir est de ne pas faire le mal. Qui fait le mal fait le mal, et sera puni. Qui ne fait point le mal, sans faire le bien, ne sera point puni, ou le sera négativement, en ce qu'il aura manqué, avec sa destinée, son bonheur ; et il ne sera pas récompensé : de quoi le serait-il ? Sauf que s'abstenir de mal faire lui ait coûté un sacrifice, auquel cas une compensation lui est due. Qui fait le bien fait plus ou moins de bien, mérite plus ou moins, en sera plus ou moins heureux. « Il y a plusieurs demeures dans la maison de mon Père. » Il ne pèche pas à faire moins de bien ; et, au contraire, si peu qu'il en fasse, dans la mesure de tout ce qu'il en fait, il mérite : sa récompense est dans l'excellence qu'il gagne, et dont l'effet est d'élever sa sensibilité même à la hauteur de sa raison. Le terme de ce progrès est la joie d'une âme rendue peu à peu, par la transformation intime que son effort pour le bien opère en elle, insensible aux biens inférieurs, heureuse de l'accomplissement de son être idéal.

Il est donc vrai que le mal est quelque chose de positif, comme le bien, et nous avons dit qu'il n'est rien d'absolu, qu'il n'est point quelque chose en soi, qu'il n'a point de réalité propre, que même, objectivement, il n'est pas.

Il est subjectivement, non objectivement : dans l'être qui pèche ou qui souffre, non hors de lui, dans l'univers, au regard de Dieu.

Tous les maux dont nous pouvons avoir quelque idée se ramènent à trois sortes, selon que nous considérons le bien ou l'être dans son rapport à l'intelligence, à la sensibilité, à la volonté libre : l'erreur, la douleur, le péché. Ces maux, on le voit tout d'abord, ne sont pas quelque chose en eux-mêmes, ils n'ont rien d'objectif, ils sont tout subjectifs, relatifs à l'intelligence qui erre, à la sensibilité qui souffre, à la volonté qui pèche. Ni Dieu ni l'univers ne connaissent de tels maux. Et ils résultent de ce que les êtres intelligents, sensibles, libres, ne sont pas dans le rapport normal avec l'être. Car qu'est-ce qu'errer, sinon affirmer un non-être ? et pécher, sinon vouloir un non-être ? et souffrir enfin, sinon être privé des objets nécessaires à la vie, ou à l'esprit, ou au cœur ? Le non-être est, en effet, dans le mal, et c'est pourquoi on les a confondus : le mal n'est pas le non-être, mais la prise de possession, pour ainsi dire, d'un non-être par un être qui l'affirme ou le veut, et, l'ayant voulu, le subit.

On voit ici le lien de la souffrance à l'erreur et au péché. Au lieu d'aller à l'être, on va au non-être, et naturellement on y arrive : on y trouve la privation des objets qu'on appelle à juste titre les biens de la vie. Maladie et mort, pauvreté, déceptions, perte ou absence ou indifférence et parfois haine ou mépris des personnes chères, et tant d'autres maux, qui sont des manques : toutes formes du non-être pour la sensibilité.

Mais le non-être ne se conçoit que par l'être : il n'est que l'être moindre, un mélange d'être et de néant. Il n'y a donc point de souffrance absolue, ni d'erreur absolue, ni de péché absolu : le mal, tout relatif qu'il est à l'être particulier qui erre, qui pèche, qui souffre, n'est donc, même chez cet être et pour lui, qu'un mal relatif.

Il n'y a point d'intelligence qui ne soit en possession de quelque vérité : sans quoi serait-elle intelligence ? et s'il n'y a pas intelligence, où sera l'erreur ? Il n'y a point de sensibilité qui ne jouisse de quelque avantage. Et il n'y a point de volonté qui ne veuille quelque bien.

Le pécheur veut un bien : son péché, en tant que mal positif, est l'acte, positif en effet, de préférer un bien moindre à un plus grand. Celui qui préfère un bien moindre, s'il le réalise, réalise un certain bien : naturellement, il ne fait pas le mal, il fait un moindre bien ; moralement, il ne fait pas moins bien, il fait mal. Un voleur s'appropriant la chose d'autrui préfère un moindre bien, mais encore un bien, qui est sa fortune, augmentation de puissance et d'être, à un plus grand bien, qui est son droit au respect lié à son propre respect d'autrui : il réalise un bien en ce qui le concerne ; il veut un bien : car ce qu'il veut, ce n'est point la ruine ou la spoliation d'autrui, mais, par la spoliation d'autrui, sa fortune ; il fait un bien, mais il fait aussi un mal, et plus grand, détruisant l'être humain pour produire son propre être.

Ce voleur, ce calomniateur, cet assassin, poursuivent leur propre bien par le mal d'autrui : la spoliation, la diffamation, la mort. Mais ils poursuivent un bien.

Le bien est pour eux, le mal pour autrui. Ce mal d'autrui est-il absolu ? Ou n'est-il encore que relatif, et encore un bien, en quelque mesure ? Un moindre bien ?

*
* *

Il faut qu'il en soit ainsi, car c'est ainsi que se pose le problème du mal : comprendre un mal qui soit un bien.

Il en sera ainsi pourvu que la propriété ôtée, la vie même ôtée, ne soit pas tout l'être de l'homme : le voleur alors ni l'assassin ne lui enlève tout son être.

Remarquons que le crime du voleur, de l'assassin, du parricide, du plus grand des criminels, est de produire un état de choses que la nature, que Dieu produirait sans lui : produire une pauvreté que le spolié pourrait devoir à toute autre cause qu'à un vol ; produire une mort, la mort d'un homme, la mort d'un père, qui d'ailleurs, sans que l'assassin ou le parricide s'en mêle, mourra.

Le criminel coopère, à sa façon, avec la nature, avec Dieu même. L'assassin, le voleur, le calomniateur, sont des exécuteurs de la sentence divine. La victime du vol devait être appauvrie, la victime de la calomnie devait être flétrie, la victime de l'assassin devait mourir. Certes, le criminel n'avait nul droit à cette coopération avec Dieu ; elle était de sa part comme une usurpation sur Dieu, elle était un attentat contre l'être, et il mérite, lui qui vole, d'être volé, lui qui diffame, d'être diffamé, lui qui tue, d'être tué : il mérite d'éprouver le tort qu'il fait, le mal qu'il cause : et il aura ce qu'il mérite. A son tour il souffrira comme il fait souffrir. Ce sera justice, et la souffrance méritée est une sorte de bien, étant une forme de l'ordre.

A condition toutefois que, juste, elle soit temporaire, et qu'elle soit éducatrice.

Si elle n'est pas temporaire, si la peine est éternelle ou si la mort est l'anéantissement, c'est un mal absolu. Si elle n'est pas éducatrice, elle est vaine : souffrance en pure perte, mal qui pouvait être évité : car il pouvait n'être pas mérité : Dieu n'avait qu'à ne pas permettre le crime. Et le criminel, fût-il si misérable qu'il méritât un châtiment sans profit comme sans terme, aurait à protester encore contre l'inique auteur d'une vie qu'il n'avait pas demandée et qui devait lui être si fatale ! Mal absolu, à tous égards : absolu de péché, absolu de souffrance, et l'existence même d'un pareil être serait un mal qui accuserait Dieu.

*
* *

Si, pour le criminel qui l'aurait méritée, telle serait la souffrance que, juste, temporaire et éducatrice, elle serait un bien, en est-il autrement dans toute souffrance ? Et de même que notre vie future sera ce que nous la faisons, notre vie présente peut-elle être autre chose que ce que nous l'avons faite ? Si la mort n'est pas une fin, un passage de l'être au néant, la naissance peut-elle être un commencement, un passage du néant à l'être ? Et je ne parle pas seulement de l'homme, mais de la bête, de tout ce qui naît, souffre et meurt. C'est la question que nous aurons à traiter dans notre Étude VI, sur la *Vie Éternelle*.

On fait ce qu'on peut, et l'on veut ce qu'il est naturel de vouloir : ce qui, avons-nous dit, dans les circonstances où l'on se trouve et avec le caractère que l'on a, paraît le meilleur. Ce meilleur est peut-être mauvais, mais non absolument : un moindre bien pour un plus grand mal, ou un bien passager qui engendre un mal : bien relatif, en ce qu'il est une satisfaction, un exercice de vie, et mal relatif, en ce qu'il est nuisible. On en subira les conséquences, et l'on souffrira ou l'on fera souffrir : mal de péché, parce qu'il est ce qu'on ne doit pas vouloir ; et l'on ne doit pas le vouloir, il est péché, précisément parce qu'il est nuisible : le voulant et le faisant, on fait le mal, parce qu'on fait du mal.

Mal subjectif, tout relatif à ceux qui le font ou qui l'éprouvent ; bien pour eux-mêmes, s'il est l'épreuve de leur liberté, l'expérience de leur activité s'exerçant, se développant, se perfectionnant à leurs dépens, s'il est, en un mot, l'éducation d'un être éternel.

Et le concours divin à toute action de toute créature n'est plus dès lors la complicité du mal, mais l'aide pour le bien qui est cette expérience même : le concours de l'éducateur aux épreuves de l'élève.

*
* *

Vu du dehors, au regard de l'univers, et de Dieu qui en est l'âme, le mal n'est pas, puisque le péché est en qui pèche, la souffrance en qui souffre ; vu du dedans, au regard de qui pèche et de qui souffre, le mal n'est pas, puisque le péché est le vouloir d'un moindre bien, et la souffrance une privation, une diminution d'être, un moindre être, suite de ce vouloir d'un moindre bien : juste par conséquent, temporaire d'ailleurs, et éducatrice d'êtres éternels, appelés à réaliser eux-mêmes, avec le concours de Dieu, la perfection de leur être.

Qu'on se figure un édifice formé d'une infinité de pierres de toutes sortes, dont l'ensemble offre aux yeux le spectacle d'un admirable monument ; ces pierres cependant ne se sentent pas à leur place ; elles souffrent : qu'importe à l'ensemble, à la beauté du monument, au spectateur qui le contemple ? Mais il leur importe, à elles ; si leur souffrance ne dérange rien à l'édifice, et ne lui fait aucun mal, elle n'en est pas moins un mal, non pour l'édifice, mais pour elles. Or, les pierres qui le forment sont de merveilleuses pierres, animées, mobiles, qui vont et viennent et tourbillonnent sans apporter aucun trouble au plan de l'édifice ; elles descendent, elles montent, elles tombent, elles s'élèvent, elles se déplacent, et, quand elles ne se mettent pas à leur place, elles souffrent, mais c'est leur faute ; elles s'instruisent par les suites de leurs fautes, par la vanité ou le malvenu de leurs tentatives ; et c'est l'architecte lui-même qui les anime, les aide en leurs mouvements, favorise, pour les instruire, la liberté de leurs aventureuses tentatives, jusqu'à ce qu'elles trouvent enfin, avec leur véritable place, leur bonheur.

L'édifice a constamment, quoique les pierres puissent faire ou éprouver, sa beauté, son ordre, sa magnificence, cette splendeur qui est son bien ; les pierres ont aussi leur bien, dans la libre recherche et la conquête du bien.

Il n'y a point de mal pour l'univers ; pour les êtres particuliers dont il se compose, il n'y a point de mal absolu, mais conflit entre des biens exclusifs les uns des autres. La souffrance est dans le sacrifice de ceux qui valent plus à ceux qui valent moins, de biens plus grands à des biens moindres ; et le péché, dans la volonté insensée d'un tel sacrifice. La souffrance ne serait point sans le péché, ni le péché sans la liberté, qui est la félicité même et le suprême bien de l'être : en sorte que les effets de la liberté, outre ce que dans le pire ils retiennent encore de bon, sont bons comme tels, bons de la liberté qui est en eux.

Et cela sera, si les êtres, si tous les êtres de toute nature comme de tout degré, sont des virtualités, des puissances qui se forment, se façonnent et se développent par leurs actes, parcourant, du primitif inconscient au conscient parfait, les phases d'un être éternel.

VIII

La volonté choisit d'après des mobiles qui la poussent et des motifs qui l'engagent ; ils ne déterminent pas son choix, ils la déterminent à choisir : c'est-à-dire qu'ils ne font pas le choix, c'est elle qui le fait, mais tel qu'ils le lui font faire. L'être libre choisit librement, mais selon sa nature. Il pourrait faire un autre choix, il est libre ; mais il n'est pas naturel qu'il en fasse un autre : pour quelle raison le ferait-il ? Et demander cela, c'est supposer qu'à son choix il faut une raison. Sa nature le fait vouloir, Dieu veut avec lui. Dieu ? Oui, puisque Dieu, auteur de la nature, l'est donc de sa nature ; mais lui-même en est aussi l'auteur pour sa part. L'être libre veut ce que, au moment où il veut, les circonstances étant ce qu'elles sont et sa nature étant ce qu'elle est, il est naturel qu'il veuille ; sa nature, à ce moment précis, est ce qu'elle est, non ce qu'il la fait : mais elle est ce qu'elle a été faite, et par des causes dont il n'a pas été le maître, et aussi par lui-même. Car, avant de vouloir, et pour vouloir, il délibère : l'acte de volonté qui suivra sa délibération sera celui qui résulte de sa nature présente ; mais, par la considération que sa délibération accorde aux motifs, par l'attention qu'elle prête aux mobiles d'ordre inférieur ou supérieur, il modifie sa nature pour l'avenir ; sa manière de sentir ou de penser indépendamment de son vouloir, sa manière générale de vivre, lui fait sans cesse une autre nature qui est son œuvre, — autrement orientée, et par lui-même, pour les déterminations de volitions qui ne sont pas encore, dont il est déjà responsable. Il veut selon son être, selon tout ce qu'il est, qu'il s'est fait solidairement avec l'univers et avec le souverain Principe qui anime tout.

*
* *

La volonté a pour objet l'action : elle choisit l'action, et la commence. Il en résulte un mouvement, interne ou externe : mouvement du cerveau, dans la pensée ; mouvement des membres et du corps, dans l'exécution d'une résolution prise. Les mouvements ainsi produits tendent à se reproduire, et peu à peu se reproduisent d'eux-mêmes, en dehors de la volonté, en dehors de la conscience : ils deviennent comme instinctifs. C'est l'*habitude*.

Nous en avons parlé en même temps que de l'instinct. On dit que l'habitude est une seconde nature, on pourrait dire que la nature est une première habitude : nos habitudes se transmettent, et sont chez nos enfants des penchants naturels, des instincts. La différence fondamentale entre l'instinct et l'habitude, c'est que nous tenons l'un de notre naissance, tandis que nous formons l'autre. L'habitude est notre œuvre ; l'instinct, non. Nous ne sommes pas responsables de nos instincts, qui, fussent-ils dus à la volonté de nos pères, ne le sont pas à la nôtre ; nous sommes responsables de nos habitudes. Des mouvements qui se produisent en nous sans nous, pour le bien ou pour le mal, ont beau échapper à notre volonté, à notre conscience même, ils n'en sont pas moins nôtres, s'ils sont la conséquence de nos volontés antérieures.

L'habitude, qui rend la volonté, ou plutôt l'activité, plus facile et plus prompte, affaiblit la sensibilité : non les inclinations, qu'elle fortifie au contraire, mais les sensations et les sentiments, qu'elle émousse. « Qui a bu boira », dit le proverbe ; et l'ivrogne, qui ne peut plus s'empêcher de boire, n'a plus de plaisir à boire. Une odeur qui saisit d'abord cesse peu à peu, si l'on continue à la respirer, d'affecter l'odorat. C'est une autre espèce d'habitude, dite passive, qui n'a de rapport avec l'habitude active que l'inconscience à la suite de la continuité ou de la répétition.

C'est que l'habitude, active ou passive, est un état, non un acte : un caractère de l'être virtuel qui est l'âme. L'âme, on le sait, n'a conscience que de ses actes.

C'est encore, pour l'habitude passive, que l'impression arrivée au cerveau n'y sollicite plus, n'y saisit plus, n'y provoque plus à l'acte désormais inutile, l'âme familiarisée avec elle, occupée ailleurs ; et pour l'habitude active, que les mouvements répétés deviennent mécaniques, et se reproduisent par action réflexe dans l'organisme, à la suite d'un mécanisme cérébral ou cérébro-spinal, sans concours de l'âme. Expliquons-nous.

Un musicien est à son piano. Il a sous les yeux une partition, qu'il joue sans lire les notes, sans voir les touches qu'il frappe, et d'autant mieux qu'il les voit moins, que, tout entier au sentiment de la musique, il est moins attentif à ces touches et à ces notes. Que se passe-t-il dans son âme ? Rien autre que l'attention à sentir et à rendre ce qu'il sent. Avant qu'il fût exercé, il avait besoin de solfier, et de regarder les touches du piano : telle note excitait tel nerf sensitif, produisait tel mouvement cérébral, suivi d'une sensation, la vue de la note ; puis venait la volonté, excitant tel autre mouvement cérébral, tel nerf moteur, pour aboutir à frapper telle touche. Le premier de ces deux mouvements cérébraux était suivi, non directement, mais consécutivement à une sensation et à une volition, du second mouvement cérébral ; la volonté qui excitait l'un de ces deux mouvements à la suite de l'autre les liait entre eux, si bien qu'elle n'a plus eu à intervenir pour les faire s'entresuivre, et que, le premier produit, le second se produit de lui-même, que le mouvement passe de lui-même, sans aucune intervention de sensation ni de volition, par action réflexe, du nerf sensitif au nerf moteur : les notes ne sont plus vues, les mouvements des mains qui frappent les touches ne sont plus voulus, l'excitation passe des nerfs sensitifs aux nerfs moteurs : c'est un mécanisme vivant, monté dans son cerveau, dans ses nerfs, par le pianiste. Ainsi de la lecture : l'enfant épèle ses lettres ; le lecteur habitué ne les épèle plus, ne les lit plus, à vrai dire, mais lit des mots, des phrases. Ainsi de la parole ; ainsi de mille actions familières que chacun fait inconsciemment, instinctivement, machinalement. Nous ne les faisons pas ; c'est une machine qui les fait : mais nous avons fait la machine. Nous avons reçu de la nature des mécanismes organiques tout montés qui sont nos instincts ; nous en montons de nouveaux, qui sont nos habitudes.

Mais ceci nous conduit à la question des rapports du corps et de l'âme, qui va maintenant nous occuper.

CINQUIÈME ÉTUDE

La Vie Humaine.

I

L'âme, puissance de conscience, ne passe pas de la puissance à l'acte par elle-même : il faut à l'être virtuel, pour qu'il se réalise, un autre qui, agissant sur lui, le suscite, le provoque à se produire. Cet autre est le monde qui l'entoure et le pénètre, qu'il trouve hors de lui, qu'il trouve en lui-même.

De ce monde une portion est comme détachée pour être particulièrement jointe à chacun de nous. Cette portion du monde extérieur à laquelle nous sommes unis est notre corps.

Si étroite est l'union du corps et de l'âme que beaucoup ne les distinguent pas, ou les distinguent seulement comme deux aspects d'un même sujet : ils se confondent eux-mêmes avec leur corps, et, plus forts ou plus faibles, plus ou moins capables dans l'ordre de la vie spirituelle selon qu'ils le sont corporellement, croient qu'ils naissent, grandissent, déclinent et meurent avec lui.

A chaque instant, dans le cours de nos précédentes Études, nous avons rencontré la vie corporelle comme le terrain où se déploie la vie spirituelle. Nous donnons ici la main aux matérialistes : la seule différence (mais elle est capitale) entre eux et nous, est que pour eux il n'y a dans l'homme qu'une vie, la corporelle, dont la spirituelle n'est que le degré supérieur, quand pour nous il y en a deux, dont l'une est la condition de l'autre. Pour eux, l'être, au degré inférieur, dans la plante, vit ; à un plus haut degré, dans l'animal, vit et sent ; dans l'homme enfin, au degré supérieur vit, sent et pense : le même être qui vit est celui qui sent et qui pense. Pour nous, la conscience met un abîme entre le vivant inconscient et l'être pensant ou seulement sensible : le conscient sent et pense moyennant un vivant incapable de sentir et de penser. Le corps vit, l'âme le vivifie peut-être et l'anime, c'est une question qui va se présenter à nous, mais, principe ou non de la vie corporelle, sent, pense, et veut : la vie spirituelle est une suite de sensations, de pensées, de volontés ; la vie corporelle est un système de mouvements. Ces mouvements, qui ne sont, comme tout mouvement, que déplacements de parties, ou déplacements de corps transportés du dehors au dedans pour y subir des transformations qui ne sont elles-mêmes que déplacements de parties, établissent entre le moi et le non-moi la communication nécessaire à la vie spirituelle. Il faut au moi un non-moi, à l'âme un dehors qui la sollicite à se produire selon la double nature de cette âme et de ce dehors : ce dehors, ce non-moi, cet autre qui doit s'unir à elle pour la faire être elle-même, c'est l'organisme vivant, qui emprunte ses éléments au monde extérieur, et se forme et se reforme sans cesse par un échange continu avec ce monde ; c'est, dans l'organisme vivant, le cerveau, ou quelque chose du cerveau, ou quelque chose qui serait un produit du cerveau.

Nous laissons ici la parole aux physiologistes : elle leur appartient. Ne méritons pas le reproche qu'il nous est arrivé de leur adresser, de ne pas nous écouter sur l'objet de nos études : écoutons-les sur l'objet des leurs.

Les questions que nous avons à résoudre ne portent pas sur le fait de l'union du corps et de l'âme, mais sur la nature même de cette union. Est-elle absolue ? je veux dire de l'âme humaine à son corps humain, en sorte qu'elle ne puisse ni vivre sans corps ni s'unir à un autre corps, soit qu'elle naisse et meure avec lui, ou que, naissant avec lui, elle s'endorme dans la mort pour en attendre la résurrection ? Cette union est-elle essentielle, d'une âme à un corps vivifié par elle-même ? ou accidentelle, d'une âme à un corps vivant ? Est-elle du corps tout entier à l'âme tout entière, ou du corps entier à une partie de l'âme, ou d'une partie du corps à une partie de l'âme, ou à toute l'âme, directement ? Comment faut-il concevoir l'âme et le corps pour en comprendre l'union ? et aussi pour expliquer l'hérédité psychologique, la solidarité humaine, la transformation des habitudes en instincts ?

II

Et d'abord, l'union de l'âme et du corps n'est pas de tout le corps à toute l'âme : elle est du cerveau, ou d'une partie du cerveau, ou d'un produit du cerveau, à la sensibilité. De certains mouvements du cerveau résultent dans l'âme des sensations ; d'autres mouvements du cerveau, peut-être d'images ou de mouvements d'images conservées dans le cerveau (ceci regarde les physiologistes), résultent des reproductions de sensations : images mentales à la suite et en conséquence d'images cérébrales. Quand nous disons mouvements du cerveau, ou mouvements d'images cérébrales, nous n'entendons pas que ce soit directement à ces mouvements que correspondent les sensations, produites ou reproduites : c'est peut-être à des mouvements d'une matière subtile, fluide nerveux, sorte d'électricité dont le système nerveux, sorte d'appareil électrique, serait le dispensateur. Nous l'expliquerons plus loin. Mais nous savons que ces mouvements, qu'ils soient du cerveau ou d'une sorte d'électricité nerveuse, ne suffisent pas, sans une attention, qui est une réaction de l'âme présente : à la sensation se lie la perception ; à la reproduction des sensations l'association des images, l'association des idées, la mémoire, et voilà l'intelligence mise en branle, toute l'âme en jeu, sans que l'âme entière soit unie au corps, je veux dire (car l'âme ne se divise pas) sans que l'âme soit unie au corps sinon comme sensibilité, sans que l'intelligence tienne au corps autrement que par cette forme de la sensibilité qui est sensation ou image.

Le corps meut l'électricité nerveuse, qui meut l'âme ; l'âme à son tour meut l'électricité nerveuse, qui meut le corps. L'âme entière ? Non, mais cette forme de sensibilité qui est sentiment, penchant, passion, désir, tendance vers une fin. Comme ce n'est pas directement que l'intelligence tient au corps, ce n'est pas directement aussi que la volonté libre le meut : nous avons conscience de vouloir, non de mouvoir : mais le vouloir, provoqué par un désir, produit un désir d'où résulte le mouvement du corps. L'âme est une force ; le fond de la sensibilité, comme le fond de toutes les facultés de l'âme, est activité : c'est cette activité de la sensibilité qui est mise en jeu, par le corps dans la sensation et l'image, par la volonté dans le mouvement libre.

Qu'est-ce qu'une faculté, sinon un aspect de l'activité qui est l'âme elle-même ? Cette activité considérée sous un point de vue ou sous un autre, est telle faculté ou telle autre. Qu'elle devienne consciente des idées qu'elle trouve en elle sous la suscitation des sensations et des images, elle est intelligence ; qu'elle se détermine, elle est volonté libre ; qu'elle soit déterminée, elle est sensibilité : déterminée ou par elle-même, — soit actuellement, c'est l'empire du vouloir, soit antérieurement, c'est l'habitude, soit par une fin qui l'attire, c'est l'inclination, — ou par le dehors à travers le corps, et par le corps agissant sur elle. Déterminée par le corps, elle est l'âme en rapport avec le corps, qui la meut, mais aussi qu'elle meut. La volonté, par la forme qu'elle imprime à la sensibilité, c'est-à-dire l'âme par la forme qu'elle s'imprime à elle-même en se déterminant elle-même, l'habitude, l'inclination, les sentiments, formes de la sensibilité, meuvent le corps. Comment ? quel mouvement peut se faire d'une âme par un corps, d'un corps par une âme ? L'âme est une force, le corps un composé de forces. Nous essaierons d'expliquer leur action réciproque ; mais, avant de l'expliquer, nous avons à la reconnaître.

III

D'une part, toute volition s'accompagne d'une idée, qui s'accompagne d'une image, connexe d'un mouvement cérébral, d'un mouvement corporel, d'un mouvement extérieur. A l'origine, le mouvement suscite l'image, qui suscite l'idée ; mais l'idée à son tour suscite l'image, et l'image le mouvement. L'âme rend au corps ce qu'elle en reçoit. Nous nous rencontrons ici avec cette *psychologie des idées-forces*, qui est la doctrine propre de M. A. Fouillée.

D'autre part, tout désir provoque un mouvement, tout sentiment a son contrecoup dans l'organisme : on est affligé, et l'on pleure. Le sentiment commence, c'est l'affliction qui provoque les pleurs, c'est l'âme qui meut le corps ; à son tour le corps meut l'âme, et les pleurs provoquent l'affliction.

> Pour me tirer des pleurs, il faut que vous pleuriez.
> BOILEAU.

L'affliction provoque des pleurs, qui provoquent l'affliction ; elle se prolonge, se multiplie et s'amplifie à mesure qu'elle s'exprime, devient éloquente, amène chez d'autres, comme par une contagion nerveuse, l'état nerveux qu'elle a causé, qu'elle ne cause plus, mais au contraire qui la cause : des pleurs qu'elle ne produit plus, mais qui la produisent. On pleurait parce qu'on était affligé ; on est affligé parce que l'on pleure. De même la colère, la crainte, la pitié, l'indignation, l'enthousiasme, tous les sentiments.

Que l'âme soit elle-même ou non, pour le corps qu'elle anime, le principe de la vie, elle lui est si étroitement unie qu'elle le modifie sans cesse comme elle en est sans cesse modifiée : il n'est point d'état du corps qui n'ait son contrecoup dans l'âme, ni d'état de l'âme qui n'ait son contrecoup dans le corps. De chacun des états de l'organisme résulte un état du cerveau dont le contrecoup dans l'âme est sensation ou image, ou encore sentiment ; chaque sentiment, chaque désir actuel, chacun des actes du moi, chaque volition, qui est une action du moi sur lui-même, y produit un état d'âme, dont le contrecoup dans le corps est un état du cerveau d'où résulte un état de l'organisme, un mouvement, involontaire ou volontaire, selon que l'état d'âme dont il est le contrecoup est une passion ou la suite d'un acte libre.

Les mouvements qui provoquent des sensations ou éveillent des images dans l'âme aboutissent à certaines contrées déterminées du cerveau ; ceux qui sont provoqués par des passions ou par des volitions libres partent de certaines contrées déterminées du cerveau. Ces contrées, lieux d'arrivée ou lieux de départ, suivent la loi des organes, que développe l'exercice. Les lieux d'arrivée des mouvements excitateurs de sensations et d'images deviennent les organes de ces images, de ces sensations, et, par suite, des applications de l'intelligence, des aptitudes, des talents, liés aux diverses mémoires ; et les lieux de départ des mouvements suscités par les passions ou par les volitions deviennent aussi les organes, les uns de ces passions, grâce à la réaction des mouvement et des signes de la passion sur la passion elle-même, les autres des aptitudes actives, qui ne sont pas seulement celles des hommes d'action, mais ont une grande place et jouent un grand rôle jusque dans les œuvres de la pensée.

*
* *

Le caractère, les penchants, les talents, dépendent-ils des dispositions de l'organisme ? de la structure du cerveau ? C'est une question, que nous n'avons pas à traiter encore, s'il y a dépendance, et lequel dépend de l'autre, l'esprit du corps, ou le corps de l'esprit ; mais qu'il y ait dépendance ou non, il y a liaison, et la plus étroite. Le corps donne à l'esprit son aptitude, non son élévation ni sa force : il faut des conditions de santé pour le travail attentif, soutenu, constant, du savant, du philosophe, de l'écrivain, du musicien, du peintre, du sculpteur ; il faut une voix pour l'orateur, une oreille pour le musicien, des yeux et des mains pour le peintre ; il leur faut une mémoire des mots, des sons, des formes visibles : la disposition de l'organisme permettra l'orateur, le musicien, le peintre, mais ne le fera pas.

Et d'où vient-elle, cette disposition de l'organisme? Des parents? de l'hérédité? des hasards de la naissance? Ou de l'âme elle-même, qui se serait fait son organisme selon sa propre nature?

Remettons cette question, qu'il n'est pas temps de traiter ; et reconnaissons la dépendance de l'esprit à l'égard du corps, quant à ses aptitudes : mais dépendance pareille à celle qui fait qu'on ne verra pas sans yeux, qu'on n'entendra pas sans oreilles, que le plus grand des musiciens ne pourra tirer d'un piano les sons du violon, et que l'instrument dont il joue sera pour quelque chose dans le caractère de sa musique.

*
* *

Les adversaires de la phrénologie lui ont opposé la spiritualité et l'unité de l'âme : ni la spiritualité ni même l'unité de l'âme ne sont plus compromises dans le système de Gall qu'elles ne le sont dans le fait qu'il faut des yeux pour voir, des oreilles pour entendre, et au musicien, au peintre, des instruments dont ils dépendent pour la manifestation de leur génie. Le musicien sera-t-il moins distinct de son instrument, parce qu'il en a besoin pour se produire? La spiritualité de l'âme n'est autre que sa distinction d'avec le corps. Et sera-t-il moins un, moins lui-même, parce qu'il aura besoin d'instruments divers pour la diversité des effets qu'il se propose? L'âme a besoin de la première circonvolution temporo-sphénoïdale pour entendre, en les distinguant et en les associant à des idées, des sons articulés, de la troisième circonvolution frontale pour les prononcer, du lobule du pli courbe pour les lire, du sommet de la deuxième circonvolution frontale pour les écrire : en est-elle moins une qu'elle ne l'est ayant besoin des oreilles pour entendre et des yeux pour voir ?

Gall a établi que le lien de l'âme au corps est d'abord et avant tout de l'âme au cerveau ; que, s'il existe des organes de nos penchants et de nos facultés, ils doivent être cherchés dans le cerveau. Cela, on l'a reconnu, et c'est un grand point, c'est le point principal. On lui a reproché l'empirisme de sa méthode, qui a rendu sa recherche vaine ; et il est vrai que ses localisations n'ont point de valeur scientifique. Cependant c'est déjà quelque chose qu'une valeur empirique : les cultivateurs de nos campagnes, les marins, ont une connaissance du temps qui, pour être tout empirique, n'en mérite pas moins autant de foi que celle de maint météorologiste, à qui les plus scientifiques méthodes n'en ont pas appris davantage. On poursuit aujourd'hui, et autrement que lui, la recherche des localisations cérébrales ; on est parvenu à en déterminer quelques-unes, notamment celles que nous venons de rappeler, et je ne sache pas qu'on soit arrivé à en déterminer d'autres : mais la méthode suivie pour atteindre ce médiocre résultat, comparée à celle de Gall, était-elle beaucoup plus scientifique ? C'est un autre empirisme, mais encore un empirisme. Gall cherchait, par l'observation sociale de la vie, le rapport apparent des talents et des penchants avec la forme extérieure du crâne supposé moulé, ou à peu près, sur le cerveau ; nos physiologistes cherchent, par l'observation anatomique des éléments du cerveau, ce qui se passe chez l'homme selon que tel élément, telle circonvolution, fonctionne bien ou mal.

Mais Gall savait-il bien ce qu'il cherchait ? Qu'est-ce qu'un penchant ? et quels sont les penchants premiers, irréductibles, auxquels se ramènent tous ceux que nous observons autour de nous ? Et qu'est-ce qu'un talent ? de quels éléments tel talent est-il formé ? le talent d'un peintre, par exemple, ou d'un musicien ? et de telle sorte de peintre, ou de musicien ? Car tel musicien, tel peintre, peut avoir plus d'analogie avec un poète, avec un philosophe, qu'avec d'autres peintres ou d'autres musiciens.

Et nos physiologistes savent-ils mieux ce qu'ils cherchent ? On a commencé par célébrer magnifiquement la découverte de l'organe du langage ; on en a élevé une de nos plus fières statues à l'immortel auteur de cette découverte : mais qu'est-ce que langage ? Et de quoi précisément cette troisième circonvolution frontale gauche était-elle l'organe ? Il s'est trouvé qu'elle était l'organe de l'articulation des sons, l'organe des mouvements de la langue, en avant et au-dessous de l'organe général des mouvements de la face, qui serait le sommet de cette même circonvolution, et distinct de l'organe de l'audition des sons articulés, qui serait plus bas en arrière. Des sensations auditives, des mouvements à la suite : est-ce le langage de l'homme, ou du perroquet ?

Cependant c'était déjà une grande chose que la découverte d'un organe ; et celle-ci, qui était la première, avait sa valeur : il n'y a pas langage, après tout, ou du moins cette sorte de langage, ce système de signes qui est la parole, extérieure ou intérieure, tant qu'il n'y a pas articulation de sons : effectuée par les mouvements de la langue, c'est la parole extérieure ; ou commencée et tout aussitôt retenue dans l'organe cérébral qui préside aux mouvements de la langue, c'est la parole intérieure : on l'entend au-dedans de soi quand on pense, et si on l'entend, c'est qu'elle se formule. Elle s'énonce, bien qu'elle ne se prononce pas, et que le mouvement cérébral s'arrête avant d'agir sur les muscles. Les deux organes de l'articulation et de l'audition, dans cette parole intérieure dont s'accompagne la pensée, sont en jeu simultanément : celui de l'articulation y joue le principal rôle, et c'est celui d'une de ces aptitudes actives qui sont aptitudes intellectuelles, et des hommes de pensée aussi bien que des hommes d'action.

L'observation vulgaire voit dans le développement de la partie antérieure du cerveau le signe de l'intelligence ; et l'observation scientifique semble ne voir dans cette même partie que des centres moteurs : il n'y a pas là de contradiction, si l'on songe que la pensée, liée à un mouvement, est principe de mouvement, et que les aptitudes intellectuelles sont essentiellement des aptitudes actives.

Nos physiologistes ont remplacé l'observation sociale de Gall par l'observation anatomique, plus scientifique assurément, et par là, si l'on veut, moins empirique : mais c'est encore un empirisme qu'une recherche sans direction, une observation conduite par le hasard. Car ils ne savent pas, eux non plus, ce qu'ils cherchent : la psychologie le leur enseignerait, et ils l'ignorent.

Elle même s'ignore dans ses applications. C'est de ce côté qu'elle a de grands progrès à faire. Elle aurait à déterminer quels éléments d'ordre sensible, tant sentiments que sensations, entrent dans la composition des divers types d'âme humaine, des divers caractères, des divers génies : par exemple, ce qui constitue le poète, quelles sortes de sensations, sons articulés et rythmes, images, couleurs, quelle mémoire complexe du peintre et du musicien, moindre que celle de chacun d'eux séparément, mais les embrassant l'une et l'autre et les complétant ou même les multipliant l'une par l'autre ; puis ce qui différencie les poètes, fait ceux-ci lyriques, ceux-là dramatiques, et dans le même genre inspirés différemment, suivant leur tempérament, leurs sentiments, leurs passions, leurs habitudes. Et il faudrait reconnaître, comme on a fait pour le langage, pour l'écriture, les organes des aptitudes actives, les centres moteurs coordonnés aux centres sensitifs ; il faudrait aussi, dans l'origine cérébrale des nerfs dont l'excitation amène, avec les troubles de la circulation, rougeur, pâleur, les mouvements du sentiment et de la passion, les signes corporels des émotions de l'âme, reconnaître les organes des habitudes ou des instincts qui se manifestent par ces émotions, par ces passions, par ces sentiments. Car la fréquence de ces mouvements n'a pu que développer dans le cerveau leurs centres moteurs : d'où, par la suite, une plus grande excitation des mouvements qui en résultent, une plus grande tendance à les produire, une plus grande passion ou une inclination plus forte, devenue héréditaire.

*
* *

Nous avons supposé un poète. Selon qu'il y aura chez lui plus du peintre, ou du musicien, ou de l'orateur, il sera d'une certaine école ou d'un certain genre de poètes : Victor Hugo, Lamartine, Alfred de Musset. Selon qu'il sera d'un tempérament ou d'un autre, il sera tel ou autre par le feu, l'énergie, par le ton et l'allure du style. Et selon qu'il sera porté à telle sorte d'émotions, que telle passion, tel sentiment dominera chez lui, il sera tel par l'élévation, la grandeur, la noblesse, la grâce, la pitié, la bonté de l'âme, ou leurs contraires.

Le vers se sent toujours des bassesses du cœur.
BOILEAU.

C'est peu d'être poète, il faut être amoureux.
BOILEAU.

Les plus désespérés sont les chants les plus beaux,
Et j'en sais d'immortels qui sont de purs sanglots.
A. DE MUSSET.

Si natura negat, facit indignatio versum.
JUVÉNAL.

Les citations abonderaient, à l'appui de cette importance du sentiment dans l'art des vers, et dans tout art.

D'une part donc, une facilité de versifier, de chanter, de dessiner ou de peindre; d'autre part, un tempérament; en troisième lieu, des sentiments : il faudrait reconnaître quelle sorte de sentiments, de tempérament, de facilité, constitue telle sorte de génie, dont on pourrait alors présenter le type organique. De même qu'une maladie a son type organique, reconnaissable dans la variété de malades qui ne se ressemblent pas d'ailleurs, de même il y aurait un type de tel talent, de tel caractère : non plus la *bosse* de la philosophie ou de la peinture, de l'avarice, de l'ambition, de l'orgueil, mais le type formé par les organes des multiples éléments de ces caractères, et, pour chaque caractère, chaque talent, résultant de leur ensemble.

IV

Mais c'est affaire aux physiologistes ; et ce serait l'œuvre de la psycho-physiologie : œuvre très curieuse et du plus haut intérêt, qui n'est pas la nôtre.

La nôtre n'est pas d'exposer, mais d'expliquer, si nous le pouvons, cette union du corps et de l'âme.

L'âme a besoin d'organes qui lui permettent, en même temps qu'ils le circonscrivent et le limitent, l'exercice de ses facultés : délivrée, comme on aime à le dire, de cet organisme vivant qui est son corps, sera-t-elle affranchie de ses limites ? Elle sera dépourvue des suscitations de sa conscience, des conditions de son passage de la puissance à l'acte, et, si elle ne cesse point d'être en elle-même, cessera d'être pour elle-même.

> Je te salue, ô mort, libérateur céleste !

s'écrie Lamartine. Cette libération, si elle n'est pas une transformation de l'organisme, ou la succession d'un organisme à un autre dont il serait la suite naturelle, est un anéantissement, non de l'être sans doute, mais de l'esprit.

Il faut à l'âme des organes ; il faut, si elle est appelée à une vie future, que cette vie future sorte de la vie présente, corporelle autant que spirituelle : car c'est, ne nous lassons pas de le répéter, c'est dans la vie corporelle que la vie spirituelle se déploie. Nous avons écarté la doctrine du « composé humain », c'est-à-dire de l'union d'une âme et d'un corps en une substance composée. Nous admettons l'union d'une âme à un corps dont la vie est nécessaire à la sienne : mais est-ce bien à un même corps auquel elle serait indissolublement liée ? Non, si l'on confond le corps avec la matière dont il est fait, car mon corps d'aujourd'hui n'a plus rien de la matière dont mon corps d'il y a dix ans était fait ; oui, si mon corps d'aujourd'hui est le même que mon corps d'il y a dix ans. Il est le même, et il n'est pas le même : corps également mien, d'une matière qui a remplacé l'autre. Ma vie future veut un corps futur, contenu dans mon corps présent, et qui en sorte comme la plante de la graine : comme la plante, sans être dans la graine autrement qu'à l'état virtuel, en sort dissemblable tout en étant la même plante, un nouvel organisme, d'une autre matière peut-être ou d'une autre forme de matière, sortira de celui dont la vie fait vivre cette âme qui est nous-mêmes : nous faisons sa vie comme il fait la nôtre ; et si nous disons que la vie future doit sortir de la vie présente telle que nous la méritons parce qu'elle sera telle que nous la faisons, nous entendons la double vie corporelle et spirituelle, qui est notre vie.

Nous combattons, dans le matérialisme, si répandu autour de nous, l'idée courante que la vie corporelle et la vie spirituelle sont une même vie et d'un même vivant, l'une étant seulement la forme supérieure de l'autre ; mais combien de fois, dans les erreurs que nous combattons, n'avons-nous pas rencontré une part de vérité qui les explique ! La vie corporelle n'est pas la forme inférieure de la vie spirituelle, mais elle en est la base.

Dira-t-on qu'il n'importe ? On se tromperait. Il importe beaucoup. Si ces deux vies sont la même vie à deux degrés, elles sont du même vivant, qui est le corps : le corps meurt, et l'âme avec lui. Si elles ne sont pas deux degrés de la même vie, mais deux vies associées dont l'une est la condition de l'autre, l'âme est un vivant qui a besoin d'un corps ; le corps meurt, elle en prend un autre, ou s'en fait un autre.

V

Le prend ? ou le fait ? L'âme est-elle enfin le principe de cette vie corporelle nécessaire à la sienne propre ? ou, ayant sa vie à elle, n'a-t-elle que l'usage d'un corps vivant qui lui aurait été prêté pour une phase de sa vie ?

Chacune de ces deux hypothèses a des raisons à faire valoir. Chacune a donc ses partisans. La première, que l'âme est le principe de la vie du corps, semble découler plus naturellement de tout ce qui précède. Mais elle a ses difficultés, qui font la force de la seconde, qui, à son tour, a les siennes.

Examinons d'abord celle-ci.

Elle est chère à la plupart des Écoles spiritualistes, notamment aux platoniciens et aux cartésiens. Descartes, mettant l'essence de l'âme dans la pensée et celle du corps dans l'étendue, qui lui suffit, dit-il, avec le mouvement, pour construire le monde physique, construit aussi le corps vivant comme un pur mécanisme, sans aucune action sur l'âme non plus que de l'âme sur le corps : car, entre la pensée et l'étendue, quoi de commun, et quelle action est concevable de l'une sur l'autre ? Loin donc que l'âme, en ce système, fasse vivre le corps, elle ne le fait pas même agir ; que dis-je ? elle n'agit pas sur lui ; et cette correspondance entre l'âme et le corps qui semble bien être le résultat d'une action réciproque de l'un sur l'autre, on s'efforce de l'expliquer par un recours à Dieu, —

cause occasionnelle, selon Malebranche, des modifications du corps à propos des modifications de l'âme et des modifications de l'âme à propos de celles du corps ; — cause souveraine, selon Leibniz, d'une harmonie préétablie entre l'âme et le corps, comme entre deux horloges dont les mouvements s'accordent toujours sans communication entre elles, — substance unique, selon Spinoza, dont les deux attributs, l'étendue et la pensée, se déroulent en deux séries parallèles de leurs modes, corps et âmes, corps exprimant des âmes, âmes exprimant des corps, par correspondance logique sans lien direct.

Mais ces tentatives désespérées d'une explication — qui d'ailleurs n'explique rien, puisqu'elle ne fait que transporter à Dieu la difficulté qu'elle prétend résoudre : car comment Dieu, s'il est pensée, peut-il agir sur l'étendue, ou, s'il est étendue, sur la pensée, ou peut-il être l'une et l'autre si elles sont sans rapport entre elles ; ou, si elles comportent un rapport, quel est ce rapport, et pourquoi n'en pas faire le lien du corps et de l'âme dans l'homme ? — ces tentatives donc n'ont de raison d'être que dans l'hypothèse d'une étendue essentielle à la matière, d'une pensée essentielle à l'esprit : or ni la pensée n'est essentielle à l'esprit, qui n'est en lui-même qu'une puissance de pensée sous des conditions d'une suscitation de son passage à l'acte, ni l'étendue n'est l'essence de la matière, mais l'ordre de forces coexistantes, en elles-mêmes spirituelles, corporelles dans leur jeu ou leur action sur autrui : l'esprit est le *subjectif*, et la matière l'*objectif*, l'une et l'autre des puissances, des forces, l'âme une force, le corps un composé de forces, et l'influence de l'un sur l'autre celle d'un composé sur un simple, d'un simple sur un composé.

La question n'est donc pas pour nous si le corps agit sur l'âme et l'âme sur le corps, cela ne fait pas doute, mais si la vie du corps lui vient de l'âme, ou si elle en est indépendante et la précède pour lui permettre à elle-même sa propre vie.

*
* *

L'âme, dira le partisan de cette dernière hypothèse, n'est point maîtresse de la naissance ni de la mort. Les corps naissent des corps. Un corps vivant est comme un boulet lancé dans l'espace : la force de projection en lutte avec la force de l'attraction terrestre commence par l'emporter, élève le boulet à une hauteur où elle parvient à la maintenir quelque temps, puis la force de l'attraction terrestre reprend le dessus, le boulet tombe. C'est une courbe toute semblable que décrit la vie corporelle : croissance, état stationnaire, déclin. La force vitale n'est, pour l'individu, qu'une force de projection ; elle n'est permanente que dans l'espèce (dont l'origine, d'ailleurs, ne fait rien à la question qui nous occupe) ; elle est immanente à l'espèce : à l'espèce appartient la vie, qui se produit comme par jets d'où résultent les courbes décrites par les vies individuelles : courbes plus ou moins puissantes, et pour une plus ou moins longue durée d'une trajectoire plus ou moins heureuse, selon les points d'où partent les jets et selon les résistances des milieux qu'elles traversent. Que ce n'est pas proprement l'individu qui vit, mais l'espèce dans l'individu, l'hérédité physiologique en est le signe, comme elle en est la conséquence, ou plutôt l'expression, la manifestation visible ; et l'hérédité psychologique en dépend.

Quand le corps naît, ce n'est point que l'âme s'y vienne joindre ; quand il meurt, ce n'est point que l'âme le quitte : l'âme se manifeste par son corps, comme elle peut, diversement selon qu'il est différemment construit et disposé, vieux ou jeune, sain ou malade : s'il arrive qu'après avoir paru mort il reprenne vie, l'âme qui avait cessé de se manifester se manifeste de nouveau. Ce n'est donc pas l'âme qui fait la vie du corps, mais plutôt la vie du corps celle de l'âme : s'il ne la fait pas, du moins il la détermine ; si l'âme est irréductible au corps, du moins n'est-elle qu'une puissance que le corps fait passer à l'acte, une virtualité qui ne se réalise que par le corps.

D'ailleurs, ajoutera notre organiciste, si l'âme est une activité consciente de son agir, elle n'a pu agir pour la formation d'un si riche, si complexe et merveilleux mécanisme qu'est un corps vivant sans en avoir conscience : et quelle conscience en a-t-elle, même obscure et dans l'ombre de sa plus lointaine mémoire ? Ni mémoire ni conscience : dans le passé comme dans le présent, tout lui échappe de la vie du corps, associé mystérieux dont il faut bien qu'elle se serve sans le connaître, et qui lui impose sa loi.

— Soit, dira le partisan de la formation du corps par l'âme : l'âme ne se connaît plus... Est-ce pour avoir agi sans conscience, ou pour avoir perdu le souvenir d'une action faite par elle, avec l'intelligence et la suite dont elle était capable, pour s'incorporer, par conséquent avant d'être incorporée, en dehors des conditions de sa mémoire dans sa vie présente ? Ceci touche à la question de la préexistence des âmes ; mais laissons-la, nous n'avons pas besoin ici de cette hypothèse. L'activité consciente de son action peut ne pas l'être d'une action plus haute dont elle ne serait que l'instrument. L'âme connaît son action, mais son action propre, non celle qu'elle exerce par sa seule présence, comme une force au milieu de forces, toutes agissant et réagissant inconsciemment les unes sur les autres. Toutes forces naturelles, causes secondes, soumises à une Volonté supérieure, à la souveraine Volonté qui meut, — ce n'est pas assez dire, — qui anime l'univers ; nous disons, en langage scientifique, soumises à des lois. Nous avons reconnu que la volonté qui meut le corps ne le meut pas directement ; qu'elle n'agit que sur l'âme elle-même, être actif, force qu'elle modifie, et dont les modifications modifient le corps et le meuvent. Eh bien ! l'âme qui, dans la vie, modifie sans cesse un corps dont la matière lui est donnée, le modifie aussi dès le commencement de la vie corporelle, et dans le sein où il se forme, où il se développe à son usage. L'organe crée l'usage, et « le besoin crée l'organe » ; on l'a dit, on a dit vrai. On voit parce qu'on a des yeux, et l'on a des yeux pour voir. Le besoin de voir, et aussi la faculté de voir, la vue, préexiste à l'organe, dans l'âme virtuelle encore : vienne l'organe, elle verra. Mais il se peut qu'il ne vienne pas, ou ne vienne que mal conformé, impropre à la vision ; car elle est en lutte avec d'autres forces, rebelles à la sienne.

Ce n'est donc pas l'espèce qui vit dans l'individu, c'est l'individu par l'espèce. L'espèce donne la matière, et le mouvement, le jeu des forces naturelles qui entrent dans un rapport direct d'action et de réaction avec l'âme ; l'âme donne la vie.

*
* *

Le rôle de l'espèce explique l'hérédité. Quel rapport y a-t-il entre les deux hérédités physiologique et psychologique ?

« Il ne peut exister de l'une à l'autre, dit M. T.
» Ribot, que l'un des trois rapports suivants :
» 1º Un simple rapport de simultanéité, l'hérédité
» physiologique et l'hérédité psychologique étant
» parallèles l'une à l'autre, quoique complètement
» indépendantes l'une de l'autre ;
» 2º Un rapport de causalité, l'hérédité psycholo-
» gique étant considérée comme la cause, l'hérédité
» physiologique comme l'effet ;
» 3º Encore un rapport de causalité, mais l'hérédité
» physiologique étant considérée comme la cause, et
» l'hérédité psychologique comme l'effet. »

Ne pourrait-il y avoir place pour une quatrième hypothèse ? ou plutôt la troisième, fortement établie par ce philosophe, ne laisserait-elle pas à l'âme son rôle véritable et premier, si l'on conçoit que l'hérédité physiologique, naturelle conséquence du rôle de l'espèce dans la vie de l'individu, impose à cette vie ses conditions d'organisation, et, par suite, à l'âme ses conditions de manifestation, de goûts, d'aptitudes ; mais que l'âme, par cette action modificatrice inconsciente due à ce qu'elle est une force au milieu d'autres forces, conforme la matière, telle que la lui donne l'espèce, — ou l'hérédité, — à l'être virtuel qu'elle est elle-même, tel qu'il a été fait ou qu'il s'est fait, tel qu'il est au moment de se joindre à un corps terrestre pour y produire une vie humaine ? Ceci expliquerait, et ce que la loi d'hérédité physiologique a de général comme d'impérieux, et ce qu'elle comporte d'exceptions individuelles, plus fortes que l'empire même de cette loi.

La race, commune à toute une descendance ; le milieu, commun à toute une société ; le moment, commun à tous les contemporains d'un homme de génie : la race donc, le milieu, le moment, ne suffiront pas à expliquer le génie : il y faut ajouter une originalité propre qui est le génie même : un être virtuel, — une puissance, irréductible à toute autre, d'actes dont nulle autre ne serait capable : c'est l'âme.

Il faut des conditions organiques, et d'abord des conditions cérébrales, pour être un mathématicien, ou un métaphysicien, ou un musicien, un peintre, un sculpteur, un architecte, un poète ; mais que de gens ont les conditions organiques et cérébrales requises, qui ne sont rien de tout cela ! C'est chose curieuse comme, à l'aspect du portrait d'un homme célèbre, on lui trouve sa tête, celle qu'il a dû avoir, — la sienne, c'est bien la sienne, oui, voilà bien celui-ci, celui-là, — dont on ne se fût jamais avisé si on ne l'eût connu ! Eh ! assurément ils n'ont point des têtes d'idiots, ces hommes supérieurs : ils ont des têtes suffisantes, de belles têtes, si l'on veut ; mais combien d'hommes vulgaires en ont d'aussi belles, qu'on ne remarque pas ! ou, si on les remarque, c'est pour s'étonner qu'elles appartiennent à des imbéciles.

> Belle tête, dit-il, mais de cervelle point.
>
> La Fontaine.

La cervelle y est pourtant, dans leur crâne, avec la forme et le volume qu'il signale : ceux qui, faisant dépendre l'âme du corps, veulent que la pensée soit une fonction du cerveau, imaginent un défaut de tonicité, par exemple, ou quelque raison physique de l'insuffisance de la cervelle ; mais cette raison, ils ne la constatent pas, ils la supposent. Ils n'observent plus, ils inventent, obéissant à un système : ces ennemis de la métaphysique font de la métaphysique à rebours.

Leur supposition, outre qu'elle est gratuite, est vaine : car cette insuffisance des cervelles est le cas du grand nombre. Les hommes supérieurs sont rares, infiniment plus que les belles têtes ; et les hommes de génie ne présentent pas à l'observateur un crâne autrement fait, en apparence, que celui du commun des hommes. On se rabat sur un état nerveux, et l'on préfère les classer parmi les « dégénérés », les malades ou les fous, on préfère les dégrader, ces grands hommes, et découronner l'humanité dont ils sont la gloire, plutôt que de reconnaître l'âme, pour qui le corps n'est qu'un instrument, et d'avouer, dans la différence prodigieuse d'hommes si peu différents par le corps, par les organes, par le cerveau, la différence des âmes !

VI

Nous avons expliqué (Étude IV) comment la répétition de l'action volontaire la transforme en action réflexe, comment l'habitude active passe par degrés de la vie psychologique à la vie physiologique, et de l'âme au corps. Quant à l'habitude passive, qui est tout autre chose, elle est le passage de la conscience à l'inconscience dans l'âme, de l'acte à l'état : par exemple, de se rendre attentif, *acte* dont on a conscience, à être attentif, *état* dont on n'a pas conscience ; de sentir un commencement d'émotion, ou d'affection, comme une odeur dont on est saisi, — c'est un acte, — à cesser de sentir l'affection continue, devenue un état ; quant à cette inconscience, dis-je, succédant à la conscience pour un même objet, cette sorte d'habitude est bien de l'âme, non du corps : elle s'explique par ce que nous avons reconnu dès l'abord, que l'âme est consciente de ses actes, non de ses états, ne l'étant pas pas de son être.

L'habitude, transmise par l'hérédité, se change en instinct. Il y a donc des instincts acquis, habitudes fixées dans une race. Tous les instincts sont-ils ainsi des habitudes fixées ? Y a-t-il des instincts primitifs, antérieurs à toute volonté, et par conséquent à toute habitude ? Il en est de tels chez l'homme : l'enfant a des instincts avant qu'il ait des volontés et puisse contracter des habitudes. Parmi ces instincts de l'enfant, il en est qui, primitifs pour lui-même, ne le sont pas pour l'humanité, il en est qui dérivent d'habitudes des aïeux : on naît vicieux, comme on naît malade, par suite de maladies ou de vices paternels. Mais les instincts nécessaires à la formation de l'homme ont précédé toute volonté humaine, toute habitude, — à moins qu'on n'entende une habitude involontaire et spontanée, qui ne serait qu'un autre nom de l'instinct. Dérivent-ils d'habitudes, résultent-ils de volontés, antérieures à la formation de l'homme ? On ne peut répondre à cette question que par une solution du problème de l'origine de l'homme. Il s'agit ici de l'homme ; et, si haut d'ailleurs qu'on veuille remonter, il faudra toujours, quelque part, à l'origine au moins du premier être, recourir à des instincts primitifs qui en expliquent ou la formation, ou, si on le suppose créé adulte, la descendance.

VII

Nous admettons, dans notre distinction de l'âme et du corps, une action réciproque de l'un sur l'autre : comment peut-elle se faire ? Comment, d'un mouvement parvenu au centre nerveux, suit-il dans l'âme une sensation, une image ? Ou, d'une volonté de l'âme, suit-il dans le corps un mouvement ?

Comme l'intelligence opère sur des sensations, ainsi la volonté opère sur des sentiments : c'est en tant que sensible que cette activité qui est l'âme, selon qu'il est agi sur elle ou qu'elle agit elle-même, pense et veut. Si elle agit, elle se détermine en un certain état d'où résulte, sans qu'elle-même le produise directement, un mouvement de son corps ; s'il est agi sur elle, elle entre, par sa réaction sur l'action qu'elle éprouve, en un certain développement de son propre être, en un certain devenir d'elle-même, dont elle a conscience. Elle ne reçoit rien du corps, qu'une excitation ; et elle ne donne rien au corps, qu'une excitation : ni le corps ne produit en elle rien de ce qu'elle éprouve, mais l'excite à se produire sous telle ou telle forme de conscience, ni elle ne produit rien dans le corps, mais l'excite à se produire sous telle ou telle forme de mouvement.

Que cette action réciproque ne soit qu'une excitation réciproque, elle n'en suppose pas moins l'intime union de la force qui est l'âme avec le système de forces, qui est son corps. Comment concevoir leur union ? On présente communément, pour l'expliquer, les hypothèses des *causes occasionnelles* (Malebranche), de l'*harmonie préétablie* (Leibniz), de l'*influx physique* (Euler), du *médiateur plastique* (Cudworth). Nous avons vu que les deux hypothèses des *causes occasionnelles* et de l'*harmonie préétablie*, qui, d'ailleurs, ne faisant que reculer la difficulté et la transporter de l'homme à Dieu, n'expliquent rien, ne vaudraient, si elles expliquaient quelque chose, que dans une première hypothèse de la correspondance d'une âme et d'un corps sans action de l'un sur l'autre : or, cette hypothèse est fausse. L'*influx physique* n'est qu'un autre nom du fait à expliquer. Le *médiateur plastique*, est-ce une sorte de corps subtil, éthéré, fluide, soit un fluide nerveux, ou de « matière radiante », un corps invisible, impondérable, liant ce corps visible et lourd à l'âme qui doit s'en servir ? Il faut expliquer l'union de l'âme avec cette sorte de corps.

La difficulté est de comprendre l'action réciproque d'une force simple, qui est l'âme, et d'un système de forces coordonnées entre elles en une masse compacte, qui est le corps. Certes, dès que l'on conçoit l'âme comme une force et le corps comme un composé de forces analogues à l'âme elle-même, le problème cesse de paraître insoluble. C'est déjà un acheminement à la solution que de reconnaître l'existence d'un corps subtil.

*
* *

Elle est indéniable. Les phénomènes de l'hypnotisme, certains phénomènes de magnétisme, de vue à distance, de « sensibilité extériorisée », la mettent hors de doute. Nous n'avons pas à faire ici une étude essentiellement psycho-physiologique et expérimentale : notre tâche n'est pas d'établir des faits, mais, les rappelant ou les supposant connus, de les comprendre.

Je sais un médecin qui, ayant introduit l'hypnotisme dans sa pratique médicale, a essayé de se faire hypnotiser lui-même : il n'a pas été endormi, il a été dépossédé de ses membres, qui n'ont plus été à sa disposition, mais à celle de l'hypnotiseur. Pendant le temps qu'a duré cet étrange état, ce n'était pas lui qui était maître de son corps, c'était l'hypnotiseur : l'hypnotisé, bien éveillé, voyait son corps exécuter non ses volontés à lui, mais, sans lui, malgré lui, en dépit de ses résistances, les volontés du maître. Que conclure de là, sinon une confirmation de ce que nous soutenons dans ce livre, que notre corps n'est pas nous, mais à nous? Si peu nous, qu'il n'est même pas absolument à nous, qu'il peut être à un autre ! Mais comment un autre que nous peut-il agir par notre corps? Il faut bien admettre, entre nous et notre corps, un intermédiaire subtil, impalpable, éthéré, un fluide nerveux, par où nous communiquons avec notre corps, par où nous pouvons, dans certaines conditions, communiquer avec d'autres corps, envoyer nos pensées en d'autres cerveaux où d'autres esprits les reçoivent, faire exécuter nos volontés par d'autres membres : il y aurait une action de notre fluide nerveux sur celui d'autrui et par celui d'autrui sur un corps qui n'est pas le nôtre, que cette communication directe entre fluides nerveux aurait, pour un temps et d'une manière anormale, rendu nôtre.

Comment expliquer en dehors de cette hypothèse le fait incroyable que voici ? Un ingénieur d'une grande compagnie, M. R..., qui étudie le magnétisme, ayant magnétisé un jeune homme, lui commande d'écrire ces mots : « J'aime beaucoup M. R..., je désire qu'il reste : » et, tandis qu'il donne à haute voix cet ordre au sujet, il en donne mentalement un tout contraire... à la plume ! il la magnétise, avec injonction mentale d'écrire ceci : « Je déteste M. R..., je désire qu'il s'en aille. » C'est, en effet, ce que la plume écrit : « Je déteste M. R..., je désire qu'il s'en aille. » — Qu'est cela ? Vous n'écrivez pas ce que j'ai commandé ! Recommencez. — Et le sujet de reprendre la plume, et la plume d'écrire une seconde fois : « Je déteste M. R..., je désire qu'il s'en aille. »

Le lecteur se récrie. Quel conte nous faites-vous là ? Non, c'est une histoire. Impossible, absurde... Soit, mais cela est. Le fait est vrai. Comment s'explique-t-il ? Par le corps fluide, intermédiaire entre le corps palpable et nous : M. R..., par son fluide nerveux, porteur de sa volonté, et que transmet la plume, impressionne le fluide nerveux qui meut la main du somnambule ; celui-ci ne voit pas, ne sait pas ce que sa main écrit : elle écrit selon qu'elle est mue, et elle est mue par un autre fluide nerveux que celui du somnambule, ou par celui du somnambule impressionné par un autre. De toute façon, ce n'est pas le sujet de M. R... qui écrit, c'est M. R... par la main du sujet.

*
* *

Mais ce corps fluide même, invisible intermédiaire entre le corps visible et l'âme, comment, s'il est un corps, — si fluide qu'il puisse être, mais un composé, — sera-t-il uni à l'âme simple ? Quel rapport d'action et de réaction concevoir d'un simple à un composé dont les éléments forment un tout ?

C'est qu'en effet il n'est pas un composé, ce fluide qui met l'âme en communication avec son corps ; il n'est pas un agrégat d'éléments liés entre eux pour un tout : il est un ensemble, un groupe, et à ce titre une sorte de corps, un premier corps, dont les éléments se rapportent directement à l'âme : c'est avec eux, et avec chacun d'eux, qu'elle est dans un rapport direct d'action et de réaction : rapport, non ce rapport inconcevable de simple à étendu, de force à masse et à matière, mais de force à force, de simple à simple, d'âme à pure monade, une à une, *una cum singulis :* l'âme, agissant directement sur chacun de ces éléments dont elle reçoit l'action également directe, ne leur laisse pas le temps de se rapporter les uns aux autres, de se composer entre eux, de former corps : elle est unie à ce commencement de corps qui ne se forme pas, et, par ce demi-corps, à son corps.

Son corps est moins son corps que la matière de ce demi-corps, matière d'où viennent à celui-ci, par la dissolution totale de molécules ramenées à leurs monades constitutives, les éléments qui doivent lui servir, et où reviennent et retombent ceux qui ne lui servent plus.

Ce demi-corps, invisible et fluide, sorte de *médiateur plastique,* anime et fait vivre le corps visible, qu'il pénètre et qu'il enveloppe comme une impalpable atmosphère, à la fois intérieure et extérieure : par où s'expliqueraient et la sensibilité provoquée sans contact, et l'action médicatrice à distance, et l'influence redoutable d'une âme puissante sur des organes qui ne sont pas les siens, et la plupart de ces étranges phénomènes d'hypnotisme qu'on étudie aujourd'hui si curieusement.

Les forces étrangères n'agissent pas directement sur nous, mais sur notre corps ; et nous n'agissons pas directement sur elles, mais sur notre corps : notre corps établit le rapport entre le monde extérieur et nous ; le rapport entre notre corps et nous est établi par le fluide nerveux. On conçoit un état du moi éprouvant l'action de forces étrangères comme nous éprouvons celle de notre corps, et agissant sur ces forces comme nous sur notre corps, se les assimilant, se les appropriant, sans qu'elles aient besoin d'être en contact avec un certain corps, les sentant et les mouvant sans faire intervenir le corps entre elles et lui. Tel est l'accroissement des sens, dont le dégagement ou, au contraire, l'accumulation et la concentration du fluide nerveux dans le somnambulisme nous offre peut-être un exemple et nous donne l'idée comme d'un autre état qui serait le nôtre à la suite de la vie terrestre. Cette vue nous élève à concevoir, dans les espaces du monde, autour de nous, loin de nous, des êtres invisibles, insensibles à nos organes, n'ayant plus d'autre corps que ce corps impondérable et éthéré qu'ils auraient puisé dans le fluide universel : êtres libres enfin de cette lourde enveloppe qui pèse sur notre âme comme les murs d'une prison, êtres agiles et pleins d'essor, plus heureux ou plus malheureux que nous dans la mesure de leur pouvoir supérieur.

VIII

Un être n'est pour soi, nous l'avons vu, que dans la mesure où il est conscient de soi. Il faut considérer dans un être trois éléments : le moi, le non-moi, et l'union de ces deux contraires en un seul être. Le moi est le fondement, la force propre, la *monade*, substance de l'être ; le non-moi, le groupe ou l'ensemble des forces autres que lui, qui s'opposent à lui, et, pour le déterminer, le limitent. Le moi, virtuellement infini (je parle de l'être en général), mais incapable de se manifester, de se produire, de vivre, sinon par cette opposition même avec le non-moi qui le détermine ; le lien des deux, la prise de possession du non-moi par le moi, c'est la connaissance ou le sentiment qu'a le moi de lui-même ainsi déterminé, c'est la conscience, l'être en tant qu'il s'affirme, la personne.

La monade attire une autre monade, de même degré, de qualité contraire : elle marque son être par l'action qu'elle exerce sur l'autre et par la résistance qu'elle en éprouve ; elle se manifeste, elle s'exprime par l'autre : mais comme l'autre est une force égale qui s'oppose à elle, elles ne se peuvent identifier, elles ne s'unissent que pour un temps. D'ailleurs la monade est destinée à exprimer tour à tour, par une suite de manifestations sans fin, son être inépuisable. Infinie qu'elle est dans son fond, elle a toutes les qualités, toutes les vertus, toutes les gloires, en puissance ; elle est susceptible de toutes les manières d'être, à l'infini ; et comme elle ne peut se manifester en ses qualités, s'affirmer en ses manières d'être, que par son union avec d'autres monades, elle s'unit tour à tour avec toutes celles qui répondent à son être, avec toutes ses contraires.

Chacune a donc tour à tour toutes leurs qualités, mais à son point de vue propre, car chacune diffère de toutes les autres essentiellement, pour en différer substantiellement, pour être une puissance particulière d'être, un être particulier : sans quoi elles ne seraient pas plusieurs, mais une seule, une seule essence, une seule substance, une seule puissance, un seul être. Chacune est un point de vue particulier et fini de l'être infini : chacune est donc finie par le point de vue qui la constitue distincte des autres, infinie par l'être qu'elle contient et qu'elle porte en soi. C'est pourquoi elle a toutes les qualités de l'être, vie, amour, intelligence, en germes qu'elle développe par son union successive avec les autres ; et, à mesure qu'elle aura gagné une des qualités de l'être, elle ne la perdra plus (sauf accidentellement et pour un temps, s'il y a lieu).

A l'origine donc, elle attire une autre monade, d'un caractère contraire au sien : car elle n'a pas besoin du semblable, mais du contraire, pour se compléter, pour établir en soi l'autre pôle de son être. Elle en prend le caractère, et lui communique le sien. De sorte qu'elle s'affirme par son opposition avec son contraire, lequel est elle-même, puisqu'il est caractérisé par une qualité qu'il ne fait que développer en elle, mais qui s'y trouvait déjà ; puisqu'il en prend aussi le caractère, par la réciprocité d'action : les deux sont un, jusqu'à ce que, chacun d'eux étant développé en la qualité de l'autre, ils s'échappent l'un à l'autre.

La monade alors, la force primitive, ayant grandi, unit à soi, pour exprimer son être nouveau, une monade nouvelle et supérieure ; ou plusieurs dont l'ensemble l'égale elle-même : peu à peu elle groupe autour d'elle, elle s'assimile, elle organise tout un système. Ce système est le corps qui la manifeste.

L'âme se fait son corps : non qu'elle en crée les éléments, ni les organise par une intelligente et consciente volonté, mais elle crée, par un instinct divin (ou naturel, c'est même chose), le tout qui l'exprime ; elle meut, par l'attraction qu'elle exerce, les monades constitutives du système qui parle son être.

Elle s'élève, égalant peu à peu de sa force unique les systèmes de plus en plus forts, de plus en plus riches, de plus en plus complexes qu'elle se façonne, à une conscience de plus en plus complète de soi : jusqu'au terme où elle aura une entière conscience de son être infini : jusqu'au terme où cette conscience de tout son être, pleine possession de soi, sera possession de Dieu.

*
* *

Telle est donc l'âme, et tel est le corps. L'âme est ce qui a conscience de soi, le corps est l'autre, le contraire uni à elle pour la déterminer et l'exprimer en son être fini.

Telle est la matière. Elle est ce qui tombe sous les sens. L'être qui connaît se connaît soi-même par autre chose qu'il connaît en lui, le moi par le non-moi : c'est le non-moi qu'il connaît par les sens ; et ainsi l'esprit est le moi, la matière est le non-moi.

Tout être est pour soi-même esprit, et pour autrui matière ; nous ne percevons rien hors de nous que matière, et les esprits même, dès qu'ils entrent en communication avec nous, revêtent pour nous un aspect matériel. La matière leur est nécessaire, et pour se connaître, et pour être connus. On les distingue de la matière qui les exprime, de même qu'on distingue l'idée du mot ou du signe dont elle se revêt; mais, de même que l'idée n'est pas manifestée sans le mot, l'esprit sans la matière demeure latent.

Et, comme l'homme, qui ne pense que des rapports, ne perçoit aussi que des étendues, la matière est pour nous l'étendue, ou la multiplicité simultanée des monades.

Et comme enfin l'esprit est ce qui a conscience de soi, l'activité consciente, la matière est le groupement inconscient de monades, d'activités, où naît à peine la conscience.

Toute monade, en effet, étant une force, est un esprit, soit en puissance, soit en acte. Car qui dit force dit principe d'activité ; une action a un objet et un but, une fin en rapport avec le principe : la fin d'une action peut être ignorée de l'agent, quand celui-ci n'est que l'instrument d'un autre d'où part l'action, mais elle ne peut l'être de l'agent d'où part l'action : et ainsi qui dit principe d'activité dit intelligence. Entendons une intelligence à l'origine, toute spontanée, incapable de se replier sur soi, et qui ne se connaît encore que sous le mode sentiment. Telle est la conscience des êtres inférieurs : la vraie conscience, raisonnante et réfléchie, ne s'éveille que dans l'homme.

L'esprit et la matière ne diffèrent que d'aspect. La monade à peine consciente, puissance de premier degré, sourde volonté d'être, est matière ou élément de matière ; un jour elle sera esprit. La monade prise en soi, à part des autres sur lesquelles elle agit et qui agissent sur elle, est esprit, en puissance ou en acte ; un agrégat de monades est matière. La monade enfin, consciente de soi, est esprit pour elle-même ; elle est matière dans le rapport à d'autres formant ensemble et avec elle une masse perceptible à autrui.

Qu'on se figure une monade attirant à soi une autre qui en entraîne beaucoup d'autres à la suite, ou plusieurs autres dont chacune en attire d'autres encore : une foule de monades groupées autour de plusieurs monades sous-centrales, subordonnées entre elles, et toutes ensemble à la monade centrale qui est l'âme. L'âme n'agit ainsi directement que sur un certain nombre de monades, centres inférieurs, qui agissent sur d'autres à leur tour. Elle est présente de la sorte à toutes les monades constitutives du corps, au corps entier, mais par l'intermédiaire de ces centres inférieurs, comme un général avec ses soldat par l'intermédiaire de ses officiers : et c'est pourquoi elle n'a pas conscience des phénomènes de son propre corps ; mais les monades sous-centrales ont conscience de ce qui échappe à l'âme. Comme elles sont conscientes, elles sont pour l'âme une intime société, qui a fait méconnaître à quelques philosophes l'unité du moi. Mais le conscient est essentiellement un, une conscience n'est pas un faisceau de consciences, et il ne faut pas confondre sa conscience avec la leur. Le corps est un composé d'animaux, qui vivent à la fois et d'une vie commune, sous la direction suprême de l'âme, et d'une vie propre, chacun selon sa fonction ou sa nature : chacun ayant son âme, subordonnée à la grande âme rectrice de tout l'organisme. L'âme centrale, agissant sur les âmes secondaires, en subit aussi l'action ; et de cette action et de cette opposition réciproques résulte sa vie.

※
※ ※

Comment les substances peuvent-elles agir les unes sur les autres ? C'est qu'il n'y a, au fond, qu'une substance qui est comme le sol où toutes les substances particulières ont leurs racines, et d'où elles puisent toutes ensemble tout leur être, toute leur vie. Les termes contraires, se supposant et s'impliquant les uns les autres, sont donc identiques : cette identité dans la contrariété des termes, c'est la consubstantialité dans l'opposition des substances : distinctes et unies, et ce sont les contraires qui se reconnaissent l'une dans l'autre, et chacune ce qu'est l'autre, ce qu'elle était elle-même dans son être inaperçu.

Mais la substance n'est que puissance, être virtuel. Et il ne faut pas dire qu'une substance, en agissant sur une autre, passe dans l'autre, mais la provoque à se réaliser ; ni qu'elle y produise un effet, mais l'excite à se produire elle-même.

Il est donc vrai, et Leibniz a bien vu, que les êtres se développent par une action interne ; il est vrai que chacun de nous est un miroir de l'univers, et que nous arrivons à la connaissance de l'univers par une conscience progressive de nous-mêmes : mais Leibniz n'a pas assez vu que, si nous devenons, c'est par l'action combinée et de nous-mêmes, et d'un non-moi suscitateur de notre propre être, et de l'être unique, infini, qui réside substantiellement en nous, de l'être dont notre propre être n'est lui-même qu'un emprunt.

L'action de notre vouloir met dans les formes et dans les degrés du développement de notre être des différences incompatibles avec tout système d'harmonie préétablie : l'harmonie, qui existe, en effet dans l'univers, dépend, pour une large part, de nous-mêmes : les résultats de nos volontés entrent dans l'ordre du monde. Car ils sont prévus, ou prédéterminés ; et toutes les volontés doivent se produire. Si les êtres ne peuvent devenir sans l'action d'une puissance infinie qui réside la même en tous, unique auteur de leur devenir comme de leur être, ils deviennent solidairement, par l'incessante action des uns sur les autres : quelle action ? Une excitation. Une substance ne produit pas dans une autre un effet : chaque substance est cause en elle-même des phénomènes révélateurs de son propre être, en vertu de l'être qui est en elle, et sous l'excitation d'autrui.

Mais exciter une autre substance, n'est-ce pas agir sur elle ? Oui, sans rien produire en elle directement, sans passer en elle. Mais n'est-ce pas là encore une communication entre substances ? Et comment se conçoit-elle ? Par la solidarité des substances, distinctes à la surface, identiques dans le fond de leur être, unes dans l'être unique, absolu, que tout contient comme il contient tout : parce qu'elles sont puissances ayant pour principe commun une même puissance infinie qui est l'être universel.

IX

Le corps, excitateur de cet être en puissance qui est l'âme, lui est nécessaire à ce titre. C'est ainsi que la vie spirituelle, bien que distincte de la vie corporelle, ne s'en sépare pas : l'une est la condition de l'autre ; ce sont deux vies dans la vie humaine, mal à propos confondues, mais non sans quelque raison ni sans excuse : elles se réunissent dans l'homme, dans l'animal, dans la plante peut-être, en une même vie. La virtualité qui, dans la graine, est puissance de plante, et d'une certaine plante, se réalise par la plante dont elle est puissance : par la vie de cette plante, toute corporelle, extérieure, et pour nous, qui la voyons, non pour elle-même, qui s'ignore ; que si elle ne s'ignore pas, si elle n'est pas sans quelque sentiment de son être, elle a sa vie spirituelle, intérieure, distincte de sa vie corporelle extérieure, mais distincte de cette vie sans en être séparée : deux vies qui n'en font qu'une, celle d'une force prenant conscience d'elle-même et vivant sa propre vie intérieure par son action vivificatrice sur une matière qu'elle se subordonne et dont elle détermine la forme. Ce qui a peut-être lieu pour la plante a lieu certainement pour l'animal et pour l'homme. L'homme vit sa vie propre, intérieure, consciente, mais ne la peut vivre que par l'action vivificatrice de la force qu'il est, de l'âme qu'il est, sur une matière en lutte avec elle, dont les éléments, qu'elle attire sans cesse et qui lui échappent sans cesse pour être sans cesse remplacés par de nouveaux, la mettent en jeu ; et ce n'est pas le corps comme tel qui l'excite à se produire, c'est le corps vivant, c'est la lutte avec les éléments de la matière, avec les forces constitutives d'un organisme qu'elle se subordonne, qui n'accepte pas son joug, mais le subit, et trop souvent lui impose le sien.

L'âme doit compter aussi avec son corps. Elle vit par lui, mais d'une vie qu'il circonscrit et mesure, et s'il est vrai, comme nous l'avons montré, qu'il ne la produit pas, mais la fait se produire, elle ne se produit donc que dans les conditions corporelles qui lui permettent de se produire.

De là les suspensions et les altérations de la vie spirituelle dans le sommeil, le rêve, la folie, la syncope, les formes étranges de l'hypnotisme et de l'inconnu que ce mot enveloppe.

Le caractère commun de ces divers états, c'est que l'âme n'y est plus maîtresse de son corps. Tantôt le corps se dérobe : c'est la syncope, où l'âme, comme privée de son corps, ne réalise plus son être virtuel et perd sa conscience d'elle-même ; c'est le sommeil, où le corps, fermé au monde extérieur et n'obéissant plus à l'âme, lui présente des images déréglées, selon qu'elles résultent de la mobilité déréglée d'un cerveau que l'âme, pour ainsi dire, ne tient plus dans sa main ; c'est la folie, où le réel se mêle au rêve, où le corps, sans cesser d'être ouvert au monde extérieur, présente aussi à l'âme les images déréglées d'un cerveau dont elle a perdu le gouvernement. Quelquefois le corps, non seulement se dérobe, mais résiste à l'empire de l'âme et lui impose le sien : il commande à l'âme, dans certains cas de passion, d'aliénation mentale, de folie ; les âmes subordonnées se révoltent et conduisent le corps contrairement à ce que veut l'âme rectrice : dans la suggestion, par exemple, une de ces âmes subordonnées, la principale sans doute après l'âme rectrice et comme son premier ministre, a pris sa place, mais, faite pour l'obéissance, n'a pu que changer de maître : elle n'a secoué le joug de la volonté légitime que pour s'asservir à une étrangère : c'est elle qui entend les commandements de l'usurpateur, les retient, et, à l'heure dite, les exécute. D'autres fois, si elle détrône l'âme reine, c'est pour régner à sa place : deux âmes, une sujette devenue la reine, une reine devenue la sujette, se succèdent dans le gouvernement d'un même corps, dans la manifestation extérieure d'une même personne visible : c'est le cas des personnalités alternantes. Ou enfin ce sont les conditions organiques du jeu des facultés qui changent, et l'on voit, on entend, autrement que par les oreilles ou par les yeux.

Rien de plus curieux, de plus intéressant, mais rien de plus inquiétant, de plus effrayant, dirai-je, et qui jette plus de trouble dans les esprits, qui pose de plus redoutables questions de responsabilité morale, que ces divers cas. Nous n'avons pas à les étudier en ce livre. Ils ne relèvent point de l'âme, mais des conditions organiques de sa vie spirituelle, telle que le corps la lui fait ou la lui impose. C'est à la psycho-physiologie qu'il appartient d'étudier ces conditions organiques du jeu anormal comme celles du jeu normal de nos facultés : du rêve, par exemple, ou de la folie et de telle sorte de folie, qui sont de l'âme liée au corps ; comme il appartient à la physiologie d'étudier les conditions diverses de la vie corporelle, air, climat, nourriture, etc. : à l'une les rapports de la vie spirituelle à la vie corporelle, à l'autre les conditions de la vie corporelle elle-même. Nous n'avons, au point de vue proprement psychologique, à insister ici que sur deux ou trois points : d'abord que, si aux anciennes causes, de tout temps connues, d'irresponsabilité ou de moindre responsabilité morale les suggestions, les états d'hypnotisme, en ajoutent de nouvelles, ils n'en changent pas le caractère : on n'est responsable qu'autant qu'on est raisonnable et libre, et dans la mesure où on l'est : même le fou, irresponsable au regard de la loi humaine, est responsable encore au regard de la loi divine et de la conscience, pour autant qu'il garde en sa folie quelque reste de liberté et de raison ; quant à la justice humaine, elle devra, dans le cas bien établi d'un crime par suggestion hypnotique, l'imputer à l'hypnotiseur. Ensuite, que, de même qu'un homme ivre est responsable de son ivresse, et trop souvent un fou de sa folie, de même un hypnotisé sera responsable de s'être laissé hypnotiser, d'avoir abdiqué sa volonté, pour la soumettre à celle d'une autre, dont il a d'avance, par un acte de confiance bien ou mal placé, assumé toutes les responsabilités morales. Et enfin, qu'il n'est pas dit que, de même que dans la vie présente nous sommes bien souvent responsables de conditions corporelles dues à notre conduite, nous ne le sommes pas des conditions corporelles primitives, dues peut-être à une conduite antérieure à notre naissance. Ni la naissance n'est pour nous un commencement, ni la mort une fin : si notre vie future doit être ce que nous la faisons, notre vie présente ne serait-elle pas ce que nous l'avons faite ?

C'est la question de l'en-deçà et de l'au-delà ; et nous voici arrivés au problème dont l'étude, qui va clore ce livre, en est le grand, le suprême intérêt.

SIXIEME ÉTUDE

La Vie Éternelle.

I

L'âme étant une puissance qui ne passe à l'acte, un être virtuel qui ne se réalise, une force qui ne se manifeste à elle-même comme à autrui, que par son union avec un organisme, par un corps qu'elle anime, dont elle fait la vie, dont elle reçoit la matière, qu'est-elle sans ce corps ? Qu'était-elle avant de l'avoir, que sera-t-elle quand elle ne l'aura plus ? Puisqu'elle n'est pas ou qu'elle ne vit pas sans corps, ne faut-il pas se rendre aux raisons des matérialistes, et dire à leur suite qu'elle meurt comme elle naît avec son corps ? ou se rendre aux croyances des spiritualistes chrétiens, et dire à leur suite qu'elle naît immortelle avec son corps immortel, devenu mortel par accident, en punition d'un péché, mais destiné à ressusciter un jour ? qu'en attendant ce jour, elle vit sans corps, — ce que nous avons vu qu'elle ne peut faire; du moins elle subsiste, rentrée en sa virtualité, inconsciente et comme endormie jusqu'au réveil du grand jour de la résurrection ?

On peut dire en faveur de cette doctrine, que la mort, qui nous semble naturelle parce que nous la voyons universelle autour de nous, pose un problème non résolu : elle ne nous étonne pas, elle devrait nous étonner. Les enfants s'étonnent des plus ordinaires choses, qui nous paraissent toutes simples, et ils nous adressent des questions, dont nous rions, mais auxquelles nous n'avons pas de réponse. Nous avons tort de rire, et leurs questions sont très philosophiques. Ils s'étonnent de la mort : ils ont raison, la mort a besoin d'être expliquée. Pourquoi nos corps meurent-ils, et comment se fait-il qu'ils meurent ? Comment se fait-il que la force réparatrice, qui remplace une à une, à mesure qu'elles s'en vont, les molécules du corps vivant, ne répare pas en proportion des pertes, mais d'abord gagne plus qu'elle ne perd, c'est la croissance, puis gagne autant qu'elle perd, c'est l'état stationnaire, et finit par perdre plus qu'elle ne gagne, c'est le déclin, c'est la mort ? On dit que les organes s'usent. Va pour une machine, dont les parcelles enlevées par l'usage ne se remplacent pas à mesure qu'elles se perdent ; mais des organes vivants ! Si la vie est le mouvement continu d'un corps qui se fait, se défait, se refait sans cesse, comment arrive-t-il, que ce mouvement, une fois commencé, finisse ? Et si la force vitale, si le principe vivificateur du corps, est l'âme elle-même, comment arrive-t-il que, dans sa lutte contre la matière pour la soumettre à la vie, son pouvoir, plus grand à l'origine, diminue de jour en jour, se laisse vaincre par cette matière qu'il a pu soumettre, et, ayant été assez fort pour produire la vie, ne le soit pas assez pour la conserver ?

On expliquera cette défaillance par le péché, dont l'effet aura été de blesser l'âme et de l'affaiblir jusqu'à l'évanouissement, jusqu'à une sorte d'anéantissement temporaire. Non qu'elle puisse être anéantie, et elle garde, en son évanouissement, le germe d'un corps qu'elle refera, qui sera toujours son corps comme est toujours son corps le corps qu'elle se refait sans cesse dans la vie : mon corps d'aujourd'hui n'a plus une seule des molécules dont se composait sa matière il y a dix ans, et il n'en est pas moins, comme il y a dix ans, mon corps, toujours le mien, et toujours le même, en tant que toujours sorti du même germe, produit de la même action, ou de l'action du même agent. A chaque instant nous mourons et renaissons, molécule à molécule, pièce à pièce, jusqu'au jour où nous mourons tout entiers, suivi, après bien des siècles, d'un autre jour où nous renaîtrons tout entiers, et où nous nous retrouverons tels que nous étions, mais pour une vie éternelle. Quant à la suspension de la conscience, quand elle durerait des milliers d'années, ce ne serait qu'objectivement et pour qui la considère du dehors : subjectivement et pour l'âme elle-même, qu'importe ? Elle est nulle. L'âme, se réveillant, rattache le jour au jour : que la nuit où elle a dormi ait duré dix heures ou dix milliards de siècles, que lui fait l'intervalle ? Où commence la conscience, la vie spirituelle commence ; où elle recommence, elle reprend et continue, et la vie spirituelle continue : deux actes de conscience consécutifs, quelque intervalle qui les sépare au dehors, s'ils sont d'une même conscience et liés entre eux au-dedans, sont la vie continuée d'une même âme.

Cette doctrine de la résurrection donne raison au matérialisme, qui fait naître et mourir l'âme avec le corps : si ce n'est que le corps lui-même renaît, et l'âme avec lui. Mais voici qui la rend inacceptable.

Si la mort n'est pas naturelle, et si elle est la punition du péché, d'où vient qu'elle frappe également, en punition du péché d'un homme, et l'universalité des hommes, et l'universalité des animaux antérieurs de tant de siècles au premier homme, et les plantes même ? Car il faut tout compter. Et dire que les plantes n'ont point d'âme, c'est dire que l'âme n'est pas le principe vivificateur du corps, c'est mettre ailleurs que dans l'âme le principe de la vie corporelle. Dire, pour justifier la mort des animaux antérieurs à l'homme, qu'elle est naturelle, c'est dire qu'elle ne s'explique point par le péché, c'est en chercher ailleurs que dans le péché, ou dans un péché de l'humanité terrestre, l'explication, qui dès lors vaudra pour l'homme ; et tout l'édifice croule.

Que, comme l'enseigne une certaine théologie, la mortalité soit l'état naturel de l'homme, et l'immortalité une faveur surnaturelle, un état de grâce dont il serait déchu, c'est là une tout autre doctrine, étrangère à notre étude ; une doctrine qui ne peut s'établir en elle-même, qui ne peut être admise que sur la foi d'une révélation divine, dont il ne nous appartient pas de discuter l'authenticité, non plus que les titres et la valeur de l'autorité chargée d'en garder le dépôt. Notre œuvre n'est pas théologique, mais philosophique ; ce n'est pas l'Église que nous interrogeons, c'est la raison, et non sur la destinée surnaturelle de l'homme, s'il en a une, mais sur sa destinée naturelle.

On me dira que s'il a une destinée surnaturelle, il lui importe de la connaître, et qu'une science de l'âme humaine où il n'en serait pas question serait donc une bien incomplète, une bien insuffisante science. Assurément. Mais la tâche de la faire connaître n'est pas la nôtre. La nôtre est de chercher quelle est sa destinée naturelle, ainsi que son origine : si nous ne la trouvons pas, si la raison interrogée reste sans réponse, il faudra s'adresser ailleurs. Si nous la trouvons, ou elle suffira, et rendra la surnaturelle inutile ; ou elle lui laissera la place et en fixera les conditions, en écartera certaines formes, comme d'une destinée ajoutée à la naturelle, supérieure, mais non contraire : celle-ci, si elle existe, à ceux qui en ont reçu l'enseignement de nous en faire part.

Les théologiens enseignent que l'homme a été appelé, par un privilège tout particulier et gratuit, à une fin surnaturelle, qui n'est autre qu'un partage de la divine béatitude, une association à la vie même de Dieu, une possession de Dieu : mais il n'en jouit qu'à certaines conditions, dont la méconnaissance ou le refus entraîne pour les coupables l'éternelle perte de ce privilège. C'est l'éternité du *dam*. Il *peut* y avoir « mitigation des peines de l'enfer », mais la possession de Dieu, qui eût été leur félicité s'ils ne l'avaient rejetée dans leur cœur, leur est à jamais interdite : Dieu tient à l'écart ceux qui ont repoussé ce don infini de lui-même. Les autres en jouissent dès leur mort ; ou, s'ils n'en sont pas encore capables, plus ou moins longtemps après : mais tôt ou tard ils en jouissent, et pour toujours. Le péché originel est, par suite de la faute du premier homme, la perte de ce privilège : non de la *justice*, mais de la *grâce* ; et la Rédemption en est le rétablissement. — Nous n'avons pas à nous occuper ici de cette doctrine très intéressante et très haute, mais d'ordre surnaturel, et qui, si elle est contraire à ce que nous aurons à établir dans l'ordre naturel, est fausse ; qui, si elle est vraie, l'est, pour ainsi dire, d'une vérité de surcroît.

Naturellement, il semble au premier abord que la vérité soit du côté des matérialistes : l'âme, ne pouvant déployer sa vie spirituelle que sur le terrain de la vie corporelle, ne peut donc vivre sans corps : donc elle naît, vit et meurt avec son corps.

Tel n'est point le raisonnement des matérialistes, qui tirent la mortalité de l'âme de ce qu'elle n'est pour eux qu'une fonction de l'organisme, une forme supérieure de la vie ; mais le spiritualisme qui, sans confondre l'âme avec le corps, admet la nécessité du corps pour l'âme, semble bien aboutir à la même conclusion.

*
* *

Mais on se hâterait trop de conclure. Car combien la conclusion dépasse les prémisses dans ce raisonnement-ci : L'âme ne peut vivre sans corps, donc elle ne peut vivre sans son corps ! Sans corps et sans son corps, est-ce donc même chose ? On entend son corps terrestre, son corps visible et tangible : est-il dit qu'elle ne puisse vivre sans celui-là ? Nous avons parlé d'un corps éthéré, impondérable, intangible, invisible ; s'il unit l'âme à son corps terrestre, et par son corps terrestre à son milieu terrestre, à un monde où elle ne séjourne qu'un temps, peut-être ne se forme-t-elle ce corps terrestre que pour la durée de ce séjour ; peut-être cette durée est-elle fixée d'avance, et l'âme n'emploie-t-elle à former le corps qui lui permettra de la remplir que la force nécessaire à la formation de ce corps : celui-ci, une fois né, vivra de lui-même, sans qu'elle y concoure directement, par un mouvement qui se continue et se prolonge jusqu'à ce que la résistance des milieux qu'il traverse ait triomphé de la force initiale, et qu'il meure : la mort aurait ainsi son explication. Peut-être l'âme s'est-elle déjà formé d'autres corps, dont chacun fut son corps ; peut-être s'en formera-t-elle d'autres, dont chacun sera son corps.

Ce ne sont là que des peut-être ; mais il suffit qu'ils soient concevables, et qu'ils permettent des hypothèses encore gratuites sans doute, non contradictoires du moins, ni impossibles. C'est un grand point pour ce qui va suivre qu'il n'y ait pas lieu de les écarter *a priori*.

II

D'où vient l'âme, et où va-t-elle ? Puisque l'âme est l'homme lui-même, puisqu'elle est nous, d'où venons-nous ? où allons-nous ? La question ne se pose pas pour le matérialisme ; elle est pour le spiritualisme la grande, la souveraine question de la psychologie, presque l'unique : celle qui en fait tout l'intérêt ; celle qui en fait la plus importante des sciences humaines, enseignant à l'homme ses raisons de vivre, et le but de sa vie.

Cette question est double : Quelle est l'origine de l'âme humaine ? Quelle en est la destinée ? Les spiritualistes philosophes donnent une solution vraie en sa généralité, d'ailleurs très vague, de la seconde ; ils esquivent la première. Les théologiens l'affrontent, et ils en proposent deux solutions, également inacceptables : le *traducianisme* et le *créationisme*.

D'après les *traducianistes*, l'âme serait transmise par voie de génération à l'enfant qui se forme, ou même qu'elle forme, dans le sein maternel : ils expliquent ainsi la transmission du péché originel, à laquelle s'ajouterait pour chacun de nous la transmission des vices et sans doute aussi des vertus de nos pères. C'est une hérédité psychologique accompagnant l'hérédité physiologique, ou peut-être la produisant, et, soit qu'elle l'accompagne ou la produise, la justifiant. Or, elle ne justifie rien. Moralement, elle ne sauve rien ; prise en elle-même, elle est impossible, parce qu'elle implique une contradiction.

La génération d'un indivisible sorti d'un autre indivisible est contradictoire. Un corps sort d'un corps, dont il a fait partie à l'état de germe, qui se développe et devient un corps vivant par accession de nouvelles parties : si mystérieuse qu'elle puisse être, une telle génération se conçoit ; du moins elle n'est pas contradictoire. Mais une âme peut-elle sortir d'une âme ? un être simple et sans parties avoir fait partie d'un être sans parties ? On conçoit une âme excitée ou suscitée par une autre ; et les influences dont nous subissons l'empire sont-elles autre chose que des excitations ou des suscitations de nos âmes par celles de nos semblables ? Mais suscitation n'est pas génération ; et si l'âme est excitée, c'est qu'elle préexistait à ce qui l'excite. Le traducianisme ne peut se comprendre que dans l'hypothèse d'une transmission non des âmes, mais d'excitations ou de suscitations d'âmes préexistantes et venues d'ailleurs.

Et ce système, de quelque manière qu'on le comprenne, génération ou suscitation d'âmes, ne justifie rien. Des âmes qui naîtraient vicieuses, c'est que, par hérédité dans le premier cas, par influence dans le second cas, elles auraient été viciées sans aucune responsabilité de leur part, sans aucune faute, ni aucun tort : il n'y aurait de tort que celui qu'elles auraient subi : non coupables, mais victimes ; et bien loin qu'une punition leur fût due, c'est une réparation qui leur serait due. On me montre partout autour de moi des fils opulents de pères devenus riches, des fils misérables de pères qui se sont ruinés, des fils malades, scrofuleux, phtisiques, syphilitiques, de pères qui se sont mal conduits : voilà le fait, me dit-on ; c'est la punition du père frappé dans ses enfants, la punition d'Adam frappé dans sa postérité, c'est le péché d'origine : voilà le fait naturel, vous le voyez, vous ne pouvez le nier, le voilà : le trouvez-vous injuste ? — Assurément, et très injuste. C'est l'iniquité même. Je ne nierai pas le fait, je le constate, je le vois ; mais je nierai, avec une pleine assurance, et avec indignation, au nom de la plus élémentaire justice, qu'il soit la peine de fautes qu'on n'a pas commises. Le péché est l'acte d'une volonté libre, imputable à qui le fait, et plus ou moins à ses conseillers, à ses instigateurs, à ses complices ; la responsabilité du péché peut remonter, par une sorte de solidarité morale, à qui l'a rendu faisable : elle ne peut descendre, les enfants n'y sont pour rien, et la transmission d'un péché héréditaire est un pur non-sens. Quant à la punition d'un péché où l'on n'est pour rien, elle est inique, et l'imputation de cette iniquité à Dieu si monstrueuse qu'il est bien étrange qu'on ait pu la croire et, la croyant, adorer un tel Dieu ! — Je dis la punition, je ne dis pas la conséquence ; et c'est la thèse de théologiens éclairés, que les enfants d'Adam héritent des conséquences de son péché, non de sa faute : ils ne sont pas punis, ils souffrent :

> Des offenses d'autrui malheureuses victimes,
> Que nous servent, hélas ! ces regrets superflus ?
> Nos pères ont péché, nos pères ne sont plus,
> Et nous portons la peine de leurs crimes !
>
> RACINE.

Un crime cause une ruine, une mort, — un malheur. Les pécheurs sont des criminels qui, sans attentat contre la personne ou la chose d'autrui, et par le seul vice de leur conduite privée, causent le malheur de leurs enfants. Le fait de la triste hérédité du mal est indéniable ; il en faut une explication qui justifie la

Providence ; mais il en faut une autre que celle qui, loin de la justifier, l'accuse.

*
* *

D'après les *créationistes,* Dieu crée les âmes à mesure de la naissance des corps, soit à la naissance même, soit avant, dans le sein maternel, et dès la conception.

On reproche à leur doctrine qu'elle soumet Dieu aux caprices de la débauche, trop souvent féconde. Cette objection est sans valeur, si l'on songe que le péché est le mal de la volonté du pécheur, mal tout *subjectif,* et qu'une fécondation, suivie de la naissance d'un corps, n'est rien de mal en soi. La terre est toute remplie d'incessantes fécondations ; c'est toujours

> le temps
> Que ... aime et que tout pullule dans le monde.
> LAFONT.

Ainsi l'a voulu la nature : ainsi l'auteur de la nature, Dieu. Ce n'est point compromettre Dieu que lui attribuer un concours dans toutes les œuvres de la nature ; c'était le compromettre, c'était le nier, que lui attribuer l'injustice.

Une objection plus grave au point de vue d'une certaine théologie est que le *créationisme* s'accorde moins que le *traducianisme* avec le dogme du péché originel : l'âme, directement créée de Dieu, ne saurait sortir de ses mains qu'innocente et pure : il faudrait donc que ce fût dans son union avec le corps, et par cette union même, qu'elle contractât le péché originel. Objection très grave, et même péremptoire, en dehors de toute théologie : car elle revient à dire que le corps vicie l'âme ; que, si nous naissons avec de mauvais penchants, nous les devons à notre corps ; que nous devons à notre corps nos passions, nos vices, mais aussi notre génie et nos vertus. On voit où cela mène.

Nos âmes sont, au fond, comme tous les êtres, et sont donc à l'origine, de. virtualités éternellement contenues dans le sein de Dieu. Cet être virtuel qui est l'âme commence-t-il à se manifester sous l'excitation de notre corps ? Ce serait une forme du *créationisme,* avec les mêmes conséquences : l'existence de l'âme réalisée commencerait et avec le corps et par le corps. Peut-on admettre que les âmes, égales en elles-mêmes avant leur manifestation, c'est-à-dire avant le commencement de leur vie consciente, ne doivent qu'à leur corps les prodigieuses différences qui les distinguent dès les premiers jours, les unes âmes d'animaux de toute espèce, les autres âmes d'hommes de tout caractère et de tout degré ? Car il faut en venir là : si les corps différencient les âmes, si les seules conditions qui les font se produire en actes conscients sont des conditions d'organisme, elles ne doivent qu'à leur organisme, à leur corps, d'être des âmes d'imbéciles ou d'hommes de génie, ou de chiens, de chevaux, de tigres, de serpents...

Descendrai-je plus bas ? Qui peut supporter de telles conséquences ? Mais s'il en est ainsi, nous ne pouvons plus mettre dans l'âme le principe vivificateur du corps ; encore moins dire que « le besoin crée l'organe », car, que signifie cette formule, sinon que l'âme, par l'action de la force qu'elle est sur une matière à façonner, se crée l'organisme qui lui convient ?

*
* *

Les âmes sont puissances d'actes conscients sous des conditions déterminées, mais non, sous les mêmes conditions, des mêmes actes. Sous des conditions de sons articulés, j'entendrai une phrase, mon voisin l'entendra comme moi, mais je la comprendrai, et il ne la comprendra pas, étant d'une autre langue : les mêmes conditions organiques provoqueront les mêmes sensations, mais non la même intelligence ; ou bien il la comprendra, mais elle sera le point de départ d'une série de réflexions toutes différentes chez l'un et chez l'autre : nous apprendrons l'un et l'autre une même nouvelle, cause d'une grande joie pour l'un, cause pour l'autre de la plus profonde douleur. Les conditions des actes conscients ne leur suffisent pas : ils n'excitent l'âme à se manifester, à se réaliser, qu'en actes conscients dont elle soit puissance prochaine.

L'être virtuel a ses degrés. L'âme humaine est d'un ordre plus élevé que l'âme des animaux ; et les âmes humaines comportent elles-mêmes bien des degrés, depuis celle qui confine à l'animal jusqu'à celle du plus sublime génie. Mais, pour être d'un certain degré, il faut qu'elle y soit parvenue. Elle est ce qu'elle s'est faite ; elle résulte, à tous ses degrés, de ses actes antérieurs. Quand elle naît à l'humanité, elle y naît puissance déjà prochaine d'actes dont les animaux sont incapables ; et telle âme, puissance prochaine d'actes dont telle autre est incapable, dont beaucoup ne pourront devenir capables pendant toute la durée de leur vie terrestre. Nous sommes, dès la naissance, plus avancés les uns que les autres : c'est que nous l'étions avant la naissance ; c'est que nous naissons à la vie terrestre, nous venons en ce monde, avec des facultés innées, résultant d'un passé qui nous a faits ce que nous sommes. Nous ne vivons pas notre première vie.

*
* *

On nous objecte la perte du souvenir de nos vies précédentes. Nous nous en souviendrions, nous dit-on ; or nous n'avons aucun souvenir, même le plus lointain, le plus vague, le plus obscur, d'avoir pensé avant les premiers balbutiements de notre petite enfance. Je réponds que cette *amnésie* ne prouve rien. Le somnambule, l'hypnotisé, conservent-ils un souvenir, même le plus obscur et le plus vague, de leur sommeil, qui était comme une autre vie, ou une vie d'une autre sorte, puisqu'ils y parlaient, puisqu'ils y exprimaient des états de conscience ? Les sujets de personnalités alternantes, quand ils sont dans l'une de leurs deux vies, se souviennent-ils de l'autre ? Car ils vivent bien deux vies : à moins qu'on ne préfère admettre deux âmes s'unissant alternativement à un même corps. Il ne suffirait pas, pour ces cas singuliers, et qui intéressent autant la psychologie que la physiologie, de l'observation d'un physiologiste, il y faudrait joindre celle d'un bon psychologue, capable de se rendre compte du caractère et de la qualité d'âme qui se manifeste dans chacune des deux personnes. Si elles sont deux âmes, chacune s'éloignant quand l'autre vient, où va-t-elle ? que fait-elle entre son départ et son retour ? se souvient-elle de ce qu'elle a fait, quand elle est revenue ? Et si elles sont une même âme vivant deux vies, n'a-t-elle pas, quand elle vit l'une des deux, oublié l'autre ? Le souvenir est un acte de l'âme étroitement lié à des conditions corporelles, qui, dans l'hypothèse d'une succession de vies, changent d'une vie à l'autre. L'objection n'a donc pas de valeur au point de vue physiologique, ou même purement psychologique ; elle peut en avoir une très grande au point de vue moral. C'est ce que nous ne tarderons pas à examiner. Mais il nous faut entrer dans un autre ordre de considérations.

III

Au lieu de regarder en arrière, regardons en avant : la route où nous marchons peut nous faire comprendre, par ce que nous la voyons devant nous, ce qu'elle est derrière nous, où nous ne la voyons pas. Quittons donc la question de notre origine pour celle de notre destinée : notre fin bien comprise nous éclairera peut-être sur l'origine de notre vie future dans une vie présente dont une vie passée aurait été l'origine.

Les spiritualistes ont solidement démontré, — démontré dans une hypothèse, mais solidement dans cette hypothèse, — l'immortalité de l'âme (vague et mal définie), étant donnés l'âme et Dieu. Si elle est niée ou mise en doute, ce ne peut être, ce n'est aussi que par ceux qui nient ou mettent en doute soit l'âme elle-même, soit Dieu. Il est clair que l'âme n'est pas immortelle, si elle n'existe pas. Et il n'est pas assuré qu'elle soit immortelle si, l'âme existant, Dieu n'existe pas, — Dieu, c'est-à-dire la Providence : s'il n'y a pas un règne de justice, un ordre moral comme il y a un ordre physique de l'univers.

L'âme existe, et Dieu existe. Nous n'avons plus à en faire la démonstration : nous ne faisons autre chose en tout ce livre que montrer l'âme et y trouver Dieu.

Si Dieu existe, l'âme est immortelle. L'immortalité en est prouvée : 1º par la simplicité de son être ; 2º par la sanction de la loi morale ; 3º par la destination suprême de l'homme. Ces trois preuves sont inséparables : elles se fortifient et se complètent mutuellement.

1º La simplicité de l'être spirituel n'est plus à démontrer ici ; elle a été établie avec l'existence même de l'âme. De ce que l'âme est un être simple, il résulte qu'elle est indissoluble, indestructible, impérissable de sa nature ; elle ne pourrait périr que par anéantissement. Mais rien ne s'anéantit ; la matière elle-même, dans les éléments simples, dans les forces primitives qui la constituent, est impérissable. L'âme, qui est une force d'ordre supérieur, ne le sera-t-elle pas, quand elle devrait l'être à un titre supérieur ?

Cette preuve, célèbre dans l'École, n'a pas, seule et par elle-même, la valeur qu'on lui a trop souvent attribuée. Il ne faut par forcer les preuves ; c'est compromettre la vérité qu'on veut établir. Ne disons pas, comme on aime à le dire : La mort est une dissolution, elle ne peut donc atteindre l'âme, qui, étant simple, est indissoluble. La mort n'est pas la dissolution, mais la précède et l'amène : le corps a cessé de vivre avant de se dissoudre, et il ne se dissout, ou ne se décompose, que parce qu'il a cessé de vivre. Il y a donc mort sans qu'il y ait dissolution, et il ne suit point, de ce que l'âme ne se décompose pas, qu'elle ne meure pas. Elle peut s'évanouir, revenir à l'état virtuel, n'être plus qu'une puissance de conscience, incapable d'actes conscients, dont elle n'aurait plus les conditions, faute de corps. Mais si elle est sans conscience, elle est sans vie : car sa vie, la vie spirituelle, n'est autre que la conscience. Otez la conscience à l'âme, c'est l'évanouissement, le retour à l'état latent, c'est le sommeil profond, frère de la mort ; c'est la mort. Et l'âme sera morte avec le corps, comme elle sera née avec lui. Que nous aura servi qu'elle en soit distincte ?

Mais elle peut aussi trouver d'autres conditions de conscience, un autre corps : soit ce fluide nerveux invisible dont nous avons parlé, qui, dégagé et la dégageant de son corps visible, lui deviendrait ou lui redeviendrait visible et lui rendrait visible toute une autre face du monde, soit une « résurrection de sa chair », une reconstitution de son corps, ou un autre corps qu'elle se formerait après un temps plus ou moins long de profond sommeil. Cela est possible ; si cela doit être, cela est. Y a-t-il des raisons pour que cela soit?

La preuve par la simplicité de l'âme n'établit que son immortalité substantielle, si l'on peut l'appeler une immortalité, ou plutôt la permanence de l'être, non celle de la personne, ou du moi.

*
* *

Celle-ci s'établit par la sanction de la loi morale. Il est conforme à l'ordre, — il est de la sagesse divine, et par conséquent convenable, il est de la justice divine, et par conséquent nécessaire, — que le bien ait sa récompense, le mal sa punition. La punition est une expiation qui a pour but le retour à l'ordre. Otez donc la punition, ôtez l'expiation, il y aura dans le monde un désordre contraire à tout gouvernement de sagesse comme de justice, à toute Providence.

Mais Dieu existe, et sa Providence : toutes choses sont donc gouvernées conformément à l'infaillible sagesse, à l'infaillible justice de Dieu. D'où il suit que la sanction de la loi morale existe, dans ce monde visible, ou dans un autre. Commencée, à peine ébauchée dans la vie humaine, elle se continue et s'achève dans une autre vie. L'âme survit au corps, non seulement comme substance et dans son être, mais encore, mais surtout dans sa personne, avec son caractère propre, ses affections, ses inclinations modifiées par sa conduite, ses souvenirs. Elle est après la mort ce qu'elle était avant la mort, mais dans une condition différente ; elle change de milieu, non de nature ; elle entre avec tout son être, primitif et acquis, dans le milieu qui convient à son état moral. Il faut, en effet, qu'elle conserve, avec son identité, la conscience de son identité, pour qu'elle sache ce qu'elle est et qu'elle se sente la même âme ; et il faut qu'elle se sente la même âme pour qu'elle soit justement récompensée ou punie.

*
* *

La vie future aura-t-elle un terme à son tour, ou devons-nous vivre éternellement ? Telle est, dans toute sa portée, le problème de la destinée humaine.

Nous avons vu l'âme faite pour l'infini. Nous l'avons vue tendre, « par toutes les puissances de son être, à » la vérité, la beauté, la justice infinies, au bien par- » fait (Étude III) ». Si Dieu l'anéantissait, fût-ce après des milliers de siècles, il arrêterait son développement sans limites, il lui retirerait un être qui n'aurait pas accompli sa fin, atteint la perfection suprême. Lui en aurait-il donc inspiré l'amour, avec une invincible horreur du néant, dans l'unique but de tromper ce noble amour, qui aurait pour objet l'être parfait et pour terme le néant, qui n'élèverait l'homme à Dieu que pour l'engloutir dans le néant ? Le néant n'a point de place dans l'œuvre de Dieu.

*
* *

La première des trois preuves que nous venons de rappeler en les résumant (car elles sont classiques) montre que l'être de l'âme est impérissable, si Dieu ne l'anéantit pas. La seconde, que Dieu ne peut anéantir à notre mort ni l'âme ni la personne humaine, parce qu'il faut que l'accord du bien et du bonheur soit réalisé tôt ou tard. La troisième, que Dieu ne peut jamais anéantir une âme qu'il a faite pour l'infini.

L'homme, étant libre, capable de bien et de mal, capable de mérite, doit donc, pour accomplir sa destinée, la mériter. La perspective infinie qui s'ouvre ainsi devant le regard de son âme n'est donc pas, en ce qu'elle a d'heureux, une certitude, mais une espérance tempérée par une crainte. Qu'il se conduise bien, elle ne lui faillira pas. Qu'il se conduise mal, il souffrira de sa destinée manquée : la même, mais renversée ; également sans terme, mais non plus pour son bonheur...; du moins tant qu'il n'aura pas librement réparé le mal qu'il avait librement commis ! Le pourra-t-il jamais ? Quand ? Comment ? Sous quelle forme ? C'est le mystère de la vie future.

IV

Essayons, si nous pouvons, d'éclaircir un peu ce mystère.

La vie future sera ce que la fait la vie présente, d'où elle sort comme elle en doit sortir, dont elle n'est pas seulement la suite, mais la conséquence : récompense ou peine, selon que nous aurons bien ou mal vécu. On a écrit :

> La vie est un combat dont la palme est aux cieux.
> CAS. DELAVIGNE.

Elle est l'épreuve morale de cet être responsable parce qu'il est raisonnable et libre, qui est l'homme.

Remarquons d'abord que tel est, en effet, je ne dis pas l'unique, mais le grand caractère de la vie humaine, d'être une épreuve morale. Ce caractère est manifeste, pour qui songe que, si beaucoup de nos douleurs, résultant de nos fautes, en sont la juste peine, beaucoup d'autres, qui ne résultent d'aucune faute, que dis-je ? qui résultent même de nos vertus, ne peuvent être considérées comme des peines : il faut donc, si elles ont une raison d'être, qu'elles soient des épreuves. On est malheureux d'avoir mal agi, cela est juste, cela est dans l'ordre ; mais il s'en faut que cela soit toujours : que de fois, au contraire, on en est heureux, et c'est d'avoir bien agi qu'on est malheureux ! que de fois le crime a fait la victoire, fondé la gloire et la fortune !

Oui, il arrive qu'on soit malheureux pour avoir mal agi ; mais on l'est ayant bien agi, et on l'est pour avoir bien agi. Une mère qui a prodigué son or et ses veilles et ses soins de toute nature avec ses larmes de jour et de nuit pour le salut d'un enfant malade, vient à le perdre : elle a bien agi, elle a mérité de le sauver, il meurt : ce malheur, le plus grand dont une femme puisse être frappée, dira-t-on qu'il est la punition des fautes de cette femme ? Elle est peut-être une sainte ; et fût-elle une pécheresse, il ne résulte pas de ses fautes, il n'en est donc pas la peine. Cela fût-il, c'est dans son enfant qu'elle a souffert, et son enfant a souffert, lui, la maladie et la mort : pour quelles fautes ? A-t-il commis les péchés de sa mère ? Un chrétien du temps des persécutions doit choisir entre la mort et l'apostasie : il choisit la mort, et quelle mort ! Un hérétique, du temps de l'inquisition, entre la torture et l'apostasie : il choisit la torture ; un protestant, après la révocation de l'édit de Nantes, entre la misère et l'apostasie : il choisit la misère : l'exil avec la ruine, non pour lui seul, mais pour tous les siens...

Et pourquoi chercher l'extraordinaire ? C'est la vie

ordinaire, cela ; c'est la condition des petites vertus comme des grandes. Un honnête marchand en lutte avec des concurrents malhonnêtes fait faillite, pendant que le falsificateur, qui s'enrichit, est honoré. Ne sommes-nous pas mis sans cesse en demeure de choisir entre plaisir et devoir ? Il y a donc alors conflit entre les deux. Choisissons-nous le plaisir ? Nous sommes coupables, puisqu'il est contraire au devoir. Choisissons-nous le devoir ? Nous souffrons, puisqu'il est contraire au plaisir. Quand plaisir et devoir s'accordent et se confondent, ce qui est un idéal rarement réalisé, on fait le bien sans mérite ; quand, sans se confondre avec le devoir, le plaisir ne lui est pas contraire, on se le permet : dans l'un comme dans l'autre cas, point de choix, point d'effort, point de vertu. Il est de l'essence de la vertu de faire un choix qui, petite ou grande, est toujours une douleur, et de souffrir par la vertu même. On nous montre l'insuffisance des sanctions terrestres de la loi morale ? Ce n'est pas assez dire : elles ne sont pas seulement insuffisantes, elles sont déniées. Et, que serait donc notre vie, si nos douleurs étaient des peines ? Serait-elle autre chose que la récompense du crime, la punition de la vertu ? Bien loin que la vertu soit le bonheur, elle en est le sacrifice. Bien loin donc que notre vie soit faite pour le bonheur, elle est faite pour lui préférer la souffrance ! Mais elle est faite aussi, par là même, pour le mériter : ce n'est pas en le cherchant, mais en le sacrifiant dès que l'ordonne le devoir, c'est en y renonçant, qu'on se rend digne du bonheur. On l'aura quand on en sera digne : ce ne peut être dans une vie qui, l'opposant au devoir, en commande le sacrifice.

Ainsi la vie est d'abord, si elle a un sens, une épreuve morale. Elle est ensuite une éducation.

Notre Étude sur la sensibilité nous a montré ce qu'est le bonheur : le déploiement facile de l'activité spirituelle, la double jouissance de l'esprit et du cœur, par le culte désintéressé, en compagnie d'êtres aimés, du Vrai, du Beau et du Bien, pour l'amour de ces divins objets et la joie de leur possession. Mais combien peu d'entre nous sommes capables de cette haute jouissance ! Il faut nous en rendre capables. Il faut que nos épreuves nous soient des moyens d'éducation, que nos déceptions et nos misères nous sollicitent à épurer notre sensibilité, à nous détacher des voluptés terrestres, à nous élever des plaisirs du corps, qui passe, aux plaisirs supérieurs de l'esprit, qui ne passe pas.

L'être est à la fois, pour l'intelligence, le vrai ; pour la sensibilité, le beau ; pour la volonté, le bien. Il appartient à l'intelligence de le comprendre ; à la sensibilité, de l'aimer ; à la volonté, de le réaliser, de le faire. Il sera compris, et c'est la tâche de la philosophie, s'il se montre à la raison ; il sera aimé, c'est la tâche de l'art, il attirera les cœurs, il élèvera les âmes, s'il se fait sentir dans une forme visible, expression de l'invisible idéal ; alors il sera voulu, et il pourra être fait. Pour le vouloir et le faire, il faut le comprendre, il faut l'aimer : il faut, pour le comprendre, le contempler dans la vérité, c'est-à-dire dans l'intelligibilité de l'être ; il faut, pour l'aimer, le contempler dans la beauté, c'est-à-dire dans la splendeur de la vivante image où se reflète la perfection de l'être.

C'est par l'exercice de la philosophie, de la poésie, et de cette charité qui est la recherche du bien d'autrui, l'amour actif de tous les êtres dans l'amour de Dieu leur Père universel, qu'on devient citoyen du véritable « royaume des cieux ». Un autre monde, une autre forme ou d'autres conditions d'existence en d'autres milieux, comportent d'autres conditions de philosophie et de poésie, d'autres manifestations de cette charité : le mode peut changer, mais non l'essence ; et telle est la perfection de l'être, qui est la possession de l'être même ; telle est la fin de l'âme humaine, là est son bien, là son bonheur.

Cela étant, la vie humaine, celle qui va de la naissance à la mort de notre corps terrestre, est-elle notre seule vie ? est-elle même notre première vie ? Suffit-elle à notre éducation ? Suffit-elle à notre épreuve morale ? En sortirons-nous fixés dans une éternité de bonheur ou de malheur ?

Non, évidemment. Rien de plus insuffisant, rien de plus imparfait, que le progrès de la plupart des hommes, rien de moins achevé que leur éducation. Combien meurent en bas âge ! Combien, après une vie plus ou moins longue, sont encore loin de pouvoir, je ne dis pas goûter, mais comprendre ce bonheur tout spirituel ! Que de personnes, parmi les plus graves et qui ne vivent que pour leur salut, ne le comprennent pas ! Et des poètes, pour qui elles n'ont que mépris, des philosophes, objets de leurs anathèmes, des femmes, peut-être légères, mais ne reculant devant aucun dévouement ni aucun sacrifice, le comprennent mieux : ils étaient moins éloignés de leur félicité dès l'origine de leur vie.

Dira-t-on qu'une transformation de l'âme à la mort l'élève aussitôt, par un coup de foudre de la grâce divine, à être capable de ce dont elle ne l'était pas l'instant d'auparavant ? Naturellement, cela ne saurait être : et c'est assez. Dira-t-on que l'éducation inachevée s'achève dans la vie future ? Il se peut. Il n'en reste pas moins que la vie présente ne suffit pas à notre éducation.

*
* *

Suffit-elle à notre épreuve ? Il faudrait que l'épreuve ne fût qu'une épreuve, non une douleur ; et il faudrait qu'elle fût égale pour tous.

L'épreuve n'est pas la souffrance : elle est la mise en demeure de choisir entre un mal agréable et un bien pénible à faire ; elle est la tentation, l'invitation au sacrifice, l'acceptation de la souffrance qui en sera la suite : alors même la souffrance ne sera pas l'épreuve, mais la suite du choix qu'on aura fait. A combien de douleurs ne sommes-nous point condamnés, qui ne résultent ni de nos libres choix, ni de fautes commises par nous ! Sans doute la souffrance est une épreuve, en ce qu'elle est une invitation à la résignation et au courage moral : mais, certes, bien disproportionnée à la vertu qu'elle sollicite ! Et qu'est-elle pour l'irresponsable ? Car encore faut-il qu'elle soit justifiée. Supportez, pauvre mère, la mort de votre enfant : mais pourquoi sa souffrance, à lui ? A quoi lui sert-elle ? A vous du moins la vôtre sert à vous inviter au courage… Le courage à supporter la souffrance et la mort d'autrui ! Il vous suffisait de n'avoir pas de cœur pour avoir ce courage. Et pourquoi vous a-t-il été ravi, ce fils bien-aimé ? Qu'avait-il fait, et qu'aviez-vous fait ? Vous l'aviez trop aimé ? On ne saurait aimer trop. Ou vous l'aviez aimé avec trop de faiblesse ? Que vous en êtes cruellement punie ! La peine passe la faute, et la sentence a été portée par un mauvais juge. Et qu'il en est, parmi ces mères en deuil, qui n'ont pas eu à se reprocher même cette indulgence d'une tendresse trop faible ! Et cependant elles ont pleuré. « Jamais, » disait l'une d'elles[1], que ne consolait pas l'espoir de revoir un jour dans le ciel son fils perdu, « Jamais Dieu ne pourra faire que je n'aie pas pleuré... » C'est qu'il faut, pour justifier Celui qui m'a fait pleurer, que j'aie dû pleurer, il faut que j'aie mérité mes larmes. Il y a autre chose ici et plus qu'une épreuve : il y a une peine, qui n'a pas sa raison dans la vie présente, car nous avons remarqué que les épreuves ne sont pas des peines de fautes commises dans cette vie, — qui ne peut donc avoir sa raison que dans une vie passée.

Quand la vie présente ne serait qu'une épreuve, encore la faudrait-il égale pour tous. Qu'est-elle pour l'enfant qui meurt « avant qu'il sache distinguer sa main droite de sa main gauche » ? Qu'est-elle pour le jeune homme soustrait d'avance par la mort au péril de tentations auxquelles il eût succombé peut-être s'il eût vécu ?

« Qui meurt jeune est aimé des dieux »,

dit un Ancien ; et c'est aussi ce qu'on dit aux parents du jeune mort, pour les consoler par l'idée de l'avantage qui lui est fait, sans prendre garde qu'un avantage fait aux uns est une injustice en leur faveur, dont les autres ont lieu de se plaindre. Qu'est-elle pour celui dont la vie ne connaît ni les grands chagrins, ni les excitations de la grande misère ou de la grande richesse, pour celui qui n'a qu'à se laisser vivre dans un milieu d'honnêtes gens pour être lui-même un honnête homme ? Combien seraient morts honnêtes gens, s'ils étaient morts la veille d'un jour de tentation trop forte pour eux, — s'ils n'avaient trop vécu d'un jour ! Ou s'ils avaient vécu dans les mêmes

---

1. — A M. A. Fouillée, de qui je le tiens.

conditions d'éducation, d'entourage, de tempérament peut-être, de penchants naturels, d'instincts héréditaires, que d'autres, non meilleurs ni plus sages, mais plus heureux !

*
* *

Mais pourquoi ces différences d'éducation, ou d'instincts, de penchants, de tempéraments, ces différences de fortune et de vie, si notre vie est l'unique épreuve d'où nous devons sortir, comme d'un combat aux conditions inégales, aux armes faussées, ou, vainqueurs, pour l'éternelle récompense d'une victoire due à la grâce d'un sort favorable, ou, vaincus, pour l'éternelle peine d'une défaite due à l'injustice d'un sort contraire ? Si notre vie est notre dernière épreuve ? Ou même si elle est notre première épreuve ? Car il est vrai que nous naissons inégaux ; et si cette inégalité de nos facultés comme de nos penchants et de nos fortunes a peut-être dans l'hérédité physiologique son explication naturelle, assurément elle n'y a pas son explication morale.

Si Dieu existe, il est juste, il est Providence ; le monde, qui est plus que son œuvre, qui est sa manifestation de lui-même, lui-même exprimé au dehors et rendu visible, — mais ne fût-il que son œuvre, — le monde est ce qu'il doit être conformément aux lois morales comme aux lois physiques ou mathématiques de l'être : le monde est juste. Dieu transcendant au monde y établit la justice ; Dieu immanent au monde y est la justice même, la justice immanente au monde. Nous l'invoquons pour statuer la vie future. Mais cette justice que nous invoquons, ne la relégons pas dans l'avenir : elle est éternelle. Pourquoi serait-elle dans l'avenir, qui nous échappe, qui peut n'être qu'une illusion, qui du moins n'est pas encore, et ne serait-elle pas dans le présent, qui seul est réellement, avec le passé qu'il contient ? Nous l'affirmons, avec une certitude entière, de l'avenir, parce que l'avenir sort du présent ; mais le présent sort du passé : passé, présent, avenir, forment une chaîne indissoluble. La justice est très certainement dans l'avenir, parce qu'elle y doit être : mais elle y doit être parce qu'elle doit être : le monde est juste, et l'a toujours été, ou ne le sera jamais. Ne disons point du règne de la justice qu'il sera : s'il sera, c'est qu'il doit être ; et s'il doit être, il est. S'il réclame la vie future, il ne réclame pas moins la vie passée ; et s'il exige que nous soyons heureux ou malheureux selon que nous aurons bien ou mal vécu dans celle-ci, il exige aussi, et pour la même raison, que nous soyons heureux ou malheureux dans celle que nous vivons selon que nous avons déjà bien ou mal vécu avant d'y venir.

*
* *

Nous naissons, nous vivons, nous mourons. Que devenons-nous après notre mort ? Où allons-nous ? Nous fixer à jamais, les uns dans la souffrance éternelle, les autres dans l'éternelle joie ? Mais pourquoi la joie éternelle à ceux-ci, qui ne l'ont pas méritée ? Et pourquoi l'éternelle souffrance à tant d'autres qui ne l'ont pas méritée, ou qui ne l'auraient pas méritée, qui du moins auraient pu ne pas la mériter, si la *grâce efficace* leur eût été accordée, s'ils ne fussent pas nés de leurs pères, s'ils n'eussent pas été des enfants d'Adam ? Et enfin, s'ils devaient la mériter, Dieu ne savait-il pas d'avance que l'épreuve de la vie leur serait fatale ? Et lui était-il permis, dans cette prévision, pouvant librement et à son choix leur donner ou ne pas leur donner l'être, de les faire naître, pour leur malheur, et quel malheur! irrémédiable, éternel? Cela ne lui était-il point défendu? Et n'est-ce point là de sa part un crime qui fait leur abominable créateur pire que nos pires scélérats? En vérité, tout est monstrueux dans cette doctrine. Et l'on présente à l'adoration des hommes un Dieu dont l'iniquité surpasse infiniment tout ce que les adversaires du paganisme reprochent, pour le combattre, de turpitudes à ses dieux! un Dieu qui punit le père dans les enfants, le chef coupable d'une race dans sa race innocente, et qui a d'éternelles tortures pour des hommes dont le premier crime, principe de tous les autres crimes, fut d'appartenir à cette race maudite, — malheureux qu'il va prendre dans le néant, pouvant les y laisser, tous prédestinés à ces tortures... Prenons garde que notre adoration, imputant à Dieu une telle abomination, n'en soit une complicité, comme elle est un blasphème!

Il est moins impie de nier Dieu que de le dénaturer jusqu'à en faire un Satan. Concevons autrement notre destinée, ainsi que notre origine.

La vie humaine, en même temps qu'elle est une éducation pour une vie supérieure et toute divine, est une épreuve morale, qui ne saurait être définitive, parce qu'elle ne saurait être unique. Elle a réussi? C'est bien, l'homme atteint sa destinée. Elle a été manquée? Elle est à recommencer.

V

En dehors de l'anéantissement, qui est, en effet, la suprême destinée de l'homme, s'il n'est pas une âme distincte de son corps, ou si l'âme qu'il est ne peut se manifester et vivre sa vie spirituelle autrement que par un corps terrestre, il faut choisir, pour ceux d'entre les hommes qui ont manqué l'épreuve de la vie humaine, entre ces deux hypothèses : ou, l'ayant manquée, ils ont manqué leur destinée, et c'est pour toujours ; ou, l'ayant manquée, ils ont à la recommencer. Nous venons d'écarter la première de ces deux hypothèses ; reste la seconde.

L'âme humaine est appelée à une destinée supérieure, à une vie divine. Quand notre âme sort de cette vie terrestre pour entrer dans celle qu'elle s'est faite elle-même, elle y entre digne ou indigne du ciel. Digne, elle l'obtient, soit aussitôt, soit après une plus ou moins longue attente. Indigne, elle ne l'obtient pas ; elle ne l'obtiendra pas, tant qu'elle demeurera dans la difformité ou dans l'imperfection de son être. En pourra-t-elle sortir ? Et comment le pourra-t-elle ?

Le christianisme porte contre les réprouvés une sentence terrible : ils sont damnés, et pour l'éternité. Il y suffit d'un seul péché mortel : quiconque meurt en état de péché mortel est frappé d'une éternelle peine. Cela va de soi, le péché mortel étant défini le péché commis en pleine connaissance de cause et avec plein consentement au mal : c'est le péché idéal, absolu : à l'absolu du péché, l'absolu de la peine. Le péché mortel, c'est-à-dire le péché qui donne la mort, le péché meurtrier de l'âme, est comme la limite où va tout péché, et, à mesure qu'un péché s'en approche, il se prépare une peine qui approche de la peine absolue. L'enseignement religieux est donc, en ceci, une juste menace : très vrai, à titre de menace. Mais sachons l'entendre. Est-il dit que le péché, en fait, puisse jamais atteindre sa limite, que jamais puisse être réalisé l'idéal du mal? Quand nous ne voyons pas que l'idéal du bien puisse l'être ? Si l'on songe, surtout, que nous ne péchons pas seuls, que, quand nous péchons, notre nature pèche avec nous, autant et plus que nous. Car, le mal qu'on a fait, l'a-t-on fait tout entier ? Est-on vraiment coupable de tout son péché ? N'y a-t-il pas toujours à faire, dans toutes les actions de notre vie, quelle que soit la part de notre volonté libre, la part immense de la solidarité morale qui nous enveloppe ? La nature humaine aujourd'hui, et depuis le premier acte de la liberté humaine, n'est plus la nature humaine primitive, mais modifiée, et, il faut le dire, étrangement viciée par la conduite de nos ancêtres : leurs habitudes sont nos instincts ; auteurs de nos habitudes, ils le sont de nos instincts, de nos penchants naturels, qui nous condamnent à mal faire. Et non seulement nos ancêtres pèsent sur nous, mais notre entourage, mais toute l'humanité vivante : nous sommes jetés dans des formes de société qui nous rendent complices de crimes en foule. Ne sommes-nous pas les héritiers de tous ces crimes qui sont l'histoire des peuples, auxquels nous devons ce que nous appelons notre grandeur, que dis-je ? notre vie même ? Pouvons-nous répudier notre pays ? Pouvons-nous, hommes, répudier la race humaine ? Et chacun de nous sa race particulière, sa famille ? Qui sait, à part le suprême juge, qui sait, dans les crimes des plus grands coupables, ce qui est imputable à leur naissance, à leur éducation, à leur entourage, à la grossièreté d'instincts héréditaires, aux mille fatalités d'une âme née perverse en un milieu pervers ? Qui sait jusqu'à quel point ils agissent avec un consentement propre à eux, imputable à eux seuls ? jusqu'à quel point ils savent ce qu'ils font ? Abandonnons donc, s'il existe, le malheureux auteur d'un vrai péché mortel, d'une faute pure, sans mélange, entièrement commise par son auteur en dehors de toute influence étrangère, abandonnons, — mais non sans le plaindre, ni sans maudire Celui qui pouvait faire qu'un tel être n'existât pas, — l'auteur, impossible et chimérique, d'une faute pleinement connue et voulue en toute sa malice ; et demandons-nous ce que deviennent ceux qui ont manqué l'épreuve de la vie terrestre.

*
* *

Ils sont perdus pour jamais. Il faut qu'ils redeviennent un jour d'autres personnes pour essayer de se rendre dignes du royaume des cieux. Leur personne est frappée d'une perte définitive, éternelle. Ils périssent dans leur personne, mais non dans leur être.

Car, ou ils sont des personnes éternelles ; ou ils périront dans leur être même comme dans leur personne ; ou ils périront dans leur personne, sans périr dans leur être. Dans chacune de ces trois hypothèses, les seules possibles (la nôtre est une des trois), leur peine est éternelle : leur peine demeure à jamais pour eux ; leur peine dure autant que leur personne. La première, à laquelle s'attachent la plupart des théologiens, constitue une personne éternelle dans un éternel péché comme dans une éternelle souffrance : une éternelle atteinte à ce qui doit être, une éternelle violation de l'être, un éternel désordre, un mal maître du bien, qu'il tient éternellement en échec : c'est le triomphe définitif du mal quelque part, c'est quelque part la défaite de Dieu vaincu par sa créature. La seconde, à laquelle s'attachent plusieurs théologiens protestants, anéantit une créature, une œuvre de Dieu, pour parler le commun langage : mais ce n'est pas assez dire, l'être distinct de la personne étant la puissance distincte de l'acte, éternelle en elle-même : si donc la forme de l'être, si la personne peut périr, il n'y a point d'anéantissement concevable pour l'être lui-même. Mais un tel anéantissement fût-il concevable, l'une et l'autre des deux premières hypothèses font Dieu inférieur à son œuvre, qu'il a également manquée, soit qu'il se voie forcé de la châtier par un supplice impuissant contre la révolte toujours victorieuse quoique toujours punie, ou de l'anéantir. La troisième répond à sa puissance comme à sa justice, et à sa justice comme à sa miséricorde : elle est le dénouement de l'éternité.

*
* *

L'âme libre est invitée à se constituer une personnalité parfaite : bonne, puissante, heureuse. Elle n'y parviendra que par ce constant effort sur elle-même en quête de son bien, qui est la vertu. Quand elle y sera parvenue, alors elle sera dans le royaume des cieux : elle jouira éternellement, sans défaillance ni déchéance, de la possession de Dieu ; elle aura conscience de sa communion originelle, essentielle avec Dieu ; elle « verra Dieu ». Dans cette personnalité toute divine, elle retrouvera, mais transformées et épurées, toutes celles qu'elle se sera constituées l'une après l'autre comme autant de formes imparfaites d'elle-même. Elle ne sera plus aucune de ces personnes successives, sauf la dernière : elle sera pour toujours, dans le sein de Dieu, la dernière qu'elle aura été : mais chacune contient les précédentes, et les retrouve en soi une fois libre de ce corps mortel dont elle est prisonnière, de ce corps anormal qui l'assujettit à certaines conditions de mémoire comme de pensée : la dernière contiendra donc toutes les autres.

Jusque là, elle n'est qu'une personne périssable. Non qu'elle périsse à la mort : la mort la dégage, au contraire, soit pour son malheur, soit pour son bonheur, mais bonheur imparfait, et non éternel ni divin. Quand elle a achevé de moissonner dans sa vie d'esprit selon qu'elle a semé dans sa vie corporelle, quand elle a vécu sa vie d'esprit, qui est sa vraie vie, dont la vie corporelle n'est que l'enfantement, elle meurt : c'est-à-dire elle se réincarne, soit sur la terre encore, ou dans quelque autre monde. Elle meurt à ses souvenirs, à toute son existence passée, elle meurt à sa personne, pour un temps du moins : effrayante perspective ! Mais c'est la seule issue de l'enfer.

L'âme donc se réincarne. Elle recommence l'épreuve, en des conditions qui font de ce recommencement un véritable commencement pour elle ; et d'ailleurs diverses, afin d'être appropriées à la diversité des états moraux. Non point afin de la punir ou de la récompenser : elle a déjà été récompensée, elle a été punie. Elle a eu le sort qu'elle s'était fait ; elle a été traitée comme elle avait mérité de l'être. Il n'y a point peine où il n'y a point conscience du rapport de la peine à la faute : mais l'âme a déjà subi sa peine ; seulement elle encourt de nouvelles conséquences de ses fautes : non plus des expiations, mais des épreuves calculées de manière à solliciter en elle l'éveil des vertus qui lui manquent. Il lui appartient toujours de subir sa dernière épreuve : qu'elle soit sainte ! Toujours elle peut naître à la vie divine : qu'elle y naisse par le cœur, je veux dire par l'amour et la volonté désintéressée du bien, elle a l'éternité devant elle pour y grandir en intelligence et en puissance, pour y parvenir à comprendre Dieu, pour y atteindre enfin, par un incessant progrès, le terme de son progrès, qui est la participation à la vie même de Dieu.

Si une épreuve peut être la dernière, si elle peut, le plus souvent, n'être qu'un progrès, ou même une halte, une station entre le bien et le mal, elle peut aussi être une décadence nouvelle et plus profonde. Un être peut s'élever ou s'abaisser, monter ou descendre. Nous le voyons dès cette vie : combien d'hommes valent moins à quarante ans qu'ils ne valaient à vingt ans ! et l'être, au sortir d'une de ces vies, montera ou descendra, selon qu'il l'aura orientée vers le bien ou vers le mal, qu'il aura cherché la perfection généreuse de l'esprit ou l'égoïste satisfaction de soi. Un être qui ne se rendrait pas meilleur, qui persévèrerait dans le mal, s'enfoncerait par degrés dans le mal, et dans la peine du mal ; un tel être, au lieu de s'acheminer, d'épreuve en épreuve, et de progrès en progrès, à la perfection de l'être, s'acheminerait ainsi, de décadence en décadence, à la mort suprême, à l'anéantissement : c'est l'éternité de l'enfer, mais non à jamais fixée sans possibilité de retour.

D'ailleurs, l'être qui recommence une épreuve manquée, si l'oubli du passé lui permet de commencer à nouveau, ne perd pas, avec la mémoire, les puissances acquises ; il renaît porté à mieux vivre par le sentiment inné d'une réparation à faire : mieux disposé, ou mieux doué du moins, suivant qu'il a déjà vécu. Chaque désir du bien est une prière à Dieu, un recours au secours de Dieu ; et il n'arrive jamais que Dieu ne réponde par sa grâce à qui l'appelle : si faible, si confuse et vague, si balbutiante que soit la voix de l'enfant, le Père l'entend, « Dieu est toujours là ». (V. Hugo.)

Pour nous, hommes, si nous sommes d'une seule race, ou, si nous sommes de plusieurs, pour chacun de nous selon sa race, le chef de notre race a vicié, par l'état où il a mis son âme, le corps auquel elle était jointe ; et tous les corps issus du sien en sont viciés. Chacun de nous vicie de même par ses propres fautes son propre corps avec son âme, et les corps de nos enfants s'en ressentent.

Nous ne sommes plus les maîtres, mais les prisonniers de nos corps : nos corps vivent d'une vie temporaire et qui passe des uns aux autres, indépendamment de nous-mêmes : notre volonté, cette volonté qui est notre être même! ni, quand nous voulons vivre, ne nous empêche de mourir, ni, quand nous voulons mourir, de vivre ; et ils ne sont pas la fidèle expression de nos âmes : que de fortes âmes ne voit-on pas jointes aux plus débiles corps! et que de corps puissants, que de santés florissantes, que de vies robustes, avec des cœurs infirmes ou de pauvres intelligences, avec de faibles âmes! En serait-il ainsi, et notre vie corporelle serait-elle sujette à la mort, si notre âme en était le principe? Chaque âme se fait son corps : mais notre véritable corps est d'une matière subtile, invisible aux grossiers organes du corps terrestre dont nous sommes pour un temps les captifs. Nous le portons toujours avec nous, ce corps éthéré, le renouvelant et le modifiant sans cesse, lui imprimant à chaque instant la forme de notre propre être : céleste corps, que la mort, qui nous délivre du corps terrestre, ne nous ôte pas, mais au contraire nous rend, et, le dégageant des conditions auxquelles il est assujetti, restitue à notre perception comme à notre libre usage

Nous préexistons à nos corps humains : l'état moral dans lequel chacun de nous s'est mis lui-même produit en chacun de nous une sorte d'affinité naturelle avec les corps de la race d'Adam, ou de telle race, de telle famille, et avec l'un plutôt qu'avec un autre. Un certain corps, et non pas un autre, à l'heure voulue, nous attire : nous y venons. Le rapport entre le corps vicié et l'âme viciée n'est point que le corps vicie l'âme, ou l'âme le corps, mais qu'il existe déjà dans l'âme un vice en correspondance avec le vice du corps. Nos actes libres enfantent des conséquences dont la fatalité pèsera sur nous. La vie terrestre est pour chacun de nous ce qu'elle doit être, ce qu'il faut qu'elle soit : la juste conséquence de son passé ; l'épreuve qu'il a méritée, qu'il s'est infligée lui-même. Les réincarnés viennent de l'enfer : c'est l'humanité terrestre, qui est la nôtre ; ceux qui s'affranchissent de toute réincarnation future forment l'humanité céleste, qui sera la nôtre quand nous aurons saintement vécu : la société des saints, qui voient Dieu ; la société des dieux, qui coopèrent à l'œuvre de Dieu.

Ceux-là sont les Génies, les Puissants ; ils secondent la Providence, et font son œuvre, la détaillant, distribuant, pour ainsi dire, la Providence générale en providences particulières : ils président à nos destinées, à celles des familles, des empires, à celles des globes et des sphères de tout ordre.

Nous sommes, nous, habitants de la terre, des réincarnés : vieux damnés qui gémissons, et ne savons pas, tout souffrants que nous sommes, nous rendre dignes d'être un jour les membres que nous devons être de cette heureuse Cité des esprits, de cette Société des dieux !

*
* *

On voit que, si nous repoussons certains dogmes impies, si nous nous élevons contre certains enseignements d'une religion mal comprise, ce n'est nullement contre la religion elle-même ; et que ces mêmes dogmes qui, mal compris, sont des impiétés parce qu'ils sont des iniquités, comportent une interprétation qui les restitue en leur vérité et en leur justice. Oui, la doctrine du péché originel est vraie, et elle est juste, mais il faut l'entendre. Vraies et justes, si on les entend bien, les doctrines, moins diverses qu'il ne semble, mais incomplètes, du purgatoire, de l'enfer, de l'immortalité conditionnelle, de l'anéantissement final des pécheurs : une âme destinée à devenir, à travers des personnes successives, une personne définitive qui contiendra les précédentes mais ne sera plus aucune d'elles, est une personne qui périra : perte éternelle, anéantissement final, non de l'âme, non de l'âme, dis-je, mais de la forme de conscience qui a fait de cette âme incorporée une certaine personne qu'elle ne sera plus. Elle ne cessera pas de l'être à la mort : c'est alors, au contraire, qu'elle se reconnaîtra et recueillera selon qu'elle aura semé, qu'elle aura sa peine ou sa récompense : vraiment immortelle, si, dans la vie humaine, elle a su s'élever, par la charité du moins et par le cœur, à la vie de l'esprit ; sinon, elle encourt la réincarnation, la véritable mort : la voilà perdue à jamais, anéantie, en tant que personne. Elle ne sera plus celle qu'elle a été : elle sera une autre, qui, n'ayant plus aucun souvenir de la précédente, aura tout son mérite, et à son tour se sauvera ou se perdra librement.

*
* *

On objecte qu'elle peut toujours se perdre, et qu'elle n'a aucune sûreté d'avenir. Sans doute, mais elle peut toujours se sauver ; et, une fois sauvée, elle aura la sûreté d'un avenir heureux. Préfère-t-on la sûreté d'un avenir malheureux ? des élus et des réprouvés ? Élus, par un pardon contraire à la justice, par un mérite qui n'est pas le leur ? Réprouvés, pour n'avoir pas su profiter, comme les autres, d'un mérite étranger ? et réprouvés pour l'éternité, sans aucune chance de retrouver jamais, une fois perdue, la route du bonheur ?

L'incertitude qu'on nous objecte n'est, en effet, que pour les réprouvés, non pour les sauvés : ceux-ci, que la supériorité acquise de leur être met au-dessus des tentations du mal, assez élevés pour faire désormais le bien naturellement quoique toujours librement, ont la sûreté de leur avenir. Les autres ont-ils mérité de l'avoir ? Ou préférez-vous pour eux, encore une fois, celle d'un éternel malheur ? D'ailleurs, quand, après une incarnation ou une réincarnation, ils rentrent dans la vie spirituelle, ne s'y reconnaissent-ils pas ? n'y retrouvent-ils pas tous leurs souvenirs réunis dans une mémoire générale qui ne dépend plus de conditions organiques ? Car la personne dont nous disons qu'elle est anéantie, c'est la personne liée à des conditions organiques, non l'âme elle-même, ni donc son identité, ni sa mémoire, qui en est la conscience. Et ne peuvent-ils, dans le recueillement de leur vie spirituelle, soustraite aux agitations du monde comme aux sollicitations de leur corps, prendre des résolutions dont l'influence dominera la vie corporelle où ils doivent renaître ?

* * *

Comprenons bien cette succession de vies. Et que nos adversaires, la prenant pour une sorte de métempsychose, qu'ils entendent mal, ne se hâtent pas de combattre un système par des objections qui risqueraient de s'y trouver réfutées d'avance.

L'âme est une puissance qui passe à l'acte, un être virtuel qui se réalise, moyennant un corps : ce corps n'est pas nécessairement le corps terrestre auquel nous la voyons assujettie et qui l'emprisonne plutôt qu'il ne la sert ; celui-ci est un second corps, qu'elle forme elle-même, il est vrai, mais non sans de grandes difficultés et de grandes résistances, par l'intermédiaire du corps subtil, invisible à nos yeux, dont elle ne se dépouille jamais, et qui est pour chaque âme son propre organisme : ici, dans celui-ci, se produisent, se conservent et s'accumulent sans jamais se perdre, par un incessant accroissement suivant l'accroissement de son être virtuel, les formes qui sont les conditions organiques de sa conscience, de sa mémoire, de sa pensée, et celles qui en résultent. Elle revêt un second corps pour une vie temporaire, qui lui sera une vie d'épreuve et une vie d'éducation. Cette épreuve peut n'être pas douloureuse, cette éducation se poursuivre de vie temporaire en vie temporaire sans qu'il y ait perte de souvenir de l'une à l'autre, l'une continuant l'autre après un intervalle de repos et comme de vacances, de recueillement entre une vie passée qui a porté ses fruits et une vie future qui portera les siens. Il se peut aussi que l'épreuve, sans être par elle-même une peine, le soit pour nous, non comme punition de fautes oubliées, mais comme suite de ces fautes ; il se peut qu'elle soit douloureuse, nous assujettissant à un « corps de mort » (St-Paul), dont elle fait prisonnière l'âme qui devrait en être la maîtresse.

Nos psycho-physiologistes donnent à la mémoire pour siège, ou pour *subitratum,* comme ils disent, un tissu cérébral ; nous lui donnons pour siège l'âme elle-même, être virtuel, puissance de conscience moyennant un organisme de matière subtile, moyennant une sorte d'électricité mise en jeu, dans la vie humaine, par un tissu cérébral. Pour eux, un souvenir, ou une pensée, bref un état de conscience à la suite d'un mouvement du cerveau, rien de plus ; pour nous, un état de conscience à la suite d'une action de l'âme, d'un mouvement de la matière subtile et d'un mouvement du cerveau. Ce système plus compliqué a les mêmes conséquences pour la vie présente, mais combien différentes pour la vie éternelle !

*
* *

La perte du souvenir des vies antérieures a, dans la vie humaine, en même temps que son explication physiologique, sa raison d'être morale. Le souvenir en est inutile dans une vie qui n'en est point par elle-même la peine ou la récompense, mais la conséquence méritée, disons plutôt appropriée à son état moral ; et y serait nuisible, nous ôtant le mérite d'une conduite qui ne vaut qu'autant qu'elle est inspirée par le pur amour du bien. Pour faire le bien, il ne faut pas connaître avec certitude, et par une expérience personnelle, les suites heureuses du bien, malheureuses du mal : où serait la valeur morale d'une conduite sage, qui ne serait plus bonne, mais prudente ? Il ne faut pas savoir, il faut croire. Tout acte d'une vertu qui coûte est un acte de foi.

On nous oppose que, si les infortunés de la vie présente sont des coupables d'une vie antérieure, ils ne trouveront plus que mépris au lieu de la pitié qu'on leur doit ; qu'au lieu de les plaindre et de les secourir, on les repoussera, comme on repousse les forçats libérés. — Oh ! le vilain sentiment ! Et ne vaudrait-il pas mieux que les forçats libérés pussent bénéficier d'un oubli qui leur permettrait de se reprendre à une existence honnête ? que Jean Valjean pût devenir en toute vérité M. Madeleine, sans qu'il fût possible à personne de reconnaître en M. Madeleine l'ex-forçat Jean Valjean ? L'objection est odieuse, et part d'un mauvais cœur. Je m'étonnerais de la voir présentée par Taine dans sa critique du beau livre de Jean Reynaud *(Ciel et Terre)*, si je ne pensais qu'il se place à dessein au point de vue de l'humanité vulgaire. Mais, s'il est vrai que la plupart des hommes remplaceraient la pitié et la charité par la dureté envers des malheureux en qui ils ne verraient plus que d'anciens coupables d'autres vies, — sans songer qu'ils peuvent avoir été eux-mêmes, en de plus anciennes vies, de plus grands coupables, qu'ils peuvent être frappés à leur tour d'infortunes imprévues, non moins accusatrices, — quelle forte raison s'ajoute à la raison morale que nous avons donnée pour expliquer l'oubli de la vie ou des vies précédentes dans la vie humaine !

VI

Quel sera donc le sort de nos amis, de nos parents, des êtres qui nous sont chers ? quel sera le nôtre ? Ce sera, dans la joie ou dans la douleur, un recueillement, en attendant, pour les uns, pour les vaincus de l'épreuve terrestre, la réincarnation, comme une refonte de leur âme ; pour les autres la prise de possession de la vie heureuse telle que nous avons essayé, dans notre Étude sur la Sensibilité (IX), d'en esquisser l'idée, et sous des formes de plus en plus favorables, de plus en plus parfaites, dont nous n'avons rien autre à dire, parce qu'il nous est naturellement impossible de nous en faire aucune image. Nous ne pouvons nous la représenter, contentons-nous de la concevoir.

A cette question qu'on se pose bien souvent dans l'angoisse et le trouble du cœur : Quel est l'état de l'âme après la mort ? notre réponse est donc celle-ci :

Un état de recueillement, intermédiaire de vie spirituelle, heureuse ou malheureuse, entre cette vie corporelle et une autre vie qui sera ou une autre étape sur le chemin de la vie céleste ou une réincarnation. Tout rapport entre les réincarnés et nous est naturellement rompu, puisque, jusqu'à leur retour à la vie spirituelle, nous ne pouvons les reconnaître, et qu'eux-mêmes ne se reconnaissent pas. Mais ceux qui sont dans l'état intermédiaire de vie spirituelle, pourquoi n'assisteraient-ils pas aux conséquences terrestres de leur conduite, au progrès ou à la ruine de leurs familles, — le père qui a mal élevé ses enfants à leur désordre, l'avare à la prodigalité de ses héritiers, le charitable aux joies qu'il a répandues autour de lui, l'homme illustre à sa bonne ou à sa mauvaise gloire, tous enfin aux fruits de leurs œuvres, dont le goût doux ou amer serait une juste part de leur propre bonheur ou de leur propre malheur ? Pourquoi, dans ce même état de vie spirituelle, ou dans l'état de vie corporelle heureuse à la suite, ne nous verraient-ils pas ? pourquoi ne s'intéresseraient-ils pas à nous, ne veilleraient-ils pas de haut sur nous ? Pourquoi même n'aurions-nous pas la visite de ces âmes liées à des organes subtils ou nouveaux, sentant et agissant dans leur milieu comme nous dans le nôtre, vivant au sein d'un bonheur qui ne saurait les absorber, égoïstes béats, dans l'infini, ou d'une attente du bonheur, qui ne saurait leur ôter leur propre caractère ni leurs affections ?

Ah ! qu'on se fait généralement une fausse idée de l'immortalité ! On emploie volontiers, pour l'exprimer, un langage qu'on entend mal. On dit d'un homme qui passe de cette vie à l'autre vie, qu'il « sort du temps pour entrer dans l'éternité ». Parle-t-on d'une immortalité qui ne serait point personnelle ? Elle ne serait pas l'immortalité, mais la mort du véritable être, l'anéantissement de l'être particulier et fini, qui est un être, dans l'absolu. Parle-t-on d'une immortalité qui serait personnelle sans être individuelle, d'une sorte d'absorption consciente en Dieu, où se perdraient, avec tous les traits de notre caractère propre et de notre propre être, toutes ces affections qui font le charme et le prix de la vie ? car ce n'est pas moins notre devoir de vivre les uns pour les autres que notre bonheur de vivre les uns dans les autres, et cela même entre pour beaucoup dans notre perfection ; où se perdraient enfin tous ces liens de communication mutuelle et d'amour dont la rupture fait l'horreur de la mort ? « O mort, où est ton aiguillon ? (St-Paul). » Il y est toujours ; il ne peut être enlevé, mais émoussé : non par l'espérance d'une conscience future de la perfection, d'une béatitude contemplative, à la fois sublime et égoïste ; non, c'est une autre pensée qui l'émousse, la pensée qu'elle ne nous arrache que pour un temps les êtres nécessaires à notre cœur, que ces êtres vivent, qu'ils nous attendent, que nous nous retrouverons tous ensemble dans ce royaume de Dieu, dans cette joie de la perfection, où le cœur sans doute a sa place non moins que l'esprit ! Et comment nous retrouverons-nous, si nous ne sommes pas des êtres, êtres particuliers, êtres individuels comme nous sommes, sous une autre forme d'existence, je le veux, et il le faut bien ! sous une forme qui échappe à nos organes terrestres, mais non si étrangère à notre forme présente qu'elle n'en sorte, et n'en soit, pour notre bonheur ou notre malheur selon que nous aurons bien ou mal vécu, la suite légitime ? Pour notre perfection même, dirai-je : la perfection de l'être fini n'est point l'infini. Elle est pour nous l'union avec l'infini, elle est la conscience de l'union avec l'infini, elle n'est pas l'infini.

*
* *

Toutes les conceptions que l'on peut se faire de la vie humaine se ramènent à trois, entre lesquelles il faut choisir.

Dans un premier système, elle commence à la naissance et finit à la mort, sans rien qui la précède ni qui la suive. Telle, en effet, la conçoivent la plupart de ceux qui, ne se rattachant à aucune tradition religieuse, et d'ailleurs incapables de philosophie, jugent sur l'apparence ; telle nous paraît être la vie des animaux. Nous naissons et nous mourons comme eux, ou comme on croit qu'ils naissent et meurent : animaux supérieurs, mais animaux. Que fera l'homme, ainsi borné à la vie terrestre ? ou qu'a-t-il autre chose à faire, qu'à en tirer le meilleur parti qu'il peut pour son bien-être ? Il n'y a plus d'autre bien que le bonheur de cette unique vie : le premier devoir de l'homme (s'il reste des devoirs) est d'en jouir ; le sacrifice est insensé, à moins que ce ne soit pour se délivrer de ses maux, et, battu par trop d'orages, se réfugier dans le port tranquille et sûr de l'éternel néant. Le dévouement est absurdité ; et le suicide, en bien des cas, sagesse. On use de la vie tant qu'elle plaît, on s'en défait dès qu'on en est las. *Placet ? Vive. Non placet ? Licet eo reverti, unde venisti* (SÉNÈQUE), dit le disciple de Zénon ; et le disciple d'Épicure ne tient pas un autre langage :

> *Cur non ut plenus vitæ conviva recedis ?*
> LUCRÈCE.

— Mais comment ce système expliquera-t-il l'existence du mal ? Aussi ne l'explique-t-il pas. Le mal n'y peut avoir d'autre explication que lui-même, il est parce qu'il est, absolument, inhérent à l'essence de l'être : le pessimisme est la conclusion logique de toute doctrine qui borne la vie humaine à la vie terrestre : épicuriens, stoïciens, les uns comme les autres s'étourdissent ou se tuent.

Rien de plus triste que la philosophie des stoïciens, si ce n'est celle des épicuriens eux-mêmes. Lucrèce, le poète de l'épicurisme, est le poète du désespoir. Il chante la mort : la mort de l'homme, la mort même du monde.

> *Sic igitur magni quoque circum mœnia mundi*
> *Expugnata dabunt labem putresque ruinas,*

« un jour aussi les remparts de ce grand monde, assaillis de mille chocs, tomberont, et ne seront plus que poussière et que ruine ». L'existence même est un fardeau pénible imposé par la nature : mieux vaut n'être pas.

> *Tum porro puer, ut sævis projectus ab undis*
> *Navita, nudus humi jacet, infans, indigus omni*
> *Vitali auxilio, cum primum in luminis oras*
> *Nixibus ex alvo matris natura profudit ;*
> *Vagituque locum lugubri complet, ut æquum est,*
> *Cui tantun in vita restat transire malorum !*

« L'enfant, tel qu'un nocher jeté hors des flots en courroux, gît sur le sol, nu, sans parole, sans secours, dès qu'avec effort la nature l'a précipité des flancs maternels aux rivages de la lumière ; et de son vagissement lugubre il remplit le lieu de sa naissance : il a bien raison, la vie lui réserve tant de maux ! »

Un second système étend notre vie au-delà du tombeau, pour la récompense ou la peine définitive à la suite d'une épreuve unique : la vie présente, avec ses injustifiables, ses inexplicables inégalités, décide pour jamais de la vie future.

La forme principale de ce système est dans l'enseignement des théologiens. Nous sommes devenus mortels par le péché. Dieu créa l'homme immortel ; l'homme, ayant péché, fut condamné à mourir d'une double mort : il meurt dans son corps, il meurt dans son âme éternellement séparée d'un Dieu auquel elle devait être éternellement unie. Nous naissons pécheurs, du péché de celui dont nous tirons notre origine, et nous ne mourons pas à notre mort, mais nous entrons dans une autre vie, dans une vie éternelle, qui sera pour la plupart d'entre nous une éternelle souffrance. Que sont les maux de la vie présente, comparés à ceux dont nous menace une vie qui n'aura pas de fin, mais qui ne se continuera, l'éternité durant, que pour une douleur sans fin ?

> *Per me si va nella città dolente :*
> *Lasciate ogni speranza, voi ch'entrate.*
>
> DANTE.

Sans doute il en est qui, dans cette autre vie, trouveront, au lieu de l'éternelle douleur, l'éternelle joie : mais combien peu ! et quel risque nous courons ! Et cette joie même éternelle, ne sera-t-elle pas éternellement empoisonnée par la douleur des êtres chers qu'ils verront à jamais perdus ? Y aura-t-il une joie pour les élus, en présence de la douleur des damnés ? Le Sauveur ne nous a point sauvés de la mort, ni des maux de cette vie, ni, pour tous ceux qui n'auront point su ou pu s'approprier son sacrifice, des maux infinis de la vie future ! Au moins, dans le système de la mortalité humaine, les maux de la vie humaine ont un remède, en un terme qui est une délivrance : où est le remède aux maux d'une vie qui n'a point de terme, s'ils doivent durer autant que cette vie ?

Dans le premier système, on peut jouir de la vie ; on peut, si l'on souffre trop, échapper à la souffrance par la mort. Dans le second système, on vît, comme dit Pascal, « avec tremblement », ne songeant qu'au ciel, où il faut aller par un chemin ardu, par une étroite voie : quelques-uns y arriveront, non pas, en général, après cette vie, mais plus tard, après une période encore douloureuse et longue de l'autre vie ; ceux qui n'y arriveront pas vivront éternellement, comme eux, mais pour souffrir éternellement.

On accuse la philosophie de n'apporter, dans le problème du mal, ni l'explication ni le remède : on nous l'apporte, cette explication, on nous le présente, ce remède, et avec la ferme assurance qui n'a jamais fait défaut aux croyants, quelle que fût leur foi : il se rencontre que leur explication est une complication et leur remède une aggravation, puisqu'ils ajoutent aux maux visibles, qui ne leur suffisent pas, des maux que nous ne connaissons pas avant eux.

N'y aurait-il pas un troisième système, moins triste que le premier, moins arbitraire que le second, moins désolant, et aussi plus juste ? C'est celui que nous proposons dans ces pages, non moins ancien que les deux autres, et qui se rattache, comme le second, aux grandes traditions religieuses de l'humanité. Force nous est de choisir entre les trois : pour les raisons que nous en avons données, c'est celui-ci que nous choisissons.

VII

L'âme est une puissance, et telle est la substance : un être virtuel. Les substances sont des puissances, coéternelles en la Puissance infinie, des virtualités comprises dans la virtualité suprême, qui est l'être : tels sont les êtres : essentiellement raisonnables et libres, mais d'une raison et d'une liberté latentes, jusqu'à l'heure où la conscience leur en est devenue possible : visibles à peine chez l'animal, manifestes à degrés inégaux chez l'homme, pleines et entières chez l'être supérieur, l'ange ou le dieu.

La liberté fait le bien ou le mal, fait la perfection ou la dégradation de l'être, l'accroissement ou l'amoindrissement, et le bonheur ou le malheur à la suite.

Dans le monde qui est le nôtre, la liberté a fait le péché, et le péché la souffrance.

L'être se développe et croît par un progrès régulier, jusqu'à ce que, de degré en degré, il ait dégagé sa liberté avec sa raison latentes. Tant qu'il est encore au-dessous de l'être raisonnable et libre, il est au-dessous de la souffrance comme du péché, au-dessous du mal : sensible au seul besoin, et à la seule joie du besoin satisfait. L'univers, dont les monades composantes sont des êtres sourdement sensibles régis par des instincts qui sont leurs attractions et leurs affinités toujours satisfaites, est le théâtre d'un sourd bonheur, immense, universel. C'est la première phase de l'être.

Vient ensuite, plus haut, à un point qui ne saurait

être fixé, la phase de la liberté déployée, où le progrès régulier cesse.

Deux cas se présentent.

L'être, devenu libre, ne pèche pas : il traverse, toujours ferme et sans faillir jamais, par une suite de transformations qui ne sont pas des morts, tous les degrés de l'épreuve, s'élevant, dans un monde harmonique, d'une animalité heureuse à une humanité heureuse, où le succès de l'épreuve le préserve de la souffrance, et d'où il mérite de sortir ange. C'est l'évolution telle que Dieu la veut.

Mais elle peut se faire autrement. L'être, s'étant élevé d'une animalité heureuse à une humanité heureuse aussi à l'origine, devenu libre, pèche, tombe dans le malheur, redescend à l'animalité, mais celle-ci désormais souffrante; et d'où il faudra qu'il remonte à l'homme, qu'il monte à l'ange, par une suite de transformations qui sont autant de morts.

Telle est l'évolution dans les mondes inharmoniques dont le nôtre fait partie, dans la nature que le péché nous a faite : le progrès régulier a cessé, l'être croît et décroît, monte, descend, s'élève à l'ange, s'abaisse à la bête, oscille autour de l'état d'homme, tantôt au-dessus, tantôt au-dessous, lutte, souffre : c'est la phase humaine, celle où Dieu, sans jamais abandonner l'âme à elle-même, l'invite à coopérer avec lui, la laisse agir et l'attend, prêt à lui tendre la main quand elle s'éloigne et se perd, à l'accueillir quand elle arrive ; c'est, dans les succès comme dans les revers, la phase de la guerre entre le bien et le mal : c'est la crise de l'être.

Enfin le bien triomphe, et c'est la troisième phase, celle du couronnement de l'être devenu parfait, celle de la divinisation de l'être.

Chaque degré d'être, de la sensibilité la plus humble à la plus haute raison, est un degré d'activité consciente : le dernier degré, félicité suprême, où nous porte lentement mais sûrement la pratique du bien, est pour chacun la conscience de son plein être, dans la société des parfaits unis entre eux et avec Dieu d'un éternel amour.

*
* *

Élevons-nous donc à une conception générale du monde, pour y voir notre place et y reconnaître notre destinée.

Il y a une première substance, puissance d'être ; une première puissance, qui enveloppe toutes les autres. Elle se réalise éternellement, c'est Dieu, et réalise les autres, qui, réalisées, sont les êtres. Chacun de ces êtres a l'infinité, dans la mesure où le fini la comporte : non réelle, mais virtuelle. Chaque être est fini réellement, virtuellement infini : destiné à se développer, à s'accroître, à grandir dans l'être, par un éternel progrès. Chaque être est une manifestation de Dieu ; chaque être exprime une des idées qui sont le Verbe de Dieu, et, comme l'idée est infinie, l'exprime infiniment.

La grande Cause de tout ce qui est, Cause unique et souveraine, puisque tout se rattache à elle, Cause infinie, puisqu'elle est capable de tout ce qui peut être, et qu'elle n'est donc bornée en sa puissance causatrice que par ce qui ne peut pas être, par l'absolu néant, est Dieu. Tous les êtres qui en sont les effets sont proportionnés et en eux-mêmes et dans leur fin à une pareille Cause. Si donc leur être actuel n'est pas infini, leur être virtuel, en puissance prochaine ou éloignée, est infini, et leur fin infinie. Si l'effet d'une Cause infinie ne peut pas être actuellement infini, du moins il y a quelque chose d'infini en lui : c'est son idéal, qui est un infini relatif ; c'est sa tendance, qui le pousse vers Dieu ; c'est sa fin, qui n'est autre que Dieu lui-même ; c'est la loi qui lui est faite d'un progrès dont le terme ne saurait être qu'en Dieu seul.

Tout être porte en soi un idéal, qu'il atteindra, et qu'il dépassera pour atteindre plus haut un idéal supérieur, qu'il dépassera encore, pour atteindre encore plus haut un autre idéal supérieur, jusqu'à l'idéal suprême, jusqu'à Dieu. Tout être est, en soi, c'est-à-dire dans son type absolu, une manifestation de Dieu : mais qu'est-ce qu'une manifestation de l'infini qui ne participerait pas, dans la mesure d'un être fini, de l'infini ? Le fini possède l'infini, non dans l'instant, mais dans le temps ; non dans la réalité, qui disparaît aussitôt qu'elle a paru, mais dans son impérissable virtualité. Il s'accroît dans son être, en demeurant fondamentalement ce qu'il est ; il ne perd jamais, il gagne toujours. Le temps lui est donné, le temps illimité, pour qu'il réalise peu à peu, jusqu'à ce qu'il puisse accomplir un jour la perfection de son être, l'infini qu'il porte en soi.

L'idéal de l'être inférieur, c'est l'être vivant : il y arrivera. L'idéal de l'être vivant, c'est l'être sensible : il y arrivera. L'idéal de l'être sensible, c'est l'être libre : il y arrivera. L'idéal de l'être libre, c'est l'être impeccable : il y arrivera. L'idéal de l'être impeccable quel est-il ? Là s'arrête l'horizon à nos yeux ; le reste de la série nous échappe. Mais cet idéal, quel qu'il soit, existe, et l'être impeccable y arrivera, quand le jour en sera venu : alors même il ne sera point parvenu à l'extrémité d'un progrès dont le dernier terme est la perfection même de Dieu. Car, comme il faut une première cause, il faut une dernière fin : et elle existe : elle n'est pas autre que la première cause, Dieu. Nous venons de Dieu, et nous allons à Dieu. Tout être est une participation de l'être divin : notre dernière fin est la conscience de cette participation : la vision de Dieu, avec la coopération à l'œuvre de Dieu.

Telle sera la perfection de notre être : un partage de la vie divine, une communication de l'infini, mais sous la forme du fini, dans le déploiement et le mouvement continu d'une activité personnelle : une toute-puissance de l'intelligence pour la conception, de la volonté pour l'action, de la sensibilité pour l'admiration, l'amour et le bonheur.

FIN

TABLE DES MATIÈRES

	Pages.
Avant-Propos.......................................	v

Première Étude :
La Psychologie Métaphysique....................... 1

Deuxième Étude :
L'Intelligence....................................... 73

Troisième Étude :
La Sensibilité...................................... 333

Quatrième Étude :
La Volonté... 409

Cinquième Étude :
La Vie Humaine.................................... 467

Sixième Étude :
La Vie Éternelle................................... 507

www.ingramcontent.com/pod-product-compliance
Lightning Source LLC
Chambersburg PA
CBHW060755230426
43667CB00010B/1577